普通高等教育“十一五”国家级规划教材
21世纪政治学系列教材

比较政治学导论
（第二版）

张小劲　景跃进　著

中国人民大学出版社
·北京·

总序

邓小平的改革是新中国成立以来的又一次革命。改革开放已经给中国带来革命性变化。这种革命性变化不仅体现在经济、政治等层面的现实生活上，而且还表现在因现实的变迁而带来的理论上的创新和发展以及由此而来的政治学学科建设上的成就方面。

在我国，计划经济体制已经让位于社会主义市场经济体制，同时由经济变革带来的政治体制上的变化也是有目共睹的。首先，在民主法制建设上，政治的制度化正在加强，其中一个重要标志就是终身制的废除和退休制度的形成。其次，在国家结构上，过去在计划经济时期的简单的单一制已经转变为更加复杂的国家结构关系。中央与地方、地方政府与地方政府之间的关系有了更多的市场经济特征。再次，在国家与社会之间的关系上，过去是“大政府（国家），小社会”，现在正向“大政府（国家），大社会”的方向变化。社会在政治生活中的作用越来越大，社会自由越来越多。最后，在意识形态上，过去那种对待马克思主义、毛泽东思想的封闭、激进而又教条的态度已经转变为开放、理性而又灵活的态度，因而形成了引导改革开放事业的邓小平理论、“三个代表”重要思想和和谐社会构想。所有这些变革，都是我们以前所无法想象的。当然，在政治进步的同时，存在的问题也不容回避。那就是迫切需要建立一套约束政府权力、使人民群众的真实意愿和利益诉求能够得到顺畅表达的机制，以便从根本上保证社会的稳定与和谐。这些问题的解决，不仅需要实际工作者在体制创新方面的实践，更需要政治学学科的发展和政治学专业人才的智慧与理论贡献。

我国的政治变革既是对政治学研究工作的挑战，又是促使政治学发展的良好机遇。我国的政治学在这种压力与机遇并存的环境中正在快步前进。首先，在学科分类上，政治学已经从法学中独立出来而成为一级学科。其次，在学科分支上，政治学从马克思主义政治理论、制度史、思想史而发展成为学科门类更加丰富、更加有特色的一门学科，诸如新政治经济学、政治社会学、政治心理学、政治文化、政治学方法论等。再次，在研究方法上，从单一的阶级分析法发展成为以历史唯物主义为基础的多元化方法论，诸如行为主义、理性选择主义以及方兴未艾的新制度主义。最后，在问题研究上，无论是深度还是广度，我国政治学界都取得了可喜的成就，为中国的政治发展和政治改革做出了自己应有的贡献。当然，在看到成绩的同时，也不能无视发展中的不足。作为中国政治学学科建设和发展的见证人，我们不能不为政治学发展中的结构性缺失而忧心忡忡。比如，就专业刊物而言，不要说与经济学、法学和历史学比较，就是和政治学的二级学科国际关系比较，政治学专业刊物的数量也是少之又少。这种现象严重制约了我国政治学的发展，很多优秀的研究成果只能散见于综合性学术刊物和大学学报。

中国政治学学科发展的基础是高校政治学专业建设。自1980年恢复政治学专业以来，政治学系或政治与行政管理学系已经成为很多高校的普遍性建制。而且在各高校政治学专业竞相发展的过程中，我们很高兴地看到各个高校的政治学学科建设，无不生机勃勃，成就斐然。其中特别值得一提的是中国人民大学。人所共知，中国人民大学一直是中国近代政治制度的研究重镇。同时，中国人民大学在学科发展中非常注重教材建设，经过专业优化组合的中国人民大学国际关系学院组织编写的“21世纪政治学系列教材”在全国享有很高的声誉，是我国很多高校政治学专业和行政管理学专业的必备教科书。从已经出版的教材来看，我认为，“21世纪政治学系列教材”具有如下特点：

第一，体系上的创新性与独特性。教科书固然应该有通用的内容，但是在教材林立的今天，千篇一律而了无特色的教材是难以立足的，也难以为社会所认可和接受。“21世纪政治学系列教材”中的每一本教材在体系上的创新性和独特性都是很突出的。

第二，内容上的研究性与新颖性。体系上的独特性应该由内容上的研究性与新颖性构成。教科书不但要介绍一般性的概念和理论，还应该容纳最新的理论研究成果以及对有关理论成果的看法与评价。该系列教材的一个重要特征是，这些教材都是作者们基于自己多年的教学与研究心得而撰写的具有新意的研究性作品。一本好的教科书之所以享有盛名，就在于其因体系上的独特性和内容上的研究性而形成的权威性。

第三，观点上的全面性与选择性。教科书是一种通论性的著作，因而包容的学术观点、理论应该尽量全面。但是，在信息爆炸的时代，一本书企图容纳所有的观点是不可能，也是不必要的。因为有的观点不过是个别学者的偶发奇想而不具有普遍性。这就需要撰写者去伪存真，认真取舍。我很高兴地看到，本系列教材在追求观点的全面性时，也没有忘记选择性原则。

第四，方法论上的马克思主义原则性与包容性。我国的社会科学研究离不开马克思主义的基本方法论，尤其离不开历史唯物主义的指导，政治科学更是如此。但是马克思主义并不是凭空产生的，它是在吸纳人类精神文明优秀成果的基础上产生的，马克思主义的发展同样少不了与其他理论流派的碰撞以及对人类文明成果的借鉴与扬弃。封闭的马克思主义是没有生命力的，坚持马克思主义并不排除对其他理论流派的介绍与分析。正是基于这样的指导思想，本套教材在介绍马克思主义政治学的同时，能运用历史唯物主义的基本原理兼容并蓄地介绍和分析其他理论流派。

本套教材的上述特点决定了它们不但是有关专业的教师和学生必备的教学和学习用书，也是政治学研究者的重要参考书籍。虽然具有上述优点和特征，但是十全十美的社会科学著作是不存在的，因此，本套教材中的缺点与不足在所难免。衷心希望专家学者、广大读者积极批评、热情指正！

赵宝煦

2005年8月于蓝旗营小区抱虚斋

目录

绪 论

重点问题

- 比较、比较研究以及学科化比较之间的联系和区别
- 比较政治学在政治学学科中的地位与作用
- 比较政治学的研究对象与研究范围
- 比较政治学的基本功能

从知识论的角度来看，比较研究是人类认识未知事物的主要方法之一。同样的道理，利用比较方法研究政治也是政治学中最常见的方法之一。实际上，政治学就是源自于比较政治研究，政治学的许多基本概念只有在比较和对比的意义上才能得到充分理解，并得到恰当的使用。时至今日，比较政治学已经成为政治学与社会科学其他学科进行交流并得到发展的主要源泉之一。作为绪论，本章将从一般认识论的讨论入手，在界定政治和政治学概念的基础上，分析比较政治学的特殊性质，考察其研究对象，进而探讨比较政治学的特殊优长，最后，概略介绍比较政治学的基本功能。

第一节 比较政治学的性质

一、比较和比较研究

比较和鉴别是人类认识未知事物的主要方法之一。无论是在个人意识和思维发生的初级阶段，还是在人类科学知识发展的高级阶段，也无论是在构建整个人类知识门类或单一知识科目中有关研究对象分类的“知识树”（即由基本分类、分类和各种亚分类所构成的分类系统图，最为典型者如生物学中的门、纲、目、科、属）的过程中，还是在有控制的条件下尝试发现不同事物之间的因果联系或相关程度，或是在经验积累的基础上预测或推论未来发展的可能性时，比较的方法都发挥着至关重要的作用。因此，人们往往将比较看

做是认识事物的“最古老、最简明和最优越的”方法。在这个意义上讲，比较也是社会科学研究中最常见的方法之一。

事实上，马克思和恩格斯在他们的科学研究中一向特别注意采用比较的方法，并将比较看做是“理性方法的主要条件”[①] 之一；尤其是在深入研究人类社会的历史发展和社会形态的演变更替时，他们广泛使用了多种类型的比较，包括宏观比较和微观比较、横向比较和纵向比较等。在马克思、恩格斯论述五种社会生产方式时，他们重点比较研究了资本主义生产和前资本主义生产；在有关古代社会的研究中，他们比较辨析了古代东方社会和古代西方社会；在探讨欧洲政治现实时，他们总是对比研究英国、法国和德国乃至俄国的状况。正如恩格斯在评价马克思的经济研究时所指出的：“要使这种资产阶级经济学的批判做到全面，只知道资本主义的生产、交换和分配的形式是不够的。对于发生在这些形式之前的或者在比较不发达的国家内和这些形式同时并存的那些形式，同样必须加以研究和比较，至少是概括地加以研究和比较。到目前为止，总的说来，只有马克思进行过这种研究和比较，所以，到现在为止在资产阶级以前的理论经济学方面所确立的一切，我们也差不多完全应当归功于他的研究”[②]。

由此可见，至少从研究操作和理论论述的角度讲，比较研究和比较式的论证是马克思、恩格斯创立科学社会主义学说的一种基本方法。无论是他们的社会学说，还是经济学说和政治学说，其间在方法技能层面上贯穿始终的无疑包括了比较方法的应用。这种对于社会现实的比较研究为他们展开进一步的理论概括和抽象，进而提出基本的哲学命题和理论学说奠定了坚实的经验基础。对此，马克思自己也有过精辟的概括：“极为相似的事情，但在不同的历史环境中出现就引起了完全不同的结果。如果把这些发展过程中的每一个都分别加以研究，然后再把它们加以比较，我们就会很容易地找到理解这种现象的钥匙；但是，使用一般历史哲学理论这一把万能钥匙，那是永远达不到这种目的的，这种历史哲学理论的最大长处就在于它是超历史的”[③]。在这个意义上讲，马克思的科学研究实践本身即提供了一个如何进行比较研究的范例。

从马克思、恩格斯的科学研究实践和有关论述中，我们不难发现比较研究所具有的不可替代的基本功能：比较是从对比和鉴别中认识事物的基本方法，是从经验事实中概括和提炼理论命题的基本方法，也是从反复发生的现象中作出规律性总结并据以预测未来的方法。易言之，比较方法所具有的普适性、经验性和理性化特征使得它在科学研究中得到了最广泛的应用。

客观事物间的联系和人们在认识这种联系时所使用的比较方法不仅是普遍的而且是必然的。因此，无论是马克思同时代的还是以前或以后的思想理论大师和一般的科学研究者，也无论是马克思主义的还是非马克思主义的思想理论家，都会经常地使用比较研究的方法。正如著名的美国人类学家斯旺森所指出的：“没有比较的思维是不可思议的。如果不进行对比，一切科学思想和所有的科学研究，也都是不可思议的。明显的和隐含的比较

---

① 《马克思恩格斯全集》，中文1版，第2卷，163页，北京，人民出版社，1957。
② 《马克思恩格斯选集》，2版，第3卷，493页，北京，人民出版社，1995。
③ 《马克思恩格斯全集》，中文1版，第19卷，131页，北京，人民出版社，1963。

充斥着社会科学家的著作，并且从一开始就是这样：角色之间的对比，组织之间以及社团、机构、社会和文化之间的对比，任何人都不应该对此感到惊讶。"①

依据一般的定义，比较和比较研究，是确定事物间同异关系的思维过程和认识方法。更确切地说，所谓比较，就是根据一定的标准把彼此之间有着某种联系的多个事物加以对照，从而确定其间的相同与相异之处，由此对事物作出初步的分类；在分类的基础上，人们可以认知和把握不同事物的共同或相异的表象特征和本质特征，进而达到对特定事物的理解和解释。②

所谓比较研究，则是将比较方法系统地运用于科学研究而形成的一种特定的研究活动和研究方式。而比较研究的高级发展，特别是在相应的社会科学主流学科基础上高度发展起来的、有着特定课题领域的比较研究，则形成众多的分支性或边缘交叉性的比较学科，例如比较法学、比较社会学、比较经济学和比较史学，等等。比较政治学就属于这些比较学科中发轫最早而成就尤其昭彰的学科。

二、政治与政治学

"人是政治动物"这样一个经典表述在凸显人本身所具有的动物性和社会性的基础上强调了政治生活对于人类社会的重要意义，强调了人类只能生活在各种政治共同体里的现实性。实际上，政治无疑是人类社会活动中最为引人注目的内容之一。用最简洁的方式来表述，所谓政治，在比较宽泛的意义上，是指主要与权力、统治和权威有关的人类关系样式。所谓政治学，同样在比较宽泛的意义上讲，可以指人们为理解和解答上述人类关系样式而进行的学术努力。因此，政治学即研究政治的学问，这样一门学问不仅以现实政治为关注对象，而且更重要的是因现实政治而产生。

从更具体的角度观之，政治作为一种一般性概念，它所强调或意指的是组成为各种集团的人们据以作出集体决策的过程。在这一定义中，所谓"各种集团"，大至国际社会和民族国家，小至一个单位（如学校）乃至一个办公室，无所不包，因而有"国际政治"和"国家政治"的称谓，也有"校园政治"和"办公室政治"的名目；而作出决策的方式，从暴力强迫、讨价还价以达成妥协、习俗约定、公共辩论乃至全民投票，也是无所不包，因而人们也相应地冠之以"暴力政治"、"妥协政治"、"传统政治"、"公共政治"和"选举政治"等提法。

但政治之所以为政治，主要取决于其间所包含的集体性、公共性和公众性。这就是说，"政治是为众人之事"。由众人参与且会涉及影响到众人的，就是政治性的，就是"集体决策"所指代的对象。集体相对于个人而言，公共相对于私人而言，而公众则强调的是所有社会成员。因而，既有参与某项体育活动的个人选择，也有涉及全民体育运动的政治决策；既有经济公司的私人决策，也有规范管理这些公司的法律法规等社会法律制度以及制定这些法律法规的政治过程。在实际生活中我们对于区别政治与其他事务的边界多少是了解的，尽管有时这个边界是变动不居的，原本是非政治的也会变为政治的。对此，我们

① 转引自［美］斯梅尔塞：《社会科学的比较方法》，2～3页，北京，社会科学文献出版社，1992。

② 参见刘蔚华主编：《方法论辞典》，195～196页，南宁，广西人民出版社，1988。

又会称之为“政治化”。

至于这种决策的内容，所涉及的主要是社会资源的分配问题。相对于人类需求欲望的广泛、无限和分化，有形或无形资源的有限性以及获取这些资源所需偿付的代价负担问题就愈发显得突出，而基于有限资源之上的目标次序选择也就相应地十分重要。在整个社会范围里，资源之于需求、之于代价、之于优先目标，凡此种种均须通过政治过程才能实现特定的配置。在这个意义上讲，没有这种分配资源的政治过程，一个社会的运行也就是无法想象的。

至于这种决策的性质，不同于其他决策的特征即在于它所具有的权威性和约束性。这就是说，无论其影响范围是选择性的还是一般性的，这种决策一经作出都会得到社会公众要么自觉的要么被迫的服从。而对于这种权威性和约束性的反对或反抗，在发展到极限时就会导致政治变革或革命的出现，而其目标又大多在于建立新的权威性和约束性。

为了保证这一决策的权威性和约束性，特别是为了实现这种权威性和约束性所规定的可执行性，同时也为了这种决策的连续性和连贯性，人们建立了政府以及相应的政府机构。这就意味着据以作出政治性决策的过程具有了制度性的框架和机构性的设置。而这种制度性框架和机构性设置由于日益复杂和精巧的分化以及日益紧密的交融和整合而进一步演进为我们日常所谈论的政府、国家、政治制度和社会制度。在现代意义上讲，人类社会中最常见、最稳定的集团即为民族国家。在这一场景下，集体决策即具体化为由国家公民以各种方式参与制定的、其执行效果会影响到全体公民的、其本身对全体公民具有约束力的政府决策；决策方式则取决于民族国家范围内的制度规定和法律限制；决策所具有的权威性表现为公共权力机构的存在及其所从事的日常活动之中。这样一来，所谓政治活动也就明显地成为围绕着这些代表着公共权力并且为这一权力的行使提供物质保障的机构所展开的各种活动。因此，所谓政治，用规范性的语言来说，“就是人们围绕公共权力而展开的活动以及政府运用公共权力而进行的资源的权威性分配的过程”①。

上述不无抽象色彩的概括性叙述其实可以在现实生活中找到无数的例证。由此可见，某些个人或群体也许可以对政治采取冷漠乃至厌恶的态度，但却无论如何不能也无法逃避政治；一个社会在政治上也许是低度动员的或者是低度政治化的，但无论如何不能也无法排斥政治。在这个意义上讲，人们只能参与政治。当然，参与的方式是多种多样的，从狂热献身、主动积极、被动参与直至被迫卷入，几乎无所不包；实际上，甚至连对政治的冷漠、厌恶和拒斥也是对现实政治的一种特殊的参与，此即所谓“非政治的政治”。

也正是因为这样，人们便开始试图了解政治和研究政治。究其根源，“政治”一词的出现就来自于人们对社会生活中这一特殊部分的研究。其后，随着政治研究的发展，人们又将从这一研究中所积累沉淀下来的特殊门类的知识称为政治学。

当然，实际发生的进程显然要比我们这里为着叙述的方便和理解的便利而勾勒的图景远为复杂与生动。从作为现代社会科学原生地的西方国家来看，真正普遍使用“政治学”一词来概括有关政治的知识也并非是十分久远的事情。而社会现实政治生活的演进和变迁，加之作为一个学科诞生以来的政治学在其内部所不断实现的知识生产和再生产，作为

① 杨光斌主编：《政治学导论》，8页，北京，中国人民大学出版社，2000。

社会科学组成部分之一的政治学又始终受到其他学科发展的刺激和推动，所有这些都从根本上规定了政治学是一门处在不断发展中的学科。因而，人们对于政治学、对于政治学所研究的范畴乃至政治学本身的界定都没有公认的或一致的看法和认识。但一般说来，有关现代政治学的诸多定义大体可以分为两类：一为政府说，即强调政治学对于政府（包括各种政府机构和组织结构乃至行使政府功能的准政府和非政府的政治机构）和政府功能（包括政府行为方式和决策过程）等问题的关注；另一为权力说，即主张政治学对于权力、包括权力的行使过程及其结果、权威和权力的来源、权力的目的及其限制等问题的重视。两相比照，前者立基于结构—功能视角，而后者扎根在过程与结果视角。但在某种意义上，两者又是共同的，因为对政府的关注显然是与对政府之权力和权威的关注联系在一起的，而强调权力和权威的逻辑结论自然也会归结到政府及其机构；同时，两者又都先验地假定了社会政治生活中公共权力及其代表机构的重要性。

政治学定义所具有的歧义性从一个重要层面体现了政治学领域本身所具有的多样性和丰富性。但是，这种多样性和丰富性与其说是学科发展的障碍倒不如说是学科发展的动力所在。正是在学科发展的过程中，人们也进一步体会到，与其在政治学学科定义上争论不休，毋宁在从事学科知识生产和再生产过程中操作性地划分出不同的分支领域以便利学科的发展。说到底，这也就是政治学学科领域内不同分支学科逐渐形成并得到普遍公认的根本原因。

三、政治学与比较政治学

尽管人们对于现代社会科学知识的门类划分和学科建制不无微词，但现有的划分和建制毕竟为人们提供了一个在探求特定领域的问题时可以实现知识积累的框架，一个为实现相互间的学术交流和争论所必需的基础。从这个意义上讲，现代政治学不仅作为一个独特的学科门类得到比较普遍的承认，而且其内部的次一级分支学科的划分也得到了普遍的承认。一般说来，政治学可以划分为五大分支学科，即政治哲学/政治思想/意识形态、本国政府与政治、国际政治学/国际关系学、公共政策/行政管理、比较政治学。但在这种划分中，却体现了政治学本身所具有的两种性质即规范性与经验性之间的张力关系。

所谓规范性，即应然性，在政治学研究中主要是指那种试图描述和解释政治应当是怎样的学术努力。它所追求的是价值判断，追问的是主观偏好，探寻的是理想的政治生活为何以及依据何种原则可以达到这种理想境界。

所谓经验性，即实然性，在政治学领域中主要是指那些尝试分析与说明政治和政治生活实际是怎样的学术活动。与规范研究形成对照的是，它追求的是事实判断，追问的是客观真相，探寻的是现实中政治生活究竟为何以及人们是如何在其间谋求生存的。

但这两者之间对应关系的存在并不能清楚地规定其间的边界，这就是说，保持某种张力关系的规范性与经验性理解之间，又会有相互交叉和融合。例如，就一个具体的规范性命题而言，有可能会出现获得经验研究支持的情况；而就一项经验研究而言，其出发点和归结点有时也会是规范性命题的产出。但是，不同的研究取向和不同的研究领域自然也有其不同的侧重。政治哲学显然更多地关注于规范性研究，而另一些分支学科如公共政策则主要研究经验性和应用性问题。

在现代政治学的学科建构中，比较政治学处于极其特殊的地位。首先，比较政治学是政治学学科领域中的一个相当独特的分支学科。这种独特性来自于它对比较方法的强调和依赖。如果说政治学中的其他分支学科主要是以其独特的研究领域而划分、以其研究对象的特殊性来规定了自身的特殊性的，那么，比较政治学则主要是以其独特的方法论而有别于其他学科、以研究方法的特殊性来规定自身的特殊性；而在研究领域上，比较政治学则覆盖了其他政治学分支学科的内容，表现出了特定的兼容性。

其次，比较政治学是政治学基础知识、特别是经验知识的主要来源。人们总是首先对身边的政治现象发生兴趣，但这种兴趣升华为科学研究的志趣却往往需要比较方法的介入。人们或是向历史探讨答案——将历史与现实相互比较，或是从他乡寻求经验——将自身社会与其他社会进行比较，从这种比较中发现规律和教益，进而更好地参与自身社会中的政治生活。甚至乌托邦式的想象，其实也都是与比较联系在一起的，即从现实的对照中想象未来。所有这些思维尝试的结果，就是政治学知识的沉积。就此而论，政治学知识的积累首先就是比较方法应用的结果。特别值得注意的是，政治学研究者在谈论政治学中最一般的政治概念，诸如民主、政党和利益集团等时，实际上也都是在比较的意义上使用的。因此，不仅政治学的经验研究传统是比较的，而且其理论化工作也不可避免地需要涉及比较方法。

再次，比较政治学是政治学学科获得其他社会科学学科理论滋养的主要来源之一。在社会科学的发展过程中，各个学科之间存在着复杂的互动关系，相互影响，相互促进。特别是那些具有指导意义、普遍方法论意义的理论成果，往往会从某一个学科中产生，继而又对另一个学科乃至整个社会科学产生影响并推动着社会科学进入新的发展阶段。就政治学学科的具体情形而言，比较政治学是政治学学科与其他社会科学学科及知识门类相互交流和沟通的主要渠道。这一方面是由于方法上的通约性使得比较政治学能够更加容易地与其他比较学科如比较史学、比较社会学和比较经济学实现沟通，另一方面则是由于比较研究的操作在客观上要求人们更多地采用跨学科或多学科的方式来处理复杂的研究课题。由此，其他学科所产生的具有普适性的理论知识往往经由比较政治学这样一个通道而对政治学发生作用。

上述三个方面的特殊性使得比较政治学在政治学学科中居于一种特殊的地位，成为政治学研究者必然涉足的领域。任何一个政治学研究者，无论其怎样认定和界说自己的研究领域，都会在不同程度上使用比较的方法。而这样一来，也就进一步造成了比较政治学研究对象的特殊性。

第二节　比较政治学的研究对象

一、规范性理解意义上的比较政治学

如前所述，较之于以研究对象的规定性作为自身规定性的政治学其他分支学科而言，比较政治学具有不同的性质。这不仅是学界的公论，而且是比较政治学事实上得以相对独立存在的依据。但是，对于究竟何为比较政治学的研究对象及其研究范围之类的问题，人

们却难以达成共识。一方面，人们往往将在各个分支学科领域内使用比较方法所进行的研究及其相应产生的研究成果，归结为比较政治学知识组成的一部分；而另一方面，一些学者也总是不曾放弃将比较政治学建构为一种规范性学科的努力，或者说，总是企图在规范性理解的意义上寻找关于比较政治学的界定。

所谓规范性理解，就是试图从比较政治学应当是什么的角度来界定比较政治学的研究对象和研究范围。但在这一问题上，各派学者见仁见智而争论不休。总体上看，有关比较政治学的研究对象和研究范围的不同意见，依其强调重点和论述方式的不同，大体上可以分为三类：

第一类意见强调比较政治学的地缘特征，也就是说，将属于本国政治以外的外国政治研究都归入比较政治学的范畴，将外国政治看做是比较政治学的研究对象。这是对比较政治学最具传统意义的理解，直至今天，仍有不少学者坚持这一理解并据此进行研究和写作。[①] 中国迄今已出版的比较政治学著作也大体如此。在这派学者看来，比较政治学的首要功能就是向任何感兴趣的人提供有关外国的基本知识。尽管他们也试图提出某种理论框架，并尝试按照相对统一的准则分别对各个国家展开描述和论说，但一般说来，这种做法因为过于缺少理论概括和抽象思辨的“科学化”努力而显得肤浅和表象化，因为总是个别地处理不同的论说对象而显得缺少真正意义上的比较，又因为包含有过多的描述性叙述而多少近似于“新闻报道”，难免受到人们的批评和指责。

第二类意见则关注比较政治学的方法论特征，即主张比较政治学最显明的特点在于它对比较方法的应用和重视，强调为了实现真正意义上的“科学”比较而着重讨论比较研究的理论框架和科学方法。在持有这一意见的学者看来，比较政治学所涉及的是人们针对有关政治生活的特定问题和特定现象而寻求解释性命题时所使用的一组适当的研究方法、策略和理论进路。这类主张指导下的学术实践活动主要体现为追求理论化和模式化，试图寻找能够容纳所有国家和政体类型的比较框架。在这方面，阿尔蒙德和小鲍威尔的工作是最有效果、产生影响最大的范例。尽管他们也会对各个国家的政治状况展开描述，但这种描述主要是为其理论框架服务的，确切地说，是在这一理论框架的指导下而且为了校验和推广这一理论框架而展开的个案研究。但这种学术努力同样也受到一些批评，被指责为过于强调理论化和宏观的整体分析而无法使其结论得到真正的经验支持，进而也阻碍了精致化和创造性经验研究的发展。因此，这些总是不断讨论与评论比较研究的方法论问题和切入问题的理论视角的比较政治学者，又被指责为“一个总是在不停地收拾行装却从未实际到过其他地方的旅行家”。

第三类意见则更多地强调比较政治学的理论建树。在这类意见的主张者看来，比较政治学对于政治学和社会科学的最大贡献莫过于在比较政治学研究领域中积累下来的、基于经验研究之上的理论知识。这些理论知识不仅加深了人们对其他社会的理解，也同样深化着对自身社会的把握，同时还为进一步的创造性研究奠定了坚实的基础。因此，他们更多

---

① Michael G. Roskin, *Countries and Concepts: An Introduction to Comparative Politics*, second edition, New Jersey: Prentice-Hall, 1986; Michael Curtis (ed.), *Introduction to Comparative Government*, second edition, New York: Harper Collins, 1990.

地关注在比较视野下所展开的各类经验研究，以及由此在各个主要的理论方向上所实现的创新和有可能出现的新的研究取向。但这种做法也并未得到学界普遍的认可。对于异议者来说，这种做法类似于各式理论的简单堆砌而并不能将它们融为一体，更遑论构建出逻辑自洽的理论体系。

从上述三类意见的纷争中，我们唯一可以得出的结论就是，对于比较政治学的研究对象和研究范围并没有任何一致的意见，比较政治学本身尚不能像政治学其他分支学科或社会科学其他学科那样形成一种基于研究者共识之上的界定。也正是因为这样，曾经认定“当代比较政治学与其说是一门学科倒不如说是一种运动”① 的阿尔蒙德曾率先在比较政治学领域内发动了一场“知识革命”（阿尔蒙德语）②，但在经历了数十年的努力之后，这样一场革命却被人认定是“一场停滞的革命”、“一场未成功的革命”③。这种不无尴尬意味的境况与其说是体现了比较政治学的不成熟，毋宁说是表明比较政治学尚有更宽广的开拓空间，足以刺激那些更富有创造性的学人投身于这一研究领域。

二、经验性理解意义上的比较政治学

关于比较政治学研究对象和研究范围的争论对于比较政治学的发展固然是有益无害的，但过多地纠缠于这一争论显然又会妨碍我们就这一学科的实质性内容进行理解和学习。因此，我们在这里更愿意采用一种折中主义的理解，以实用的态度来处理这一争论。换句话说就是，我们将对比较政治学作出一种经验性意义上的理解。

所谓经验性理解，即通过追问比较政治学实际研究的课题来把握与理解比较政治学的研究对象和研究范围。这也可以说是一种操作式的界定，即主要依据可观察到的现象而对一个相对抽象的事物给出描述式概括的方法。相对于规范性理解的定义而言，这种通过操作方式达到的经验性理解显然更加宽泛。虽然其间也许会缺少某种连贯性和逻辑自洽性而表现出相对的零散和无机的组合，但这种做法却能够更恰当地反映出比较政治学学科目前的这种不同学派多元共存、相互竞争的发展趋势和走向，也能够使我们在更广阔的视野下审视这一学科所已经实现的理论水平和知识积累。

基于这样的理解，在我们看来，比较政治学至少包括三大部分，即作为方法论的比较政治学、在比较政治学的长期发展中积淀下来的各种理论知识、比较视野下的政治制度研究。限于篇幅，本书将只讨论前两部分的内容，第三部分的内容将在另行出版的《比较政治制度导论》一书中加以论说。就此而论，本书所论说的比较政治学的主要内容包括：

第一，方法论问题。一般说来，方法论问题至少可以划分出三个层次：首先是哲学方法论，它在元理论层次上或认知的最高层次上，以知识总体为研究对象，从真理观和价值论的角度探寻认识的普遍原则，进而以概念框架的形式向人们提供特定的思维模式；其次是科学方法论，以各门科学具有普适性的知识增长方式为研究对象，从理性实证角度探究

---

① Almond, Comparative Politics, in *International Encyclopedia of Social Sciences*, New York: The Free Press, 1966, Vol. 13, p. 331.

② 参见［美］阿尔蒙德、小鲍威尔：《比较政治学：体系、过程和政策》，1页，上海，上海译文出版社，1987。

③ Lawrence C. Mayer, *Redefining Comparative Politics: Promise versus Performance*, London: Sage, 1989, p. 24.

理性认识的具有普适性的思维原理和方法；再次则是具体的科学方法论，它以特定学科的知识为研究对象，从操作性角度探讨使此一学科具备精确科学化取向并展开理论建构的方法。

比较政治学作为一门强调方法论的分支学科，比较研究作为一种用以处理经验数据和事实的手段，实际上对上述三个层次的方法论问题均有不同程度的涉及。

在元理论层次或元认知层次上实证主义及其与之相对应的替代性哲学方法论、特别是它们之间的争论，为比较研究和比较政治学提供了重要的思维框架和范式。它们通过各种途径内化为研究者的方法意识和思维习惯，进而对研究者的科研活动产生至关重要的影响和制约。

比较方法作为学术研究中具有普适性的科学方式，其本身所具有的通行规则、规程和程序必然是比较政治学方法论讨论中重要的组成部分。

作为比较研究在政治学学科中高级发展之结果的比较政治学，又不能不包括一些更加特殊的、与政治学研究相关联的因素，不能不包括一些将比较研究方法用于分析政治问题所必然形成的操作性规则、程序和技术。所有这些都是学习比较政治学知识和进行比较政治研究所不可缺少的内容。

第二，既有的理论认识。任何学科的长期发展都会积淀下来许多理论成果，它们是从对经验事实的研究中发现和提炼出来的理论概括，是从对客观世界的观察和认知中得到的系统性知识，其中既包括概念和概念组合、基本命题和理论学说，也包括理论化工作的基本进路、角度和方法，还包括围绕着这些理论认识所发生的、基于不同方法论范式之上的学派争论，以及基于它们之间的相互辩驳诘难、攻讦交锋所形成的新的理论发展取向等。这些既有的理论认识，一方面构成了人们研究和思考的认识基础和学术理路，成为人们据以进行理性思维的工具，它们或者作为研究者在进入具体研究课题时自觉或不自觉地受其约束的理论预设而发挥作用，或者作为具有提示性作用的概括性命题而要求研究者给出校验和推广；另一方面，既有理论又提供了学术论争的对象，即人们在寻求新的理论认识时的突破点和参照系，因为任何所谓新的发现无不是在旧认识的缺陷、局限和失效之处开始生发，无不是在相对于旧认识的意义上的某种变异、超越或创新。

由于比较政治学所具备的那种与社会科学其他学科易于沟通的特征以及其本身与经验研究密切相关的特征，比较政治学较之于政治学其他分支学科积累了更多的理论知识，其中相当一部分构成了政治学的基本概念和基本理论。

本书将按照以下五个主要题域来概述这些理论知识。

一是具有政治学“本体论”意义的国家与系统理论。实际上，当代比较政治学的发展就起源于政治系统理论的提出并由此对整个政治学学科产生了重要的影响。这一理论脉络中的不同学说流派之间的争论构成了有关政治学基本分析单位的新的认识。但在经历了相当一个时期的沉寂之后再次复兴的国家理论不仅在整体意义上对政治系统理论构成了挑战，而且提示了更多的有关政治过程和政治分析的新视角。

二是政治文化理论。比较政治学本来就是一种跨越文化的研究，自 20 世纪 60 年代始，比较政治研究更是表现出了明显的文化研究冲动并进而形成了政治文化的概念及相应的理论学说。这一研究试图揭示制度及其运行和变迁背后且对制度及相关问题有着制约作用的更深层次的因素。在某种意义上，这种学术努力不仅尝试描述不同国家之间的区别所在，更重在找寻造成这些差异的缘由所在。

三是发展理论。当代民族国家间的最大差异莫过于经济发展水平及其政治发展状况的不同。比较政治学所关注的一系列问题，如发达国家的工业化道路及相应的政治发展是否表现出某种规律性？是否具有全人类意义上的普适性？发展中国家的欠发展和不发展状况的根源是什么以及它们能否走出困境和怎样走出困境？对这些问题所进行的研究以及所得到的研究发现构成了这个题域内异常丰富的理论知识。

四是阶级与精英理论。这是具有社会构成因素分析含义的研究领域。基于精英理论的比较精英研究属于比较政治学长久传统的一部分，它不仅涉及跨国间的比较，而且涉及一国之间权力配置状况的比较；基于阶级理论的比较研究同样如此，不仅涉及一国之内不同阶级及其相互关系的研究，而且也包括对跨国间不同阶级或同类阶级的比较研究。不同学派所得到的不同的、往往处在交锋中的理论认识成为比较政治学理论知识的重要组成部分。

五是在相当程度上预示着比较政治学未来发展方向的政治经济学理论。近年来再度兴起的政治经济学理论热潮，从国际政治经济学开始而又推动了比较政治经济学的出现，其重点在于帝国主义理论、依附理论和欠发展理论、国家理论和阶级理论。这种状况从学理上再度鉴证了有关政治问题的研究不可能与社会和经济问题割裂开来的马克思主义基本观点，并且将对比较政治学的发展产生重要的影响。

第三节　比较政治学的基本功用

一、比较政治学的优长

回顾比较政治学的发展史，无论是历时性地考察包括马克思、恩格斯在内的许多思想家、理论家和学者采用比较研究方法的范例，还是列举足以说明比较方法在社会科学研究发展史上以及在当代科学研究工作中得到广泛应用的典型事例，我们所得出的结论都是相当明确的：比较方法作为一种研究方法具有极其广泛的适用性。

具体地说，这种广泛的适用性不仅表现为比较方法作为最简单且最基本的逻辑方法因而是每个理性的个人逐步习得并具备理性的途径，是人类理性知识积累和扩展的发端，而且还表现为比较方法实际上是其他同样简单且基本的逻辑方法如分类或归类与类比、分析与综合以及归纳和演绎乃至因果关系分析的基础性和关联性之所在。正是在比较的基础上，分类或归类才能进一步展开：在对事物进行识别、辨认和鉴定之后，才能够根据不同事物间的共同点将其归为一大类，又根据事物间的差异点将一大类事物划分为若干小类或亚类，从而形成种、类、属的概念；而类比，则可以说是一种特殊的比较方法，它是在比较的基础上开始推演并且按照比较的逻辑进一步展开的：对相关事物进行比较以便找出相似点，以这些相似点为根据，由一类事物的已知原理推论另一类事物，并对其进行概括和界定。相对而言，分类强调在同类事物中的差异点即类差，而类比则关注不同类事物之间的共同点即类似。

与此相关的是，分析与综合作为一组相关联的逻辑方法，其重要的基础也是比较以及在比较之上得以成立的分类。在最根本的意义上讲，分析即是将某一事物分解成各个部分以探索对此事物的更深入的理解，而综合则是将这一事物的各个部分重新予以有机的组合以寻求对这一事物更全面的把握。而无论是属性分析、要素分析、方面分析、层次分析、时段分析，还是结构—功能分析，都必然是以对其间所涉及的诸种属性、要素、方面、层次、功能的比较和鉴别为基础的。同样的道理，与分析相对应的综合，在以分析为基础展开的同时也就自然地包括了比较的含义。同时，所谓综合的根本意义在于通过将事物的诸种属性、要素、方面、层次、功能整合成为整体并在整体上求得对事物的新认识，这样一种在整体上厘清事物诸部分之间相对确定的关系的认识方法，本身也包括了比较的内容。

比较也是归纳和演绎得以展开的必要前提。当人们使用归纳法试图从诸多个别事实中概括出一般原理，展开从特殊到普遍、从个别到一般的思维运动时，其认识起点所涉及的对个别事实的认识，直至其推理判断过程中对反复发生或重复出现的事实特征的关注等，莫不包括比较与鉴别的内容。当人们使用演绎法寻求从一般原理引出个别结论，开始从一般走向特殊的认识运动时，不仅是作为其逻辑出发点的一般原理已然包含了比较方法在归纳过程中的前提性运用，而且这一认识运动过程对于特殊和个别的回归也必然包括了比较意义上的推论判断。说到底，归纳与演绎中所谓一般与特殊、普遍与个别都属于相对概念，都必然在比较中才能得以把握和理解。同时，求因果同样也是从比较着手的，原因与结果包括了两者间在比较意义上存在着的差别和在因果链条上的前后相继的特征。直至今天其效用仍然未有衰减的“密尔五法”——求同法、差异法、共变法、剩余法和求同—差异法，在用于发现因果联系时，其基本内容就是进行比较和鉴别。

正是由于这样的道理，在对社会现象的研究中，人们广泛地使用比较的方法；在每一具体学科的范围内，人们更是系统地使用比较的方法并因而创生了相应的分支学科。就政治学学科而论，比较政治研究，特别是其中对于政治制度的比较研究，往往具有特定的优长。一方面，这样的比较研究在客观上要求有全方位、多面向的综合和交叉，要求有历史学、政治学、社会学、经济学和心理学等多学科的融会贯通，由此也就能够在这样的比较研究中更加贴切地复原社会本身所具有的复杂性和多样性，进而形成单向性研究所难以产生的新认识和新知识。比较研究视角所具有的这种全面、综合和融会的特点不仅适用于研究者对于其他国家、社会和文化的认识，而且由于潜在或明喻的参照框架的选择和确立因而也同样适用于研究者对其自身所在国家、社会和文化的认识，因此比较研究所具有的创新拉动效果是极其明显和突出的。另一方面，比较研究实际上是以存在即合理为其认识前提的。这不仅体现为比较研究对于研究对象的选择和确立具有无所不包的特色，还体现为它总是意图将不同的研究对象置于同一层次或维度上加以比较和对比。由此，比较研究在其整个展开的过程中实际上接受并承认了各种不同的制度存在的合理性。因此，尽管比较研究者仍不免会受到自身意识形态偏好的制约和影响，但比较研究的重点从总体说来并不在于评价研究对象的价值，而在于考察这一研究对象与其他对象相对意义上的差异和共性，追究促生这些差异和共性的各种深层因素。在这个意义上讲，比较研究更加注重事实判断而非价值判断。

应用范围的广泛性、研究视角的复合多元化和对于基本事实的特别关注，使得比较研究成为社会科学研究者最为偏爱的研究方法之一。正如前面已经指出的那样，没有比较的思维是不可能的，没有比较研究的社会科学也是不可想象的。近代社会科学的发生、发展和不断前进的历史，其本身实际上就是比较研究方法在各个学科范围内得到越来越广泛的、系统的和精巧的应用的发展过程。对于不同时代的社会科学研究者而言，比较研究可以说是最为恰当的方法，可以用来扩展视野、丰富视角。这种扩展和丰富的作用即在于实现理论的创新，或是通过发现新的事实而求得新的解释，或是通过发现旧理论的缺陷而提出新的见解。这些都意味着理论创新的出现。这也就是学界中人或明确地或隐含地偏爱并经常使用比较研究方法的缘由所在。

二、比较政治研究的基本功能

比较研究所具有的上述优长相应地决定了比较研究的基本功能。具体地说，在其知识积累和学科发展的过程中，比较政治学主要在四个向度上做出了明显的贡献，并呈现了它的基本功能。

一是提供背景知识。一般说来，比较研究起源于人们将视野投射到超出自身居住和生活的特定空间与时间以外而得到的结果。这种扩展视野的动机，究其根本，则是人们对自身所处生存环境与另外某个或某几个生存环境的不同与差别的模糊感觉和初步认知，是人们希图了解其他人究竟是如何生存和生存状况如何的那种好奇心理及其求知欲望。这种扩展视野的结果，首先就是对于生活在他处的人们生活状况的描述和刻画，就是对于外国的研究。即便是在比较政治学已经得到长足发展的今天，对于外国问题的研究仍然是比较政治学基本的任务之一。由此而得到的知识积累，包括最为精细和深刻的外国问题研究所得到的知识，不仅在宽泛的意义上构成了我们知识的组成部分，更重要的则是为我们认识自身提供了必要的背景知识，为我们在今天这个相互联系日益密切因而相互依存程度日益加深的世界上生存下去提供了必要的认知基础。没有这样的知识基础，我们自身的生存和发展是不可想象的。

二是改善知识分类。随着知识的积累，人们自然要以系统化的方式对这些既有知识进行归类处理。常识性知识和学理性知识都会经历同样的处理过程，只是分类体系不同而已。同样道理，比较政治研究不仅是人们积累相关知识的主要手段，也是对这些相关知识进行系统化处理和再处理的主要手段。人们总是不断地用比较和鉴别的方法，通过建立参照体系和分类框架对越来越多的有关外国政治的知识素材进行加工和处理，进而得到更加完整和系统化的知识。随着比较研究知识的进一步积累，这种分类和得到完善的再分类将是周而复始、持续展开的过程。实际上，只有完成分类的知识才是更高级的知识，才是可以使用、传播和扩散的知识。正是在比较政治学持续不断的分类处理过程中，我们对于政治生活和政治体制（既包括外国的又包括我们自身的）才有了越来越完善的认知和理解。

三是检测理论假说。对此，爱因斯坦曾明确地指出："知识不能单从经验中得出，而只能从理智的发明同观察到的事实两者的比较中得出"①。而在社会科学研究领域，这实

① 《爱因斯坦文集》，第1卷，278页，北京，商务印书馆，1976。

际上是孔德已经提示过、后来由其弟子杜克海姆①所实践和说明又被比较史学的创始人布洛赫反复论证过的比较研究的最重要的功能，甚至可以说是比较研究方法从一般的理性思维方法提升为学科的科学研究方法的主要的缘由所在。对于任何颇具雄心的社会科学家而言，对经验事实的深入研究不仅意在寻求对于此时此地此事的最佳解释，而且力图从中进行概括和抽象而得到普适性发现和可以推广应用的规律性认识，力图发现社会发展的规律或足以解释社会发展的公理。但就认识的过程而言，这种学术努力的最初结果只能表现为一种理论假说，因而需要有更多的经验事实的验证、补充和完善。但由于社会现象的不可重复和不受控制，社会科学家却又不可能像自然科学家那样在可控制的条件下进行重复试验的验证；正是在这种尴尬处境里，比较研究是唯一可以在更大的时空范围内提供更多的经验事实并作为检测事实以验证理论假说的出路。这也是社会科学家多少表现出偏爱比较研究的一个重要原因。

四是作出前景预测。产生于个殊现象的理论抽象和普适性概括，其本身往往便具有依此进行前景预测的潜力。从一个国家的历史发展过程中，我们完全可以提炼出能够适用于同一国家不同时期或其他国家处在同一情境中的预测。在这个意义上讲，比较政治研究的一个重要功能，同样也是许多学者从事比较研究的主要动机，就是对未来的社会发展前景作出预测和推演。这在中国的语境中又具有极特殊的含义。近代以来那些力图“救国强种”的仁人志士，莫不以向外国求解振兴中华民族之路为己任；而在改革开放的今天，学习、借鉴外国的发展经验和经济管理模式更是全民的共识。可以说，人们的社会实践是不可能离开因比较研究而提供的前景预测的。

而在政治学的学科范畴内，比较政治学的这些基本功用又具体地体现为比较政治学相对于且之于其他分支学科所提供的特定的学术贡献和知识积累作用。就此而论，比较政治学的这种贡献和积累作用是不可替代的。正是这种不可替代性，从根本上确立了比较政治学作为政治学学科领域内一门分支学科而生成和存在、发展和扩展的基础。

所谓丰富和积累背景知识的功能，主要表现在现今政治学有关社会政治生活、政治制度结构及其运作、各种政治集团及其活动方式、政治决策机制和内容的一切知识大多来自于比较政治学的研究。正如前面已经指出的，人们对于生活在其他地理空间与历史时期的人们的政治生活的了解和理解，甚至对于自身所在社会的政治生活的了解和理解，其间不仅会经常使用比较研究的技术或手段，而且人们最基本的问题意识和探究欲望更是往往因领悟差别而生发并且强化。这种对于差别的领悟，就是比较研究的缘起。也正是由于这个缘故，比较政治学不仅为国际政治学的研究而且为本国政治的研究提供了重要的知识基础。

所谓改善知识分类的功能，对于政治学学科而言，则主要表现为比较政治学所贡献的这种知识分类和再分类的结果，往往是政治学基本概念得以产生和完善的主要途径，正如早在 2 000 多年以前亚里士多德已经做过的那样。实际上，正是在比较的意义上，政治学不仅获得了而且始终是在比较的意义上使用着诸如大众民主与独裁暴政、现代民主与家族统治这样一些基本概念。正是在这样一些基本概念的基础上，人们才能进一步展开理性思

① 杜克海姆，Durkheim，学术界有多种译法，包括：迪尔凯姆、涂尔干等。

维和学术争论，或是寻求对经验材料的深入解释以发现在不同制度和社会现象背后的原因和依据以及不同制度和现象所导致的不同结果，或是从事规范研究以完善价值判断从而对特定的制度安排加以贬黜和褒扬。

所谓检测理论假说的功能，比较政治学在政治学中所起的这一作用则更加明显，我们甚至可以在某种意义上说，比较政治学就是为了向政治学的理论假说和规律认识提供检测个案和经验事实而逐步成长与发展起来的。举凡比较政治学的著作，特别是其中那些对于政治学理论的发展有着重要影响和推动作用的比较研究著作，无一不是既提出理论假说又对之进行更大时空范围内的检测的。即便是那些专注于某一个案研究的著作，也概莫能外，或是依照某一理论展开而达至修补、完善和精致化的目的，或是相对于某一理论假说展开而寻求质疑、挑战和颠覆的检验。由此可见，这也是政治学研究舍此别无选择的出路：由于社会政治生活的特殊性，任何意欲成立的理论发现不能不在更大的时空范围内、不能不在比较研究的意义上求得检测以证明自身的价值。

所谓前景预测的功能，则多少与比较政治学研究者的终极关怀相关，与政治学者的学术追求相关。他们总是从历史上寻找对于现时的启迪，从现时寻找对于历史的把握；从外国寻找对于本国的教益，从本国寻找对于外国的理解。凡此种种俱与比较政治学密切相关。正是在这个意义上讲，对于未来所可能出现的问题，我们必将从我们自己的历史中、从处于大体相同处境的他国找寻可能的答案。

第一篇

作为方法论的比较政治学

第二章

比较政治学的历史发展和变迁

重点问题

- 比较政治学发展的主要历程及其阶段性特点
- 比较政治学研究在中国的发展历程
- 比较政治学方法论和研究主题的变迁
- 社会科学其他主流学科对比较政治学发展的影响
- 比较政治学内部社会科学化的取向与地区问题研究

在学习和掌握任何一门知识的时候，有益且有效的方法之一就是追寻这门知识发展的历史，在知识论的意义上讲，就是通过逻辑的方式在某种程度上“还原”人们在探索和建构这门知识时所经历的认识过程。对于社会科学来说，这一方法更具有特殊的意义：由此不仅可以了解构成这门知识的基本成分，如概念、范畴、理论命题和理论体系是在什么样的社会经验条件下，依据何种思考逻辑而形成，这些基本成分在其原创时的最初含义以及后来的演进和变迁；而且，由此还可以把握这一知识门类内部不同的理论见解与学术流派之间的承继和替代关系，它们之间的竞争和争论，以及这种学术争论又是如何对这一知识门类的发展和变迁形成制约及产生影响的。由此可见，在学习比较政治学时，对这一学科做一番历史考察是必要的。这一考察包括两个层次：一是宏观层次，主要审视比较政治学发展历程中那些对于学科整体发展产生影响的因素，包括政治学主流或主流政治学的发展，社会科学其他相关学科的影响，以及社会政治环境所建构的学科发展的外在条件；二是微观层次，主要涉及比较政治学内部的发展变化，包括研究主题的变迁，理论模式的发展与更替以及研究方法与操作技巧的发展等。

第一节　比较政治学的历史发展

一、早期的比较政治研究

利用比较方法研究政治是政治学中最常见的方法。实际上，政治学就是源自于比较政治研究。著名的比较政治学家阿尔蒙德就说过："从本质上讲，政治理论的大传统是比较的、分类的和类型学性质的。"①

一般说来，政治学的这种比较研究传统最早可以追溯到亚里士多德。亚里士多德那部创造了"政治学"一词的《政治学》实际就是比较政治研究的经典之作。当时，亚里士多德力图探寻古希腊城邦国家不稳定的原因，并以此回答究竟何种政体最为稳定的问题。为此，他自己动手并且指导他的学生对古希腊零散四处而各不相同的上百个城邦国家进行了比较研究。亚里士多德的比较研究步骤即便在今天看来也是富有借鉴意义的，它主要包括：第一步，提出适合于进行比较分析的问题。第二步，收集古希腊城邦国家的个案材料。第三步，在个案史研究的基础上按照三个相关性准则对城邦国家进行分类。准则一是最高统治者的数量，即一个人（暴君政体）、一些人（寡头政体）或多数人（民主政体）；准则二是行为方式，即寡头制或民主制；准则三是阶级结构即不同阶级间权力分配的方式。接下来的第四步是将这一分类结果与稳定和不稳定联系起来，研究何种政体最不稳定或者最为稳定。由此得出的结论是，纯粹的民主制和纯粹的寡头制属于最不稳定的政体，而最稳定的则是混合政体，即民主寡头制或寡头民主制，其间的权力由强大的中间阶级所掌握或由不同的阶级所分享。最后，则是在这一分析的基础上作出若干概括，进而解释稳定与不稳定的原因所在。

尽管比较政治学的研究方法自近代以来有很大的发展，但亚里士多德的比较方法中所包含的基本逻辑却很难说有多大改变。这个基本逻辑就是：确定一个具有理论意义的研究对象或建构一个问题，然后对相关经验资料进行收集和分类研究，再引入一种关键的评判性度量标准并据此对分类结果展开剖析和分析，进而得出解释性的概括。这种逻辑至今仍是比较政治学研究实践的基本特征。也正是因为如此，人们强调比较政治学的研究方法是解释性理论创新的主要手段。此外，相对狭小的地域中林立丛生着各式不同的城邦国家，在客观上就造成了对不同的政治制度进行比较研究的便利，对自身所在的社会状况的深入探究和分析也就必然会采用比较的方式以其他相邻社会为参照物而展开。这样一种激励着亚里士多德从事比较研究的客观逻辑也同样支配着后来人。只不过随着科学技术的发展和交通的便利，人们的视野更加宽大广阔了。

在其后的历史发展中，亚里士多德的这种比较研究的传统成为论证和评判政治制度优劣与否的主要方法，也成为理论创新的基本方式。直至文艺复兴和启蒙时代，政治理论得到了长足的发展，政治理论家对不同的政体形式作出了大量的类型学研究。这些构成了比较政治学的早期发展。当然，对于这一时期的政治理论家，我们很难依据今天的学科划分来理解他们的研究工作和学术贡献。因而我们对比较政治学历史发展的追寻也不能不追溯到那些对于社会科学研究产生了重大影响的思想家。在这个意义上讲，比较政治学的传统与早期社会学、历史学和政治哲学的发展是混合在一起的。

文艺复兴和启蒙时代思想家的理论工作在某种意义上讲，都是属于宏观性的体制比较。他们对于现实社会的认识往往基于比较研究，对于社会价值的判定往往包含有比较的

① Almond, Comparative Politics, in *International Encyclopedia of Social Science*, New York: The Free Press, 1966, Vol. 13, pp. 331-336.

含义，论证问题的方式本身多少都是对比式的，尽管他们并没有直接地明确地使用比较方法，也没有发展出系统的严格的比较研究理论。但他们的工作无疑是极具启发性的，对后人产生了极大的影响，以至于此后比较和对比成为一种得到公认和普遍应用的论证方式。具体而言，他们的宏观比较大体上可分为两种类型，一种可以称之为“思辨性的假设”，而另一种则应当冠名为“空想性的推演”。

就前者而言，他们都是通过对比和比较的方式设定了一个不同于现实社会的自然状态，而无论是出于性恶论还是性善论，也无论在自然状态中人与人是和谐共处还是睚眦相向，这种自然状态都折射出他们对于现存社会的认识；由这一自然状态出发，他们又展开了对人类历史发展的论述和现存社会的分析。例如，洛克首创了自然状态这一概念，又论证了从自然状态到政治社会的变迁。孟德斯鸠也是从自然状态出发论述现存社会的产生的，他就政府形式的归类问题作出了大量研究，提出了依“本性”即“统治权力”的制度属性和“原则”即为居民所需的、作为每一制度机制发生作用之“源泉”的特殊激情，进而划分出公民共和制、封建君主制和立宪君主制及其亚属。卢梭则设想了一个合理和谐的自然状态，进而论证私有财产的出现破坏了这种和谐，但他并未要求回到自然状态，只是以此证明与自然状态构成对比的、堕落的现存社会是无法容忍的，崇尚私有的现存社会必须通过强调团体的利益而得到挽救，必须使社会为社会全体成员服务。

就后者而言，我们可以说他们是在对比和比较的基础上推想出了一个不同于现实社会的“乌托邦”。而无论他们是采用了人性本恶的个人主义假设还是制度不良的集体主义假设，其乌托邦设想中所否定的无一不是立基于他们对自身所在的现存社会的分析。例如托马斯·莫尔的《乌托邦》所设想的那个以集体生活、公共所有、物质保障和劳动义务为基础组织起来的新社会即是如此。其后大量的乌托邦文献如培根的《新大西岛》、康帕内拉的《太阳城》等也提出了某种形式的社会所有制或公有制，并详尽阐述了私有制的恶果。

但在若干重要方面，启蒙时代的政治理论家们背离了亚里士多德的相对主义的观点而采取了一种有关政治历史和政治发展的直线发展论，这在当时英国、美国和法国的政治理论中尤其突出。具体地说，这往往表现为这样一种论证基调：首先，民主被论证为基于自然法和契约论之上的最好的政府组织形式；其次，随着民主革命的扩散，民主又被论证为人类历史的发展方向。这种主张历史直线发展的民主进步理论不仅支配着政治研究领域而且导致了对不同类型的政治制度进行经验比较和分类研究之兴趣的丧失，以及对一般政治变革理论之兴趣的丧失。在这样一种理论预设的支配下，对于政治变革问题，人们认为是不证自明的；对于不同类型的政治制度相对价值的规范研究乃至对这些政治制度的经验研究，也都被认为是无大意义的。启蒙时代思想家的比较研究在空间上具有地域性的局限即局限于欧洲诸大国间的比较，在时间上则具有矢量性的局限即局限于前后相继的历史的比较，在方法上则未能形成系统规范的理论论证而只属于一种朴素的应用。但无论如何，他们对比较政治学发展的正面意义的建树仍然是不可忽视的。这主要是因为，在他们那里暗喻的或明确的历史纵向比较已成为一种普遍的研究偏好，亦成为一种公认确当的论证方式；他们提出了关于政体分类的基本框架，其间的关键在于加入了新的明确的价值判断即民主、权力平衡与制约、全人类的福祉等。这些正面建树连同其局限，构成了后一时期比较政治学发展的基础。

二、近代的比较政治研究

文艺复兴和启蒙时代思想家的比较研究对后来的研究者产生了极大的影响，但突生性的变化造成了后来一个时期与前者的明显差异。

首先是前一时期纯思辨型的工作已经开始让位于最初形态的、以经验研究为基础的学术探讨了。例如托克维尔的《论美国民主》和《旧制度与大革命》两部著作，尽管写作相隔了几近 20 年，但这两部著作却构成了某种“双面镜”：在研究平等与不平等、自由与专制、稳定与失序的共同主题下，作者对美国民主条件的分析无一不反证着他对法国社会的分析，而他对法国社会的研究也为其对美国的研究所证实。再如被誉为“最早采取比较研究的方法分析政治制度的学者之一”的白哲特，在 1865 年出版的《英国宪政》一书中，对当时的政治制度进行了分类研究，而且特别强调带有社会心理感觉和文化认同含义的“国家的特征”是至关紧要的问题，对于特定政体的形式有着关键性影响和制约。在他看来，所谓“顺从”在英国有着重要的作用，因而议会政治最适合于英国的特点。同时，他还试图超越过去那种只停留在理论描述上的政体研究而特别强调要认识政治体制的“生动现实”。因此，他的比较研究突出地表现在他对议会制与总统制的相对长处的分析之中。白哲特的这种政治分析方法对后人产生了极大的影响。例如伍德罗·威尔逊于 1885 年出版的成名作《国会政体》即是师承于此；而后，威尔逊又沿着这一比较研究的思路写作了《论国家》（1889 年）一书，这被后人推举为一部更加成熟的比较政治学著作。他们的学术努力实际上印证了人们在谈到当代比较政治学诸项重要功能时会经常提到的一句话：在比较研究的视野下，了解外国是为了更好地了解自己。

如果说上述诸人多少还是从设立暗喻的参照物而展开比较研究的，那么还有一些学者则开始尝试明确的比较研究。例如奥斯特罗果尔斯基著名的《民主政治与政党组织》（1902 年）一书尽管分别设卷论述，但毕竟首先将英国和美国放在一起进行分析。而米歇尔斯的《政党论》（1911 年）一书则对德、法、意三个国家的政党进行了比较研究。从研究方法上讲，他们所做的工作多少类似于当代比较政治学中所指称的“集中比较”；从研究对象看，他们二人显然将研究重点放在了政府以外的政治实体上，进而提出了一种更具经验意义的研究。但总体而论，上述诸人同此前的学界前辈一样，比较研究的视野并未超出相当狭窄的地域限制，只是集中于欧洲，至多将北美新大陆看做是欧陆的某种衍生物而加以对比研究；同时，他们的比较研究尚处在朴素应用的层次，对比较方法并没有形成高度自觉和专门的论述。

其次则是在马克思和马克斯·韦伯那里，我们又可以看到更高层次的比较研究取向，唯其如此，他们对于比较政治学发展所产生的影响更加深远，也更加深刻。如前所述，马克思和恩格斯在他们的科学研究中强调比较是“理性方法的主要条件”① 之一。在他们深入研究人类社会的历史发展和创立科学社会主义学说的过程中，他们广泛且娴熟地使用了多种类型的比较，包括宏观比较和微观比较、横向比较和纵向比较等，以至于我们可以这样说，比较研究和比较式的论证是马克思、恩格斯进行研究和创造性理论工作的一种基本

① 《马克思恩格斯全集》，中文 1 版，第 2 卷，163 页。

方法。更有意义的问题在于，马克思和恩格斯的比较研究视野显然超越了此前的思想家，他们在更大时空范围内展开了更具宏观意义的比较。同样，马克斯·韦伯在1904—1906年间出版的名作《新教伦理与资本主义精神》和1915年出版的《儒教与道教》以及其他一些涉及印度、古代以色列的论文都可以在比较研究的框架内加以理解，因为这些著述都贯穿着同一个核心问题：为什么工业资本主义作为一种主权的、高度理性化的生活模式出现于现代美国和欧洲而在世界历史上的其他文明中却没有可以与之相比拟的事物？此外，他对权威类型的分类研究、对世袭社会和理性社会的划分，特别是对方法论意义上"理想型"概念工具的论述，无疑对比较政治学的发展做出了相当独特和深远的贡献。但必须注意的是，较之于他们的科学研究实践本身所体现的比较研究的范例意义而言，他们的学说所确立的理论框架对后来者的影响更大。因此，本书后面的章节还将对这些问题给予更详尽的讨论。

再次是比较研究的方法论认识在这一时期有了比较明显的突破。就此而言，贡献最大者莫过于孔德。作为古典社会学的代表者和现代社会学的开创者，孔德首先开始摆脱纯思辨性的社会哲学研究的传统而提出了实证主义哲学。他是第一个将比较方法看做是社会科学研究的基本方法的学者，并且力图在理论上有所说明。在他的方法论理论中，孔德将社会学与其他各类自然科学并列，并且在方法论原则上提出了用与自然科学研究方法相同或相似的观察方法、实验方法、横向共时性比较方法和纵向历时性比较方法研究人类社会以得到新的发现。

孔德认为，对于社会科学家来说，最重要的科学研究方法就是比较，因为它有助于驱逐绝对主义精神。人类社会与动物社会的比较可以提供宝贵的线索，使人们了解"社会关系的起源"和人与动物之间的分野，但更重要的是人类社会内部的比较，特别是对地球上不同区域的人类社会的不同生存状态进行比较——这些状态相互之间没有依赖关系。用这种方法就可以同时观察发展的不同阶段。① 在他看来，对于某些特定的发展阶段，西方文明并没有留下明确的资料，因而只能依靠比较方法，即比较研究其他地区尚存的原始社会。同时，对于某些不能明确确定的社会影响变量，如人种或气候对人类事务影响的孰大孰小问题，也必须借助比较研究才能加以澄清。

孔德进一步认为，这种属于静态的横向的比较研究尚不足以揭示社会事实和社会变迁的发生及其连续性。因此，属于动态的纵向的历史比较研究也就更加重要。历史比较即是按照时间的先后顺序来考察社会现象的变迁，其特点就是动态性与连续性的统一。因此，孔德认为，对人类连续状态的历史比较研究不仅是新的政治哲学的手段，也是这门科学的基础。②由此，贯穿于人类发展全过程的历史比较研究也成为他的社会学研究的核心。

尽管孔德本人并未在他自己的社会理论中实际运用比较方法，且他的比较研究理论也未能得到其他经验材料的支持，但这一缺陷恰好为其后来者留下了创新的空间。杜克海姆不仅继承了孔德实证主义哲学，并以社会整合和团结的概念发展了孔德的社会有机体理论，而更重要的还是他用自己的实证研究为孔德的学术主张提供了坚实的支持。正是在他的经验研究中，特别是在对"自杀"现象的经验研究中，杜克海姆实践了"受控比较法"

①② 参见[法] 孔德：《论实证精神》，北京，中国社会出版社，1999。

即通过统计方法首先排除那些与研究对象无关的现象（变量），进而比较分析不同环境下各类群体的状况。同时，他还提出并实行了严格规范的比较研究步骤，第一步是通过识别那种既具内在包容性（充分内涵）又具外在排他性（明确边界）的外在特点而对研究对象作出既有别于常识又基于现实的界定，第二步是依据特定的社会理论原则和学说如功能分析理论，通过演绎推理的方式提出有关因果关系的理论假设，第三步则是通过比较方法、特别是具有最大证明力的"共变法"对有关资料数据进行类别分析而展开对前述理论假设的检验。

在理论上，杜克海姆特别强调比较的方法是一种在对那些无法按照观察者之意图而人为再现的社会现象进行研究时可以使用的"间接的实验方法"，足以与自然科学中的实验方法相媲美。他明确指出："我们只有一个方法证明一个现象是另一个现象的原因，这就是比较它们同时出现或同时消失的情况，考察它们在不同环境下结合时表现出来的变化是否证明它们是相互依存的"①。较之于亚里士多德的比较研究，杜克海姆的开拓性贡献在于他对精细的、科学的研究方法和操作步骤的实践和论证。所有这些对比较研究的发展构成了一种强有力的学理推动，使得此前的比较研究传统在方法论的意义上得到了极大的提升。

由此，比较政治学领域的基本知识建构已然完成，直至第二次世界大战以后现实的变化和学术的发展造成新的局面之前，不曾发生具有突破性意义的知识变革。

三、第二次世界大战后的发展

近代以来在比较研究方面的发展不仅在思想理论上而且在研究方法上为比较政治学的进一步发展准备了基本的条件。但就学术发展史而言，比较政治学作为一个分支学科的出现还是第二次世界大战以后的事。在两次世界大战之间，政治学领域内的比较研究发展处于一种相对停滞、沉闷，至少是缺乏突破性进展的状况，尽管其间也孕育了新的学识生长，但随后到来的大战很快便席卷了一切，破坏了学术研究赖以生存和发展的基础条件，只是在第二次世界大战以后，比较政治学研究才得到了长足的发展，直至 20 世纪 60 年代，这一领域的发展始终表现出强大的冲力。造成这种局面的原因是相当清晰而又相当复杂的，所谓清晰是指这些原因的存在具有高度的可辨识性；所谓复杂则是指这些原因交错在一起，互相影响而又共同作用于学术研究，进而推动了比较政治研究的发展。

具体说来，其间的主要原因包括：

首先，20 世纪二三十年代法西斯主义在欧洲或以制度形态或以社会运动方式的普遍兴起，特别是其造成的大战浩劫，一方面极其残酷地破灭了启蒙时代以来的那种历史直线发展的期望、社会永远进步的预设和理性战胜一切的理想，使得人们更多地关注现实而不是憧憬未来，推动着学者尝试进行更具客观性的研究。而在另一方面，大战前后有一大批饱尝战争苦难的欧洲知识分子，不仅坚持欧洲学术研究长期以来所形成的研究偏好和理论知识，而且在研究对象方面也有特定的选择；他们更关注于对革命、战争和当时法西斯主义的研究，因此也就顺理成章地更多地使用比较研究的方法。"在战后第一代著名的比较

① ［法］迪尔凯姆：《社会学方法的准则》，138 页，北京，商务印书馆，1995。

学家中，如弗里德利希、洛温斯坦、弗朗斯·纽曼、汉娜·阿伦特、赫尔曼·芬纳，第二次世界大战对他们的教学和写作有着至深的道德和道义影响，影响着他们努力解剖纳粹制度，分析法西斯主义产生的种种根源，比较研究极权主义，更重要的是，他们的研究试图阻止任何类似的法西斯主义和极权主义再次上台"①。

其次，第二次世界大战以后，随着法西斯主义统治的垮台，许多东欧国家在苏联红军的帮助和支持下建立了社会主义制度，包括中国在内的一些亚洲国家也在其后不久的谋求国家独立和民族解放的过程中选择了社会主义制度，一时间形成了一个具有相当实力的社会主义阵营。社会主义制度在更大地域范围内的扩散和发展构成了对西方现代化发展模式的挑战，也构成了对西方支配世界政治格局的挑战。这一事实不仅提出了政策应对的需求而且刺激着学理知识的发展，于是，研究各个社会主义国家的特点，寻找其间的共同之处和不同之处，探讨在不同社会历史条件下和不同的文化环境中社会主义制度得以确立的原因等，成为比较政治研究中一个新兴且不断发展中的题域，进而推动着比较政治作为一个学科领域的发展。

再次，战后出现了以亚洲各殖民地国家的独立为特征的第一次民族解放运动高潮，接着又促成和推动了非洲的民族解放运动走向高涨。在短短的十几年时间里有几十个亚非国家获得独立，极大地改变了世界政治地理的基本面貌。这些新独立的国家不仅坚决维护民族独立，而且力求寻找出适合本国国情、实现迅速发展的经济道路以及以本国社会构成为基础的政治发展方向。应当说，这样一种发展首先对西方各国的政府政策构成了巨大的挑战，但同时也对相应的政策研究和作为政策研究之基础的学理研究提出了需求。无论其现实关怀和服务对象如何，对亚洲、非洲许多前殖民地国家的独立及其发展状况的研究，客观上就要求改变过去那种将这些国家看做是西方宗主国的附属物而不予纳入研究视野的状况，同时更提出了许多有关其文化和社会差异与发展进程之间联系的问题。这方面的研究构成了以阿尔蒙德等人为代表的战后第二代比较政治学家的治学中心。

如果说上述国际范围内政治、社会环境的变化极大地影响了比较政治研究的议程，那么，学术界知识发展的影响也有利于比较政治研究领域的新突破的出现。在这方面，社会科学其他主流学科中的学理发展有着突出的作用，这主要是指：

第一，许多新的历史社会学和社会学理论的学理概念和洞识的提出对比较政治研究领域有着重大的推动作用，其中尤以人类学和社会学学科中的功能主义分析理论最为突出。社会学大师帕森斯和席尔斯等人不仅译介了马克斯·韦伯的著作，造成了战后的"韦伯热"，而且还光大了其师长马林诺夫斯基的"功能主义"理论，更重要的是，他们关于社会行动、社会系统与功能、结构与过程的种种学理阐述使得新一代比较政治研究者能够从经验研究所得到的研究成果和洞识中提炼出足以对之加以规范和分类的理论框架。从后来显赫一时的政治理论家和比较政治研究者，包括伊斯顿、多伊奇、阿普特、阿尔蒙德和派伊等人的著述中，不难看到社会学理论发展所留下的深刻痕迹。

第二，有关文化和人类个性的人类学、心理学和心理分析研究方面所取得的长足发展

① Howard J. Wiarda, Comparative Politics: Past and Present, in H. J. Wiarda (ed.), *New Directions in Comparative Politics*, Boulder: Westview Press, 1985, p. 12.

同样影响着比较政治的发展。这主要体现为发源于弗洛伊德及其追随者的心理—文化研究法和 20 世纪 20 年代以来由拉斯韦尔、本尼迪克特、米德等坚持心理分析取向的社会科学家所发展起来的方法。他们的著作，特别是论及第二次世界大战起源诸问题，论及德国、日本、俄国和美国民族特性的著作，在比较政治研究者中引起了对文化特性之于政治生活和公共政策问题的敏感。比较政治领域中的政治文化研究方法即受到这些心理—人类学文献的极大影响，他们力图通过使用跨民族的调查研究、特定的精英集团及其相对物的研究，将民族和次民族人口的态度特性及认识论特性与政治体系的功能和特征联系起来，从而形成了延续至今的一脉学术取向。

第三，对于西方国家自身政治进程的研究中开始引入新的概念和方法。例如在欧洲，以著名社会政治学家迪韦尔热的《政党论》（1951 年）为代表，开始在对政治过程、特别是政党的经验研究基础上，展开比较性的分析和归类，使用了许多新的研究技术和分析方法；在美国，则是在行为主义革命的框架内关注美国选举和政治过程的经验研究，在社会科学研究理事会设立了政治行为研究委员会之后，行为主义的研究方法更是盛行一时。而从这些研究中所形成的许多洞识和方法论知识对比较政治研究产生了相当明显的影响，其中所谓“进程”问题的参照框架，对于政治进程非正式因素如政党、利益集团、传播媒介和公众舆论的关注，在选举和公众舆论研究方面更新、更严格的方法论的应用等，直接影响了比较政治学研究的理论发展和实地研究。

第四，有关非西方国家制度的研究资料越来越多，相关知识的积累达到了一个新的高度并由此对整个学科领域产生了深刻的触动。这主要是因为自 20 世纪 50 年代开始，随着新独立国家的增多和本国政策研究的需要，年青一代的政治学家大批奔赴非西方国家进行实地研究，结果便产生了一批堪与有关美国和欧洲政治的研究成果相媲美的精巧复杂而又极具解释力的成果。这些具有在非西方国家进行田野研究经验的年青一代对秉持西方中心主义的老一代政治学家构成了挑战。而其工作性质和特点决定了他们对人类学和社会学的最新研究成果十分敏感，热衷于学习且应用其方法和理论。同时在研究主题上，他们看到了新独立国家的议会机构、官僚制度、政党和利益集团往往有着与西方、特别是美国不同的特性，因此，他们在对这些国家实际的决策过程和政策执行的研究中，特别是在理论概括的过程中又必然趋向于寻找其“功能”的等同物。由此，“体系”、“进程”、“功能”等概念，人类学的田野研究方法，人类学和社会学的相关理论自然得到他们的青睐。

到 20 世纪 50 年代末 60 年代初，比较政治学终于出现了具有重要突破意义的成就。其中的主要代表人物如伊斯顿、多伊奇、阿普特、阿尔蒙德和派伊等人，在这一时期发表了大量的学术著作，为比较政治学确立了至今仍具重要影响的理论经典，并因而使比较政治学进入一个崭新的发展阶段。概括起来说，他们的主要成就涉及多个方面，就研究视野而言，他们不仅关注整个政治体系的运行，而且注意政治体系各个侧面和诸多要素，因而极大地拓展了比较政治研究的对象群体；就研究地域而论，他们超越了过去长期以来仅仅集中于西方国家的研究局限而将更多的精力投注于非西方国家和发展中国家，因而，他们在研究成果的科学性与系统性方面达到了一个新的高度。

更值得注意的是，这些学者的学术成果固然为比较政治学的发展带来了新的突破，他们对于自身学术研究科学性的极大自信固然推动了更多学者投身于比较政治研究，并使得比较政治学作为学科的建构得到了最终的实现，但随着时间的推移，他们的学术取向、研究方法、理论预设乃至主要结论，他们未曾明言但却明显可辨的研究偏好、现实关怀和价值判断，都受到了质疑和批判。在这个意义上讲，战后以来至 20 世纪 60 年代中期，比较政治学的突破性进展本身实际上开创了一个使比较政治学必然走向更加多元和激烈竞争的阶段。

四、比较政治学研究在中国

如果按照比较研究在西方所经历的发展来对比考察中国的比较研究发展，则会发现后者表现出非常独特的情形。一方面，我们可以发现中国早有比较研究的传统，但另一方面，我们又可以发现这种比较研究的传统较之于西方有着相当不同的内涵和意义。

一般说来，中国的成文典籍随处可以看到比较方法的应用。早在西汉时代司马迁著《史记》时，他的分类体系本身即表现了比较研究的特色，特别是他在撰写“列传”时，往往是将具有“可比性”的两个或两个以上的人物安排在一起而写成“合传”，例如《老庄申韩列传》、《孙子吴起列传》、《廉颇蔺相如列传》、《孟子荀卿列传》和《屈原贾生列传》等，莫不如是。这种写法不仅便于作者抒发议论，也有利于读者在对比中掌握不同历史人物的特征和共性，因而在史书撰写中经常被后人效仿，如此后班固所著《汉书・艺文志诸子传》即是如此。

但必须注意的是，由于中国较早地实现了“大一统”，古人视野所及大体上属于均匀发展的同一制度构成，又由于中原大地的制度文明成熟较早且发育完善而成为周边地区和国家制度建设过程中模仿与搬用的对象，中国的比较研究传统，在历时性比较方面表现突出而较少共时性比较，在仅有的共时性比较中则表现出偏重微观的比较而较少宏观的、体制的比较。中国传统史学所强调的“鉴往知来”之传统和描述王朝兴替之重点便在佐证了历时性比较之普遍的同时也表露出共时性宏观比较的缺乏。

这一情形在近代以来发生了显著的变化。如果说早期的中外文化交流尚能以比较优雅和温和的方式刺激着一向自傲的国人开始产生了解异邦他乡情形的兴趣，那么此后伴随着西方和东洋列强利炮坚船而来的民族生存危机则以相当残酷的方式迫使清末以降的知识分子自觉自愿地引介或了解有关“夷情夷务”。无论是顽固保守派“西不如中”的见解，开明改良派的“中体西用”的要旨，洋务派的“师夷长技以制夷”的活动，抑或激进分子“全盘西化”以求革故鼎新的主张，大都是建立在了解或误解外国情况并与中国进行特定比较的基础之上的。在这个意义上讲，近代以来中国任何倡导革新或反对革新的主张和运动无不包含了中外比较的思维活动。回想起李鸿章当年惊呼中国正面临着“三千年未有之变局”并商议派遣中国少年留学生的时候，康梁起草和推行“戊戌变法”纲领以及后来亡命海外仍以文章纸笔主张革新的时候，以及清末满族王朝被迫接受改革而派出六大臣出使欧洲而后议立“君主立宪”的时候，我们至今仍能鲜活地感受到那种在外来的示范性压力下急欲了解外国的复杂心态。正是在这种心态的支配下，梁启超在那篇广为流布的文章《论中国与欧洲国体异同》中明确地指出：“以今日论之，中国与欧洲之文明，相去不啻霄壤。然取两域数千年之历史比较而观之，可以见其异同之故与变迁之途。而察其原因，可以知今日现状之所由来。寻其影响，可以知将来形势之所必至。”①

我们确实很难用今天的学术评判标准来评断这一时期中国比较研究发展的状况，但我们仍应当指出，在这样一种形势下所产生的比较研究、特别是有关政治问题的比较研究，其视野已经超出了中国史学中的比较研究传统而开辟了一个全新的领域；尽管其研究所得的学术价值和方法论意义亦难以与当时西学比较研究的发展水准相提并论，但其间所体现的中国学人特有的问题意识和终极关怀、学人治学的实践品格和目标设定，却更加长久与深刻地推动和影响着中国比较政治学的发展。我们在考察以李大钊、陈独秀等为代表的早期中国共产党人的学术活动时，也可以发现同样的情形。他们对比外国的情形而生发出对本国封建落后积贫积弱的悲愤，潜心研究外国以寻求振兴之路，直至“十月革命一声炮响，给我们送来了马克思列宁主义”。

新中国成立以后，随着新中国争取国际地位的努力，中国的外国政治研究开始了真正意义上的起步。1950 年中国人民大学设立了外交系，1955 年又扩大改建为外交部直属的外交学院，即是例证之一。至 20 世纪 60 年代初，中苏交恶，完整意义上的独立自主外交开始了新的发展阶段。以此为契机，强大的政府力量介入和政策主导性刺激使得中国的外国政治研究以前所未有的规模和速度得到长足的发展。1963 年底，中国政府总理周恩来主持召开了加强全国国际问题研究的座谈会，随即由中共中央下达了《关于加强外国问题研究的决定》。此后，中国人民大学、北京大学、复旦大学设立了国际政治系，与之配套的则是建立包括特种语言小学、中学和专科院校在内的外语人才培养基地；在北京和上海以及与周边国家接壤的省会城市先后成立了一批外国问题研究机构，创办了一批国际和外国问题研究刊物。在这样一些机构化工作的基础上，有组织地编辑和翻译出版了一批国内外学术名著及政治著作和教科书。属于比较政治学范畴的外国政治研究在中国的发展开始显现出勃勃的生机和强劲的势头。

但是，“文化大革命”使刚刚开始的国际政治和外国政治研究受到严重损害。独立自主演变成“闭关锁国”，除了与极少数国家保持交往之外，中国实际断绝了与整个国际社会的沟通，客观科学的研究被代之以“唯我独革”的价值判断。然而值得注意的是，外国问题研究虽然受到无数次政治运动、特别是“文化大革命”的严重冲击，但较之其他社会科学的研究，这一领域无论如何算不上“重灾区”。一方面，严酷的冷战现实和险恶的国际形势使得中国急于摆脱相对孤立的国际处境，急于建立国际统一战线，因而不能不对世界上各个国家和国家群体进行精细的比较研究，进而确定不同的类型；不能不展开相对科学和客观的研究以求能够比较真实地了解外部世界。“三个世界”理论的提出即是这一研究的主要成果之一。另一方面，外国问题研究的忌讳和“禁区”较少，也吸引着诸多学人投身于这一研究领域。而学者的研究自觉或不自觉地都会以潜在的中外比较为基础展开自己的演进逻辑，因而与其他社会科学知识门类相比，尽管这种强烈的政策研究导向多少损害了中国比较政治研究的学术性，但其中所积累的原始资料和基本知识仍是宝贵的。

中共十一届三中全会所确立的改革开放的大政方针从根本上改变了比较政治研究的处境。从这时起，国际政治研究出现了新的气象，并且取得了初步的成果。

---

① 转引自王德峰编选：《国性与民德：梁启超文选》，18 页，上海，上海远东出版社，1995。

首先是陆续译介了一批西方比较政治学著作，包括阿尔蒙德和小鲍威尔的《比较政治学：体系、过程和政策》和《当代比较政治学：世界展望》、阿尔蒙德和维巴的《公民文化：五国的政治态度和民主》、亨廷顿的《变革社会中的政治秩序》和《第三波：20 世纪后期民主化浪潮》、奇尔科特的《比较政治学理论：新范式的探索》和《比较政治经济学理论》。这些都是西方当代比较政治学发展中有过巨大作用和影响、至今仍列为比较政治学课程必读书目的著述。

其次是出现了一批中国学者撰写的比较政治学著述，如杨柏华和明轩所写的《资本主义国家政治制度》，王沪宁所撰写的《比较政治分析》等。至 20 世纪 90 年代，此类专著的出版更是达到了一个高潮，其中包括杨祖功等人所撰著的《西方政治制度比较》、吴大英主编的《西方国家政治制度剖析》及其撰著的《西方国家政府制度比较研究》、曹沛霖和徐宗士主编的《比较政府体制》、许崇德主编的《各国地方制度》、陈嘉陵主编的《各国地方政府比较研究》、唐晓等人所著的《当代西方国家政治制度》、李晨芬和谭融编著的《外国政治制度》、李林所著的《立法机关比较研究》、罗荣渠主编的《各国现代化比较研究》等。

再次是积累了大批研究资料。特别是如果能够对比较政治学采取更宽泛、更具传统意义的理解，那么就可以将大批有关特定地区或国家的政治历史和政治生活的著述也计入比较政治学所谓外国问题研究的范畴。这类出版物的数量之多，实在是不胜枚举。

从总体上讲，中国目前的比较研究，特别是比较政治学的发展尚处在朴素应用的阶段，重在描述而分析较少，重在罗列而归纳较少。相对于过去那种将外国政治制度一言以蔽之曰“资本主义”的方式，相对于过去那种盛极一时的价值判断先于事实判断的做法，目前的发展确实是一种进步。但我们必须承认，比较政治学在中国还有漫长的道路，还有宽广的发展空间，还有许多有待学人涉足的空白领域。

第二节 比较政治学主题的变迁

一、研究主题的当代状况

比较政治学所经历的漫长发展，特别是第二次世界大战后在这一领域所出现且至今亦有明显影响的发展变迁，显然还须从多个侧面进行考察。就此而论，比较政治学在其历史发展过程中的每一特定时期所表现出来的研究主题的变迁就显得非常有意义了。正如前面已经论述过的那样，比较政治学是政治学学科当中唯一一个以其相对独特的方法论依据而非其特定的研究对象界定自身的分支学科，由此，举凡政治学所研究的对象无一不在其研究视野之内。但在特定时期内多数学者的研究取向并非等同或划一的，他们对诸多政治问题的研究是有侧重的、有取舍的，在此基础上所形成的知识积累也就相应地表现出不同的发展。倘若以宽泛定义的政治制度为中心，以比较政治学对于政治制度的关注作为进路而展开考察的话，那么，我们可以发现，比较政治学的研究涉及以下这样一些特定的主题，而在这些主题中又包含着诸多变化和发展。

1. 政治制度的分析框架与分类体系

对于政治和政治学的研究无不涉及对包括国家及其机构在内的宏观政治实体和分析单

位的关注。特别是在比较政治学研究领域，出于对历史上沿袭出现或更替而来的政治制度的关注，出于对同时共存的不同政治制度的关注，这一问题更是成为研究的重点。可以说，从亚里士多德开始，对于政治制度本身的探讨即成为比较政治学的一个经典论题。从这个意义上说，比较政治学之于政治学的重大贡献之一便是它对制度性比较的关注以及由此积累下来的理论知识。也正是在这一论题的范围内，随着时间的推移，比较政治学的研究工作出现了不同的研究取向。

正如前述，亚里士多德在其对于古希腊城邦国家的比较研究中实际提出了一个有关政治制度的分析框架。在这个框架中，权力是核心概念，权力在最高统治者之间的分配状态、最高统治者行使权力的方式以及这一权力对于社会大众的影响构成了不同制度之间的差异所在。可以说，这是一个有着经验含义的分析框架。据此，亚里士多德也提出了相应的制度分类体系，即暴君政体、寡头政体和民主政体，以及介乎这些政体之间的混合政体。而同样从事宏观性的体制比较的文艺复兴和启蒙时代的思想家们，无论是遵循“思辨性假设”的思路还是主张“空想性推演”的方式，主要依据人类民主进步的理念，依据政治制度对于人性的背离或适合与否而进行分类，其核心评判标准大都包括理性、幸福、和谐、文明或文明开化程度等，而其分类的结果则是民主与非民主的差别。随着各国政治制度的发展和研究者信息占有状况的改善，比较制度宏观研究的重点又发生了特定的变化，依据各国宪法和法律制度的不同、依据正式建立的国家权力机构的不同而进行的分类研究在此后的研究中成为主流取向。

但在第二次世界大战以后的发展中，情况发生了明显的变化，上述旧的研究取向因其对政治行为的忽视、对政治以外的社会、文化和意识形态因素对于政治机构之影响的忽视而受到严厉的批评，取而代之的则是 20 世纪 50 年代初期开始兴起的政治体系研究。这中间又包括两种略有不同的研究取向，即结构—功能主义分析和系统分析，前者强调政治体系的结构—功能类别，而后者以政治体系的输入与输出、反馈为框架。这两种研究取向吸收了社会科学其他学科当中丰富的理论思考，呼应着当时正在发生的行为主义革命。因而，“在当代比较政治学领域再没有比功能主义和系统分析更有影响的研究方法，也再没有其他方法比这样两种方法引起了更多的争议”①。其影响所及之一便是从这时开始，对于任何个别政治制度的研究都被纳入了比较的框架，任何政治制度都在比较的意义上得到研究，或是在特定理论的框架内被归入不同的类型或变异类型，或是依据一般性的分类学理论或特定的机构和进程理论而以个案研究的方式得到细致的分析。而其争议的缘由之一便是这两种研究取向对于国家问题的忽视，因为二者均认定，国家的概念过于模糊和笼统而极易引起歧义，过于关注法律和正式结构而不能涵盖政治生活的重要内容，因而主张以政治体系的概念取而代之。

现实政治的发展变迁对于纯学理的争论有着极其重大的影响。自 20 世纪 60 年代以来，拉丁美洲普遍出现的军人政权以及随后在 70 年代出现的民主化浪潮、南欧启动的民主化进程、东亚经济发展和政治变革的经验直至 80 年代末 90 年代初的苏东剧变，无一不

---

① James A. Bill & Robert C. Hardgrave, Jr., *Comparative Politics: The Quest for Theory*, Lanham, Md.: University Press of America, 1973, p. 201.

提示着对于国家和国家权力机构的重视，于是又有了以国家理论作为政治学研究中心的复归与复兴。这样，在比较政治学研究领域，政治体系与国家问题构成了一个极其重要的题域。体系理论与国家理论在对于何者为比较政治学的核心概念的问题上构成了争论，而在各流派理论内部，又有主流理论与替代性理论的争论。正是在这种争论中，人们的认识不断走向深化，因此这也是本书介绍的重点内容之一。

2. 政治制度的构成及其含义

20 世纪 50 年代末至 60 年代初的时段，在比较政治学的发展史上占有极其重要的地位，这不仅是由于新的研究取向和新的范式出现所导致的“知识革命”，而且是由于自那时以来，比较政治研究在政治学领域具有一种支配性的影响。按照悉德尼·维巴在 1985 年回顾此前比较政治学的发展时的说法，“最近 20 年来政治学最具意义的变化之一就是比较视角在这一学科的几乎所有领域中得到发展。举凡过去那些一向被孤立对待的一切问题和事物，现在都被置于比较的观点或比较的数据之下加以考察研究。实际上，目前谈论比较政治可以说就是谈论任何事物、谈论一切事物”①。

这样一种发展趋势，从两个方向上推动了比较政治学对于政治制度次级构成成分的研究。一方面，比较政治学的研究者不仅以新的范式和方法继续研究过去在比较政治学视野下已经涉及的、在政治制度构成中属于正式的、宪法和法律规定的机构和权力结构，而且开始比较研究过去一向忽略的非正式的、宪法和法律规定不能完全表现的政治实体、政治行为和政治过程因素，例如各国政党、政党制度及其社会基础，利益集团及其参与决策过程的特点，政治精英与社会大众的政治行为特点和互动模式，官僚制的发展特征和公共政策过程等。这种比较研究视野的扩大又由于政治学其他分支学科如国内政府与政治、国际政治和国际关系、公共行政管理对于比较方法的普遍应用而表现出更具冲力的发展。

另一方面，盛极一时的结构—功能主义分析和系统分析对于政治制度的宏观研究框架和分类体系的关注，也极大地影响着比较政治的研究议程。在其首创者的参与和组织下，许多学者依据已经提出的抽象框架和理论预设着手研究个别国家的案例，力图在更大的范围内求证这些框架和预设的合理性和有效性（如阿尔蒙德和小鲍威尔主编的《比较政治学：体系、过程和政策》和《当代比较政治学：世界展望》以及冠之以“××国政治”的系列丛书）。但这种做法及其理论框架很快便遭到猛烈的抨击，被指责为片面的“‘输入’主义”的研究偏好②，还被指责为过于包容一切而实际上一无所有，无所不能因而一无所能，被指责为穷尽所有变异因而失之宽泛和模糊，无法为进一步的精细而又具体的研究提供任何用处。人们因此开始寻求那种“更具意义和助益但并不一定是全球化和包容一切的”中层理论③，开始注意以更多经验研究为基础的宏观分类与微观研究之间的整合与沟通。与此相应的则是比较政治的研究者开始对有关各种政治制度的特定构成成分和进程给

① Sidney Verba，Comparative Politics：Where Have We Been，Where Are We Going? in H. J. Wiarda（ed.），*New Directions in Comparative Politics*，Boulder：Westview Press，1985，pp. 27-28.

② R. C. Macridis & B. E. Brown（eds.），*Comparative Politics*：*Notes and Readings*，Belmont，Ca.：Wadworth，1990，pp. 4-7.

③ Howard J. Wiarda，Comparative Politics：Past and Present，in H. J. Wiarda（ed.），*New Directions in Comparative Politics*，Boulder：Westview Press，1985，p. 6.

予更多的关注，并由此在这些可谓特殊主义的理论方面实现了突破性的进展。

可以说，经历过20世纪50年代末和60年代那种“大理论”的建构热潮之后，比较政治学在相当程度上丧失了对于这类大理论的热情，相反，对于上述特定的、更加具体的问题的比较研究却逐渐成为经久不息的热点，成为比较政治学分支学科内不可忽略的题域。对此，后面将给予更详细的说明。

3. 政治制度的变迁及其原因

政治制度变迁是比较政治学的经典论题之一。尽管在文艺复兴和启蒙运动时代，出于对人类进步和理性的推崇，人们对于政治变迁的具体样式没有给予更多的关注，但现实政治的发展、特别是以革命形式出现的政治变迁，总是引发着敏感的学者去关注政治制度变迁的发生与发展，探讨其得以发生的原因及由之而来的历史影响。

自20世纪60年代开始，在所谓“现代化理论”的框架内，以研究战后新独立的亚非国家的国家机构创设和民族认同建立为主要内容的政治发展研究在比较政治学领域内得到了长足的发展。这是客观形势的发展和特定的政策需求所导致的结果，也是比较政治学扩大研究视野的产物。值得注意的是，政治发展研究既起始于对系统理论和结构功能主义理论那种过于强调稳定、和谐与均衡的批判，但其本身也同样包含了日后被来自第三世界国家学者指责为保守主义意识形态取向的因素，从后一类批评中又产生了具有根本性差别的依附理论和世界体系理论。对发展中国家的研究也进一步促生了新的对于西方社会自身发展历程的研究。直至今天，诸如制度化发展的差异性和阶段性，以及政治腐败现象探源等问题仍然使政治发展研究在比较政治研究中占有重要的地位。

与此同时，“比较政治研究者对于政治发展理论的关注也推动了其他学者向政治变革的经典理论论题的回归，由此，较之于比较政治领域而言，这一发展将会对政治理论领域产生更大的影响”①。特别是在比较革命研究的论题内，新的研究视角指导着经验研究和历史比较，而新得到的研究结果又推动着新的解释学说的出现。马克思主义的阶级分析和历史理论中的“生产关系矛盾论/社会冲突论”解释，功能主义理论中稳定与不稳定、均衡与失衡、外在压力与政府反应的解释进路，社会心理学派“相对剥夺感”和“J—曲线”的个体化行为主义解释，以及比较历史—结构主义的综合性视角，这些不同的理论流派之间的相互争论和批驳构成了比较革命研究中精彩纷呈、多元竞争的局面，由此，比较革命研究在理论上更加精巧而研究资料也更加全面可靠，因而形成了良性上升的发展趋势。

与之多少有些类似的是，政治民主化也一向是比较政治学研究的经典题域且久盛不衰，这不仅是因为其间所包含的明显的价值判断而为思想大师和政治科学家所关注，更是因为近30年来现实政治生活中民主化浪潮的发展而为世人所瞩目。就政治民主化研究的重点而言，规范的理论研究继承了比较政治学初期的传统，对民主政治的概念、民主的模式进行了大量探讨；而经验的实证研究则更多地关注于操作性的概念建构、关注于对实际发生的个案展开研究。依据现实政治发展的进程，这方面的研究先是导源于政治民主崩溃的研究，而后更多地转向政治民主化转变的研究，到20世纪80年代末苏联东欧的剧变又

---

① Almond, Comparative Politics, in *International Encyclopedia of Social Science*, New York: The Free Press, 1966, Vol. 13, pp. 331-336.

进一步刺激了有关这一问题的学术努力。就此而论，世界性民主化浪潮的出现为学者带来的主要刺激，首先就是可以在多国比较的基础上进行分析和考察，由此而出现的最为引人注目的研究成果便是在比较基础上提出的政治民主化的类型研究。因为正在走向政治民主化的威权政体，由于威权统治的形成条件、得以巩固的基础和此后走向弱化的因素的不同，所处国际政治经济环境及其内部政治经济与社会环境的特殊性，其政治民主化的样式、模式和类型当然会有所不同。而比较研究使得人们容易发现其间的共同点与相异点，发现规律性而提出普适性的命题。正是在这样的研究中，现代化路径对于从传统走向现代民主的乐观主义看法与历史结构路径基于中心—边缘理论和世界体系理论之上的悲观主义理解之间的对立等，为越来越精巧的分类框架的出现提供了丰富的理论滋养，其中既有以主导政权转型的力量及其政治策略不同而进行的区分，也有基于对民主化进程的阶段性特点的总结而提出的分类，所有这些都极大地丰富了比较政治学有关政治制度变迁的理论认识，也成为比较政治学对于政治学的重大贡献之一。

4. 政治制度的深层文化结构

比较政治学对于政治制度的研究所具有的最大特点就是跨国、跨文化的比较研究。比较研究的目的是探求不同国家或文化区域政治制度的共通之处以寻找有关人类社会政治生活的通则，是寻找其间的不同之处以确定这种特殊主义的根源和原因。正是在这样的“跨越”的比较研究中，政治文化和政治社会化的概念及与其相应的理论学说发展起来，并成为比较政治学的核心概念之一。尽管有关政治文化的界定多种多样，从来就没有实现过任何有意义的学界共识，但从最一般的意义上讲，我们仍然可以认定，政治文化是指一组政治文化象征符号，它们形构着个人意识形态信念体系并由此规范着人们的政治行为，进而为政治体系奠定特定的基础；政治社会化则是指政治文化的内化过程，通过这一过程，人们获得特定的政治知识和政治习惯。一般说来，不同的国家或文化区域有着不同的政治文化和政治社会化过程，这种特定的过程与政治制度之间存在着复杂的互动关系。

其实，从更长程的发展来看，这里所说的政治文化研究在某种程度上就是久已有之的所谓“民族特性”研究在当代的继续。早期的比较学者，如亚里士多德即描述过有利于政治稳定或导致政治变革的“心态”问题和作为城邦国家构成要素之一的公民“秉性”问题；白哲特也曾特别强调带有社会心理感觉和文化认同含义的“国家的特征”，对于特定政体的形式有着关键性影响和制约。这种关注各地各国文化特质状态的研究传统在人类学和文化人类学、历史学，尤其是欧洲大陆社会学的发展过程中更是得到了丰富的研究成果。

从经验事实上讲，无论是战前法西斯政权的崛起还是战后新独立国家移植西方政治制度的失败和内乱频仍的政治图景，都吸引着人们去研究和评判政治制度、政治行为与政治文化之间的复杂关系。从学术理路上讲，政治文化的研究多少是对过于关注宪法和法律规定的政治制度研究的反动，也是对行为主义革命发生以来强调以个人的行动选择为中心、以经验的量化分析为手段的研究取向的应和。自战后以来到今天，尽管政治文化的概念和政治社会化的研究不断受到各种各样的质疑和批判，但它仍是一个富有争议并因而富有创新活力的研究领域。

5. 政治制度与经济发展之间的互动关系

政治与经济的连带关系在比较政治学领域里从未受到忽视，甚至可以说，关注政治制度与经济发展之间的连带关系是比较政治学的一个悠久传统，这也同样可以追溯到亚里士多德的《政治学》。但必须指出的是，在比较政治学的长期发展过程中，对于这一连带关系的研究及思考经历了诸多变化，也始终存在着不同理论流派和研究范式之间的争论。仅就战后以来的状况而论，早期有"现代化理论"的支配性影响，随后又有依附理论和世界体系理论的挑战和冲击。这些处在相互竞争中的理论学说都分别在自己的理论框架中发展出特定的比较研究议程，预设了指导和制约实证研究的理论基础。由此，比较政治学的研究者们比以往更多地关注于政治制度之于经济发展的适应性和变革性，更多地关注于与新兴国家经济发展相关的公共政策问题。在所有这些理论方向上所得到的研究成果都成为比较政治学理论宝库中重要的组成部分。

尤其值得注意的是，由于比较政治学本身所具有的边缘和交叉性质，由于比较政治学研究论题所具有的跨学科特点，比较政治学成为政治学领域中最容易吸收社会科学其他学科发展成果的分支学科。从战后以来到今天的发展来看，这一特征造成了两个引人注目的发展趋势。在一般理论的层面上，比较政治学对于经济学的发展往往表现出特殊的敏感，因而对于经济学理论每一次新的发展或每一种有影响力的新学说的出现，人们都会很快地在比较政治学中找到相关的应用实例。在更具特殊性的理论意义上，比较政治学近年来所出现的比较政治经济学的复兴则是一个鲜明的例证。这一复兴的道路不无奇特之处，但现实生活中政治与经济不可分离的事实则是导致这一复兴出现的根本原因。随着这一复兴而来的就是大批研究成果的问世，其间自不乏具有启发意义和深远影响的理论洞识。这或许能为比较政治学的发展开拓一条新的发展路径。

6. 政治制度的社会构成和社会基础：从多元精英到统治阶级与大众

无论是传统的精英主义主张还是当代流行的多元主义见解，也无论是结构主义理论还是批判理论，它们之间的对立和分歧不仅具体规定了特定课题的研究取向，更重要的是，它们构成了比较政治学的知识脉络和思考传统，进而成为比较政治学的中心论题之一。

在这一论题的范围内，比较精英研究、精英替代模式的比较研究、比较政治分群研究、比较政治参与研究、比较大众政治态度研究等均成为比较政治学的研究课题。

二、方法论模式的发展

在比较政治学的发展历程中，特别是在第二次世界大战以来的迅猛发展中，我们可以看到比较政治学研究的方法论模式及其理论也发生了明显的演变。从亚里士多德开始，经过杜克海姆的创造性工作，再到以阿尔蒙德为代表的当代政治学家的大量成果，我们可以得到下述总结性观察意见。

1. 社会科学化的努力

"比较政治学在50年代末60年代初所经历的突破性发展实际上是在更广泛的意义上的整个政治学所经历的变革的组成部分"①。而这场往往被人称之为"行为主义革命"的

① Lawrence C. Mayer, *Redefining Comparative Politics: Promise versus Performance*, p. 28.

变革，对于比较政治学而言，其实质就是一种社会科学化的努力。尽管在当代的学科分类中，政治学始终被划为社会科学的门类，尽管在学术史上，政治学的学科化同样源出于孔德以后的实证主义传统，但在19世纪直至第二次世界大战以后的长期发展中，政治学和比较政治学一向依赖于历史主义和印象主义的研究，学者的注意力主要在于收集有关政府和政府决策的相关资料并对这一过程进行直白直观的描述，间或提出自己的主观判断和价值评价，并由此混淆了实然与应然、事实与价值。而对于相关研究资料的收集和检验则主要采取一种随意零散而非科学系统的处理办法。总之，整个学科缺乏基本的、一致性的理论建构工作；学科领域的各种知识既未联结成一个整体，也未有任何理论框架能够贯通首尾；政治学者与历史学家和法学家没有明显差别，个体式地从事个人感兴趣的工作而没有形成相互竞争而又内部一致的学术流派。

这种状况在战后发生了根本性的变化。就政治学科的整体而言，新生的行为主义主张研究重点应当置于人和人的行为之上，人的行为本身即是研究世界上所发生的事情的最好的资料来源，而且可以用与自然科学相同的方法加以处理的；这一主张风行一时，成为具有支配性影响和主导地位的学术思想。而就比较政治学而言，其他社会科学如心理学、经济学、人类学和社会学乃至历史学已经运用更为严格的资料收集方法和分析方法而取得了诸多理论成就，特别是这些学科内部同样使用比较研究方法所实现的理论创新和体系构建，包括理论社会学有关社会结构和过程的见解，直接侵入了政治学的研究领域且大有取而代之之势。确切地说，倘若政治学和比较政治学此时仍不能提升自身的分析潜力而依旧坚持历史主义和印象主义的描述，仍不能发展自身的理论框架而依旧满足于人们所习见的常识性知识，那么，其作为严肃的科学知识的地位将是岌岌可危的，政治学研究势必将蜕变为少数“好事者”的业余爱好，而政治学者的出路将缩小为时事评论家。对于这种危机状况的认识显然是比较政治学者们进行社会科学化努力的内在动力，这也就是伊斯顿那本被誉为战后比较政治学经典之作的《政治体系》一书以“政治学状况研究”为副标题的缘故。

这种努力显然包括两个向度的内容，一方面，比较政治学者接受了行为主义所主张的研究范式和理论预设，推崇经验主义的“科学化”和量化研究方式，包括问卷调查、访谈、抽样、回归分析、要素分析、变量设定、理性模型方法等开始成为常用的研究技术；另一方面，他们开始自觉而又广泛地接受社会科学其他学科中已经发展起来的理论学说。如果说比较政治学过去主要是依靠历史学的政治史研究所提供的知识和素材，依靠法学与宪法学所提示的方法和研究手段，那么现在则是主动、有意地汲取社会学和人类学以及其他学科的理论发现，于是，结构—功能主义、系统理论、有机体学说及其相关术语也成为比较政治学的常用语汇。在这样的基础上，比较政治学者在理论建构工作中，特别是在宏观理论方面开始追求精致，企图在最广泛的意义上提出对政治系统的认识，提出科学的分类体系和比较框架；在研究实践中，则强调扩大研究视野和展开实地研究，收集尽可能广泛的资料，依据特定的理论框架处理这些资料，在可验证的基础上通过知识积累的方式检验理论假说。

在这样的努力下，比较政治学本身至少按照行为主义理解的科学性大为提高。当然，随着此后对于“行为主义”批评的加强，比较政治学与其他被“行为主义革命”席卷的社会科学学科一样也经历了向“后行为主义”时代的过渡。但无论如何，比较政治学毕竟已经完成了变革，确定了新的研究传统，使自己与社会科学其他学科形成了更加紧密的互动。

2. 可比性的超越：异质比较与同质比较

在亚里士多德的时代，对于相对狭小地域内的众多小型城邦国家的比较研究基本上并不涉及可比性的问题。直至第二次世界大战前的一段时期，由于比较政治学的研究视野始终局限于欧洲大陆和北美的少数几个主要国家，更由于这些国家在历史上的交叠关系和现实中的密切联系，因而对于这些国家的比较研究，无论是共时性的比较还是历时性的比较，同样也并不涉及可比性的问题。这就意味着，对于这些国家的比较研究是非常自然的、合乎逻辑的。

然而，随着比较研究视野的扩大，特别是战后以来大批亚非国家获得独立而成为主权国家，同时，拥有不同政治制度的国家如社会主义国家阵营的出现，所谓可比性问题开始成为比较研究、特别是整体的制度性比较研究不得不首先解决的前提性设定。相对保守的观点主张，比较研究必须首先澄清可比性的问题。特别是在比较政治研究领域，在所谓跨国的比较研究中，并不能简单地、随意地抽取任何两个或两个以上的国家进行比较，而应当在基本属于同一类型的国家之间进行比较。这种看法确有一定的道理。例如，我们很难抽象设想或实际操作庞然大物中国与蕞尔小国尼泊尔之间的比较，或是从这样两个国家的全面比较中得到具有普适性的结论。同时，这一派的观点还主张，对于不同类型国家之间的比较，例如不同的政治制度之间、具有不同的主流意识形态的社会之间或处于不同的经济发展水平的国家之间的比较，则必须加以特定的限制。这里所涉及的比较实际上是低层次的对比，而这种对比所得到的结论无非是再一次佐证了差别之所在而不可能解释差别之所由。由此，比较政治学界部分学者认为，比较研究就其定性分析的大前提出发可以分为两大类，即异质比较和同质比较。

20世纪50年代末60年代初开始，这种认识受到批判，人们指责这种过于保守的认识，既有来自意识形态偏见的渊源成分，又有长期以来挥之不去的欧洲中心主义和美国例外论对西方政治学者的至深影响，因而又开始尝试在这方面实现突破。这些突破比较集中地表现在两个方面：一方面是普适性模式的出现，如结构—功能主义框架和系统理论分析。它们都假设无论制度的具体形态和特定设置如何，其基本的功能即系统的维持是相同或大体相似的。这实际上为不同制度间的比较开通了一个新的途径。另一方面则是采取一种更加灵活和宽泛的理解与操作方式来处理可比性的问题，也就是说，对于比较研究对象的选择，无论是两两相对的集中比较还是大框架下的复合比较，更多的是取决于前提性的理论预设和意欲回答的问题，而不存在什么必须遵循的“硬”规范。

这两个方面的努力相互结合和促进，完成了对于可比性问题的超越，也就是说，比较政治学的主流观点认为，应当根据自己所研究的对象和意欲达到的目标而提出理论预设，然后选择适当的比较框架，对比研究不同的国家或社会。在具体的学术实践中，前一方面的突破集中地表现为结构—功能主义分析和系统理论分析所提出的比较框架，在它们的框架内，抽象意义上的政治体系、功能、结构和过程是可以适用于一切国家而无论其社会制度如何与发展水平高低的。后一个方面的突破则主要表现为对特定区域或类别的国家群体的研究进入了一个蓬勃发展的阶段，研究成果最为繁多且最为精细的特定领域当属有关发展中国家的比较研究和比较共产主义研究，以及根据特定的主题所展开的比较研究如近年来方兴未艾的民主化比较研究和制度转型国家比较研究。

3. 从描述走向分析和深度描述

追寻比较政治学代表性著作，包括本书已经提到的那些著作，可以发现一个基本线索，这就是比较研究不断走向深化。这一不断深化的知识增长过程表现为从整体主义的集成比较，经过特殊主义的经验比较和综合比较，而进入了模式建构的发展过程。

所谓整体主义的“集成比较”（aggregative comparison）是指充斥于早期比较政治学著作中的那种简单的、罗列式的比较，最常见的就是将多个国家的政治制度并列集合在一起的处理方式。其实，更确实地说，这是一种对于多个比较对象的静态描述和相关资料的堆砌而缺乏真正意义上的比较，倒是读者可以根据书中的众多资料进行更深入的比较分析。战后最初阶段人们对于此前比较政治学发展状况的不满和批评大多是针对这种集成比较而提出的，因为这种平淡肤浅的描述既缺乏分析力度又未能像人类学和社会学的深度描述那样揭示重要的内涵。

所谓特殊主义的“经验比较”（empirical comparison）是一种从经验研究出发，对不同国家的政治结构和政治过程的某一侧面或某一部分所进行的比较研究。这种类型的研究尽管不是处理政治制度的整体性问题，但大多是在已有归类的基础上展开分析的。因而虽然这种经验比较尚缺少足够的理论抽象，也未能得出多少普适性的命题，但就描述深度和分析潜力而言，较之前面的集成比较仍是前进了一大步。①

所谓“综合比较”（generalizing comparison）则是指一种比较复杂和精巧的比较研究，是在经验比较的基础上按照特定的比较框架而对不同国家的社会形态、政治生活、经济结构所展开的多层次的比较，其间的比较方式或是分项法（trait-by-trait）或是分类法（case-by-case），再或者是两者的混合使用，所产生的研究结果往往是对某一特定国家群体内部的差异性有更加全面的理解。由于这种比较是在特定的框架下展开的，因而属于较高水平的比较，但尚未提出具有普遍意义的理论模式。

所谓“建立模式”（model-building comparision）的比较研究则是一种在前述研究的基础上，以特定的理论假说为指导而试图通过比较研究而建立某种具有普遍价值的理论体系的学术努力。在政治学的研究中，所谓“模式”是指一种用以“组织思想和指导研究的知识上的构架”②，通常包括一组相互关联的概念、命题和假说；所谓“建立模式”是指在某种元理论的基础上对意欲研究的对象作出抽象的、理论假说式的理解和解释。就认识过程而言，模式的产生必然是建立在对研究对象的经验研究的基础之上的，但又必然超出经验研究之上而走向抽象和概括，因而模式的效能与其说是取决于其对于特定研究对象的解释程度和描述深度，毋宁说是取决于它所提示的特定的研究路径和视角。在比较政治学的研究中，所谓结构—功能主义的模式即是一例。在这个意义上讲，比较政治学的研究在战后以来所发生的重大变化即表现在理论形式本身。尽管比较研究仍以分类为基础，但比

① Robert Taka, On Comparative Communism, in *World Politics*, Spring 1967, pp. 244－246.

② ［美］杰克·普拉诺等：《政治学分析辞典》，86页，北京，中国社会科学出版社，1986。

较研究的结果更多地是指对于某种结构或过程的若干变量或要素间的相互关系的论说。这一论说包括从概念到命题，即对一个或多个独立变量的变化如何影响另一个非独立的变量，以及相适关系得以成立的条件的说明。

建立模式的比较研究力图提出和验证具有普遍理论意义与普适性价值的理论体系，试图更加全面而系统地说明更多的问题。而在操作技术上，这种比较研究也更加精细、复杂和科学化。即便是对于特定对象的研究，也显然不再是单纯的描述，而是力图寻求解释和验证更具抽象和普适性的理论假说了。

4. 宏观与微观的融合

就比较的技术来讲，当代比较政治学的发展趋势显然是在注重宏观比较的同时更加注意微观研究以及微观与宏观相互结合的比较研究。应当说，从比较政治学产生以来，对不同国家的政治制度和政治现象进行宏观的比较研究一直是其重要组成部分，其手段是对制度整体作出研究，其目的是为了找到人类社会政治生活的整体性特征。这种学术努力在20世纪50年代和60年代达到了顶峰。但在此后却出现了新的趋向，即越来越多的学者开始转向微观性质的比较研究，即对不同国家群体内部或政治制度的某一专门领域展开更加精细的比较研究。

这一发展趋势的出现并非偶然。正如前面已经指出的那样，战后初期的宏观的比较研究在提高和改善比较研究的分类框架与比较方法方面有着不可磨灭的历史功勋，但随着知识的积累和认识的深入，宏观研究那种过于宽泛的包容性、过于抽象的概括性和过于强调同质性或整体性的特征，进而妨碍了更加精细、深入和具体的比较研究。

但必须指出的是，在大理论（grand theory）兴盛之后所出现的微观研究复兴的趋势并非是一种针对宏观研究的简单直接的反动。因为造成微观研究的局部理论与支持宏观研究的整体理论之间差别的缘由之一，是由研究者对同一系统从不同层级上考察问题所致。系统论原理已经揭示了局部的总和未必等同于全部，因而微观行为和结构也未必能够在理论上解释与说明宏观行为和结构。在这样的认识前提下，比较政治学界从20世纪60年代末开始试图走出大理论的阴影时，对于融合宏观研究与微观研究的问题展开了热烈的讨论，其结果就是中层理论（middle range theory）的提出和对于个案研究所形成的新认识。这一讨论与整个社会科学界的有关争论是联系在一起的。如果说前一尝试力图通过经验的方式寻求介乎大理论和微观局部理论之间的连接点，以此弥合两者间的“缝隙”；那么，后一努力则是通过系统总结个案研究的功能意义，以力图实现有理论创新性的研究个案与普适性的大理论之间的沟通和对话。应当说，正是在这样的智识性探讨中，比较政治研究正在不断地走向深入。

第三节　比较政治学发展的动力

一、学科主流的影响

比较政治学作为政治学的一个分支学科，其发展与变迁必然与学科主流的发展有着密切的联系。这种联系既表现为学科发展的总体状况，特别是学科领域内占主导地位的学术理路、基本取向、理论基础和研究方法对包括比较政治学在内的各分支学科的制约，也表现为经由各分支学科在自身的发展中所实现的理论积累和方法创新对于学科内部其他分支学科，进而对学科的整体发展的影响。

政治学作为一个学科的独立化和建制化是与高等教育机构的发展联系在一起的。1903 年，政治学真正进入了高等学府，与数学、物理学、历史学和法学等古典学科比肩而立。但在这个起步阶段，政治学家与法学家和史学家无论在自身所受训练还是在为他人所提供的训练方面，都是混同的。他们或是关注于早期政治思想家的各种论述，以学院教育的方式和“历史的、进步的和比较的研究”，力图为当时已基本稳定的政治制度提供系统的论证，以证明其合理性和优越性；或是关注于政治制度的宪法和法律规定，以法律阐释和解说的方式，力图描述和刻画这些法律规定对于政府权力结构的影响和政治机构的运转状况。因而这一时期被称为“形式主义和法律主义时期”。在学科整体状况的制约下，此时的比较政治学尚未完全分离为一个相对独立的分支学科，只是在部分学者的政治学著作中包含有以背景描述形式出现的比较研究内容。然而，就是在这些未曾明确和独立出现的比较研究中，已经出现了突破传统政治学研究的新动向，这就是我们已经提到过的白哲特和威尔逊在其著作中对于政府机构以外的非正式组织如政党、压力集团参与政府政策活动的研究。但也正是从这里开始，政治学的发展进入了一个多少背离了传统政治学研究的过渡时期，为第二次世界大战后的发展奠定了必要的基础。

在战后发展所造成的“黄金时代”里，各种社会制度很快走向完善，政治实践日益复杂和精巧；与之相应，政治科学也出现了新的变化，“转向更具分析性、描述性和解释性的科学”，“研究的重点最终是建立一种更具有实践性的学科”。新一代“行为主义”政治学者借用现代科学技术的发展和社会科学的新成果开始注重实证性的工作，“核心信条是按照自然科学方法论的模式来发展政治科学”。其特征即在于行为主义作为一种运动而影响到政治学的发展，在很短的时间内便可以说是至深且巨，故称之为“行为主义革命”时期。较之于政治学的其他学科而言，特别是在大理论的建构中，比较政治学成为行为主义革命的“首善之地”，其研究方法和理论成果无一不带有“行为主义革命”所留下的深刻印记。比较政治学在美国乃至整个西方都有了长足的发展。至 20 世纪 50 年代末 60 年代初，比较政治学已经发展成为一门独立的学科。比较政治学通过制度化建制的手段而成长为新的分支学科，并由此获得更多资源的投入且由此获得更迅速的发展。这是当代学科发展的一种基本倾向。

同样的道理，当“后行为主义”时代到来，政治学“开始减少对科学的方法和技能的强调，而更关注于政治学科的社会使命和政治问题”之际，比较政治学领域内对于此前研究取向的反思和批判也相应地开始了。

二、主流学科的影响

前面对于比较政治学的发展历程所作的考察已经在相当程度上揭示了比较政治学得以发展的原因，特别是比较政治学在学理层面上得到滋养和激励的源泉所在。在此，我们只需对其中那些线索加以提炼和概括即可以达到更加全面的理解。

一如前述，在比较政治学的早期发展中，尚未完全分离的社会科学其他学科对于比较政治学的发展有着重大的影响和推动作用。其实，在比较政治学的后期发展中，特别是在战后初期比较政治学取得突破性进展的时期，社会科学其他学科的影响或许更加强烈和明显。在这个意义上，应当说，任何一门科学和任何一门学科都依靠着其他科学和学科，都在自觉或不自觉地从其他学科中汲取生命力，并且在很大程度上从中获得自己进步的机会。在比较政治学的发展过程中，对于其他学科的依赖因其自身的特点而显得格外明显。因此，我们无疑应当对那些在方法论上具有通约性的其他社会科学学科中的比较研究的发展及其对于比较政治学的影响进行简约的考察。

1. 历史学和比较史学

今天的历史无非是昨天的政治，而今天的政治也就是明天的历史。历史与政治的关系当如是，历史学与政治学的关系亦当如是。在此，无须讨论早已有之的官修史学、官监修史和官定史书的政府干预以及史家的政治责任感和参政欲望，仅就学理层面上讲，在历史学的漫长发展中，政治史始终占有重要的、有时甚至是中心的位置。在政治学的研究中，从严格的逻辑意义上讲，所有的证据都属于历史资料。因而毫不奇怪的是，我们可以看到历史学与政治学的许多研究领域和研究主题是交叉融合的；还可以看到许多比较史学家同样也是著名的比较政治学家，他们具有开创性意义的史学著作同样成为比较政治学的经典读物，例如布林顿在 20 世纪 50 年代写作的有关比较革命的著作，斯考切波 90 年代发表的同一专题的著作以及摩尔对于民主和独裁的社会起源所作的比较研究等。从这里我们可以发现，历史学和比较史学对于比较政治学发展的影响发生在两个略有不同的层次上：一方面是历史学作为当代社会科学和人文科学发展的总趋势中的重要组成部分而对比较政治学发展所处知识环境和理论基础所产生的影响；另一方面则是更具体的、经由上述重要学者的自身学术实践而在特定的研究领域所实现的方法论创新和理论贡献对于比较政治学的影响。

按照著名历史学家巴勒克拉夫的说法，历史学在经历了主张唯历史而历史的、强调直觉的、主观的和反科学的德国历史主义思想学派的长期支配性影响之后，早在 20 世纪初期即已萌芽的批判性思考和创新性的研究终于在 50 年代中期成就了一场历史学的“内部革命”，开创了一个“新历史学”的时代。这个时代最显明的特征即在于：“当前趋势的主要特征是历史学与社会科学的结合，而在过去，历史学一直被认为是与社会科学相对立的”①。而且由于这一革命性发展的动力来自于实践而非纯理论的思考，因而新的研究方法和思考工具便成为这种历史学走向社会科学化的中心问题。

比较史学在这个新时代里占据了极其特殊而又极端重要的地位。一方面，究其革命之根源，早在 20 世纪 30 年代即致力于开辟新的学术发展道路的法国学者马克·布洛赫和吕西安·费弗尔等人特别强调新历史学必须从文字档案及其限制中解脱出来，必须利用人类的一切创造物作为研究资料，必须广泛吸收其他学科包括地理学、经济学、社会学和心理学的发现与方法，同时还必须通过自身的理论化工作完成各门知识的有机整合。在他们看来，历史学如果不能提供“合理的分类和不断提高的理解力以取代简单的、杂乱的而且实

① ［英］巴勒克拉夫：《当代史学主要趋势》，67 页，上海，上海译文出版社，1987。

际上是无限的堆砌物的话”[①]，便无权在严肃的知识形态中争得一席之地。这些学者不仅以其关于历史学变革的主张和深刻的见解引人注目，而且还以其独创性的研究成果享誉至今。而布洛赫本人早有“比较史学之父”的美誉，他在1928年发表的《论欧洲社会的历史比较》一文成为新历史学最初的论纲，次年他又创办了《经济和社会史年鉴》杂志，1939—1940年出版的《封建社会》一书集其思想之大成和多年研究之所得，首创从“结构”角度比较研究欧洲的历史，因而成为比较史学的经典著作。作为法国历史学“年鉴学派”的创始人，布洛赫等人的学术思想在以布罗代尔为代表的年鉴学派的第二代传人那里得到了发扬光大而且经由后者对20世纪50年代的“革命”产生了重要的影响。

另一方面，究其革命之结果，则突出地表现为，在这个“新历史学”的时代里，“历史学和社会科学之间的紧密关系几乎是不可避免地把历史学家全部逼迫到比较史学的方向上去”[②]，这是因为“由于对常规叙事史的成果和启发潜力感到不满，同时也由于社会科学造成的影响，历史学家现在越来越关注超越国界与时间先后次序的社会和政治行为模式”[③]，而“比较史学可以定义为按照政治、社会、经济、文化和心理的规范及范畴对过去的历史加以概括，并进行研究”[④]，而不是按照传统的国家的划分和人为的历史分期进行研究。即便是“在致力于国别史的探讨时，比较研究会有助于人们提出很有价值的有时甚至是意义全新的问题。更重要的是，比较考察可为公认的历史解释提供初步的否证，比较研究还可以引出新的历史概括；在实践中，这些特点贯穿于整个思维之中，使得这样一种研究既区别于也优越于有趣实例的堆砌”[⑤]。

而“当代比较史学与早期刚刚处于萌芽时期的比较史学有两个明显的根本差别。一个是当代比较史学在有意识地借用社会科学的概念和方法上的自觉程度要高得多，同时，那些概念和方法在这一过程中也得到了不断的改进和提高。另一个显著的不同是把比较方法从欧洲扩大到欧洲以外的广大世界中去”[⑥]。这样一种发展趋势，我们在比较政治学中同样也可以看到。

2. 人类学和社会学

战后以来比较政治学的突破性发展得益于人类学和社会学之处甚多，对此，那些为这一突破性进展作出贡献的学者从未讳言，反而以此为依据而夸耀于人。仔细考究起来也不能不承认，较之于社会科学其他学科而言，人类学和社会学确实表现出更加明显和突生性的知识增长和理论创新。至少从表象来看，这不仅是由于发源于实证主义哲学的理论先驱如孔德本人即首创社会学一词并为之确立了最初的框架，而且是由于在研究方法上社会学和人类学首先取得了突破，因为“绝大多数资料是相互关联的，更不用说当代社会中的关系是多么复杂了，这意味着社会学家不可能期望通过使用叙述的方法来罗列事实这样一种简单过程就可以得出有意义的结论。因此，不管他愿意与否，都不得不转而采取用其他的研究方法，例如民意测验、抽样分析、统计分析等”。人类学家的情景也大体如是，“如果

---

① 转引自［英］巴勒克拉夫：《当代史学主要趋势》，56页。

② ［法］保罗·利科：《法国史学对史学理论的贡献》，271页，上海，上海社会科学院出版社，1992。

③④ 同上书，268页。

⑤ ［美］摩尔：《民主和专制的社会起源》，3页，北京，华夏出版社，1987。

⑥ ［英］巴勒克拉夫：《当代史学主要趋势》，271页。

说他们不是完全没有至少也是相当缺乏通常的那种历史档案。结果，人类学同社会学一样，有必要创造其他研究方法，那就是搜集埋藏在地下的资料，探询活着的见证人”①。研究对象的特殊性以及它们为自身所设立研究目标的特殊性，使得社会学和人类学不得不去探寻与使用有别于其他历史更加悠久因而传统愈加牢固的学科的研究方法。而正是这种研究方法上的区别，造就了社会学和人类学全新的研究取向与理论发现，造就了它们自身之所以为科学的基础，因为“科学是随着研究方法所获得的成就而前进的。研究方法每前进一步，我们就更提高一步，随之在我们面前就开拓了一个充满种种新鲜事物的更辽阔的远景，因此，我们头等重要的任务乃是制定研究方法”②。

在这样的背景下考察社会学、人类学对于比较政治学发展的贡献，我们至少可以指出这样一些主要的倾向。

首先，从孔德，经杜克海姆，再到拉德克利夫-布朗和马林诺夫斯基，在这些社会学和人类学研究领域堪称一代开创者的思想大师那里，比较研究即成为社会学和人类学的突出的传统。也正是由于对比较研究的重视，在这两个学科中较早地、较为完善和系统地发展了科学化的比较研究的方法论，包括比较研究的功能、目的、优点与缺陷、系统比较的必要性及其方法等。而在 20 世纪初那些最早完成建制化的社会学系里，“比较研究技术”已经成为独立单列的课程了。这不仅决定了比较政治学必然会向社会学和人类学汲取这些相关知识，而且也必然从中得到极大的助益。

其次，20 世纪 50 年代末 60 年代初比较政治学取得突破性进展的关键标志之一，就是比较研究的视野超出过去特有的地域限制，而这一视野的扩展主要来自于学者的实践。当时，年青一代的政治学家大批赶赴非西方国家进行实地研究并因而“产生了一批与最好的美国及欧洲政治研究成果同样精巧复杂和具解释力的成果”③，这些成果所产生的效果远不只成果本身所包含的知识增长，更重要的是它们所预示的方法论创新和理论转向，因为这些有在非西方国家进行田野研究和实地调查经验的年青一代学者对持欧洲中心主义或美国例外论的老一代政治学家构成了挑战，前者的工作性质和特点决定了他们对于人类学和社会学的最新研究成果十分敏感，相当狂热地学习其方法和理论。同时，他们在学术实践中发现新独立国家的议会机构、官僚制度、政党和利益集团往往有着与西方、特别是与美国不同的重要性，因此，在他们对这些国家实际的决策过程和政策执行的研究中必然趋向于寻找其“功能”的等同物，由此，“体系”、“进程”、“功能”等概念、人类学的田野研究方法、人类学和社会学的相关理论自然得到他们的青睐。

再次，20 世纪 50 年代以来，有关文化和人类个性的人类学、心理学和心理分析研究有长足的发展，这主要指发源于弗洛伊德及其追随者的心理—文化研究法和 20 世纪 20 年代以来由拉斯维尔、本尼迪克特、米德等心理分析取向的社会科学家所发展起来的方法。他们的著作及其追随者论及第二次世界大战诸问题，德国、日本、俄国和美国民族特性的著作，在比较政治研究者中引出了对于政治文化与公共政策和政治制度问题的敏感。比较

① [英] 巴勒克拉夫：《当代史学主要趋势》，76～77 页。

② 《巴甫洛夫选集》，49 页，北京，科学出版社，1955。

③ P. G. Lewis，David C. Potter and Francis G. Castles. eds.，*The Practice of Comparative Politics：A Reader*，1978（second ed.），London：Longman，p. 2.

政治领域中所谓政治文化研究的肇始即受到这些社会心理和文化人类学文献的极大影响。同时，这些学科在研究实践中所提出的“科学化”方法，包括跨民族的调查研究及其操作技术如参与性观察、文献研究和深度访谈、将民族及次民族人口的政治态度特性和认识论特性与政治体系的功能及特征联系起来的研究取向，以及相关技术如现代数理统计方法和电子计算机应用的定量和模型化方法等，也成为比较政治学者尝试使用的研究手段。

最后，在20世纪50年代，那些后来为比较政治学的突破性发展做出过重要贡献的美国学者，“至少是其中的一部分人，也受到社会学领域帕森斯革命的影响，这不仅是因为帕森斯翻译了马克斯·韦伯的著述并且促成了对于韦伯著述的再度重视，而且是因为帕森斯本人的结构—功能主义，有关普遍性的发展社会科学的假定，有关社会、政治生活及其变迁的系统概念，以及为发展中国家与发达国家之间的对比开辟了一条方便之路的‘模式变量’等”①。从更长远的影响来看，社会学和人类学对于社会秩序和社会变迁的关注，对于社会系统和政治制度运作的研究，对于个人和群体在既有制度框架内的活动的探讨，产生了许多新的学理概念和深刻的洞识，这对比较政治学的影响是极其明显的。而在20世纪50年代，社会学和人类学有关人类社会历史发展或横向对比的比较框架和分类标准，影响了一大批政治理论家和比较政治研究者，其中包括伊斯顿、多伊奇、阿普特、阿尔蒙德和派伊等人，进而推动着他们根据其规范和分类的理论框架展开自己的研究工作。

比较政治学与社会学和人类学之间的这种紧密关系还可见之于政治人类学和政治社会学这样的交叉学科的产生及其发展。社会学和人类学此后的理论争论与学术发展同样也影响着比较政治学的发展，尽管其广度和深度远逊于20世纪50年代与60年代时的状况，而取而代之的则是经济学的强大支配性影响。

3. 经济学和比较经济学

尽管有着政治经济学的传统，但长期以来，较之于历史学及后来的社会学和人类学，经济学对于比较政治学的影响主要发生在更为晚近的年代。经济学以1776年亚当·斯密《国富论》的出版为标志而较早地成为“学术上的一门学科”，相对于它的长期发展而言，其分支学科——比较经济学则诞生较晚且发展缓慢，从米塞斯与奥斯卡·兰格等人有关市场经济与计划经济的争论开始，经历了20世纪30年代中期以后康蒙斯的《制度经济学》、庇古的《社会主义和资本主义的比较》和熊彼特的名著《资本主义、社会主义和民主主义》，直至第二次世界大战后的多元化发展，到60年代比较经济学才被公认为经济学的一门分支学科。就其对比较政治学的影响而言，这样一种状况显然带来了两个方面的问题。一是经济学较早地实现了自身的科学化和专业化，并因而形成了自身独特的研究旨趣，包括研究方法、概念体系、理论学说和术语系统，而所有这些却在相当长的一个时期内妨碍了社会科学那些尚未达到同等专业化水准的其他学科与经济学之间的交流与沟通。二是经济学的理论预设认定经济生活的逻辑是明确的、独特的，经济学主要研究的是在既定和已知制度下的“经济人”为求得利益最大化而从事经济行为的逻辑。在这样一种研究预设的支配下，经济学者主要研究那些某种或某类经济制度下的经济行为，而较少涉及不同制度

① Howard J. Wiarda, Comparative Politics: Past and Present, in H. J. Wiarda (ed.), *New Directions in Comparative Politics*, Boulder: Westview Press, 1985, pp. 10-11.

间的比较问题。而对于不同制度间的比较研究，带有强烈的意识形态色彩的所谓“ISM”（主义）式的思考方式长期以来一向居于支配地位，依据这样的分析框架和分类准则，其结果只能是两大类不同制度间的对比以及处于中间状态的混合经济体制。而这种研究取向对于比较政治学而言是毫无新鲜之处且毫无激励之用的。

倘若我们能够对此作一个简单的对比的话，则会发现，就具有通约性的比较研究而言，社会学和人类学几乎是内在地要求并展开比较研究却并没有形成相对独立的比较社会学或比较人类学一类的分支学科，历史学和政治学却以现代意义上的比较研究扩大了自己的研究视野并因而产生了独特的分支学科——比较史学和比较政治学，而经济学则将比较研究的某些题域视为须加独立处理的问题，因而有市场经济学、计划经济学和发展经济学之分立和发展，而在最近几十年发展起来的比较经济学，不仅长期以来受到“ISM”方法的制约，而且至今仍以体制比较为核心而失之于过于整体化且妨碍了对于特定结构与过程的研究。

尽管如此，经济学和比较经济学对于比较政治学的影响仍是不可低估的。这种影响主要表现在：首先，比较经济体制的分类框架尽管相对比较简单，但其鲜明的特征和对制度实质的揭示对于比较政治学来说是极其重要的。应当说，比较政治学对于制度分类框架的研究，对于特定的经济制度与政治制度之间的关联性命题如市场与民主制度之间的互动关系的关注，对于经济发展水平与政治制度的变迁和政治秩序的稳定之间的连带性问题的考察，凡此种种莫不源于经济学所提供的既有认识。在这个意义上讲，经济学所提供的制度性比较框架乃是比较政治学理论框架的重要来源之一。其次，经济学研究方法、特别是计量化的研究方法的科学化特征对比较政治学者有着不可抵御的吸引力。一般说来，经济学家所面对和处理的往往是远比政治学研究素材更加严谨精确而又编排有序的各类经济数据，在使用这些经验数据以发现其间的逻辑联系并着力于理论建构以对之加以解释和预测时，他们发展出了系统而又科学的方法。因此，我们总是可以在繁多复杂的各种经济学说背后发现作为其基础的雄厚的方法论依据。从传统经济学的先验论、因袭主义、证实主义到现代经济学的证伪主义、操作主义、工具主义、描述主义乃至新经济史学的“反事实论证”，经济学的经验研究和资料处理方法，其理论建构中的概念运动、论述体系和理论形成的演进路径等，对于社会科学其他学科包括比较政治学在内的影响都是相当明显的。再次，经济学的许多既有理论对比较政治学也有着重要的影响。这在近二三十年以来表现得尤为明显，而且是以经济学对政治学领域的“入侵”形式实现的。例如发展经济学对发展中国家经济增长和发展问题的研究以及罗斯托的经济成长阶段论，最先提示了有关第三世界国家政治问题研究的基础性特点，公共选择理论对于非市场问题的研究不仅拓展了经济学的研究视野而且为比较政治学有关政治组织与政治制度的研究创立了新的方向，诺斯在经济史研究中提出的制度变迁理论对一向作为经济活动外生变量的制度问题带来了新的视角并且启迪了对于制度创新与稳定以及有关国家和意识形态问题的研究。所有这些使得经济学成为比较政治学近些年来的发展动力的重要来源。

三、比较政治学学科内部的张力关系

任何一门学科大都会经历诞生—成长—成熟—分化—多元化的发展过程。就比较政治学而言，这一过程表现为从政治学的早期研究传统中萌芽，从政治哲学和政治理论中分化，汲取社会科学其他学科的理论滋养而走向成熟，进而进入新的内部分化和多元化。在这样一个过程中，比较政治学内部的理论流派与不同方法理论之间的争论和竞争构成了其成长及发展的内部动力机制。这是因为，一方面，社会科学的其他学科和政治学主流观念对比较政治学的影响往往是通过学者的个体体验的方式得到融合和内化的；另一方面，比较政治学所实现的发展和突破也往往是经由比较政治学者个体化或个体化集合方式的创造性工作而实现的。因此，不同学者之间的差别和分歧是必然的，而他们在此基础上的质疑、问难、辩驳和批评，不同学说理论之间的竞争和替代构成了学科本身得以不断发展的主线。对此，本书将在以后的章节里给出更详尽的介绍和评说。但除此以外，比较政治学内部还存在着另一种类型的张力，这就是在“地区研究”（area studies）问题上所出现的分歧和争论。

所谓地区问题研究，即以特定的地区或国家为研究对象，利用综合性的研究视角所进行的学术努力。但追究各种地区问题研究的前提性理论预设，却可以发现，从总体上讲其间包含着两类不同的研究取向。其一可以称之为传统意义上的地区研究，这类地区问题研究所包含的基本理论预设，实际上是将某个特定的外国或外国地区当做世界上的绝无仅有的案例来处理，认为这一国家或地区本身所具有的独特性使之成为一种独立的形态而与其他国家或地区迥然不同。这种研究倾向由于悠久的前科学的研究传统而得到强化，它十分强调历史、语言和文化的研究视角，甚而在相关研究资料的搜集、整理和使用方面也发展了独特的程序和方法。相应地，这种研究预设支配下的学术努力力图寻觅在其研究对象所在的特定场域或语境中最具效力的分析结论和理论解释，而并不在意这一结论和解释是否能够在更大的时空范围内具有普适性。这类学术努力的集合进而又被其主张者和实践者认为是形成了一门相当独特的知识门类，如所谓的“克里姆林宫学”（Kremlinology）或“苏维埃学”（Sovietology）以及与此相类似的东方学及其分支汉学、印度学、埃及学和在这类研究传统支配下的其他地区问题的研究。

其二则是比较研究框架内的地区研究，即将某个国家或地区首先作归类处理，认为这一国家或地区尽管具有许多独特之处，必须加以慎重对待，但只有在类别的分析与比较中才能更好地理解和解释其中的特异之处。因此，这种学术取向强调政治学、经济学和社会学的学科研究视角，其学术努力主要包括按照已有的模式比较某个国家或地区的具体个案与普遍模式的异同，检验究竟何种模式何种程度的变异能够最有效地说明这个国家或地区的问题，同时，也是对原有普遍模式做进一步的理论上的限定、修订或推广。

这两种研究取向之间经常会出现激烈的争论。在坚持传统地区研究取向的学者看来，那些比较政治学者既没有经历长期而又艰苦的特殊的语言训练，也没有扎实的实地调查研究经验，只是将他人已经产出的研究成果当做第二手资料而进一步作出大而无当的结论，因而是一些夸夸其谈的空论家。而在坚持比较框架下的地区研究学者看来，那些传统的地区研究专家缺乏基本的社会科学训练，也缺少有效的理论知识，往往自得于自己的那一小方天地，汲汲于细枝末节而置普适性理论于不顾，结果只是一些技能超绝的匠人而已。这类争论曾在 20 世纪 60 年代末大理论的研究取向因其大而无所谓确当和具体而受到攻击和批判之际达到高峰。争论的结果则是比较政治学界“中层理论”的兴起，即对于那种既有较高的抽象、概括和普适性，又能够直接联系经验研究、为经验研究提供受检假说的理论建构工作，学界开始抱有更多的兴趣。与此同时，传统意义上的地区研究仍坚持以特定地区和国家为特定研究对象，但也在一定程度上加强了与政治学和比较政治学主流、社会科学其他学科的交流与对话。

即便是围绕着比较研究框架相对狭小的中层理论，比较政治学框架下的地区研究与更具传统色彩的地区研究之间在 20 世纪 80 年代末 90 年代初仍爆发了一轮新的争论。这一次主要表现为苏东剧变对学界所造成的震荡以及学界对于这一震荡所进行的思考。一方面，在苏联东欧国家发生雪崩式的剧变之前，除极少数人以外，“苏维埃学”或“克里姆林宫学”的主流学者都未能正确地预见到这一剧变的到来，尽管此前曾花费巨资展开多项针对性的研究项目。而这一失败的重要原因即在于这些传统意义上的地区研究“其学术客观性为来自左的或右的政治偏好所遮蔽；苏联地区研究由于自孤于社会科学主流学科之外而在方法论方面单薄无力”，“为组织资料所采用的最为常见的框架是一种直观的历史的叙事体裁，绝少见到诸如多元主义或法团主义一类明晰的分析模式”①。另一方面，在寻求对东欧剧变之缘由进行研究的过程中，人们开始使用一些新的概念体系、理论假说和研究视角加以解释和说明，而对于这些思考成果是否适用于更大时空范围内或用于解释其他国家和地区的问题，则有不同的看法并在其间发生了热烈的争论，争论的深层要害即在于比较政治学和政治学主流相对比较普适化的理论发现是否可以成立，而传统的地区研究的个殊化理论建树是否属于科学发现。

对于这一争论，我们显然不能也不愿作出价值判断，而只能说这对于学术发展是有益无害的，而且在某些重要的方面这两派的主张又形成了互补互助的发展倾向，在一些具体的研究工作中更出现了融合和沟通的重要迹象。这主要是指越来越多的特定的地区或国家问题研究开始使用在比较政治学的发展中所提出的普适性理论或假说来研究过去一向当做特异个案处理的地区或国家，同时，过去仅仅满足于探讨特殊主义解释的地区研究开始着眼于同比较政治学主流的对话和沟通，以自己的研究补充完善或限定修正既有的理论和假说。

四、社会政治环境所给定的学科发展条件

本章前面部分已经讨论了在第二次世界大战结束初期比较政治学表现出突破性发展的若干社会政治条件，特别是与国际形势的变迁和演变有关的若干问题。“比较政治学实际上体现了变革中的世界和国际状况。西方发展模式的接受性和吸引力的下降与本土的、民族主义的发展模式相应地得到肯定，也许反映了今日世界变化中的权力关系和现实”②。但就这一时期乃至其后一个时期的比较政治学发展来说，还有一些更加具体的制约条件和推动因素。如果说前述外界环境条件对于比较政治学的研究视角、对象范围、基本方法和操作技术有重要的决定作用，那么，此处接着探讨的更加具体的因素则对比较政治学的主

---

① Peter Rutland, Sovietology: Notes for a Post-Mortem, in *The National Interest*, No. 31, Spring 1993, pp. 112, 115.

② Howard J. Wiarda, Comparative Politics: Past and Present, in Wiarda (ed.), *New Directions in Comparative Politics*, Boulder: Westview Press, 1985, p. 8.

流和非主流政治倾向的确定有着更大的影响。在这方面，比较政治学发展最为突出的美国学界的情形是最值得注意的。

作为研究社会政治现象的学科，政治学是受社会政治影响最为明显的学科门类。在冷战初起和麦卡锡主义肆虐所造成的那个心理与法律恐怖统治时期，学者成为特别容易受到攻击的对象，同时他们的社会改革热情和批判性理论也被打入地下。因此，所谓客观的、中立的或价值祛除的研究取向得到发展，而实际上却反映了学者的戒备心态。因为这使他们能够避开敏感的政治理念分歧而走入一个多少属于纯智力的空间，一个政治上较少风险的基础研究领域。这是行为主义风行一时的政治原因。而在另一方面，尽管比较政治学研究也受到这种学术思潮流变的影响，但较之于其他分支学科领域而言，“比较政治发展的头面学者普遍分享着那些冷战初期的情感”，并且抱有反共主义和反马克思主义的政治偏好。正是在麦卡锡主义达到高峰时的1952年，美国国家科学院社会科学研究理事会（SSRC）在西北大学召开了一次关于比较政治学问题的大学校际研讨会，这不仅标志着比较政治学热潮在美国的兴起，而且在社会科学研究理事会的框架内还就此成立了比较政治学委员会，为比较政治学的发展奠定了建制化的基础。[①] 从此，这个委员会通过其成员的积极活动，通过其出版资助协调，在比较政治学研究领域占据支配地位长达20年之久。

与此同时，政府的需求拉动和决策取向也成为这一时期比较政治学发展的重要动力之一。尽管美国的社会科学研究体制是多元化的典型，尽管联邦政府直接管理的研究机构所占比重很小，但政府在科学研究事业的网络中仍处于中枢地位，它同大学、工业企业以及私人基金会密切交往，并促使它们彼此增加联系；同时，战后以来联邦政府的拨款也已成为社会科学研究经费的主要来源。而在战后初期，那些后来曾对比较政治学的理论发展有重大影响的学界人物，此时却是以崭露头角的经验研究体现了政府的改革咨询拉动效果。例如阿尔蒙德在1954年发表的《共产主义的感染力》，派伊在同一年出版的《马来亚的游击队共产主义：它的社会和政治含义》以及罗斯托在1960年问世的《经济增长的阶段：非共产主义宣言》。而20世纪60年代初，以扩展“新边疆”的主张而取得大选胜利的肯尼迪政府在上台后不到两个月即公布了创立“和平队”的执行令和一系列新的外交政策方针，似乎是肯定了比较政治学有关政治发展和经济发展研究著述的那种将所谓民主、多元化和社会公正描述为现代化进程之目的的观点；反过来，那些曾经对发展问题研究做出过自己贡献的学者也开始在政府里获得了有相当影响力的地位并因而获得了将自己的理念付诸实践的机会。

与此相关联的是，当后来的黑人民权运动、越南战争升级、学生反战运动的兴起以及尼克松政府水门事件的发生等一系列事件对美国社会造成了巨大而又持续的震荡之际，在比较政治学中占统治地位的研究范式的主流观念也受到了挑战和质疑，过去那些居于非主流地位的、未认同于主流观念的学术思潮开始得到越来越多的注意。由此，比较政治学的发展一改20世纪50年代和60年代那种局面，而开始了一个以分化和多元为特征的新

---

① Howard J. Wiarda，Comparative Politics：Past and Present，in Wiarda（ed.），*New Directions in Comparative Politics*，Boulder：Westview Press，1985，p. 13.

时期。

在这个意义上讲，现实社会的发展对于比较政治学不能不留有深刻的印记。追究上述历史发展历程，我们能够发现，在那些最早意识到应当扩大比较政治学研究视野的学者们，并没有真正合理和科学地建构起自己的研究对象，相反却自然地认为，“某个现象在社会、经济或政治方面的重要意义本身就足以确保探讨它的论述也具有十分重要的学术意义”，而“实际上正是透过他们，社会、经济或政治意识形态等非学术力量渗入进这些对象以及他们的研究之中，进而渐渐支配了社会科学场域”；与此同时，他们又透过学科制度的建构本身不断强化着社会生活其他场域、特别是权力场域对于比较政治学的影响，他们也从中得到了他人所难以企及的资源和资本。①

强调比较政治学发展的政治制约因素的存在并非意味着对于其发展的全面否定。一方面，学术发展毕竟有着自己的发展逻辑，学理成果必然有自己的论证和说明方式；另一方面，意识形态的干扰因而不可能是直白、直接而没有任何修饰的，学者对于某种意识形态的排斥和拥戴也因而往往会采取学术的样式而曲折间接地表达出来。因此，无论如何，比较政治学发展中的学术成果和科学发现的成分是不可否认的。同时，对于其间意识形态因素的揭示，如同其得到确立时所采取的学术方式那样，也必须采取学术讨论和争论的方式才能实现。反过来讲，以偏见反对偏见，所得到的仍旧只能是偏见。

---

① 参见邓正来：《研究与反思：中国社会科学自主性的思考》，沈阳，辽宁大学出版社，1998。

比较政治学的范式争论

重点问题

- 研究范式的基本概念和结构层次
- 比较政治学中不同范式间的区别与联系
- 马克思主义的范式意义
- 研究范式的指导性、启发性与遮蔽性

所谓范式（paradigm），在比较宽泛的意义上，是指研究者所假定、接受和采用的基本信念、概念、模式、理论架构、价值取向和研究方法。特定的范式可以理解为研究者据以提出或建构特定的研究对象，并对有关这一研究对象的资料数据进行评判、分析、解释、概括的理论框架。在比较政治学的发展过程中，特别是对不同的政治体系进行整体性比较的研究中，可以看到在不同层面上若干种不同的基本范式及其相互之间的争论所产生的强大影响，这些不同的研究范式共同构成了比较政治研究得以展开的基础性理论传统和知识发展的脉络。在这个意义上讲，比较政治学的发展本身就是一种持续不断的、新旧交替且旨趣交错的“寻求新范式”的努力。

第一节　元理论层次的争论及其启示

自托马斯·库恩1962年在其名著《科学革命的结构》中提出并论证了“范式”这一概念之后，社会科学的学者们便开始极其频繁地使用这一概念，以指称过去在各种名目和术语下所涉及的较具有抽象意义的系统的思考方式和思维框架。按照库恩的原意，范式是指常规科学所赖以运作和成立的理论基础和实践规范。[1] 在实际的科学实践中，范式是从事某一科学或学科的研究者群体在某一特定时段所共同持有并遵奉的特定的世界观、方法

① 参见［美］托马斯·库恩：《科学革命的结构》，上海，上海科学技术出版社，1980。

论和行为方式，主要包括三个方面的内容，即共同的基本理论、观点和方法，共同的信念和理念，以及共同的自然观及其形而上的假定。在这个最基本的意义上讲，所谓范式，涉及本体论、认识论和方法论三个向度的问题。由此，也可以将在这三个向度上所展开的有关范式的争论看做是“元理论”层面（meta-theoretically）上的探讨，看做是就社会科学最基本的、对其他相关问题有着制约作用的问题的追究，也即所谓“元范式”（metaparadigm）的问题。

在本体论方面，范式所讨论的是“真实性”的问题即现实世界的形态和本质为何，事物究竟为何以及事物是如何存在的问题；在认识论的向度上，范式所探究的是作为研究主体的知者与作为研究对象的被知者的关系问题；在方法论的向度上，范式所意欲解决的是知者在研究和理解被知者时所采用的基本的处理方法及其依据的问题。这三个向度的问题是密切联系在一起的，对于本体论的看法将会形成特定的认识论主张，二者的联系又会导致特定的方法论意见。基于对上述三个向度问题所主张的不同意见，社会科学学者所主张的范式大体可分为一向占有主导地位的实证主义与另外三种可以统称为“替代性范式”的后实证主义、批判理论和建构主义两大类型。

一、主流范式：实证主义及其主张

实证主义的创始人是法国思想家孔德。他明确地将科学方法规定为实证方法，并将实证方法与形而上学的思辨方法对立起来，提出拒斥形而上学并以科学方法取而代之。在他看来，科学研究的唯一目的就是发现自然规律或存在于事实中间的恒常关系，而这只能依靠观察和经验才能得到。在这里，孔德实际上是将知识等同于理论，强调认识的途径和建构理论的主要方法就是在受控制的条件下进行实验，并且主张以一整套固定的“科学主义”原则和标准衡量知识增长。这些主张与文艺复兴以来理性主义高扬的局面形成了高度的契合，并且成为这一理性主义的组成部分。由此，近代自然科学终于同已经贫困化的自然哲学实现分离而获得了独立的地位，进而奠定了自那时以来飞速发展的理论基础和方法论依据；而与此同时，一向处于“哲学阴影”笼罩下的社会科学也开始从中脱离出来，向自然科学学习和靠拢进而踏上了一条永无尽头的、企盼着精确科学化的道路。正是因为实证主义在人类知识进步的历史上有过如此重要的贡献，又因为其后的实证主义哲学家马赫等人根据科学的发展而进行的精致化和系统化工作，因而实证主义长期以来始终成为各个领域的科学研究所依赖的“元范式”层次上的理论基础。

从认识论的角度言之，实证主义是一种“天真的”、原创型的现实主义。在实证主义看来，客观事物是不以人的主观意志为转移的客观实在，从而可以被人客观地加以认识。因此，认识主体与认识客体、知者与被知者、事实与价值是二元分离的，认识过程就是“由此及彼”的发展过程。而实证主义指导下的科学研究，也就是指研究者针对研究对象而从事先设定的一些因果变量出发，通过一套事先经过测量的研究工具以及固定的研究程序，进而找到所研究问题的答案这样一种发展过程。因此，实证主义所推崇的研究方法，主要是在实验的、受控制的情境下所进行的定量分析，对事物可以量化的各种变量及其相互间的关系进行测度、统计和相关分析。由马赫等人的开创性工作而成为实证原则的可证实性标准又特别强调，科学实验既是最基本的科学活动，又是基本的方法论原理，提出假说和鉴别假说都须遵从这一原理；同时，这也是科学发现获得社会承认的基本条件，即研究所得必须有可以再现的可重复性特点，或者说，科学研究的真实性可以通过对研究所得的效度、信度和推广度进行检测而获得。在实证主义看来，尽管以人的行为和社会作为研究对象的社会科学有其不同于自然科学的特点，但上述原则是相通的。

二、非主流范式：后实证主义、批判理论和建构主义

在经历了实证主义的长期支配性影响之后，近些年来人们开始意识到，这种对于知识的实证主义认识实际导致了主观与客观、事实与价值的硬性分离。同时，实证主义对于科学与哲学之关系问题的强硬立场也受到了挑战，现代宇宙学中的人择原理所提出的真实存在和方法论思辨问题，随着电子计算机技术的发展而出现的人工智能问题，以及生物工程的崛起所凸显的价值判断困境都为思辨性方法或非实证原则对于科学研究的意义作出了新的肯定。实际上，包括库恩“科学革命说”中的范式、拉卡托斯“研究纲领”中的“硬核”等，不仅强调了形而上学在科学发展中的重要作用，更引起了人们对于这类在科学研究者进入具体研究之前便已经在头脑中具有的思维框架进行彻底的反思，对于理性主义开始形成新的批判性理解和解释。科学哲学中的这些理论发展在社会科学中引发人们进一步认识到，与实证主义所主张的并不一致，知识的探索实际上是一个知者与被知者相互参与的过程。在这一过程中，知者本人提出问题、观察问题的视角和方式，知识探索过程的自然生活场景，知者与被知者之间的关系等因素都会影响到对知识的探索和理解。在这一认识的基础上，形成了与长期以来占据主流地位的实证主义不同的、但其内部又表现出特定分歧和争论的三种替代性范式，即后实证主义、批判理论和建构主义。①

1. 后实证主义

经由波普等人的批判理性主义发展而来的后实证主义是一种“批判的现实主义”。后实证主义认为，客观实体是存在的，但其真实性却不可能被人的认识穷尽。人们所了解的真实无非只是客观实体的一部分或其中一种表象，因此，研究的目的是通过一系列细致严谨的手段通过“证伪”的方式，对不尽精确的表象不断进行排谬而逐步逼近客观真实。大体说来，其间又可分为略有分歧的两种：一为唯物的后实证主义，即主张事物是客观存在的，不因人的意识而有所改变，只是由于人的认识能力有限，因此不可能完全认识其真实，由此而进一步主张社会科学研究应当采取“文化客位”的路线，即从自己设定的理论假设出发，通过量或质的方法对于研究对象展开分析和研究。另一种则多少类似于唯心的后实证主义，即认为客观事实，特别是在被研究者的意义上所建构的事实，客观地存在于被研究者那里。由此而主张采用“文化本位”的方法才能找到真实之物，即采用质的方法，到实地田野去了解被研究者的观点和思维方式，然后在原始材料的基础上建立“扎根理论”。

2. 批判理论

批判理论是一种“历史的现实主义”，也就是说，尽管这一派在本体论上也承认客观

---

① 参见陈向明：《从范式的角度看社会科学研究的质量》，载《中国社会科学季刊》（香港），1997年冬季卷（总第21期）。

现实的存在，但在认识论上却特别强调，所谓的现实实际上是历史的产物，是在历史的发展进程中被社会、政治、经济、文化、种族和性别等因素形塑而成的。因此，研究者的价值观不可避免地会影响到被研究者。从这样的观点来看，实证主义过于推崇事实，进而使理性屈从于确定的事实，拒绝任何对事实的超越和对现实存在关系的偏离，并否认历史发展本身的否定性，只能走向与现实妥协和消极地适应现实。由此，批判理论主张，研究的目的就是通过研究者与被研究者之间的对话和互动来超越被研究者对“现实”的无知与误解，唤醒他们在历史过程中被压抑的意识，逐步解除给他们带来的痛苦、冲突和挣扎的偏见，提出新的问题及其观察问题的视角。相对而言，这是一种行动型的、带有强烈政治和道德倾向的研究，即主要使用辩证对话的方式，研究者与被研究者平等地交流，唤醒被研究者的“虚假意识”，达到历史的真实。因此，校验研究质量的标准既不是证实，也不是证伪，而是消除人们的无知和误解的能力，即被研究者通过与研究者的对话是否获得了自知与自我反思的能力，他们是否在认知、情感和行为上向着自主和自我承担责任的方向发生了转变等。

3. 建构主义

以伽达默尔的解释学为代表的建构主义是一种相对主义。这就是说，建构主义在本体论上不是现实主义的。在建构主义看来，所谓“事实”都是多元的，因历史、地域、情境、个人经验之不同而不同，因此，用此种方式建构起来的事实无所谓真实与否的问题。研究者与被研究者是互为主体的关系，研究成果是由不同主体通过互动在理解层面所达到的共同建构或调解。正如伽达默尔所言：理解不是主体对客体的认识，而是不同主体间“视域的融合”。意义并不是客观存在于被研究对象那里，而是存在于研究者与被研究者的关系之中。“一切认识只有作为再认识才可称为认识”。每一次理解和解释都是对原有诠释的再诠释，从而形成了一个诠释的螺旋，可以永无止境地诠释下去。因此，研究者所要研究的不是设法进入被研究者的头脑，而是通过反思“客观地”审视、理解和再审视互为主体的“主观”。在这里，本体与认识、主观与客观、知者和被知者、事实与价值之间的界限实际上是不存在的。由此，在建构主义看来，不带偏见的理解是对理解的本质不合适的解释，所谓理解和解释之间的区别也是不存在的，“知识”是交往各方通过不断的、辩证的对话过程而共同建构的结果。研究不是为了控制或预测客观现实，也不是改造现实，而是为了理解和建构，即在人我之间、外在与自我之间、过去与现在之间建构起理解的桥梁。通过对这些主体之间互动的理解，人类将扩大自身描述和解释事物的认知结构与话语。

三、范式间的争论及其启示

上述实证主义的主流范式与实证主义之后的三种替代性非主流范式之间构成了复杂的关系格局。简单说来，对于科学研究工作的性质，实证主义认为是通过“科学的”手段发现客观存在；而后实证主义认为是通过证伪的方式不断逼近客观真实；批判理论则认为研究是解放思想的工具；建构主义认为研究是参与研究各方之间互动的理解和解释。就知识范型而言，实证主义和后实证主义范式指导下的研究工作所得到的是代表研究者观点的实验型知识；而建构主义范式获得的主要是代表被研究者视角的解释型知识。

就研究工作成功与否的判准而言，实证主义范式主张，定量研究中常见的所谓效度、信度、推广度等标准是衡量的尺度，而随机抽样、建立常模、设立控制组等则是必需的研究手段，特定的研究程序和过程必须得到严格的遵奉。后实证主义取向则要求考察在研究过程中所进行的证伪以及所使用的相关的验证过程和方法，判断研究结果接近“真实”的可能性程度，追究研究者是否具有高度的自觉意识，是否系统地、细致地、严谨地和全面地对所有可能性或不可能性进行了研究检测，是否有意识地寻找并排除了初步研究结果的反例以及自相矛盾或有漏洞的地方，是否对自己的偏见和自己所使用的方法进行了严格的审视，是否详细而翔实地报告了自己的研究过程，因而用以检测真实性的概念被代之以逼真性、可靠性、彻底性、整体性和可理解性。批判理论所强调的是应当考量研究者与被研究者相互接触和交往的方式及过程，了解被研究者冲破“虚假意识”而获得自身解放的程度及其实质，判断研究工作是否将历史形成的矛盾揭示出来，同时，还应当考察研究者是否具有自我批判的意识和能力，是否在与被研究者的对话中采取平等的态度，用自己对对方的尊重和真诚唤醒对方的“真实意识”。建构主义既然承认现实是一种社会、文化、个体相互之间的共同建构，那么对于现实的研究的衡量也就须考察这一建构的具体过程。由于建构的基本原则是考察主体之间是否通过互动达到了某种“共识”，其过程具有“阐释的”和“辩证的”两个方面。前者是指通过不同个体建构的不断诠释而尽可能地接近精确；后者是指对现存的个体建构（包括研究者本人的建构）进行比较和对照，使每个个体都有机会了解其他人的建构，直至各方达到某种共识。因此，对研究的检测必须根据当时当地生活事件的具体情境而定。检测方式实际上是一个开放的、不断演化的、通过实践而逐步修正的过程，而检测的原则是主体各方达到的共识是否对他们自己具有“解释力度”、“信息丰富性”和“复杂精巧性”，研究者必须以一种反思的、批判的态度如实报告自己与被研究者共同从事这种建构的方式与过程。①

表 3—1 列出不同范式之间的分歧与争论。

表 3—1　　不同范式之间的分歧与争论

	实证主义	后实证主义	批判理论	建构主义
本体论	朴素的现实主义：现实是客观存在的，是可以被认识的	批判的现实主义：现实也许是客观存在的，只能部分地被认识	历史现实主义：现实是历史性演变而形成的	相对主义：现实是人们建构的
认识论	二元论/客观主义：研究结果是客观真理	修正的二元论/客观主义：研究结果也许是客观真理	交往的/主观的认识论：研究结果受价值观念制约	交往的/主观的认识论，不存在任何客观真理，研究结果是人们创造出来的
方法论	实验主义的/操纵的方法论：假设证实，量化分析优先	修正的实验主义的/操纵的方法论：假设证伪，多元方法	对话的/辩证的方法论	阐释的/辩证的方法论

① 参见陈向明：《从范式的角度看社会科学研究的质量》，载《中国社会科学季刊》（香港），1997 年冬季卷（总第 21 期）。

续前表

	实证主义	后实证主义	批判理论	建构主义
研究目的	发现真理，认识客观现实	寻找可能存在的现实，使认识不断逼近现实	研究与被研究者在互动中获得“解放”	沟通研究与被研究者
评价标准	效度、信度、推广度	逼真性、可靠性、彻底性、整体性和可理解性	批判性、开放性	解释力度、信息丰富性和复杂精巧性

资料来源：陈向明：《质的研究方法与社会科学研究》，14页，北京，教育科学出版社，2000。

上述不同范式的功用即在于启发和提示人们对一些更深层次的基本问题作出思考，进而在这一思考的基础上展开研究工作。更确切地说，上述不同范式的存在及其竞争关系，从一个特定的视角说明了不同的研究者在面对同一个研究对象时会采用不同的研究方法和分析策略，并形成不同的研究结论的缘由所在，揭示了研究者在进入研究现场或研究课题之前已经自觉或不自觉地具备了某种思维框架，即库恩所说的范式，而这种思维框架从一开始就多少限定了研究的方向乃至研究成果的取得。因而对于大部分研究者来说，且不论其工作是偏重于理论研究还是经验研究，相当程度上是在已经预知其研究结果的情形下开始工作的，其研究方案所意欲达到的似乎就是以尽可能可信的论证和尽可能翔实的细节证实这一结果，其整个努力的方向似乎也就是尽可能使最终的结果与最初的模式相符合。

范式的存在及其作用还提示我们，这种“先验性”是由研究者主动或被动地习得的。所谓被动性的习得，是指研究者在其成为研究者的过程中所接受的科学教育的结果，因为科学教育的基本原则即是通过建制化的方式灌输科学共同体先前艰苦获得的东西。所谓主动性的习得，则是指研究者在自己的研究中对已经习得的东西产生怀疑，进而从其他地方发现并移植新的、不同于已习得物的东西。

特定的范式具有独特的启发作用，可以引导研究者用特定的方法和视角去关注、研究、理解和解释特定的研究对象，但同时，特定的范式也具有独特的遮蔽作用，能够引导研究者拒斥特定的研究方法和视角而对某些特定的研究对象持有忽略、漠视、不解和误解的态度与做法。

当然，相对于不同范式的应用情况，对于范式及其作用给予更为缜密的讨论显然超出了本书的主题范围，因此，我们将在后面用更多的篇幅且以具体的例证说明范式的应用，并力图说明在比较政治学的研究领域，理论的创新与其说是在很大程度上取决于新的经验材料的发现，毋宁说更多地依赖新的范式的出现及其对于此前居主流地位的范式的替代。而对于本书的读者而论，首先应当注意的或许是对于自己所秉持的范式应当有充分的自觉，不仅应当坚持自认为是合理的范式，而且更应当理解其他范式对于这一范式的挑战，因为理性的坚持存在于对这些挑战的回应而非回避。其次应当注意的或许是对于任何既有知识和理论都须追究因其所秉持的范式所导引的基本理论预设和先决条件的规定，也就是说，对之进行“前提性批判”。

第二节 作为先驱者的马克思与韦伯

“知识的推进得益于存在一个新理论能由此建立的思想基础，卡尔·马克思和马克斯·韦伯便为政治研究提供了两个这样的基础。比较政治学的当代研究者可以通过密切研讨他们的理论和深邃见解而受益”①。正是在这个意义上，我们可以说，马克思和马克斯·韦伯不仅以他们对于比较研究方法独具匠心的运用而在比较政治学的发展史上占有重要的地位，而且更以他们博大精深的理论体系和深邃周详的学术见解而实际上成为具有范式意义或功能的思考框架，至今影响着比较政治学的发展。他们的理论属于那种得到普遍承认的科学成就的、类似于特定政治制度的，或是公认的法律判决的“社会学范式”意义上的范式。因此，在比较政治学领域，我们可以看到许多与之关涉的、由此出发的或直接指向其理论学说的研究课题。由此可见，在言说比较政治学的问题时，对这两位生活在距我们今天已经久远的过去的伟人是必须加以认真讨论的。

一、马克思主义的范式意义

马克思主义的理论学说在现代社会科学领域，包括政治学和比较政治学中已经成为一种影响强大、运用广泛的思维框架和思考传统，马克思主义的创始人马克思、恩格斯所提出并论证过的一些基本概念已经成为常见的分析工具。马克思主义的理论体系本身已经成为社会科学研究中具有重要意义的科学范式。无论是接受还是拒斥马克思主义，社会科学研究者在进入研究现场或研究课题之前都不能不首先确定自己与马克思主义的相对关系。

就这种范式意义上的讨论而言，我们可以看到，马克思主义理论中那些在特定的场景下提出的具体而细微的分析结论或许会随着时间的推移和条件的变迁而削弱其针对性，但其中那些属于探求一般规律和宏观分析的核心成分以及在具体分析中所体现的方法论精髓却历久弥新，成为人类知识累积中的重要组成部分，且至今具有深刻的影响。

对于马克思主义的宏大理论体系的全面叙述显然超出了本书的论说范围，就我们所关注的论题而言，我们必须讨论的是其中那些对包括比较政治研究在内的社会科学研究具有指导性方法论意义的理论，以及涉及比较政治学的主要论题的若干具有深远影响的主张和见解。就前者而论，首先必须注意的是，马克思主义的辩证唯物主义理论具有明确的方法论意义。物质第一性、意识第二性的命题不仅彻底否定了以往那种将人类的进步视为源于人类观念或精神的进化的主张，主张将人类的物质条件的进化以及人类为生存而结合的不同方式作为研究的出发点，而且从根本上规定了研究任何问题都应当从事实出发去认识规律的方法论原则；而“辩证法在考察事物及其在观念上的反映时，本质上是从它们的联系、它们的联结、它们的运动、它们的产生和消逝方面去考察的”②，这种要求从具体的事实出发、从事物的普遍联系、运动和发展中去认识事物的原则和方法所提示的则是一种系统的科学方法。

---

① ［美］罗纳德·奇尔科特：《比较政治学理论：新范式的探索》，104页，北京，社会科学文献出版社，1998。

② 《马克思恩格斯选集》，2版，第3卷，361页。

其次，马克思主义的历史唯物主义理论以观念的形态摹写并刻画了人类社会的系统构造及其整体发展规律。人们在生产过程中所结成的生产关系与特定的生产力发展水平相适应，生产力与生产关系所构成的生产方式对于社会形态的样式和性质具有决定性的作用。"生产关系的总和构成社会的经济结构，即有法律的和政治的上层建筑竖立其上并有一定的社会意识形式与之相适应的现实基础"①，这种从经济角度出发以社会结构性因素为重点对人类历史进程的解释对社会科学的发展产生了深刻的影响。因为，"这样的理论在社会科学研究中将从两个方面给人们以帮助。第一，由于它揭示了社会发展的历史规律，因而使人们有可能对某一社会所处的历史地位、基本矛盾、发展趋向作出科学的分析，获得清醒的整体感和历史感。第二，由于它揭示了社会生活中各种不同的社会现象之间的真实联系，因而从事每一具体社会科学研究的学者可以对自己所研究的社会现象在整个社会生活中的地位、它与其他社会现象的关系、它的变化发展机制等心中有数，从而在具体的研究活动中始终保持正确的方向和清醒的头脑"②。

再次，马克思主义的革命理论对社会变革及其动力机制给予了特别的关注，亦成为贯穿其所有重要著作的一条主线。马克思认为，人类社会内部基本矛盾的运动即生产力与生产关系、经济基础与上层建筑之间按照生产关系必须适应生产力这一基本规律而发生的矛盾运行是社会发展和社会制度变迁的最终原因；而在阶级社会里，这一基本矛盾表现为不可调和的阶级矛盾，因而阶级斗争是阶级社会发展的直接动力。由此，马克思主义实际上指出了社会科学应当以研究阶级的形成和发展、不同阶级在历史发展中的作用及其相互之间的关系、其他社会现象与阶级斗争之间的连带关系为重点。而正是在这样的研究偏好中又体现了马克思主义学说所具有的实践品格和行动意义，以及后来得到进一步张扬的批判取向。

最后，马克思主义理论体系的博大精深和系统科学主要地体现为这一体系所包含的概念、范畴、命题和基本理论，所展示的理论预设、逻辑思路、研究问题的方法、视角和进路，实际上对包括比较政治学在内的社会科学研究所涉及的几乎所有方面都给出了特定的回答，同时也对社会科学领域中的不同学术流派和思潮给出了自己的评判。因此，马克思主义的科学本质及其理论效力不仅表现为它在相当程度上已经揭示了社会现象的奥秘，而且表现为它在人们认识全新的社会现象的探索过程中能够提供方法论的指导。也正是在这个意义上，我们强调马克思主义实际上就是一种范式。就其对于比较政治学的意义而言，马克思、恩格斯不仅以他们的比较研究实践为比较政治学提供了极富教益的范例，而且以其带有明确范式意义的理论学说为比较政治学提供了特定的思考框架、分类体系和基本线索。

二、韦伯理论的范式功能

较之于马克思主义而言，马克斯·韦伯的学术理论体系的完整性和自洽性略逊一筹，但亦可谓庞大而深邃。在韦伯生前直至 20 世纪 30 年代著名社会学家帕森斯将《新教伦理

① 《马克思恩格斯选集》，2 版，第 2 卷，32 页，北京，人民出版社，1995。

② 方华、刘大椿主编：《走向自为：社会科学的活动与方法》，132 页，重庆，重庆出版社，1992。

与资本主义精神》一书译为英文之前，韦伯的著作和学术思想的影响仅限于德国及其他几个欧洲国家。但此后不久直至今天，韦伯获得了世界性的声誉，他的学术研究及其在这些研究中所积累或沉淀下来的有关理论思考为后人留下了丰富的理论遗产而启迪着他们的研究。尤其是在战后初期以后比较政治学取得突破性发展的年代里，马克斯·韦伯的影响尤为突出。我们便从这一特定角度关注和讨论韦伯的理论学说。

韦伯理论的一个显著特点即是他不是用社会结构的概念建构自己的理论而是将分析的中心置于人类个体行动者之上，他所要研究的是在特定的社会历史背景下人类行动者在相互作用的过程中所采取行动的主观目的。因此，韦伯首先将人的社会行动划分为四种类型，即目标与手段均源于合理选择的工具理性行为，手段服从于目标的价值理性行为，行为者之情感主宰的情感行为和受传统思维方式引导的传统行为。在这种系统分类的基础上，他进一步展开了对于历史发展进程的研究。通过这一研究，韦伯强调认识社会的基本特征应当从认识人类行动特征的转变入手，而基本的分析单位就是具体的行动者。在这里，韦伯为我们提供了又一幅观念化的社会图景以及理解这一图景细微之处的新线索。

从人的社会行动角度解释和研究社会，就必然涉及社会行动的意义及其约束条件。在韦伯看来，社会行动的意义在于个人以其他人的行动为基本取向因而具有交互往复的特征；社会行动的约束则源于由风俗习惯、道德与法规等构成的社会法理性秩序的规范和调节作用；但在社会冲突的条件下，一部分人以政治权力和统治强加于另一部分人且固定化为纪律的情形就是不可避免的。由此，韦伯又着重对这三个社会秩序概念中的统治进行了研究，提出了基于被统治者服从统治的不同动机之上的法理型统治、传统型统治和个人魅力型统治三个“理想型”的系统分类，它们之间的更替即表现了社会历史的发展进程。而现代资本主义社会的社会秩序即在于其法理型的统治及其构成特征之一的科层制。由此可见，韦伯从人的社会行动出发进一步建构了对于整个社会的分析框架和分类系统。这对比较政治学的影响无疑是明显的。

对于社会变迁问题，韦伯基于以上论述而将之看做是一个包括经济生活、政治生活、宗教生活和文化生活在内的社会生活的理性化进程。在这一过程中，人类社会由世袭制度实现了向理性制度的转变，而人类行动本身也出现了从传统性向合理性的转化。这种合理性行动的出现是与具有合理性结构的社会联系在一起的。由此出发，韦伯对宗教意识对现代理性社会即资本主义社会的产生所起到的作用给予了高度的重视，因为正是经过改革的宗教意识推动了资本主义发展所需要的人的态度和气质的变化。他认为马克思过分强调了因果关系链条上的一个特殊环节即经济基础对包括社会文化、观念和意识在内的上层建筑的决定作用，过分简化了经济和社会结构与文化及人类行动之间错综复杂的因果关系网络。在韦伯看来，理智、精神、科学、政治和宗教等领域的发展具有相对自主性，尽管相互之间存在着影响和制约。一种意识的内涵与其倡导者的物质利益之间不存在预先确定的和谐关系而是一种“选择性的亲密关系”。由此，韦伯实际上提出了一种更加精巧、灵活的解释体系，更多地偏重于从人的观念变化的角度解释社会变迁及其结果，试图以此说明复杂的社会现实。

在社会科学方法论方面，马克斯·韦伯显然属于那些曾经对于人类知识的发展做出过卓越贡献的思想大师之一，他对方法论问题的关注和研究以及他所提出的见解对比较政治学的发展有重要的影响。韦伯认为，社会科学研究的对象是“客观的可能性”即历史个体的因果关系而非其必然或规律性，因为研究者绝难对现象全体作出毫无遗漏的因果探讨，“我们只能提供某些原因……这些原因是某一事件的本质性因素”①。所以研究者应当用恰当地估量某一原因在随机事件发生的概率所产生的“可能性判断”代替对事件因果决定性关系的考察。由此，“因果的多元论及非单向的一一对应论”便成为韦伯始终坚持的基本方法论原则。

同时，“韦伯主张社会科学研究时应把对象视为价值附属其中的对象，因此使用与价值相联系的方法，但在态度上要保持客观性、价值中立性，而反对把社会科学变成一种评价即价值判断”，因为在他看来，“科学认识的任务是作出事实判断，实践认识的任务则是作出价值判断”②。这一“价值无涉”的原则为战后社会科学和比较政治学的“科学化”发展提供了最初的方法论原则层次上的动力。

为了实践和实现他所提出的价值中立的科学研究，韦伯主张社会科学必须构造出类似自然科学那样的精确严密而又具概括性和抽象化的分析手段，这就是他首创并多次使用过的“理想类型”（ideal type）概念工具。作为一种源于现象却又高于现象、出于对现象的概括却又不是现象的本质内容的观念构造之物，“这种思想图像将历史活动的某些关系和事件联结到一个自身无矛盾的世界之上，而这个世界是由设想出来的各种联系组成的，这种构想在内容上包含着乌托邦的特征，这种乌托邦是通过在思想中强化实在中的某些因素而获得的……我们能够根据理想类型、根据实际情况来说明这种关系的特征，使它易于理解”③。而正是在韦伯自己所肯定的意义上，即“理想类型”“被用做比较和衡量实在的概念手段时，它们对于研究具有高度的启发价值，对于描述具有高度的系统价值。由于这种功能是真正不可或缺的”④，“理想类型”的范式功能不仅表现为后来者对于这种方法的应用，而且表现为这一概念工具经过韦伯的论证而成为科学研究在方法层面的集中体现，进而成为社会科学模型化和理论化努力的重要手段。

三、马克思与马克斯·韦伯之于比较政治学

由于其影响的广泛和深刻，比较研究马克思与马克斯·韦伯始终是社会科学各个学科，包括比较政治学，在对本学科的一系列根本问题进行前提性思考时给予极大关注的一个论题。但在这种比较研究中，对于马克思主义理论与马克斯·韦伯理论之间的具体关系问题，始终存在着两派不同的意见。一派认为马克思与马克斯·韦伯之间并不存在实质性的差别和分歧，至少不存在价值观念上的冲突。两者之间所谓的差别和分歧往往是后来的误译与误解。而另一派则主张马克思与马克斯·韦伯两者之间有着各种各样的区别和分歧，甚至是在有关社会科学研究所能够波及的各个方面都构成了尖锐的对立。

但在本书的论述范围内，我们并无意图也不可能对马克思与马克斯·韦伯之间究竟有无根本性的分歧和对立以及在什么方面或层次上、在何种程度上可以看到二者的一致所在

---

① ［德］马克斯·韦伯：《社会科学方法论》，129页，北京，中央编译出版社，1999。
② 转引自苏国勋：《理性化及其限制：韦伯思想引论》，272页，北京，商务印书馆，1988。
③ ［德］马克斯·韦伯：《社会科学方法论》，39～40页。
④ 同上书，47页。

或二者的分歧所在作出全面的评说。我们所关注的乃是这样一个现实，即在比较政治学的发展进程中，他们两人的思想共同作用于其后许多代的学者，并且产生了至今仍可不断感知的深刻而又巨大的影响和推动，而这种影响和推动更多地来自人们理解或认定的马克思与马克斯·韦伯两者之间的差别和分歧而非二人之间的共同之处。更确切地说，我们在此将马克思和马克斯·韦伯作比较，只是因为在比较政治学领域中他们两人的理论学说已经构成了两大思想源流。特别是在重大的理论方向上，他们之间的区别和分歧被当做最深厚的理论资源，许多学术流派都会将自己的历史渊源和学术资源或将与自己对立一方的历史渊源与理论资源追溯到马克思和马克斯·韦伯那里。

在这个意义上，列表方式（见表 3—2）无疑可以帮助我们更好地理解在比较政治学领域内工作的学者所认定的二者之间的分歧和不同之所在，尽管这种方式带有化约论的色彩，而且用马克斯·韦伯的概念来理解，这是一种“理想类型”的分类方式，往往会过于概括和抽象而忽略了许多鲜活的、细微的、奥妙的但有时也许是极其重要的内容。

表 3—2　　马克思和马克斯·韦伯之间的区别与分歧

思想观念	马克思	马克斯·韦伯
历史观	整体主义的、历史主义的和唯物主义的历史观；基于社会生产方式之上的理解	离散的、反历史的历史观；关于世界的知识是不可能穷尽的
现实	现实是科学认识的对象和目的	由于研究者和研究范围的局限性，对于现实的认识是不可企及的
理论	理论与实践相结合、思想与行为相结合	理论是研究的基础，但知识应用于研究只能是边际化的
社会科学知识	社会科学知识体现着一个阶级对另一个阶级的支配和压迫，必须从意识形态中解放出来	社会科学知识通过经验发现而获得
政治	社会科学家不可能是非政治的，应当将研究活动与政治行动结合起来	社会科学家应当是非政治的、持客观立场的
价值	价值与知识和事实不可分离，价值观立基于物质利益	价值与学术研究之对象的事实相分离，经验科学不可能提供人类行为规范
规律法则	依据有关社会生产方式、生产力和生产关系以及经济发展的一般规律，可以对人类历史进行预测	历史没有共同的规律，历史也不可能为社会科学提供普遍法则

资料来源：Ronald H. Chilcote，*The Theories of Comparative Politics*：*The Search for a Paradigm Reconsidered*，Boulder：Westview Press，1994（second ed.），pp. 93-94。

比较政治学理论争论中的许多分歧和争论大都来自于我们在这里以简单化的方式所说明的马克思与马克斯·韦伯之间的基本分歧。更确切地说，在比较政治学研究中所发生的许多争论起源于争论双方对于马克思和马克斯·韦伯所做的极端化解读和化约论式理解。而我们在理解这些争论时，又不能不按照上述的方式来概括和复原他们所理解与解读的马克思及马克斯·韦伯。

表 3—3 比较了马克思与马克斯·韦伯对于比较政治学的重要影响。

表 3—3　　马克思与马克斯·韦伯对于比较政治学的重要影响

理论方向	马克思	马克斯·韦伯
国家问题	结成铁板一块的资本主义国家与统治阶级，经济上居支配地位的阶级通过国家实行政治统治；意识形态的上层建筑与现实生活构成的经济基础；由生产力、生产关系和生产方式构成的经济基础的变化将导致上层建筑的冲突和变革	多元主义国家，理性化、功能分化和专业化，造成相应的秩序、和谐与效率
政治文化	支配性权威是层级结构的且与国家和统治阶级相关联；信仰和文化符号是由意识形态和虚假意识所构成的上层建筑的组成部分；剥削和丧失合法性的权威是统治阶级支配地位的体现	支配性权威基于理想型分类的信仰和象征，包括传统权威、个人魅力型权威和理性权威；理性权威的常规化反映了日益发展的社会化；合法性的控制是自由的体现
发展问题	应以历史唯物主义和辩证方法去认识，理论立基于历史现实的事实而非主义和虚幻的概念；发展与人的需求相关，人的意识以人与物质世界即生产力和生产关系之间的辩证互动为基础；主要表现为资本主义的发展	应用理性化和理想类型方法去认识发展；理论基于分类；思想的系统化及其对于社会的影响；强调发展的先决条件；主要集中于资本主义发展
阶级问题	在资本主义制度下，资产阶级与无产阶级是两大对立阶级；权力集中在控制生产资料的阶级手中	阶级和地位集团是影响社会内部权力和利益离散的理想类型；个人在社会地位群体中的流动以及社会地位群体在阶级之间的流动取决于创议行动、成就与才干；阶级的零散状况而非团结是宗教信仰、种族忠诚和民族主义的结果

资料来源：Ronald H. Chilcote，*The Theories of Comparative Politics*：*The Search for a Paradigm Reconsidered*，pp. 93–94。

第三节　不同政治取向型范式间的争论

“比较政治学对于政治学科的最大贡献也许就是其能够对民族—国家的整个政治过程加以概念化的能力”①。正是在比较政治学对于政治制度进行整体性、宏观性分析的过程中，先后产生了几种宏观理论范式，即人们经常谈到的自由主义范式、激进主义范式和保守主义范式。相对于我们在前两节所讨论的范式而言，本节所讨论的这三种范式处于更低的层次，这就是说，这三种范式是在前述更具抽象色彩、哲学含义和完整概括的范式的制约下形成的，是在比较政治学的更具操作性的层面上反映和体现着前述基本范式的指导作用，因此，相对而言，它们的理论涵括能力弱于前述诸范式。但同时，这三种范式仍对一般比较政治学研究有着指导意义，其基本假定和理论发展逻辑对于立基于此的研究有着特定的启发和提示作用，相对于其他一些同样包含着理论假设和分析逻辑的学术研究取向或基本方法而言又具有突出的统摄性，因而人们据此而将它们也称为范式。这也就是库恩所

① Louis J. Cantori & Andrew H. Ziegler，Jr. （eds.），*Comparative Politics in the Post-Behavioral Era*，Boulder：Lynne Rienner Publishers，1988，p. 73.

讨论的那种能够以更为具体的方式加以使用的、可以当做一种教科书或经典著作而对待的、可以视为一些现成的概念工具的范式，即人工范式（artefact paradigm）或构造范式（construct paradigm）。

在这个意义上，我们可以将这三种范式看做是一种“种属”的概念，或是一种分类概念，多少带有“标签”的含义。这主要是指这些范式在很大程度上也体现或反映了现实社会中的政治思潮及其相互间的分歧与争论对于学术取向的影响，也正是通过这些范式相对更具体的理论预设而使得不同的学术取向当中“包裹”了特定的意识形态偏好。同时，根据这种标签，我们可以比较方便地对比较政治学中诸多有关政治制度整体分析的成果加深理解，追究其“先验性”的理论预设和假定，考察在这些先验性规定下的理论发展逻辑。

一、多元主义/自由—民主主义范式

在战后初期，特别是20世纪50年代至60年代在比较政治学领域所发生的突破性进展最初主要表现为，在有关政治制度的宏观分析中出现了引人注目的理论创新。这种创新主要体现为两大理论模式的出现，其一是将生物学理论与数理逻辑结合在一起而形成的那种与计算机技术有关的系统论思维，以及在此基础上形成的政治体系理论；其二是经由对工业化国家历史变革的欧洲认识传统加以“美国化”而启发出来的结构—功能主义理论。尽管两者略有不同，但都追求对于政治体系的宏观性理解，都构造了有关政治体系的抽象模式，都强调政治体系的输入—输出功能以及由此而形成的系统性结构。

伊斯顿在20世纪50年代初第一个将一般系统论原理引入政治学分析。这种分析方法对于系统梳理错综复杂的政治现象、分类处理大量的经验材料与建构新的研究对象和研究议程具有极其明显的启发作用。同时，这种对于系统论原理的引入也是当时行为主义革命的组成部分，标志着政治学与其他社会科学门类、特别是社会学和人类学的互相渗透以及向自然科学的接近进入了一个新的阶段，因而也相应地成为政治学走向科学化的一个重要体现。正因如此，在政治分析中采用系统分析方法一时成为风尚，诸多政治学者趋之若鹜，纷纷效仿，或者是扩充、修订伊斯顿的政治系统分析而使之更加精巧和周详，或是具体应用其分析模式，根据这一模式所提示的政策分析和体制研究而展开自己的工作。在这些后来者中，阿尔蒙德的建树堪称最为引人注目。他通过增项和细化的方式使伊斯顿的输入—输出模式更加具体化，并因而产生了更大的影响，以至于人们又往往将其归入政治输入—输出分析家之列。而与此同时，阿尔蒙德又在这种系统分析中加入了结构—功能主义的理论要素，明确地将输入—输出看做是具有特定结构的系统所提供的功能，并主张经由分析这些功能便可以了解政治系统本身。这一主张又因结构—功能主义在人类学和社会学领域更长久的应用与更丰富的成果积累而在理论上显得具有更强大的逻辑力量，因而立刻成为当时影响最大的理论模式。这种理论演进的过程显然展示了在政治学和比较政治学研究领域中政治体系理论与结构—功能主义之间的连带关系。

就更深层次的理论内核而言，这两大理论模式显然是同一的。它们都假设任何政治体系无论其自定名称如何或表象特征如何，都履行着相同的功能，因而有着相同的结构；而且无论是正式结构还是非正式结构，也都具有政治功能，“系统理论在其有关均衡的前提规定中假定了冲突的解决和对于现状的回复；与之相类似的是，结构—功能主义理论也假定了社会的和谐本质以及政治现状的维持”①。因为在它们看来，对于政治体系来说，维持自身的生存和延续是其最重要的目的，也是其最基本的输入功能和输出功能所意欲达到的目的。正是在这个意义上，人们将这两种理论模式看做是在同一个范式支撑下所发展出来的理论，或者说，这两种理论模式的内在的、更深层次的思考框架体现出同一类型的范式。

在不同理论之间的论战中，人们往往用“多元主义”的名称指代这一范式。这显然出于两大原因：一是因为以系统理论和结构—功能主义理论为标识的这一范式，认定政治过程中行为主体是多元的，甚至国家本身也是多元形态的，国家内部不同的官僚阶层和政府部门与诸如利益集团、政党乃至个人共同参与政治过程并且对政治决策共同产生影响。体现为系统输入、输出和反馈的多元主体之间的互动是政治分析的关键所在。二是因为这一范式实际上是以西方自由民主主义制度及与其相关的多元主义政治思潮为摹本的。因而就这一范式所体现的政治取向而言，西方社会的多元主义得到了明确而又强烈的肯定和推崇。

在比较政治学的发展史上，这一多元主义范式的出现具有特别的意义。它对于其他社会科学和自然科学学术成果、理论框架、概念体系和学理范畴的关注和吸纳，其宏观层次上的“科学化”努力与微观层次上的行为主义“科学”方法论的结合，丰富了政治学研究的实际内容和科学样式，进而引发了比较政治学在战后初期所发生的突破性进展。它有关政治系统、政治结构与政治功能普遍性的假定和抽象框架不仅为比较政治学相对客观地研究不同国家和地区的政治制度奠定了基础，并因而促使比较政治学的研究视野超出以往的局限而开始将研究重点转到第三世界发展中国家，而且提供了大量可用于进行比较研究的分析工具和分析方法，包括分类框架、变量体系和层次划分等，使得比较政治学获得了一种可以用以进行实际研究的指导性理论。它对于政治过程及其多元参与主体的强调，明显弃绝了以往政治学研究片面关注于形式法律规定和正式机构设置的弊端，因而使当代政治学研究的议程有了极其明显的拓展。

实际上，在比较政治学的发展史上确实没有哪一种范式能够取得像多元主义范式这样显赫的理论成就和实际影响。这不仅是因为这一范式本身在其产生之初所带来的那种“变革”效果，而且由于像伊斯顿、阿尔蒙德这样的政治系统理论的首要学者组成了一个“比较政治研究委员会”，以丰厚的物质资源和强大的群体力量而使这一范式成为绝对的主流范式，支配政治学界长达 20 年之久。

正是这种支配性地位使得多元主义范式成为众矢之的，成为几乎每个学者无法绕开且不信服之则必须拒斥之的理论学说，在这个意义上可以说，这一范式所具有的逻辑力量使其自身陷入接受批判、质疑和挑战的处境之中，而后来者对于范式问题的思考也莫不以此为学理讨论的中心和理论创新的出发点。人们对于多元主义范式的批判主要集中在下述几个方面。

首先，多元主义范式追求的是一种普适化的理论，它所追问的是世界各国的共性问题。而这样一种取向极有可能导致对不同类型的国家或国家群体之间差异的存在秉持一种

① Louis J. Cantori & Andrew H. Ziegler, Jr. (eds.), *Comparative Politics in the Post-Behavioral Era*, p. 73.

虚无主义的态度。在实际的学术研究中，过于强调共性且辅之以过于抽象的框架，使得政治学研究本身丧失了意义。

其次，多元主义带有特定的意识形态偏好，这就是它的西方种族中心主义特征。正如阿尔蒙德所承认的那样："从根本上讲，我们的课题是根据相当复杂的西方体制所特有的政治生活来探讨一系列的问题。换句话说，我们是从结构专门化和功能分化已经达到最高程度的政治系统中获取人们的功能要件的。"① 而这样一个假设实际上又暗含着其他两个设定：一是认定欧美国家的政治制度是人类社会目前最健全和完善的制度形态，二是强调其他国家必将在长期的发展中趋近这一形态。这一意识形态偏好与普适化的追求结合在一起，实际上就是将欧美国家的政治制度推崇为一种普适化的东西，一种足以成为行动目标和选择判准的东西。这种偏好同样支配着有关政治发展问题的研究，促生了那种认为西方制度及其价值观的扩展即相当于现代化进程的发展理论。

再次，在其否定而非建树的意义上讲，多元主义的又一重大特征就是它对传统政治学所关注的问题的否定。在多元主义范式看来，由于政治生活的复杂化以及社会结构的多元化，无论是实际生活中的国家机构还是作为分析工具的国家概念都失去了意义，政治过程的每一个参加者都会对政治决策施加自己的影响。这种看法虽有一定的道理，但显然又会导致对现实政治的误解，因为国家的作用至今未可忽视，而政治体系的政治输出也许会对社会生活产生更大的影响。由此，多元主义范式的特定启发意义和遮蔽作用得到了充分的表现。

最后，多元主义范式还带有明显的保守倾向。在对研究对象的建构中，多元主义设定了特定的研究重点，按照伊斯顿自己的话说就是，"一个系统如何通过必要的变革而设法维持其生存这个难解之谜，形成了政治生活分析的核心问题"②。这样一种表述实际上表现了多元主义范式将政治系统看做是一种通过调适和调整而不断恢复系统均衡特性的恒久结构，强调每一现存的政治系统都会为了维持生存而自然地具有内在的变革倾向，而实际上又进一步意味着对于现存政治制度的肯定。正是因为这样，多元主义范式只看到了政治系统的微调，而在其框架内既无法解释突生性变革的发生，也无法容纳截然不同的新旧系统对立及其替代的假设。

二、激进主义范式

激进主义范式是在对多元主义范式提出质疑和批判的基础上发展起来的，并且构成了对于多元主义范式的反动。此处之所谓激进，正是在这种批判的意义上所使用的。相对于多元主义范式而论，激进主义对现存社会及其政治秩序乃至国际体系坚持尖锐的批判姿态，对比较政治学既有理论的西方种族中心主义和西方发展经验的内涵持坚决的拒斥态度。如果说激进主义也会提出社会改造的方案，那么其重点显然并非在此，此处所讨论的主要是作为一种学术思潮而发挥影响的激进主义，作为一种对现有的几乎一切学理提出质疑和挑战的学术取向而形成的非主流乃至反主流的学术取向和思考路径。

---

① Almond and Coleman, *Politics in Developing Era*, Princeton: Princeton University Press, 1968, p. 16.

② D. Easton, *A System's Analysis of Political Life*, Chicago: University of Chicago Press, 1979, p. 479.

但是，激进主义的学术思潮并不是在政治真空里产生的，也并不只是由多元主义范式的知识局限所促生的。正如其他学术思潮大多出于对社会现实的学术观照一样，激进主义范式的产生也有着深厚的社会现实依据。正是在多元主义范式的学术影响达到顶峰之时的20世纪60年代中期以后，西方国家普遍经历了一次前所未有的政治动荡和社会变动。20世纪50年代以来“黄金时期”经济发展的结果当然是物品的繁荣，但是，“事实上，大批消费品的出现反而使问题更显尖锐，因为这样就突出了享有这些东西的人们和没有这些东西的人们之间的差别。因此，经过50年代的相对平静之后，就出现了意料不到的阶级关系紧张的根源”①。许多敏感的学者不仅目睹甚至亲自参与了各种各样的民权运动、反战运动、学生运动、工会运动、妇女运动和新左派运动，他们这种持异见的政治信仰和行动与其在过去习得的多元—自由价值观支配下的教学与研究背道而驰、难以共处。尽管运动的口号和标语是过于简单化的，但却抓住了多元主义范式已经忽略的社会政治与经济的现实性和复杂性。多元主义的神话正在破灭，多元主义范式支配下的研究不去关注也无法解释社会上所存在的一些丑恶现象：政治权力和经济收入的不平等随着经济的发展而处在持续、积聚和扩大的发展趋势当中，政府官员总是来自于相当狭隘的社会阶层和经济群体而根本不能真正代表穷者、弱者的利益，追求平等的政治制度却使种族之间和经济上的不平等制度化了，私人权力的集中对社会民主构成了严重的限制。由此，那些有勇气且有才识的学者开始对主宰政治学领域多年的多元主义范式提出批评并且开始提出新的理论范式。

与此同时，多元主义范式支配下的现代化发展理论曾经预期和允诺的第三世界国家经济发展的前景并未变成现实。相反，跨国公司的飞速发展，世界经济联系的日益紧密和融合却使亚非拉国家、特别是那些战后新独立的国家处在一种长期停滞乃至不发展的状况，加之大国之间斗争的牵制，这些国家在政治上也长期处在动荡和动乱之中。这种状况直接刺激着许多来自第三世界亚非拉国家的学者从开始对多元主义范式的怀疑而转向进行全新的开创性研究并由此形成了激进主义的取向。

如果说特定的社会现实和批判性的理论思考为激进主义的学术思潮创造了必要的前提条件，那么，包括西方马克思主义在内的一系列批判理论的出现和发展则为激进主义准备了理论资源。尽管因激烈的批判态度而被指称为或自认为激进主义的学者之间仍然存在着某些差异，尽管他们中间既有人毫不讳言自己是马克思主义者，也有人自认与马克思主义没有任何联系，但就他们在研究中所表现出来的理论预设而论，他们之间的共同点却更加明显。马克思主义的政治研究对于非马克思主义的政治研究也有深刻的影响，马克思主义理论的范畴、概念和分析框架得到了普遍的采用。同时，非马克思主义的一些研究成果也进入了新马克思主义的理论思维，并因而构成了双方的共同点。

作为一种范式，激进主义的特征在于：首先，它在新的基础上促成了经典命题的回复，即特别强调国家形式作为政治学分析中心的重要性。根据近年来对于国家问题、特别是资本主义国家问题的研究，激进主义学者在一定程度上放弃了经典马克思主义关于国家作为阶级统治工具并完全听从资产阶级支配的理论认识，而认为由于政治与经济的分离，

① ［美］H. S. 休斯：《欧洲现代史（1914—1980年）》，668页，北京，商务印书馆，1984。

今天的国家具有相对的自主性。在他们看来，国家不是阶级的工具，而是分裂为阶级的社会的国家。由此，国家才能出于资产阶级的共同利益而管理社会，才能使工人阶级非组织化而组织各阶级的结盟以维持资本主义的再生产。而在后发展中国家，与国内资产阶级联系在一起的国家又与国际资本和发达国家之间形成了既斗争又勾结的复杂关系，对整个资本主义的世界性再生产过程有着重要的影响。这种对于国家问题的新认识显然与多元主义范式的理论预设构成了明确的差异，启发着人们重新看待国家在社会生活中的地位和作用。

其次，激进主义学者通过对国家活动，特别是 20 世纪 30 年代以来国家活动领域和干预程度的持续扩张的经验研究，对于国家活动的内容和性质进行了广泛的分析。他们在分析国家的暴力强制行为、经济干预行为的同时，强调国家在意识形态方面对资本主义合法化的工作才是最重要的，强调国家政策对于阶级斗争的具体样式有着重要的影响，所谓民主—自由主义的政治制度往往使得阶级利益化解为个人利益，从而瘫痪了工人阶级的阶级行动。这种对于国家行为的重视进一步导致了对国家在经济发展中的主导作用、在确立整个国家在资本主义世界体系中的地位和角色进行更深入的研究。

再次，激进主义还恢复了结构问题在政治学分析中的中心地位。与多元主义关注功能且以功能替代结构的做法构成鲜明的对照，激进主义对包括阶级结构在内的社会、政治、文化和经济结构问题给予了高度的重视，特别强调结构对于今日之政治生活所形成的约束和制约。这种结构是历史上形成的，因而在特定结构条件下政治、经济与文化的结合形式具有不同的意义和特征，由此便构成了国家之间的差异。而这种差异的要害不仅在于国内结构的差异而且还包括在世界体系中结构位置的差异。就此而论，激进主义实际上提出了一种比较研究的框架，在这个框架的指导下，可以对各国之间的差异和共性进行更精细的比较。而这个框架较之于多元主义范式所提供的思维逻辑对现实社会具有更多的批判性。

应当说，激进主义范式的出现对比较政治学的主流构成了严峻的挑战，在相当程度上改变了战后以来比较政治学几乎成为政府官办学界的局面，从而为比较政治学和政治学的发展开拓了更加宽广和科学的空间。

三、社会合作主义/保守主义范式

这是在经验研究中初步形成，又经过进一步的理论提炼和抽象之后而形成的又一种具有范式意义的理论模式。社会合作主义一词就像政治学中的许多术语一样，最初来自于政治生活的现实，来自于政治运动本身，而后又被政治学家当做理解政治生活的分析工具加以使用。这种情形所造成的复杂局面之一，便是人们会用这一术语描述有时是截然不同的东西，而这在中国的语境下则更加凸显其复杂性。仅其译名在中国即相当不统一，有的译为社会合作主义，也有的译为社团主义或法团主义。而就其作为分析工具而被政治学家使用时所包括的含义而言，社会合作主义指涉一种特定的国家—集团关系，一种政治体制和一种意识形态。这一概念所包括的双重特征固然造成了这一术语的含混模糊，却也使得这一概念在用于理论建构时具有较大的包容性和涵括力，为进一步理论争论设定了一个较好的出发点。

首先，社会合作主义所包含的最基本的含义和所提示的最基本的理论图景集中于利益集团与政府机构之间的一种特定关系结构，即在正式的机构框架内政府官员面对的是代表着主要经济利益和职业利益的正式组织。“社会合作主义可以被界定为一种利益代表制度，在这个制度中，选举单位被组织成为一种数量有限的、单一义务的、非竞争性的、具有层级次序且功能分化的类属；这些类属（如果不是由国家直接创立的话）由国家承认或允可，并在其各自所在的类属中被授予垄断性的代表权；作为交换，它们在领袖选择、需求表达和组织支持方面遵从某些控制”①。因此，其中的关键在于社会合作主义关系所采取的正式形式和法律规定，因而人们又称之为法团主义。而这一关系的实质则是政府与利益集团之间所确立的、涉及相对权力和相互独立自主性的交换行为。由于交换行为中的权力关系样式的不同，又可区分为“国家支配型的社会合作主义”和“社会支配型的社会合作主义”。

其次，社会合作主义还用来指称特定的国家—利益集团关系结构内的一种有关政治社会的综合性组织形式。在这个意义上讲，社会合作主义有着强烈的实践品格和丰富的经验内容。早期的社会合作主义是一种由意大利法西斯主义所首创的体制，其法律制度的建构试图使社会上得到官方确认的“利益”团体在政治决策过程中具有固定而又明确的作用，从而取代政党制度和议会制度。当代社会合作主义的指向则较为宽泛，凡是那些有着稳定的利益集团结构并且其权利与义务在法律上得到规定，这些利益集团通过某种特定的组织机构与政府有着长期且稳定的联系，利益集团之间的互动受到政府的管辖而它们与政府之间的互动则是一种共识基础上的理性行为，那么，这一体制便可看做是社会合作主义性质的，尽管不同国家的组织形式有所不同，所谓社会合作主义也会表现出特定的程度差异。

再次，社会合作主义还是一种意识形态。因为它不仅意指国家与利益集团之间的特定关系结构，而且关涉对于这一特定关系结构的信念和价值判断，其中，对于秩序、理性和人为安排的推崇，对于集团之间以及集团与国家之间对抗性冲突的否定是最突出的特征。正是那些高度评价且极力坚持社会合作主义实践及其制度安排的人将这一实践和安排升华为一种意识形态。尽管因其早年曾与法西斯主义相关联而多少带有贬义，现在的人们在将其当做意识形态来处理时，行为的含义远高于理论的探索。

在比较政治学的研究领域，当代社会合作主义的概念产生于对拉美地区的研究中，尔后，这种从经验研究中所提出的理论模式又被应用于欧洲一些国家的政治制度分析。因此，就其对于比较政治学的关联性而论，社会合作主义的范式特征主要体现为，它为特定的理论建构提供了既定的理论化语式和思考方向，进而为理论思考和经验研究提示了特定的方向和领域。

这首先表现为社会合作主义提供了一种解释性的综合理论，为现实政治的分析提示了一些重要的分析向度，指出了制度性差异之所在以及造成这些差异的主要因素。其理论上的有效性就体现为它作为一种特定的核心假设，为进一步形成有效的范畴、命题和理论准备了逻辑思路，规定了特定的因果链条次序和其间所涉及的相应的变量类型。更具体地说，作为一种范式的社会合作主义，一是特别强调国家—社会集团/国家—社会组织之间

① Philippe Schmitter, Still the Century of Corporatism? in Pike and Stritchn (eds.), *The Neo-Corporatism: Social and Political Structures in the Iberian World*, Notre Dame: University of Notre Dame Press, 1974, pp. 93-94.

的联系对于解释政治行为结果差异性的极端重要性，二是特别强调国家机构功能分化的重要性，三是特别强调“设计”与“选择”在因果解释中的意义。正是在这些方面，社会合作主义与多元主义范式和激进主义范式构成了区别与分歧。在激进主义发现存在着支配性利益的地方，社会合作主义看到了多元的存在；而在多元主义看到利益多元、并存竞争的地方，社会合作主义提示着多元利益之间的和谐协调以及它们之间的共存结构的约束作用。在多元主义否定国家作为政治分析核心概念的意义之际，社会合作主义认定国家的角色在实践中极其重要、须在理论分析中认真加以处理；在激进主义强调国家作用的时候，社会合作主义强调国家并非是具有单一利益和目的的整体而必须考虑国家与社会集团之间的关系。同时，社会合作主义更强调法律规定的重要性，因为正是这些法律规定界定了不同利益集团之间以及它们与国家之间的关系结构，更强调国家在有意建构这些特定关系结构中的能动作用，由此又突出了政治领导者的角色，突出了在历史性变革过程的关键时刻新的制度安排产生的独特途径以及领导者个人偏好的作用。

社会合作主义为特定的理论建构所作出的贡献还体现为它提供了特定的阐释模式。换句话说，它不仅能够从特定的方向解释政治事件发生的原因，而且提供了判定这一政治事件之意义的准则；不仅能够从特定的逻辑出发预测未来政治事件的发生及其后果，而且力图向人们提供一种在面临政治抉择而应当秉持的价值。就此而论，社会合作主义提示了一条介乎多元主义和社会主义之间的新的发展道路：对于后发展国家而言，这是一种在“赶超”心理作用下形成某种共识的具有威权主义色彩的制度安排；对于发达国家而言，则是一种基于传统文化之上的共识民主和政治经济相互分离且有不同的权力格局的制度安排。也许正是因为社会合作主义对威权主义所持有的这种多少带有肯定意味的评价，因为它所主张的和谐、协调与妥协，人们才将它归入了保守主义的类型，尽管它对于社会变革的肯定以及对变革动力的分析较之于多元主义范式更多。

总而言之，社会合作主义是一个渊源深远而又在近年来得到复兴的理论。从类型学的角度言之，它提供了一种介乎多元主义与激进主义范式之间的过渡范式，它的出现及其产生的替代和竞争效果使得政治制度的比较研究向着更加精细和深入的方向发展。

表 3—4 列出三种政治取向型范式的区别与分歧。

表 3—4 **三种政治取向型范式的区别与分歧**

	自由—民主主义范式	激进主义范式	社会合作主义范式
国家观	在多元结构的社会中，国家混同于一般的政治实体；国家概念已无意义	国家仍是社会政治生活的中心，国家对其他政治实体和社会因素有支配作用	国家是重要的，国家与其他社会结构因素一起影响着社会生活
政治过程	各种政治行为主体之间的多元竞争	统治阶级与被统治阶级之间的敌对，不同的阶级和阶层之间为争夺政治权力而斗争	专业垄断型组织寡头之间的合作及其与国家的合作，利益集团与中立的国家为维护经济发展而妥协和合作
政治斗争形式	政治行为体之间的讨价还价	阶级内部的团结与阶级之间不可调和的冲突	集团领袖和国家官员之间的计划安排

资料来源：Louis J. Cantori & Andrew H. Ziegler, Jr. (eds.), *Comparative Politics in the Post-Behavioral Era*, p. 73。

比较政治学的方法论问题

重点问题

- 比较政治研究的主要方法和基本进路
- 个案研究和变量研究对比较政治学的意义
- 比较政治研究的逻辑规则
- 比较政治学中理论建构的主要方法
- 比较政治学的缺陷及其控制

作为政治学学科领域内唯一一个以研究方法命名的分支学科，比较政治学一向对于其研究方法、操作技术和论证逻辑给予高度的重视。这种状况与相关学者的个人偏好无涉，主要是学科自身的发展逻辑使然。尽管比较方法为人们所广泛应用，但在社会科学、特别是政治学领域内，比较方法的使用仍涉及诸多具体的方法论问题。对这一问题的讨论将会进一步凸显比较政治学的功用和优长，亦将会提示其间的理论误区和知识盲点。必须注意的是，为了讨论的方便而在此章分节叙述和抽象概括的问题，在实际的研究进程中是统一且交错地出现的，也是具体且个殊地表现的。

第一节　比较政治研究的主要方法和操作技术

一、比较政治研究的主要方法

一般说来，比较方法是一种相对宽泛的、一般的研究方法，而不是狭窄的、专门化的研究方法。在比较研究领域，除了必须使用比较的方法，如比较的分类框架和参照体系，隐含或明喻的比较对象，相对同一的比较参数或指标系统以外，可以而且应当使用在政治学研究领域已经证明是具有普遍意义的其他研究方法。从作为社会科学其他主流学科影响政治学研究的通道而言，比较政治学不仅会首先使用在政治学主流中已经得到广泛应用的研究方法，并且会使用那些在社会科学其他主流学科中证明已经具有普遍意义的研究方法。

至于政治学研究所使用的研究方法，阿普特曾将其归纳为三大类，即规范方法、结构方法和行为方法。[①] 这一归纳未必十分精当和准确，但在相当程度上为我们理解不同的方法论及其特征提供了一个分类框架和参照体系，一个特定的分析角度。

所谓规范方法，是指那些认定社会的维持和变迁主要源自人们的观念运动和价值变化，并由此特别关注于社会价值观及其作用和实现方式的研究方法。在政治思想史上和知识社会学中，规范性方法代表的是一种传统的趋向，是哲学与政治学尚未分离时的产物，但至今仍是政治哲学所探寻的主要内容。在这一方法支配下的学术努力，就其目的而言，是要找寻在一个社会中被视为理想的、可欲的（desirable）文化价值，考察那些用以告诉人们特定的价值如何实现的法律、权利和义务等形式所体现的规范。在这个意义上讲，坚持规范方法的研究者并不一定排斥经验研究，但他们所追求的是试图超越其经验观察之所得，而去寻求更高的意义；但同时他们往往会将自己的价值观与他们所观察的社会联系在一起。就其研究重点而言，他们往往以整个社会作为分析单位，总是假定社会中的变化是对立观念与价值观相互冲突和辩证发展的结果。

在这一类别中，我们还可以分辨出不同的学术取向和价值偏好所形成的学派分歧。特别是在比较政治学领域，这种学派分歧表现得最为突出。其中主要包括：一是那些自由民主主义取向的学者。他们在有关比较政治学的规范研究中，认定民主的发展是现代化的核心体现，因而整个人类社会的整体发展无非就是以不同的方式或经由不同的路径而最终达到民主的目标。作为政治学者，他们尤其感兴趣的是，这些民主的目标是如何实现的，而在那些尚未实现民主目标的国家，其原因为何以及出路如何的问题。二是马克思主义取向的学者。他们将社会冲突看做是社会阶级之间的冲突且认定阶级冲突是社会变迁的原动力。在他们看来，社会的发展无非表明了阶级冲突的不可调和，尽管在不同时期表现为不同的形态，而最终只有无阶级的社会才是唯一的出路。三是多元主义取向的学者。他们认为民主和现代化是一种共享的价值而不是什么分化的价值，因此他们寻求将妥协、讨价还价和共识作为民主社会的构成要素；同时，他们并不一定排斥阶级分析，但总是强调现实情况的复杂性且主张阶级分析并不能包办一切。

这种学派分歧多少类似于前设性的理论框架而对比较研究设定了相对比较严格的局限性。唯其如此，这种研究方法因其强烈的主观偏好和前设局限而在近年来受到较多的批评而不再占据比较政治学研究领域的主导地位。

所谓结构方法，是指那些将社会看做是具有由结构因子及其相互间稳定关系所构成的层级结构，并着重对这些结构因子和结构关系状况进行分析和解释的研究方法。在政治学的发展过程中，结构研究有着悠久的历史并积累了丰硕的成果。尽管相对而言，主张结构方法的学者往往关注于系统的维持与稳定问题，研究重点集中于社会、国家和其他宏观单位，其研究内容从不同政府部门间的权力分立到经济集团和阶级间的斗争，几乎无所不包，因而也是一个宽泛的界定。

---

① D. E. Apter & C. Andrain，Comparative Government：Developing New Nations，in M. D. Irish（ed.），*Political Science*：*Advance of the Discipline*，Englewood Cliffs：Pretice-Hall，1968，pp. 82-126.

在这一大的分类中，因此还存在着并不相同甚至是针锋相对的学术主张，不同的学者有着不同的研究偏好。按照阿普特的说法，结构方法先后且至今仍有五个强调重点。第一个重点是法律的、正式（形式）的、通常也是行政性的机构。这在第二次世界大战前成为研究宗主帝国和殖民地的学者所关注的中心，因之也被称为“传统研究方法”。第二个重点是新的制度结构如文官阶层和政党。对于正式的法律结构和宪法框架而言，这是一种因逻辑性的扩展而形成的关注重点，且多少已经形成为独立的研究领域。第三个重点是各种集团，包括政党、教会和军队之类的正式团体以及工会、商人集团和行业集团之类的非正式集团。它们在社会系统的范畴内成为比较政治研究所必须考察和研究的问题。第四个重点是由前述所有相关成分所构成的政治体系的结构和功能，即所谓系统理论和结构—功能主义理论。这种理论具有最一般的特征和普适性，企图在最广泛的意义上提出对政治系统的认识，因而构成了相当新颖和独特的研究主题。第五个重点是表现为经济集团和阶级阶层集团的社会结构问题。这是新马克思主义者依据不同的阶级阶层之经济利益及其在社会生产过程中的不同地位和作用而展开分析的问题。

但是，人们对于结构方法也不无诟病，或指责其过于关注一时一地的现实状况而忽略历时性的变化，或批判其过于强调整体的稳定性而轻视突生性变革出现的可能性。

所谓行为方法，是指那种认定在人的行为中存在着可以观察的各种一致性，并据此可以解释政治行为和政治机构运作的研究方法。这一方法主要受心理学影响，并关注社会化和学习过程、动机、人们对权威的观念和态度及其他一些与主观考虑相关的各种问题，其分析单位往往是个人和小团体。行为主义的假定与个人主义的乐观主义相关，这种观念相信，变化不仅是可欲的而且是可能的，发展是人们的成就感需求的结果。

就主要的理论主张和基本假设而言，行为主义研究方法所强调的旨趣在于：第一，人的行为中存在着可以发现的各种一致性，如在“政治人”的假设下涉及各种选择偏好和行为规律。因此，通过了解个体的人的行为，足以能够理解与解释政治行为和政治机构的运作。第二，人的行为的这些一致性可以被经验的研究直接观察、验证和证实。因此，20世纪20年代维也纳学派所主张的实证主义被大量地纳入政治学分析。第三，基于以上认识，行为主义强调政治研究操作中的资料搜集和分析处理必须遵循严格的科学要求和方法依据，特别是量化方法以及基于量化概念的研究操作如问卷调查、访谈、抽样、回归分析、要素分析、理性模型方法等占有重要的地位。第四，行为主义主张，科学理论应当是精细化的、建立在客观观察基础上的系统知识。因此，较之于前政治学时期那种主张理论应当探求理想生活的本质、其本身是哲学性质的传统观念而言，较之于形式主义、法律主义和传统主义政治学时期那种认为理论应当解释和阐明过去年代里特定的政治观念和思想的起因、其功能在于历史回溯的主流观念而言，行为主义认为理论是经验主义的，其功能在于帮助人们解释、理解并在可能的条件下预测人们政治行为的方式和政治机构运作的方式。由此，政治学者应将主要精力用于各种分析层次的经验主义的理论建构工作，例如权力多元理论、博弈论和公共选择理论等。第五，行为主义主张研究者本人和社会的价值准则可以被排除在研究过程之外，价值中立或价值祛除的研究不仅可能且为必须。这是因为道德的评价评判与经验主义的解释实际上包含着两种截然不同的陈述，必须加以区别对待；道德的探究不应成为科学研究的主旨。第六，行为主义还主张新的科学发现的重点应当是基础理论或纯理论而不是应用研究，学者的任务主要是解释和理解。只有在对政治机构的实际运作和人们的政治行为具有准确的理解之后，人们才能应用这些知识去解决紧迫的社会问题。由此，行为主义促使学者的研究兴趣从社会改革中转移出来，鼓励学者将眼光放在作为纯粹研究导向的科学发展的需要上。

表 4—1 总结了比较政治学的主要研究方法。

表 4—1　　比较政治学的主要研究方法

	规范研究方法	结构研究方法	行为研究方法
前提预设	人类社会总是追求着更加美好的生活方式、追求着某种价值； 不同的人们有着不同的价值偏好和选择，他们之间因此而发生的斗争或合作构成了社会变迁的主要内容。反之，社会变迁也证明了某种价值的兴盛或衰亡	人类社会总是表现为特定的结构性特征； 无论自觉还是不自觉，人们总是处在特定的结构位置，而这个位置决定了人们的行为方式； 人们改变结构位置的行动决定了社会的变迁。变迁的结果就是新结构和新位置的出现	人类社会说到底是由个人构成的，个人的动机和行为决定着社会的变迁和发展； 人类的行为方式和决定取向都可以在个人层次上找到原因和根据； 人类的行为方式具有可观察、可认知的一致性
研究重点	在形而上层面，研究什么是一个社会理想的价值和规范； 在形而下层面，研究这些价值如何演变为具体而可操作的制度、法律和政策； 在经验研究中考察价值是如何发生变化的，这一变化是如何导致和影响社会变迁的	从过去到现在，有着不同的研究重点： 传统取向——正式的宪法规定和机构设置； 制度取向——正式的社会结构因素； 新制度取向——非正式的社会结构因素； 系统论取向——系统与环境，结构与功能； 阶级结构取向——阶级和阶层	个体的人及其行为； 用科学的方法搜集、整理有关人的行为和动机的数据资料； 用科学的方法研究人的动机和行为选择； 自然科学的方法同样适用于对人类的研究
理论偏好	思辨性的、哲学式的	解释性的	解释性的、科学公理式的

资料来源：D. E. Apter & C. Andrain，Comparative Government：Developing New Nations，in M. D. Irish ed.，*Political Science*：*Advance of the Discipline*，Englewood Cliffs：Pretice-Hall，1968，pp. 82-126。

行为主义革命曾经在政治学领域盛极一时，且产生了许多至今仍具有一定意义的理论成果。但它也引发了更加广泛和激烈的争论。在上述各个问题上都出现了针锋相对的批评意见，其结果就是新的“后行为主义”和多元化发展阶段的到来。

从学科发展的过程来看，在目前的比较政治学领域，占主流地位的是结构方法或结构功能主义且在理论取向上强调中程理论的研究；但同时，以行为主义研究方法为主导的微观取向的研究也屡见不鲜。当然，人们近年来也认为行为主义无法解释整个社会的问题，而结构主义又无法实现体系的部分与整体的有机联系，从而重新转向规范研究。由此又出现了新的理论取向指导下的规范研究，如激进的批判理论，指责结构主义过于保守且拘泥于静态分析；又如激进的保守主义，强烈主张英美经验说明了民主价值的重要和有效，甚而由此提出了有关政策建议。

由此可见，在比较政治研究中建构理论的各种尝试不可能轻易地得到普遍的赞许和首肯。一方面，尽管比较研究的思考路线早已有之且得到公认，但精确的研究始终由于比较研究对象的复杂性而受到严重的限制；另一方面，尽管立意宏大的比较研究课题能够搜集来自各国的同类信息，但其结果却往往是描述性而非分析性的，同时，由于具体的环境影响和极其特殊的个人原因，这些数据本身往往也许是不可靠的。对于上述这些问题，几乎所有的比较政治研究者都表述了自己的看法，其间不乏严重的分歧和激烈的争论。这些分歧和争论同样也体现在有关比较研究的进路问题之上。

二、比较政治研究的基本进路

在比较政治研究的实践中，研究者所使用的研究路径一般包括两类，一类是个案研究取向的，另一类则是变量研究取向的。所谓个案研究取向的比较研究，主要是指针对某一宽泛的分类类型框架内的特定国家或特定主题即研究个案所展开的深入细致的研究，以及在此基础上所展开的理论思考。这一取向的研究重点在于集中考察这一特定国家或特定主题之中的各种因素之间的互动和演化及其衍生出的特定场景，并在此基础上展开理论推论。所谓变量研究取向的研究，则主要是指在多个个案研究的基础上对这些个案展开综合性的分析和测度，意图辨析出其间的变量及其相互间关联的研究。因此，这类取向的研究重点在于针对意欲解释的因变量而区分和判明影响其变化的自变量，以及作为自变量影响因变量之中介物的干预变量，并在可能的情况下对这些变量及其关系作出特定的数量分析。具体而论，前者又包括个案研究以及以个案研究为基础的集中比较，后者涉及真伪列表分析和统计分析。

所谓个案研究方法（case studies），在这里是特指对一个国家或地区乃至一个团体或组织、抑或一个事件进行详尽的调查研究的方法。尽管从严格的意义上讲，个案研究并非是比较研究。但不可否认的是，个案研究与比较方法密切相关且特别有利于政治科学中的理论建构。一方面，个案研究可以为比较研究提供必要的原材料，特别是研究个案数量上的积累，是那种在多个个案的经验研究基础上形成理论概括的比较研究所不可缺少的，正如我们早在亚里士多德那里就已经看到的那样。同时，个案研究也存在着比较框架指导的问题，特别是那种明确的、将个案当做普适性理论的确证或否证而展开的研究，其比较研究的意义尤其明显。特别值得注意的是，个案研究具有不可替代的优长：由于专注于单个个案，即使在可资利用的资料受到严重限制的情况下也可以对案例进行精细的考察，从而对间接地建立一般性命题、并因之对政治科学中的理论建构具有重要的贡献。因此，尽管个案研究也有其特定的劣势，如缺乏时空范围上的广度、其结论往往具有很强的条件性、在适用程度上受到限制等，但对于理论化工作仍是不可缺少的。无论如何，“比较研究只有在以对有关事实的大量资料及其事实本身进行深入细致的研究和考证为依据时才会具有价值”①。

按照利普哈特的说法，个案研究可以具体分为六种不同的“理想”类型，即描述性的

① ［法］布洛赫：《比较史学之方法：论欧洲社会的历史比较》，见葛懋春、姜义华主编：《历史比较研究法》，134页，济南，山东教育出版社，1986。

个案研究、阐释性的个案研究、假说建构型个案研究、理论增值型个案研究、理论减值型个案研究和异常型个案研究。[①] 其中，描述性的个案研究（descriptive or atheoretical case studies）是指那种既缺乏既有理论或假说的指导，又不追求建构新的理论假说，而仅以纯粹的描述为特征的个案研究；但这类个案研究在知识积累和基础建设的意义上对于理论建构工作有特定的帮助，因为这种描述性个案的积累可以为进一步的理论分析和概括准备必要的思考素材。阐释性的个案研究（interpretative case studies）则是指那种在描述的基础上力图应用既有的理论假说对特定个案作出必要解释的研究。确切地说，这种个案研究只涉及对既有理论的应用，而这种应用又着眼于对此一个案的深度挖掘。因此，就其对于新的理论建构的意义或既有理论的验证而言，阐释性的个案研究与描述性的个案研究是相近的。

与此形成对照的是，另外四种类型的个案研究都有建构理论的目的和功用。所谓假说建构型个案研究（hypothesis-generating case studies）是指那种意在通过对具体个案的精细研究而提炼出新的理论假说或普适性概括的个案研究。这种个案研究尽管着手于一个特定的个案，但却着眼于新的理论建构。在这个意义上讲，假说建构型个案研究恰好与前述阐释性个案研究构成相对的两极。所谓理论增值型的个案研究（theory-confirming case studies）与理论减值型（theory-infirming case studies）的个案研究都是在既有理论的框架内对某一个案所展开的精细研究。确切地说，对这一个案的研究是在特定的既有理论指导下展开的，其结果往往是对这一理论的验证；如果个案研究结论确证或扩大了这一理论的普适性则为理论增值，如果个案研究结果否证或削弱了理论的普适性则为理论减值。当然，如果这一特定的既有理论命题是基于相当多的经验个案研究而概括和抽象得来的，那么，无论是增值还是减值，都只能是边际化的、补益性或限制性的。

如果说理论增值型与理论减值型个案研究是以个案切入而最终着重于理论本身，那么，所谓异常型个案研究（deviant case studies）则与之相反，是指那种对于明显背离或异常于既有理论或普适性概括的个案的研究，其目的是力图发现这种背离和异常究竟是什么及为什么出现的，其最终结果往往是提出在特定的既有理论中未能明确加以考虑或概括的其他变量，或是发现既有理论适用性的明确边界或边界条件。在这个意义上讲，所谓异常个案的研究也同样具有重要的理论建构意义。在学术发展史上，持续几十年讨论而未有结论的“美国例外论”就是一个明显的例子。

与前述有关单一个案的研究不同，所谓集中比较（focused comparisons），是指选择数量极其有限的个案进行深入的比较分析的研究工作。就其对于所选个案的数量而言，主要有两个个案的比较即“成对比较”（paired or binary comparison）和三个个案之间的比较即“三边比较”（triangular comparison）。必须注意的是，成对或三边比较中的个案往往会在类型学上具有特殊的区分意义，它们或是构成认知连续体的极值或是相互间存在着类差联系。因此，在比较宽泛的意义上，这种成对或三边的比较研究往往又会成为更广泛的比较分类的基础。而就其对于所涉个案的研究深度而言，这种研究立基于对个案的精细

① A. Lijphart，Comparative Politics and Comparative Method，in *American Political Science Review*，No. 3，September 1971，Vol. 65，pp. 682－693.

分析，不同于泛泛的多个个案的简单铺陈叙述，因而被称为“集中”的。

正是在这个意义上讲，集中比较具有特定的功能和优长，一方面，较之于前述那种隐含、暗喻或间接的比较框架下的单一个案研究而言，集中比较具有明确的比较框架，其比较研究所涉及的个案之间必须建立共同的比较变量或参数，个案之间的不同点和相似点必须在同一层次或水平上且须有确切的分类和对比。因此，集中比较不仅是明确的、直接的比较研究，而且是超出于单一个案研究之上的、更具有理论化色彩的比较研究。另一方面，较之于宽泛的多个个案的排比罗列，集中比较又有深厚的个案研究基础，其研究范围所及不仅有相对静态的比较和变量的识别而且能够对历时性的比较因素保持足够的敏感，能够使研究者追究不同个案间不同点或相似点的历史根源。因此，集中比较有着更深入的探究能力，其理论建构所得更具有普适性和概括力。唯其如此，集中比较成为近些年来比较研究学者更为偏爱的研究进路。

就集中比较的研究策略而言，又包括两种不同的类型，主要涉及所涉个案的选择问题。与前述所谓类型学的区分方法有关，集中比较的个案往往是属于相异的个案，或者为其反面，即属于相似的个案。确切地说，这些个案在认知连续体上或是位于相对的极值位置，或者是相对的中间值位置。立基于不同类型个案之上的集中比较因之具有不同的类型。其中，相异个案（contrasting cases）的集中比较，是指那种针对在某些重要的方面构成明显差异的两个或三个个案所展开的比较研究，其目的是对比辨析其间的不同并追究造成这些不同的深层原因。这多少类似于在“理想类型”的基础上所展开的研究，或者可以说，是在将差异最大化之后进而探讨这些差异之由来的研究策略。近年来相对热门的有关中苏/中俄改革进程的研究、有关中印政治经济发展的研究大多属于这种类型的集中比较。而相似个案（similar cases）的集中比较，是指那种有意针对具有相似性的两个或三个个案所进行的比较研究，其目的在于通过对相似点的辨析，进而探究其间的共同原因或要素以期发现具有普适性的理论命题。在这种类型的集中比较研究中，几近于独立研究题域的比较革命研究即为一例，而对于“斯堪的纳维亚民主模式”的研究又是一例。

但就更深层次的理论概括工作而言，我们又不能不指出，这种相异个案或相似个案的集中比较策略又具有相对性和过渡性。因为无论是选择两个还是三个个案，其间的相异或相似之处有多少是现象性的，从相异或相似之处出发都可以归纳出具有普适性的理论概括；研究者往往试图透过表象性的相异或相似去探究更深层次的缘由以便得到普适性的理论发现。因此，这样两种不同的集中比较策略，其应用与否或如何加以应用往往取决于理论发现的需求。就此而论，集中比较往往有着更高的理论建构要求。另一方面，这种相异个案或相似个案的集中比较策略又有着相当严重的局限性。这是因其个案数量的有限性所必然带来的理论概括本身或然率降低的问题。因此，从相异的个案出发所得到的理论发现，特别是普适性的理论发现，也许会失之过于宽泛而毫无意义：除了再次证明差异的合理性以外并不能说明其他。而从相似的个案出发所得到的理论发现，特别是其中有关因变量问题的分析，也许会失之于过于狭隘而无意义：只能解释相似个案的出现而无法解释相异个案的存在。这样一来，从集中比较的研究进路出发，我们又不能不考虑因个案数量有限所造成的局限性并由此考虑多个个案比较研究的问题。

一旦涉及多个个案，因数量庞大而无法进行较为精细的研究，因而比较研究的基本进路也就转换成变量研究的取向，其中主要包括真伪对照分析和统计分析。按照拉金所提出的定量比较分析术语来说，所谓真伪对照表（truth table）是一种从一系列个案中探求变量间因果关系的推理方法，因而又是沟通定量分析与定性分析的桥梁。[①] 真伪对照并不涉及严格意义上的统计分析，而是以真/伪或是/否的二元比值为基础展开分析的，例如一个国家是民主的还是极权的；它有时甚至必须将繁复具体的数量特征以设定区间的方式转化为简单的二元比值，例如政府预算规模的大与小或国家人口的多与寡等。这样一来，尽管真伪对照表能够体现诸多个案的某些数量特征或数量关系，能够在此基础上进行推理分析，但其结论并非是以统计相关度来表述的，而是以条件句的形式表述的，如必要条件和充分条件之类。然而，正是通过这样的方式，真伪对照分析可以使我们将注意力集中于多个个案中所发现的有关变量的特定构成。因此，尽管全面而严格地应用拉金所提出的方法对于比较政治学的大多数研究课题来说显然是过于苛刻的，但真伪对照表依然是一个极其有用的工具，它既可以使研究者在处理那些涉及个案数量相当多的研究课题时可以迅速提炼和离析出主要的要素或特征，也可以帮助研究者从一系列有关单一个案的报告中总结和归纳相关的结果，发现值得研究的变量。

但必须注意的是，真伪对照只能提示研究所涉及的主要变量的每一种可能的组合方式。在设计一个典型的真伪对照表时，研究者将首先依据一般的科学公理或有一定经验基础的理论假说，辨别和区分出自变量与因变量。其中，因变量是研究者意图加以解释的现象或问题，自变量则是在理论上有可能影响和制约因变量的那些因素。然后，研究者再以是/否的方式排列出不同的变量组合，将每一种组合输入表格并在其中分别占据特定的一行。接着，研究者将分析各种可能的个案情况，将符合某一变量组合之特征的个案累计计入这一组合所占据的行列。当然，如果某行的累计结果为零，那么就意味着这一行所体现的变量组合，是一种在理论上可能会有但实际上并不存在的组合。最后的结果就是形成一个带有计量特征的变量组合分布表，研究者依据这一分布表就可以合乎逻辑地推论出有关变量之关系的结论。

以表 4—2 为例，我们试图对某些国家所采取的行政机构改革新措施，即为压缩政府开支、提高公共服务效率而建立非政府的独立公共服务机构作出解释，因而将这一独立公共服务机构的建立与否当做因变量。

依据以往某些单一个案研究的提示，我们又将引发或发起这一行政改革的因素或场景列为自变量，这包括：第一，在这一改革发起之际是否存在着庞大的政府赤字；第二，是否存在着严重的行政效率低下现象；第三，是否由主张市场万能的右翼政党领导着政府。其中，政府赤字的大小是为了适用于真伪对照而加以简化的。接着，我们将这些自变量和因变量按序排列起来，共得到八种可能的组合；再将总共 19 个国家的个案情况输入并得到各个组合情况下的累计数据。于是，我们由此可得到的结论主要包括：第一，在所有那些具有自变量组合为“是”的国家，在因变量上则也有为“是”的共同结果。尽管其数量仅为三，但足以说明原先的变量设定是成立的。否则，这一概念建构就是不正确的，就必

① C. Ragin, Introduction to Qualitative Comparative Analysis, in T. Janoski & A. Hicks (eds.), *The Comparative Political Economy of the Welfare State*, New York & Cambridge: Cambridge University Press, 1994, pp. 299-319.

须去寻找并列入另一些的自变量。第二，在所涉及的所有国家个案中，唯有右翼政党当权的国家实行了独立公共服务机构改革，但并不是所有的右翼政府都实行了这一改革。这说明政府的意识形态对于是否实行改革只是一个必要而非充分条件。第三，在所有那些实行了这一行政机构改革的右翼政党当权国家，或者存在着庞大的政府赤字，或者出现了行政效率低下的现象，或者两者兼而有之。这说明两组并行条件，一是右翼政府加之以庞大的政府赤字，二是右翼政府加之以行政效率低下，才是独立公共服务机构改革得以实行的充足原因。

表 4—2　　关于独立公共服务机构改革之原因的真伪对照分析

	自变量		因变量	统计结果
庞大的政府财政赤字	严重的行政效率低下	右翼政党控制政府	独立的公共服务机构改革	（国家数量）
是	是	是	是	3
是	是	否	否	4
是	否	是	是	4
是	否	否	否	3
否	是	是	是	2
否	是	否	否	—
否	否	是	否	1
否	否	否	否	2

资料来源：B. Guy Peters，*Comparative Politics*：*Theory and Methods*，New York：New York University Press，1998，chp. 7。

表 4—2 的例证典型地说明了真伪对照分析所具有的特点。首先，真伪对照分析特别适用于涉及多个案时对于多变量的处理，因为这种分析可以直观地表现多变量间不同组合的结果，可以尝试不同的思考路线以期得到更好的分析结论。其次，真伪对照分析能够将定性分析与定量分析充分结合起来而具有特殊的说服力，因为这种分析可以利用最基本的统计分析，但却从中推论出定性分析的结论。正是在这个意义上讲，甚至构思和设计真伪对照表的尝试本身都是有意义的。在研究实践中，最初的个案研究或集中比较可以产出一个初级的真伪对照表，表中的每一行所表示的是一种特定类型的个案；随着研究个案数量的积累和不同变量的辨析，带有理论建构特色的真伪对照表逐步生成；利用已经生成的真伪对照表，又可以对更多的个案资料进行处理，进而得到新的理论发现。正是利用这种方法，有学者研究并且提炼出 1956 年至 1990 年期间拉美民主运动获得成功的一系列必要条件，也有学者从事比较革命研究以探讨社会危机和动乱演变成社会革命的原因。

然而，如同任何科学方法都必有其局限一样，真伪对照分析也有特定的弱项。这一方法取决于各种变量的客观与准确的辨析，取决于不同变量中必要与充分的相对明确的条件。不幸的是，在社会科学中却很少有什么东西能够作出明确的界定。尤其是在变量的数量极其庞大时，我们又不能不求助于统计分析的方法了。

确切地说，统计分析可以适用于许多研究课题，甚至包括个案研究。但是，将统计分析作为一种基本的研究策略应用于比较政治研究时，还会涉及更多的问题。在以统计分析为基础的变量取向的研究中，研究的目的在于揭示不同变量、特别是以数量化方式表现的变量之间的共变趋势。因此，无论是在跨国研究的课题中，还是在一国之内对不同历史时段或不同社会构成的比较研究中，也无论是具有数量化特征的变量来自公开、公共的社会统计数据，还是来自于专项调查的专门数据，统计分析的方法都可以得到广泛的应用。相应的研究实例包括民主制是否能够推动或有助于经济增长的学理讨论、测度一国物质丰裕程度和教育程度对其人口持有后现代价值观之影响的探讨、有关个人的社会地位对政治参与或政党选择的跨国比较等。

当然，作为一种应用广泛且已经成熟的专业知识，统计分析所涉及的内容十分庞大和繁难，因而我们在这里只能以举证的方式简略地说明这一方法在比较政治研究中的应用。以图 4—1 为例，我们可以对一国人口与其全国性代议机构成员数量之间的关系进行研究。图中的每个点都表示着相关国家这两个变量的状况；图中的黑线即回归线，则是以对这些变量进行回归方程计算而得到。依据这一图例，我们可以进行的研究至少包括：第一，在大多数情况下，一国人口的数量与其全国性代议机构成员的数量成正比关系。在得到特定的回归方程式的条件下，我们可以根据一国的人口数据预测其代议机构的人员数量，也可以就代议机构的席位设置情况表示意见。第二，可以计算每一国家代议机构规模与其预期规模的背离程度，所得到的数值即为剩余量。拥有高剩余量的国家即为异常个案，在统计学上被称之为"线外点"。由图可见，A 国之点在回归线之上的极高处，为正剩余量；相反，B 国之点在线下的极低处，为负剩余量。对于这些异常个案，显然有必要进行更深入的研究如引入其他变量来考虑这一剩余量值出现的原因，由此还可以将自变量与回归模型联系在一起。第三，可以计算世界各国的情形，进一步考虑非线性曲线的可能性。例如，有学者发现，一旦人口数量超过 600 万，则一国代议机构的规模便不会随着人口的增长而等比例地扩大了。

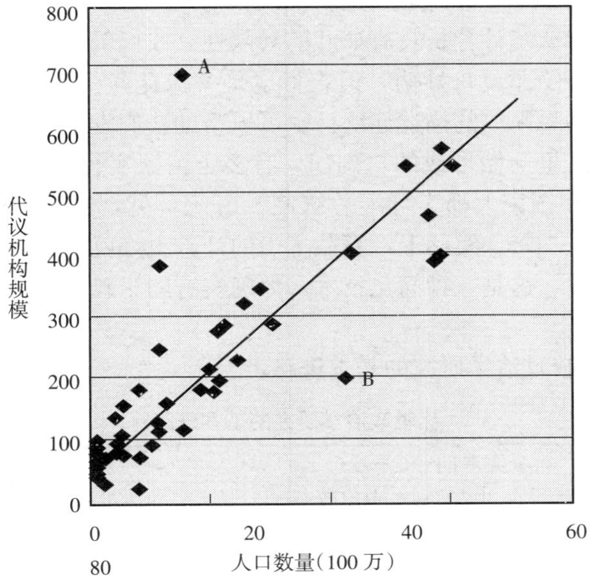

图 4—1　各国人口数量与代议机构规模的比较分析

资料来源：R. Hague，M. Harrop & S. Breslin，*Comparative Government and Politics*：*An Introduction*（3th ed.），London：Macmillan，1993，p. 285。

凡此种种均为通过统计分析所得到的发现。但真正的问题首先在于，通过这类回归分析所得到的发现是否具有真正的价值。也就是说，这种发现是否能够解释所涉现象背后的真正原因。有些时候，简单原因是可以通过统计分析的技术手段加以揭示的，但也有的时候，一种强相关的共变现象却可能来自于一个不可测度的第三个变量。这就是所谓“伪相关”的问题。例如，在探讨特定人群的社会经济地位与罢工频度之间的关系时，其中的种族族裔因素与罢工频度的相关性也许就会被忽略；反之，在考察种族族裔因素与罢工频度之间的相关度时，也许会忽视贫穷人口中少数族裔的集中程度问题。解决这一困境的出路在理论上讲并不复杂，即应当在相关分析中尽可能囊括所有的相关因素或变量，目前的统计技术足以应付这样的分析。但在实践中，这一出路并非至善至美，因为我们毕竟不可能把握和认知所有的相关因素。因此，伪相关问题几乎是永远存在着的。

其次，即使是相关性为真实的条件下，因果方向的问题也仍然有待于确定。如果说我们在理论上已经证实，较之于极权体制，民主制度下确实有更高的经济增长速度，但我们仍不能肯定，究竟是民主制度造成了更快的经济增长，还是经济增长培育着一个稳定的民主制度？我们尽可以按照这两种不同的思路以统计分析的方法进行研究，但由此发现的相关性也许并不能告诉我们任何答案。

最后，在更具哲学意义的层面上，能否将“变化趋势解释”等同于“因果联系理解”，也是一个重要的问题。就我们已经提到过的代议机构规模研究课题而言，最大难点也许就是能否发现特定国家的人们是依据何种理由决定其代议机构的规模，并以此解释此一国家的代议机构规模的大小。因为基于众多个案的回归方程式并不能使我们完全理解特定个案的情形。同时，这类统计分析的跨国比较往往是选择同一时点的数据，这必然排除了时间因素本身的作用，因而也就不能考虑在这一代议机构成立时所涉及的各种因素。

然而，即使我们承认统计分析具有如此的局限性，我们仍须肯定能够从这种统计分析中得到助益。统计分析绝非灵丹妙药，但它肯定是一味良药。其优长无疑在于可以预测、可以发现。其实，那些最简单的描述性统计也可以帮助我们发现许多问题，许多比较政治的研究课题也正是从这里开始形成的。例如，有多少国家实行半总统制？为什么 20 世纪 80 年代以来的民主转型国家大都实行半总统制？由此可见，这是理解我们这个充满多样性的世界的有效办法或工具。实际上，直截了当的计数也许就是比较政治学中应用最广泛的统计技术，确切地说，这是一种简化技术，但确实有助于我们去认知和把握比较政治学最为核心的问题。

表 4—3 总结了比较政治学研究的基本进路。

表 4—3　　比较政治学研究的基本进路

	个案取向		变量取向	
	个案研究	集中比较	真伪对照	统计分析
数量特征	单一个案	二或三个个案	多数个案	不可数个案
分析特征	描述与分析	对比与分析	对比与推论	统计与描述
研究策略	对单一事态或机构的深入研究	对少数事态或机构的深入比较	对变量间关系的定性研究	对变量间关系的定量研究

资料来源：R. Hague，M. Harrop & S. Breslin，*Comparative Government and Politics：An Introduction*（3th ed.），p. 273。

第二节 比较政治研究的操作技术及其缺陷的控制

一、比较政治研究的操作技术

前述有关个案研究取向与变量研究取向的比较研究进路的讨论，实际上已经进入了比较研究的操作技术的层面。因此，我们在这里无非是以另一种系统化的方式明确和强化我们已经达成的认识。而顺理成章的便是首先讨论比较研究的单位和层次的选择问题，这实际上涉及了比较研究的概念框架问题。由此，对研究单位和研究层次的择定，也就意味着对于特定的理论资源和学理路径、理论发现和假说建构等给出了特殊的限定，因为我们毕竟是在特定的知识脉络上进行思考，我们的创新也是相对于这一脉络已经达致的状况而言的。就此而论，比较政治研究中最具传统意义且至今仍最为常见的研究单位主要有三类，即国家、社会和政策问题。①

以国家作为比较研究单位的研究框架，在观念形态上是指所谓“国家中心主义”的研究策略。这种学术取向认定国家在政治生活中占据主导地位并由此对政治生活有着支配性影响，因而主张应当重点研究国家机构设置、国家制度建构和国家法律规定。尽管在第二次世界大战后曾经一度衰落，但这一学术取向在 20 世纪 80 年代又有回潮，且在研究重点上更有极大的扩展而不再局限于过去所认定的那些正式的、形式的结构内容。

以社会作为比较研究单位的研究框架，则主要是指那种“社会中心主义”的取向。战后以来，那些强调以政治系统为研究对象、强调考察政治功能的学术努力大都可以归入这种取向。尽管其间还存在着诸多分歧意见，但主张社会中心框架者大都与国家中心主义者持有不同的学术立场，更加看重非正式的因素，以更加广泛的视野研究和考察政治问题。

以政策问题为比较研究单位的研究框架则多少超越了前二者间的对立，是指一种侧重于研究政策内容和政策问题的研究取向，因而也可以称之为“政策中心主义”。当然，此处的政策内容和政策问题理应作宽泛的理解，其研究范围不仅包括具体的政策如城市住房政策、卫生保健政策或公共事业政策，而且包括更具宏观意义的政府治理的整体问题如政治事件和政治变迁等。

除了这些前设性的理论偏好能够对比较研究的学者在选择比较研究的基本单位时构成限制以外，还有一些操作方法层面上的考虑也会对研究者的选择发生重要的影响。其中包括研究单位应当适合于研究者所希图提出的理论问题，应当与被研究的政治现象有恰当的连带关系，应当在涉及多个个案时保持其研究单位之标准的共通和稳定，应当考虑到可资利用的资料或数据与研究单位的一致性等。就此而论，所谓研究单位的选择实际上就是一种分类过程。这样一来，前述限制性因素往往也会以技术操作性问题的形式进入实际的研究过程。

倘若以“个案选择”的术语来表述，那么，在“国家中心主义”视角下，其研究个案

① R. Hague, M. Harrop & S. Breslin, *Comparative Government and Politics: An Introduction* (3th ed.), pp. 48-51.

可能会是国家、国家内的某一正式机构和制度、国家的某项法律规定或国家对社会的影响等有关问题；在“社会中心主义”的视角下，研究个案的类型就会更加广泛，从不同的政治系统直到具体的社会团体、政党、教派乃至个人；在“政策中心主义”的视角下，研究个案往往涉及具体的政策、政策事件、引发政策变动的政治事件等。

但在比较不同的个案时，或在比较框架下对单一个案的研究中，变量问题就会凸显出来。毕竟，我们在进行这样的比较研究时，都必须首先设定应予考察的变量。所谓变量，按照一般的理解，就是在分析某一具体事物时应当加以解析的基本要素，这些要素往往又会以某种相对稳定的方式保持着相互间的联系，因之变量也就可以分为因变量、自变量和干预变量。按照学术研究的科学逻辑，这种变量的设定往往受制于特定的理论假说和概念框架，进一步的经验研究则是对这些变量设定的验证以及对变量之间更加复杂关系的发现。

倘若说无论是个案还是变量问题，都与比较研究的对象有关，都与相对于研究者的客体性密切相关，那么，所谓研究层次的问题则多少有些不同了。从一般的比较方法论之，所谓的比较方法的客观性基础，在于世界万物之间所存在着的差异性和同一性，因此世界上的一切事物理论上都是可以相互比较的。但是，我们之所以选择某些事物进行比较，我们之所以能够选择某些事物进行比较，主要在于我们能够依据特定的理论所提供的“第三者”而在不同的事物之间建立某种联系。此处之所谓“第三者”即关涉研究层次和比较参数（indicators）的问题。

所谓“研究层次”，是指在比较研究不同的对象时，研究者应当设定相对统一或一律的研究层次。这不仅是经验性的同一性的问题，而且还是概念性的同一性的问题。在特定的理论假说的规定下，研究者首先会在进入实际的比较研究课题时，对于意图比较研究的对象规定出特定的研究层次，并在比较不同的对象时保持其稳定和不变以便展开有效的比较。所谓“比较参数”，则是指在研究层次设定之后对于比较变量的设定必须考虑到特定变量本身应当具有级差关系或不同的数量特征，由此，研究者才能验证在不同的研究单位中由于变量的参数不同而出现的变异和差别或是由于参数的相同而表现出的相似和趋同。

尽管在这里我们不可能规范地、抽象地给出具体的层次设定，也不可能就具体的不同的研究单位而鉴别其中的变化关系或就不同的变量规定出任何具体的研究层次，但我们所要强调的是，在实际的比较研究工作中，必须注意到在涉及上述各项内容时必须遵循的一般逻辑规则。这主要包括：

第一，应当在同一研究层次上对不同的个案进行比较。这一规则强调在对不同的个案进行比较研究时，应当注意到其间涉及的研究层次的同一性问题。这就是说，这一层次必须保持自身的同一，由此可以作为不同个案之间建立联系的基础和条件；同时，这一层次与不同个案间的关系也应当是同一的，由此才可能在不同个案之间建立真实的联系。易言之，不同的个案之间可以在特定的、以同一为特征的层次上获得相对的同一，比较研究因此才得以展开。

第二，应当有确定的比较变量和比较参数，否则，将根本无法进行比较，或无法确认比较的结果。这也就是说，在比较研究中，所研究的变量首先应当是相等的，不能因个案的不同而另行设定变量或在涉及多个个案时变量设定发生游离；其次，变量还应当是比较全面的，即在同一研究层次上，所涉及的变量应当是周延的，在逻辑上是自洽的，在特定的学术脉络中是全面的，不能因个案的不同而出现个殊性的变量或变量的数量发生变动；再次，变量的比值应当是可以经验操作的，即至少能够在经验事实中发现并给予验证的、在不同的个案中能够表现出级差关系的比值；不能以纯粹思辨性的推论代替经验的验证。①

第三，应当就有关研究个案或研究主题的内在关系进行比较研究，以获得更加深刻的洞识。正如黑格尔非常形象地指出的那样："假如一个人能看出当前即显而易见的差别，比如，能区别一支笔与一头骆驼，我们不会说这人有了不起的聪明。同样，另一方面，一个人能比较两个近似的东西，如橡树和槐树，或寺院与教堂，而知其相似，我们也不能说他有很高的比较能力。我们所要求的，是要能看出异中之同和同中之异"②。此处所谓"异中之同"，就是要在表象上差异极大的个案之间以比较研究的方式发现其间内在的共同或相同之处；所谓"同中之异"，是指在表象上具有相同或相似的个案之间，可以通过比较研究而发现其间在本质上的不同和差异。正是通过比较研究，特别是异中求同和同中求异，我们才能够获得对于特定研究对象的深刻认知和理解。

在有关政治学的跨国比较研究课题中，我们可以看到，比较研究的所得往往具有两重性。一方面，在相对统一的研究框架支配下，多个个案的比较研究可以帮助我们了解和把握在不同国家不同条件下所存在的共同问题或发展趋势；另一方面，这样的比较研究也可以帮助我们发现和认知在宽泛界定的共同问题或发展趋势之下仍然存在着的变异现象和个殊问题，启发我们去进一步探究其背后更加深刻的原因。尽管在具体的研究课题中，对于异中求同或同中求异会有不同的侧重和关注，但其间所包含的比较研究逻辑仍是一以贯之的。

但无论是相异还是相似，无论是从异求同还是从同求异，都不可避免地涉及概念化的工作，研究单位、比较变量、研究层次和比较参数等莫不与概念建构有关。因此，比较研究的课题总是充满了选择。这样一来，"寻求恰当的比较范畴，反映了某种双重压力：一方面……如果希望比较分析不同制度，研究者会受到形成比较抽象和包罗范围广泛的概念的压力；另一方面，向着较为抽象的概念发展，会对重新详述说明经验性指标的规则造成了相反的压力，因为这些规则本身可能表现于不同的制度中，而这些制度是由比较一般的范畴具体地体现出来的"③。由此可见，如果研究者所建构的比较概念较为宽泛，其可能容纳的个案就会较多，但分析的清晰度就会受到限制，而最终的研究结果或许会过于抽象和宽泛而无意义；如果比较概念较为狭隘，观察当会更为清晰，但涵盖面就会缩小而最终的结论也许会因过于个殊化而意义不大。同时，由于各国的具体条件不同，发展情况各异，因而常常难以认知变量之间的相互关系，对因变量、自变量或干预变量的辨析则必须付出艰辛的劳动且充满了风险。

表 4—4 给出了比较政治学研究的基本技术类型。

---

① H. M. Blalock, Jr., *Conceptualization and Measurement in the Social Sciences*, Beverley Hill: Sage, 1982, pp. 197-234.

② ［德］黑格尔：《小逻辑》，253 页，北京，商务印书馆，1980。

③ ［美］斯梅尔塞：《社会科学的比较方法》，194 页。

表 4—4　　比较政治学研究的基本技术类型

	国家中心主义	社会中心主义	政策中心主义
理论预设	国家在社会生活中占有支配性地位	各种社会结构因素或现象具有重要的意义	社会变迁因政府政策引起，政府政策变迁因环境变化引起
研究单位	国家及其正式机构	非正式的、社会因素	政策问题与政策事件
个案性质	严格的、狭隘的	宽泛的、繁多的	相对狭隘的

二、比较政治研究的缺陷及其控制

我们之所以不惮繁难且不无谨慎地讨论比较研究的方法论问题，说到底就是因为比较研究还具有特定的缺陷。这种缺陷所具有的经典意义使之对于比较政治学而言更具有了致命的危险。[①] 如果说社会科学研究本身大都面临着同样的困境，那么，比较政治学研究因其之于理论创新的特殊作用而使得这种困境更加突出和明显。易言之，我们在因比较研究所具有的优长而偏爱使用比较研究方法的时候，还必须注意到其间所可能包含的误区，必须对于其间的“陷阱”保持足够的警惕和谨慎。

具体说来，这种缺陷首先表现为“多与少”的问题，即太多的变量与太少的国家，以及由此产生的分析结论的不确定性。这是比较政治学所面对的一个主要的困难，而且在那些以求得理论检验为己任的比较研究者那里表现得尤其突出。目前世界上只有不到 200 个主权国家，而且除了某些个别因素或表象性特征以外，几乎不可能找到相互间完全相同的两个国家，这意味着政治学中的比较研究永远不可能像自然科学的实验室实验那样重复完全相同的研究，也不可能采用有控制条件下的对比研究。从统计学的角度来看，这就是所谓“N 数过小”的问题。同样的道理，我们也不能对国与国之间的差异和区别之所以存在的所有原因进行合理的检测。因为我们不可能孤立地处理每一个可能的原因，也不可能穷尽所有可能的原因。因此，在比较政治研究中不能不有所抽象，在合理抽象的基础上展开研究和分析。这样一来，我们从比较研究中所得到的任何结论，都类似于类比和不完全归纳，并由此必然带有或然性。

其次是“一与多”的问题，即所谓一因多果和一果多因的问题。如果说在对于某一国家范围内的政治现象寻求认知和解释的学术努力中，应当特别注意因果关系的复杂性，应当注意到一个原因会引致多种结果并发或一种结果源于多种原因复合作用之类的问题，还应当注意到在因果链条上前后衔接的政治现象未必表现出时间上先后相继的特点，或者说在时间上表现为先后相继的政治现象未必会在因果链条上就是前后衔接的关系，那么，因果联系的复杂性在跨国性的比较研究中则更加突出和明显，且更加难以把握和认知。一方面，许多国家实行着同样的政治制度，例如，目前的大多数国家至少在名义上都会自称为民主国家或实行着民主制度，但在历史上，它们都是经由不同的路径走到现在的；而在现实中，所谓民主制度又存在着千差万别，尽管也可以找到其间的共同性和趋同性。因此在

① 早在 100 多年以前，约翰·密尔就专门谈到过这个问题。John Stuart Mill，*A System of Logic*，Book VI，chp. 10，New York：Harper，1846.

比较的视野下，我们寻找共同性和趋同性的努力往往会存在着这样的疑问：这究竟是将某一国家的“模式”套用到其他国家而不顾后者各自的特点特征？还是在自以为发现民主制度的“实质”时却逐步丢失了丰富鲜活的经验内容而最终得到一个在现实生活中根本无法发现的制度类型？另一方面，当我们在比较研究中注意到不同国家间的差别、注意到名义上实行同样制度的不同国家间的变异时，我们也仍然无法肯定这究竟是在进行有意义的研究还是在进行一种只停留在现象性描述层次上的无谓努力。

再次则是“异与同”的问题，即所谓同样的行为和现象与不同的理解和解释的问题。如果说因果联系的问题会在不同的国家表现出极其不同的情形，那么，更严重的问题还在于，在对于特定的政治行为和现象进行跨国比较时，我们又不能不注意到任何政治行为和现象的意义往往取决于具体国家的政治场景和社会环境；这样的政治场景和社会环境往往会营造一个特定的话语系统，使得任何政治行为和现象在这样的系统内获得其特定的、不同于其他国家话语系统的意义。即便同样的政治行为和现象，例如政治团体的示威游行、选民个人的投票选择乃至政治党派的政治决策，在不同国家也会有着不同的含义。这种情形因政治行为和政治现象具有突出的象征性、符号性和指代性意义而变得特别明显。尽管政治学家们因其所受科学训练的缘故而力图借助自身的学科语言进行描述、概括和解释，但这种努力究竟能够在多大程度上超越社会政治现实的约束，进而在理论上和方法论上逼近学科本身所一再宣称的普适性仍然是无法确定的。同时，我们在凭依自身习得的政治学知识进行有关政治行为的研究时，还不能不注意到这一知识门类本身的缘起和发展以及有可能造成的概念误解。所谓“全球化”和国家之间相互依赖加强的发展趋势与学术界国际交流的加强非但没有缓解这种可能性，反而加大了这种误解、误读出现的可能性。如果说这类问题是一般社会科学门类大都会面临的尴尬处境，那么，比较政治学就会因其明确的跨国比较的研究取向而愈加困窘。

最后，是“己与他”的问题，即比较政治的研究者在从事研究工作时无法避免的个人偏好的问题。如果说对于特定的政治场景和社会环境加诸学者个人的外在约束尚是可知的，那么，学者个人的终极关怀和问题意识所构成的主观偏好则是难以捉摸却又无处不在的，其训练背景和个人经历所构成的认知局限也总是先在而又突出地影响着学者的学术思考。因此，从对研究对象的选择和建构开始，包括研究方法的确定和创新，对已有研究成果的评判和继承或拒斥，研究成果的获得和论证，直至研究结果所包含的更深层次的目的性意义，无一不包含着学者个人的主观意图。但是，学者的这种个人偏好和主观选择未必就是正确与允当的。特别是对于所研究的对象和问题而言，从个人偏好和主观选择出发而误解、误读乃至有意歪曲既有事实和发现的倾向，在比较政治学的研究中更是屡见不鲜。较之于其他学科门类而言，比较政治学因其对于理论框架的内在需求和对于理论创新的优卓能力而在这一问题上必须加倍警醒和自觉。否则，以自己的想象替换真实的现实、以主观的臆造取代科学的发现、以设定的目的当做逻辑的证明将是不可避免的。

应当指出，上述种种问题只是一种概括性的归纳，我们不可能全面列举比较政治学研究所包含的全部风险和所有困难。更值得注意的是，对于已经列举出的问题也仍是无法消除的，因而我们的对策只能是对其加以控制，易言之，就是在警醒自觉的基础上对上述问题所可能带来的缺陷和偏差进行弥补和矫正。

一般说来，所谓弥补和矫正的方法涉及两个方面。在观念上，研究者必须对比较研究所具有的缺陷保持足够的清醒和自觉，对于自身所可能造成的偏差和错误保持必需的反思和自省。具体而言，研究者至少应当保持一种科学、谨慎的态度，在对自己的研究所得持有信心的同时不能将其当作唯一正确的真理，在坚持自己的学术观点的同时不能拒斥其他学者与流派的批评和质疑。易言之，必须承认自己有可能犯下了错误并立基于此而展开自己的论证。另一方面，在技术上，研究者必须尽可能地采取必要的措施以在实际工作中对比较研究所可能产生的问题进行合理的控制。例如适当扩大样本数量，以便使理论发现能够在更大的范围内得到验证；详尽考察尽可能多的变量，以便使理论发现能够更加周延和全面。

第三节　理论建构的基本方法

一、比较政治研究的推论类型和理论层次

如果说有关比较研究主要方法和操作技术的讨论已经将我们带到了实际研究的对象或主题之中，那么从中得到理论发现的方法问题自然也是需要讨论的。对此，我们称之为比较政治研究的理论化或理论建构工作，其间主要涉及推论类型和理论层次的问题。

所谓推论，是指在理论建构工作中所必须使用的、将经验事实与理论发现联系起来的特定方法。在实际的研究进程中，对经验事实的观察所得并不一定就是直接的理论发现，经验事实与理论发现之间还存在着一个理性加工的过渡阶段；或者说，在经验事实与理论发现之间还存在着一个特殊的距离，弥合这个距离从而在经验事实与理论发现之间建立联系的，应当是推论的作用。在比较政治研究理论建构中，有两种推论方式居支配地位或最为常见，一为归纳推论，另一为演绎推论。

归纳推论是从对于诸多个别事实的具体观察中概括出一般原理的认知过程，是一个从特殊到普遍、从个别到一般的思维运动。其认识发生的起点所涉及的是对个别事实的认识，其推理判断过程中所关注的重点则是在诸多个案中反复发生或重复出现的事实特征，其最终结果则是由个别的单称判断过渡到涉及总体的全称判断，即可以适用于更大的时空范围乃至具有普适性的理论假说。但在比较政治学研究中，不可能使用自然科学中的那种根据对某类事物的全体对象的观察而作出概括的完全归纳方法，而只能使用那种根据对部分对象的观察而作出总体概括的不完全归纳方法，有时甚至是假定没有反例存在的条件下而概括成立的简单枚举法。由此得到的比较政治学的结论不能不说带有相当大的局限性，或者说至少不能确然地相信经由这一推论而得到的结论。这是因为在社会科学的研究中，即便是在极其狭隘的题域之中，我们也不可能穷尽所有的研究对象；至于已经建立的结论，其立论所在也许仅仅是由于排他性的证据尚未发现或变异个案暂且未经论证而已。就此而论，归纳推论的应用对于比较政治学研究而言既是不可缺少的，又是必须谨慎对待的。

演绎推论是将已知的一般原理诉诸个别事实进而得到有关个案的更加深刻的知识的认

知过程，它是从普遍到特殊、从一般到个别的思维运动。其认识起点是那些已经建构起来且已经过某种验证的普适性理论，其推理判断过程所关注的是这一理论在具体个案中的适用以及在适用过程有可能发生的变异情况，其最终结果乃是对于这一个案的认识达到深化，也包括在这一新的个案验证基础上对于原有理论的修补完善或补充限制。在比较政治学的研究实践中，最为常见的演绎推理类型一是可以视为逆演绎的溯因法，二是与此相关的假说演绎法。前者的基本发展形式是：研究者从一个有待解释的经验事实出发，经过研究而发现如果某一普适性理论或概括性命题能够成立，则这一经验事实就是可以理解的，由此，研究者不仅获得了有关这一经验事实的合理解释或原因分析，更重要的是同时确证了有关普适性理论或概括性命题。后者的基本发展形式则是：研究者从已具备一定理论根据和事实根据的假说出发，演绎推导出一系列可供经验检验的次级命题或单称陈述，然后付诸检验以考察其成立与否，由此，研究者或者是抛弃和否定其次级命题或单称陈述被否证的理论假说，或者是接受、修改和完善其次级命题或单称陈述得到全部或部分确证的理论假说。由此可见，这样两种演绎类型对于比较政治学的理论建构而言都是极其重要的，甚至可以说是比较政治学理论建构的必由之路。但演绎推论所形成的结论往往带有确然性，其对于原因的解释和对于理论假说的证明过于绝对化，因而与复杂的社会现实和更加复杂的人类行为所展示的多样性是矛盾的。正是因为这样，也有学者认为在比较政治学研究的理论建树中，演绎推论的效用甚小，而应当使用可能性解释或发生概率解释，即只是在说明某事有可能发生的意义上提出解释，其结论的表述应当带有特定的试探性和模糊性。

应当指出，归纳推论与演绎推论的逻辑区分只是一种静态考察的结果，它们之间的完整关系必须在动态的过程中才能加以把握。一方面，演绎推论的前提既不是从天上掉下来的，也不是人们头脑中固有的，而是经验知识的累积之果；另一方面，在知识积累的条件下，任何归纳推论都不可能是纯粹经验性质的，它总是或多或少受到既有知识成果和研究水平的无形影响。在实际研究过程中，归纳推论与演绎推论之间存在着一种复杂的辩证关系。诚如社会学家艾尔·巴比所说：“逻辑推理的科学准则是理论和研究之间的桥梁……而且是一座双向的桥梁。实际的科学探索通常牵涉到演绎和归纳两种逻辑的交替使用。演绎法是先推论后观察；而归纳法是从观察开始，逻辑和观察都很重要。在实际研究中，演绎法和归纳法都是建构理论的必经之路。”① 瓦尔特·华莱士曾经用往复循环来形容演绎—归纳—演绎这一永无止境的交替过程（参见图4—2）。

与比较政治学研究的理论化工作相关联的另一个问题主要涉及理论层次的问题。此处之所谓理论层次，主要是指与研究者在着手理论化工作时所意图达到的目的及其结果有关的理论适用的层面。人们一般依据理论化工作的目的和最后实现的结果而对理论化工作所可能涉及的范围划分为三种相对区分的理论类型：一是所谓“全球理论”或“大理论”，二是所谓“狭视理论”（narrow-gauge theory），三是介于前两者之间的“中层理论”。

① ［美］艾尔·巴比：《社会研究方法》，上册，8版，80页。

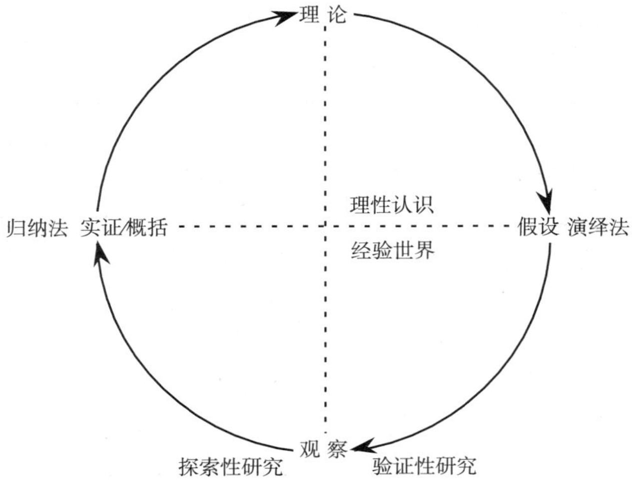

图 4—2　科学研究的循环之轮

资料来源：[美] 艾尔·巴比：《社会研究方法》，上册，8 版，80 页，北京，华夏出版社，2000。引证有部分修正。

大型理论所主张的是一种宏观研究和整体分析的视角，所追求的是具有最广泛意义的普适性的理论化工作，或是具有全球解释能力的理论类型。尽管就目前的情形来看，建构大型理论的学术努力已经因其被指责为过于一般化、空泛和抽象、既无法为经验研究提示新的发展方向且其自身也无法有效地获得确证或否证而显得多少有些名誉不佳，但在战后初期至 20 世纪 60 年代行为主义在政治学中占据统治地位的年代里却因其所创造的包容力和概括力，特别是其对传统分析框架和学理资源的突破而名噪一时，且直接造成了比较政治学成为学科主流的局面。

与之相对应的则是狭视理论，它所主张的是一种微观的、经验的研究操作，强调研究资料的确凿和研究程序的公开，所寻求的是一种对于特定个案或特定场景最具适用性的理论。尽管相对于大型理论盛极一时的情形而言，狭视理论因其与经验事实的相关性和深刻度而受到学者们的推崇，但却又易于陷入过分强调技术而非实质性内容的弊端，因为其研究视野过于狭小而只能关注细小的问题和易于控制的数据，往往会忽略政治生活中真正敏感的问题，进而其最后结果也许是毫无意义的。

上述两者之间的区别其实从一个相当重要的方面反映了比较政治学研究中理论建构工作所面临的压力：抽象的理论化工作所要求的概括性与经验事实研究所必需的精雕细凿之间不无冲突矛盾。这样一来，作为居于二者之间的中层理论便具有充足的生长空间。但在某种意义上讲，所谓中层理论不仅是一种相对的界定而且多少是一种理想类型的类别；其相对性在于它本身并无明确的界定而只能是相对意义上的把握，其理想性则在于人们往往希冀由这一类型的引进和采纳既可扬前二者之长又可避前二者之短。具体而论，这种理想性又可以分为两种指向：一是超乎前二者之上的一种全新类型的理论化努力，二是沟通前二者之间差异的“桥梁”尝试。两者相对而言，则所谓“沟通的桥梁”功能不仅更多地得到学者的青睐且得到更多的实践，究其原因，在于它能够更多地利用已经积累下来的有关大型理论的知识成果且同时更多地进入研究个案的现场。

二、比较政治研究的模型化形式

比较政治学研究的理论化工作不仅涉及推论方法问题，而且包括理论表述形式的问题。所谓理论，按照一般的解释，是“通过科学方法获得的关于特定社会现象的系统化知识”，从逻辑结构方面而言，“理论是由具有内在联系的概念、命题组成的有机的知识系统”①。因此，就其逻辑属性而言，理论必须具有严格的自洽性和一致性、严密的论证性、高度的确当性和美学意义上的简洁性。同时，就其认识论属性而言，理论还必须具有经验事实依据，有可验证性和重复性，有描述、解释和预测的功能。这两类属性的关联也就是理论形式与理论内容的相互统一的关系。在这个意义上讲，模型和模型化问题也就不仅仅是理论表述的问题，而是一个关涉到理论内容的重要问题。

正如我们反复强调过的那样，比较政治学因其与经验研究的密切关联、与其他主流学科的相互渗透而成为理论成果产出最为丰富的政治学分支学科领域。在这些理论成果的形成及其表述的过程中，许多卓有成效的学者都采用了特定的模型和模型化方式来言说自己的理论见解并由此试图扩大自己学说的影响。这种做法无疑是与行为主义革命的影响联系在一起的，但同时也是由于模型和模型化本身所具有的特殊优长而使得这些学者对之偏爱有加。我们因此也不能不对这个对我们自己来说也属比较艰深的内容进行讨论。当然，这并非意味着模型化就一定是理论化的必由之路，也不意味着模型化的表述就一定高于通常所见的、传统的理论表述形式，但模型和模型化的方法是最能说明问题且最易被人理解的表述方式。

“模型是对真实世界的某些方面的一种简化和摹画”②，用更加复杂的学术语言来表述，模型则“是一种关于对象结构、过程或行为的模拟结果，是人们基于想象和抽象而对某种现实的客体系统的一种简化了的映象”③；模型建构着、聚合着而且展示着有关事物的各种关系，以简化的、抽象的、凸显的方式体现着真实的客观现实。所谓模型化，也即“建立模型”或简称为“建模”，则是指人们在研究过程中立基于经由经验研究而已经把握的事实或原型，尝试建立或补充完善某一特定模型的学术努力。由此可见，模型与其自身所模拟或摹画、抽象和简化的已知事实或原型之间存在着的一种特殊关系，其特征在于：第一，模型与其所模拟或摹画的原型之间，必须具有某些方面的相似关系或相近之处，由此模型才具有了代表性，才能以其象征性成为人们认识其所代表的客观世界的真实关系。第二，模型与其所模拟或摹画的原型之间，必然具有一定的差别，因为模型之于原型而言是一种简化和抽象。就其能够突出体现原型中的重要特征并滤去次要特征而论，特别是就其甚至能够反映出在原型中不能直接发现的关系而论，模型还包括了合理想象和科学推论的内容。但对于社会科学研究包括比较政治学研究而论，模型的突出特点则在于它所具有的学理功能即检测功能和发现功能。

具体说来，社会科学研究中的理论模型，实际上就是一种特殊的科学解释系统。作为

---

① 陈波等：《社会科学方法论》，268～269页。

② G. King，R. O. Keohane & S. Verba，*Designing Social Inquiry：Scientific Inference in Qualitative Research*，Princeton：Princeton University Press，1994，p. 49.

③ 陈波等：《社会科学方法论》，252页。

对已知事实或客观原型的摹画和简化，模型化的过程必然是一种对其主要特征和相关因素的抽象，由此，模型必然具有经验研究的基础且必须符合其赖以建立的经验发现，必须容纳且解释在经验研究中所涉及的变量及其相互间关系，由此理论模型相对于其所摹画和简化的事实或原型而言就是一种解释。因而从逻辑上讲，理论模型又可以看做是一种具有层次结构的演绎系统，它对于已知事实或客观原型进行解释的基本方式就是通过建构某种关于事物内在的深层的结构或机制的理论论证，并将这些事实作为其必然的逻辑结论从中导引出来。因此就形式结构而言，理论模型大都至少包括三个组成部分即核心论证、中介论证和逻辑结论。其中，核心论证以其对有关已知事实或客观原型的内在的、深层的关键变量或因素、变量间相互关系和变化形式的陈述，构成了对事实或原型的基本描述；中介论证以其对上述描述与有关事实或原型的外在的、可直接观察的属性、特征和表现之间的对应关系的说明，而在理论抽象概括与经验观察所得之间建立了合理的联系；逻辑结论则以其对于核心论证所揭示的有关事实或原型的发展变化之规则和趋势的表述，而成为核心论证在逻辑演进线索上的推演结果。倘若这一结果是已知的，则整个推演过程的合理性和逻辑性使得我们可以认定这一结论是一种“科学解释”；倘若这一结果是过去所未知的，则我们往往根据推演的合理性和逻辑性而称之为“科学预测”。

由此我们又可以看到，理论模型在科学认识的发展过程中有着双重功能。首先，理论模型是在对有关事实或原型已经获得经验认识的基础上建构出来的，但反过来，成功的理论模型又可以充当这些经验事实或原型的证明手段。因为对于客观事实的经验研究所得本身不可能直接等同于客观事实，而是研究者从观察和研究所提供的感性材料中概括出来的对事实表征和本质及其规律性联系的一种认识，相对于原发状态的“混沌的具体”而言已是一种“理性的具体”。但由于观察和研究过程至少涉及观察和研究对象、观察和研究手段以及观察和研究者本人之间复杂的互动和影响，观察和研究的失误、失真是不可避免的。同理，从观察事实中应用不完全归纳法、特别是演绎推论所得到的经验发现，其可靠性也是有疑问的。就此而论，只有当经验事实和规律可以被纳入一个合理的理论模型的解释范围且被作为某种深层机制的必然结果而从这一模型中推导出来，其真实性才能有所保证，而这种真实性往往被视为在特定理论的解释范围内所得到的因果解释。因此，模型的这一认识论功能即相当于前述逆演绎的溯因法所包含的逻辑发展。

其次，理论模型往往又是发现新的事实的认识手段，因而也是得到理论创新的认识手段。每当一个理论模型、特别是具有特定概括力和抽象度的理论模型提出之后，或是由模型的首倡者有意组织或是由其反对者和怀疑者主导，更多的学者总是会去努力检验这一模型以求确证或否证。正是在这样一种寻求肯定性或否定性的证据的过程中，与理论模型相关的经验知识极大地丰富和积累起来。来自于肯定性的证据，往往会在正面意义上积累和沉淀相关的经验知识；而来自于否定性的证据，也因其得之于理论模型的提示和启发而证明了这一理论模型所具有的认识论价值。因此，模型的这一功能又与前述假说演绎法相接近。

在比较政治学的研究中，有关理论模型的研究成果是相当多的。这与比较政治学研究者大多追求普适化理论的目标及其学术努力的结果是联系在一起的。仅就其中著名者言，就有戴维·伊斯顿的“输入—输出模型”及在此基础上发展起来的各种更加精巧的变异模型，如阿尔蒙德的“结构—功能分析模型”等。概括起来讲，理论模型的形象化表述类型主要包括图像模型、表格模型、矩阵模型和数学模型等。当然，所有这些形象化表述都不可能根本摆脱语言表述的束缚和制约，因而，语言本身又具有了特殊的优势，也就有了所谓“语汇模型”。但相对于语汇模型而言，前者以其心理学家所谓之概念图像或心理图像的方式所带来的理解优势而可以直接还原成整体的认知和理解，因而也成为比较政治学者在可能的情况下尽可能努力提出的表述方式。

所谓图像模型，是以人们所容易理解的、甚至是日常生活中屡见不鲜的图形所体现的表述形式，如树图、流程图、结构图。所谓表格模型或矩阵模型，早在人们以图示方式总结亚里士多德的政体分类结果时即已经产生了。所谓数学模型，则是以数学公式的方式所表述的理论论证。而语汇模型则主要是按照我们所习见的形式，以先后次序或直线式分离方式所叙述的理论论证。当然，这种表述方式的不同，主要取决于理论本身的内容而并不是理论首创者的任意所为，尽管学者本人所受的学术训练会使其对于上述种种理论表述方式有所选择和偏好。

三、比较政治研究的立论方式

如果说模型和模型化方法是一种简化工作，那么，实际论述和论证比较研究的理论发现，特别是以鸿篇巨制的方式讨论有关理论及其发现的过程，则会涉及立论方式的问题。所谓立论方式，主要是指研究者在经验研究的基础上经过基本的思辨工作而得到新的发现之后，用以说明和论证其所得发现的特定的论证理路和推演逻辑。这种立论方式，更多的是以自洽逻辑的方式展开而不一定重复或重演研究者得到新的发现的认识过程。也就是说，从所谓“感性的具体”出发经由抽象过程而得到“抽象的具体”，这是研究者所经历的认识过程；然而，研究者在重建或重构这一“抽象的具体”时，则往往需要采用最具有说服力的、能够全面表述自己所得到的新发现的论说体系；而这一论说体系也许是历史与逻辑的统一、经验研究过程与理论抽象推演的统一，但也可能两者不相一致。由此便构成了学术论文或专著所特有的立论方式问题。由于研究对象之复杂性的可能制约和理论建构之逻辑性的必然要求，比较政治学研究者对于表述其成果的立论方式不能不给予更多的关注并诉诸专门的探索。

按照斯考切波的说法，在比较研究的领域内，立论的方式大体上包括三种主要样式：一是作为宏观因果关系分析的比较研究；二是作为理论平行论证的比较研究；三是作为事物渊源对比的比较研究。与此相关的则是，这样三种论证方式均有其特定的目的性，也有其对于个案选择的特定要求和展开论证的样式，以及作为宏观社会分析工具的长处和短处。①

其中最为常见的是作为理论平行论证的比较研究，其目的是说服读者相信某种特定的、明确界说的假说或理论；当这一假说或理论在一系列多个比较研究的个案中得到反复论说，其效力便会因此得到反复展现，而假说和理论的成立与否就此得到证明。更确切地

① Theda Skocpol & Margret Somers，The Use of Comparative History in Macrosocial Inquiry，in Skocpol，*Social Revolutions in the Modern World*，Cambridge：Cambridge University Press，1994，pp. 72-95.

说，在这种类型的比较研究中，研究所涉及的多个个案是用来确证或否证某一理论观点的。因而个案的选择往往必须适用于特定假说或理论已经说明的场景或条件组合。与此相关，进行这一类型比较研究的着眼点是追究各种事件的共同点或相似点，并以此证明理论的普适性，即证明这一理论不仅适用于此个案而且适用于彼个案。尽管个案之间也会有差别和变异的存在，但只涉及具体环境的具体情形的细微的或不重要的差别和变异。而对于意欲说明的假说或理论而言，其基本的或根本的意义仍是普遍适用的。

在具体的论说结构上，这一类型的比较研究往往是首先提出并初步论证某一特定的理论主张和观点，然后用表面上看来极其不同的个案经由理论分析和论证而透视出其间所包含的共同特征或特性，以此证明前面已经交代过的假说和理论。仔细考量起来，这一类型的论证方式又有两种：一是将理论按照逻辑思维路线全面展开之后再进入对比较个案的讨论，二是将理论论证逐步展开且分为逐渐细化的横向片断或纵向序列，其间相应地穿插对有关比较个案的讨论。

这一类型中最典型的比较研究著作是艾森斯塔德的《帝国政治体系》和杰弗瑞·佩奇的《土地革命》。前者以考察不同地域乃至不同历史时期的中央集权的官僚帝国为主题，以这类官僚帝国的兴起、持续和衰落的历史过程说明了其中所包含的结构—功能主义学说；后者则力图通过对比较个案的分类和建模而说明农村阶级关系以及不同阶级间的政治互动行动类型和样式，进而论证了经济因素对政治和社会因素的决定性作用。

其次则是作为宏观因果分析的比较研究，其目的是通过对多个个案的比较分析，发现其间所存在的共通或相似之处以及不同和变异之处，从中或对已经得到公认的某些理论观点进行检验，或提出全新的问题并据此初步形成新的概念或新的解释，进而找到其中所包含的因果关系和普遍适用的根本性原因的存在或缺乏。这种类型的比较研究多少类似于统计分析中的多变量分析。在逻辑上，这种比较研究试图在对大量个案进行条分缕析的研究的基础上，既寻找其间的差别和变异，又把握它们的共通与相似之处，然后或利用“求同法”从差别和变异中找到关键性的类似，或利用“求异法”从共通和相似中发现关键性的不同，进而追究造成差异和共通的真正缘由。这也是所谓的因果分析。

在具体的论说结构上，这类比较研究大多首先提出和详说某个或某几个基本的理论预设，然后通过对具有共同现象且可以分辨出共同原因的个案进行分析，排除其间那些并不一定具有因果联系的次要差异和不同，最后确定并论证那些关键性的共同之处所包含着的因果意义；也可以在理论预设的基础上通过对缺乏共同现象且可以分辨出差异性条件的个案进行研究，排除那些并不一定存在因果性效应的次要的共同之处，然后说明和解释那些关键性的差异所体现的因果联系。由此又可以认为，这样两种论证理路在某种情况下是可以同时使用的，既通过肯定性个案证实其因果关系的成立，又通过否定性个案说明因果关系的缺乏。

运用这类比较研究论证方式的学术著作首推巴林顿·摩尔的《民主和专制的社会起源》。在这部著作中，摩尔首先概括了现代世界所面对的三种政治途径即通过资产阶级革命达到自由—民主主义政体、通过自下而上的革命达到法西斯主义以及通过农民革命达到共产主义；然后对体现着每一种政治途径的若干历史个案进行分析，按照地主阶级与资产阶级的力量对比状况、农业商品化的样式和程度以及农民社会中农民与地主的互动关系模式这样一些要素构成，深入解释这些个案之所以出现的原因，也即这些国家走上了此一条政治途径而非另一条政治途径的原因。斯考切波在写作《国家与社会革命》一书时也同样运用了这一比较研究类型。在题为"关于法国、俄国和中国社会革命的起因"的一章中，为了证明国家政权危机是社会革命危机产生的根本原因，她对上述三国社会革命中所具有的共同的现象展开了分析并论证了其间关键性的、有因果意义的因素；同时，她也穿插引证了那些未曾发生社会革命、反而走上改良道路的个案，进一步证明了已经揭示出来的因果关系的可靠性。

最后则是多少反其道而用之的比较研究，即作为事物渊源对比的比较研究，其目的是通过并列各种经验个案，突出表现这些不同个案之间的差别与变异，并说明这些差别和变异的存在是如何影响了社会进程的发展。这是一种突出差异的比较研究。这些差异或是相对于更广泛的主题，或是相对于大的倾向性，抑或是相对于某一典型的既有概念。而这些主题、倾向和概念的存在恰好是作为参照物而凸显了个案之间的差异和不同。在这个意义上讲，这些主题、倾向和概念可以成为一种测度工具，成为确定各种个案各自特点的基准物。通过这样的对比而凸显出来的差异则是要进一步说明历史事实和现实发展的多样性和复杂性；尽管多个个案之间亦不乏共通性，但这种共通性的存在并不一定出于共同的或相似的原因。相反，却有可能出自不同的原因。这一类型的比较研究往往强烈地传达着这样一个信息：比较研究固然可以有助于人们理解事物的因果关系，特别是更加广泛存在和更加详尽的因果关系，但如果以为从不同实例所发现的共通性即可以逆推其因果关系的普遍存在则是一种过分的奢求；同时，以为并行式的多个个案的比较研究可以代替对具体个案的深入的因果关系分析也将存在着严重的风险。因此，这一类型的比较研究多少类似于前面已经提到的理论减值研究，其真实的目的与其说是寻找更多的、更大范围的普适性假说或理论，毋宁说是为了限制或否定那些过于笼统空泛和大胆断言的假说或理论。正是在这样的对比中，人们对于特定实例的认识可以达到新的深度。

在具体的论说结构上，这类研究既可以首先单独地展示已经形成的主题、倾向和概念，随后则以具体个案的历史发展和现实状况加以论证，也可以在对有关个案的历史发展和现实状况的讨论过程中逐步提出上述主题、倾向和概念。

这种类型的比较研究典范是基尔茨的《伊斯兰世界纵览》一书。在交代为何选择印度尼西亚和摩洛哥两国进行比较时，基尔茨指出："它们之间最明显的相似之处是……它们的宗教；但至少从文化方面言之这也是它们最明显的不同之处。它们处在兴起于阿拉伯的古典伊斯兰文化带的东西两端，并沿着连接它们的旧世界的中间线而延展，由于它们所处的位置，它们却一直以完全不同的方式、在极其悬殊的程度上参加了文明的历史并产生了完全不同的结果：它们都向往着麦加，但由于处在伊斯兰世界的两端，却向着不同的方向朝拜。"① 比较社会学和文化人类学大师本迪克斯对于这种类型的比较研究也许是最为谙熟的，他的《民族国家建构与公民认同》和《君主抑或人民》两部著作都对包括西欧诸国、俄罗斯、日本和印度的政治现代化和向政治现代化的转型进行了比较研究，进而说明

① Clifford Geertz, *Islam Observed: Religious Development in Morocco and Indonesia*, Chicago: University of Chicago Press, 1971, p. 1.

了历史发展的多种可能性及其现代的后果。

上述各种论说方式的不同，并非单纯地取决于立论者的一厢情愿，而更主要地源自于所论对象的特质。在这个意义上讲，尽管作为学术训练的导引，本节罗列并评述了这些论说方式的区别所在及其强弱所系，但读者自当对其中所包含的学理逻辑制约有所体会。

第二篇

作为理论知识的比较政治学

比较政治学中的国家理论和体系理论

重点问题

- 国家概念和国家理论的发展脉络
- 当代国家理论的流派分野
- 体系理论的主要流派及其批判
- 国家理论与体系理论的主要分歧
- 国家与社会的概念区分及其关系

任何一门学科都会首先面对且必须着手解决其学科意义上的本体论问题。在政治学研究领域内，有关国家“这个最根本的政治现象”和核心概念的争论，在某种意义上，就是这样一种有着特定意蕴的学术努力。国家问题长期以来一向是政治学研究的重点，且因之成为比较政治学研究的重心所在，并由此积累了大量的研究成果，丰富和完善着人们有关政治生活的知识。第二次世界大战后以来兴起的有关政治体系的分析和研究，不仅直接起源于对经典国家理论的质疑、批评和挑战，而且挟行为主义革命之潮而一时形成了丰硕的成果和强大的影响。实际上，当代比较政治学的发展在相当程度上即渊源于政治体系理论的提出，并由此对整个政治学造成至今仍能明显感觉到的影响。但是，在经历了一个时期的沉寂之后而再次复兴的国家理论，不仅在整体意义上对政治体系理论构成了强大的挑战，而且提示了更多的有关政治过程和政治分析的新颖视角。而对于比较政治学而言，所谓国家理论和体系理论又因为其所必然包含的宏观体制分类法或类型学内容而愈发事关重要，成为我们必须首先进行讨论的主题。

国家理论和政治体系理论这两大理论脉络之间的相互争论与竞争，以及两大理论脉络中不同学说流派之间的相互争论和竞争，构成了有关政治学基本分析单位的认识问题上相当繁复的图景。考察这样一种理论嬗变的图景，将会使我们更好地理解比较政治学的内容。由于国家理论与政治体系理论在时间序列上表现出的关系状况与理论逻辑上的图景基本重合，因而我们的讨论也将循这一线索展开。

第一节　国家理论的历史发展与传统政治学

一、国家理论与政体分类法问题

所谓国家理论，是指对于国家及其相关问题的学术思考所形成的理论成果，主要涉及国家政治统治的形式、实质、特征、作用和历史发展等多方面的内容。就其历史演变和发展过程而言，国家理论实际上是一个包容范围庞大、内涵极其丰富的研究领域的称谓。作为理论研究，它始于对社会生活现实及其发展变化的阐述和概括，始于对国家这一政治现象的分析和研究；但反过来，它又为现实生活中的人们提供了相关的实用知识和哲学依据，促使人们按照特定理论所提示的方向和路径采取特定的政治行为并发展出相应的政治主张；而由此进一步改变着政治生活场景、特别是与国家有关的政治实践，从而为国家理论的新发展提供了新的经验内容。因此，对国家理论的发展做出过重要贡献的人物，不仅有以思辨性工作为业的学者和思想家，而且还有投身于政治活动的政治家和活动家。正是在这个意义上，“对国家的研究构成了传统政治学的基本内容。传统的政治学家几乎没有一个不把政治学定义为或理所当然地认为是关于国家的学问”①。国家理论、特别是国家概念本身以及有关学术努力，大体上可以分成两个维度：一是作为实然概念而描述现存的政治现象、政治关系和政治机构；二是作为规范概念而体现特定的政治理想、价值观念和终极目标。两者之间相互补充和完善，构成了国家理论的整体发展；同时又相互竞争和辩驳，成为国家理论不断发展的动力之一。

从比较政治学的研究角度观之，有关国家问题的早期探索及其成果不仅体现了上述特征，而且还突出反映了比较研究的发展。正如本书第一章已经提示过的那样，人们对于国家问题的认识深化的发展过程，必然表现为在经验层次和理论层次上对于不同的国家类型的认识不断走向深化，表现为基于国家分类法原则和标准之上的国家概念和国家观念的发展。

就国家与政体的分类法原则和标准而言，如果说从亚里士多德肇始的政治学研究传统是一种经验的但又朴素的分类法则的话，那么，其后直到近代的发展则表现为这一法则的抽象性和精巧度不断提高的过程。按照亚里士多德在《政治学》一书中的说法，国家是自然过程发展到极点的产物，人类是天生的“政治动物”，因而国家就是人类共同体的完善形式；但就具体的国家而言，又有许多彼此相异的形式。在这里，亚里士多德通过经验的比较研究而提出了古希腊城邦国家的分类法及其原则。他首先从单一型体制着手，依据统治者的人数标准即单独一人、少数人和多数人而将诸多城邦国家分为君主制、贵族制和民主制；其次他又以统治者治国宗旨是为所有人的利益还是为其一己私利而将所有城邦分为正常政体和变态类型，即与君主制、贵族制和民主制相对应的僭主制、寡头制和暴民制。在这一分类的基础上，亚里士多德着重探讨了政体的特性，特别指出由于审议的要素、行政的要素和司法的要素等组合的不同而使得国家政体往往具有混合的或交叉的性质。与此

① 吴惕安、俞可平主编：《当代西方国家理论评析》，1页，西安，陕西人民出版社，1994。

相关，他又探讨了政体变迁和政治动荡的原因即国家能否得到稳定的条件问题，主张国家需由那些既不富有也不贫穷的“中间阶级”均衡地掌握权力。

亚里士多德政治学对于国家问题的重视、有关政体分类的原则以及对于国家目的和政体变迁的考察等，对后来者有着经典意义上的启发和极其深远的影响。尽管其经验研究的方法在相当一个时期内未能得到应有的足够重视，但其著作中的理论分析和规范研究的内容，特别是有关国家性质和分类的研究，却随着此后现代意义的国家的发展而得到了极大的张扬和光大。正是因为这一不同，亚里士多德以降直至当代国家理论兴起而替代传统研究取向之前，那些关注同样问题的思想家和政治学家们大都是遵循着历史考察和理论推演的研究路径展开其研究的。他们有关国家问题的探讨并非立基于对现实生活中比较个案的经验研究，并非关注于同一时间的不同国家的发展状况，相反，他们大多以其有关历史进程的理论推论为基础，以有关国家性质和职能的规范论证为特色。当然，从根本的意义上讲，他们仍是依据国家政治生活的新发展所提供的经验内容而创造和阐述其国家理论的。

例如写作了《国家六论》的让-博丹，对于政体的区分大体上仍然沿袭了亚里士多德的原则，亦划分为君主、贵族和民主三大政体形式，但同时也表现了相当大的差别。在主权权利理论的基础上，他引入了“主权者”的概念，认为拥有同样主权的国家也会有不同的管理形式即治权不同，因此，在三大政体的每一类别之下又可分为若干子类。再如曾以专论国家问题的《利维坦》一书享誉至今的霍布斯，不仅遵循让—博丹的逻辑而论证其分类原则，而且强调了“议会”地位的重要性。在此基础上，霍布斯进而讨论了“主权者”义务与职责，实际上对于国家职能给予了明确的界说。又如继承和发展了主权理论且进一步提出了分权学说并因而在国家理论发展史上占有重要地位的洛克，开始明确以立法权即最高主权的归属取代统治者人数多寡的标准。而如进一步发展了洛克分权学说的孟德斯鸠，更多地依据其权力分立的原则来考察和辨析国家的差别。尽管他同样按照主权归属的人数多寡而区分出包括民主制和贵族制的共和政体以及君主政体与专制政体，但他特别强调立法、行政和司法三大权力的分立对于国家政体所具有的重要意义。上述这种国家或政体的分类法原则和标准一直持续了相当长的时期，几近于学理讨论的标准化术语，如边沁的《政府片论》即为表征。

但在投身美国革命之中的托马斯·潘恩那里，情况则有所不同。在潘恩看来，所有的政体形式大体上可以分为两类，或是“实行选举和代表制的政府”，或是“实行世袭制的政府”，主要包括君主制和寡头制或二者的混合制。由此可见，潘恩对于选举及其程序问题的强调表现了他对于国家建构和政府组成原则的注意，开始创立一种新的对于国家的认知方式。约翰·密尔的《代议制政府》在一定程度上可以看做是在同一思路上的学术努力。

有关国家类型问题的学术探讨在马克斯·韦伯那里终于达到了一个转折点。他既没有采用统治者人数或主权者类型的原则去分辨政体类型，也没有简单地按照组成政府的不同形式而作出分类，而是提出了政治权威的合法性来源及其区别的全新问题。在韦伯看来，在一个社会中，其统治者主张且其社会成员相应地承认其统治合法性的原因主要包括三种：一是统治者因世袭血缘而获得且由宗教习俗等维系的神圣身份，二是统治者以其非凡的个人魅力和感召力而对大众实现的领导，三是基于法理程序而获得的合法性统治。与此对应的则是不同的国家类型即传统国家、超凡魅力型国家和法理国家。很显然，韦伯的这一分类法以其高度的抽象性、思辨性和简洁性而超越了长期以来的形式主义分类原则，进而成为一种新的国家分类方法论原则，并由此而对后来的国家问题研究者形成至关重要的影响。此后直到第二次世界大战结束，有关国家分类法的学术努力尽管仍持续不绝，但大多事涉技术性细节而难有此前诸种分类法的理论突破力度和影响力度。

二、国家理论与国家概念的发展

如果说我们不能不用极为概略的方式处理有关国家和政体分类法原则及其具体论证的学术研究发展史的话，那么，面对更加繁多的有关国家概念及其理论思考的结果，也同样不能不采取相对简便的方式来展开我们的讨论。在这里，《布莱克维尔政治学百科全书》所提示的国家概念基本分类为我们提供了这样一个理解的框架。据此，我们则有了强权国家的概念、法律国家的概念和合法性国家的概念。[①] 而这样一种多少是按照人们对于国家本质的理解的不同所作出的区分在国际学界也确实得到了不少学者的同意。

所谓“强权国家”（the state as might）的概念类别是指那些立基于政治现实主义，关注于政治生存斗争和统治效力的各种国家概念。这类概念强调，由国家所从事的生存斗争和统治是超越法律规范之上的，或者说，其本身即构成了“国家理由”（reason of state）。因此，国家的本质即是由政治斗争的胜利者所建立的政治统治，胜利者又会以其斗争技巧维持其政治统治，这种统治既包括物质力量如军队和警察等强力部门而采取暴力的形式，也涉及非物质性的力量如各类动员宣传组织及其专门技能而采取非暴力的方式。以此推论，作为国家意志产物的法律，仅仅是保证统治秩序的工具；作为国家行为体现的公共服务政策，不过是满足社会基本需求以维系政治统治的手段。

这类国家概念最早可以追溯到马基雅维利的《君主论》。这一著作将国家描述成一种具有自己的道德和活动方式的自主的联合体，并由此揭示了国家的“存在本质”。在马基雅维利看来，国家或其统治者有其自身的“理由”或压倒一切的权力来维护自己的地位，抵御出自内部或来自外部的反抗。正是权力才能造就稳定，才能使人与人之间的关系保持秩序。

这一理念在19世纪末20世纪初论述“强权国家”（Machtstaat）的一批德国思想家那里得到了高度的认同。其中较早的论述者是著名的军事理论家克劳塞维茨。在他那本闻名遐迩的《战争论》中，有关战争与政治之关系的论述、对于新的战争样式即国家全面动员体制下之全民战争的设想等，实际上提出并宣扬着一种强权国家的概念。稍后，特赖奇克在其《政治学》一书中全面推进了这一思路，提出“国家即是权力”，其性质既包括对内的至高无上性，也涉及对外的独一无二性，因而国家的目的就是追求自身的强大有力，而由此所确定的国家职能也就是对内实施法律和对外发动战争。而最极端的主张则来自于更晚近的、有“第三帝国御用法学家”之称的卡尔·施密特。在其《政治概念》一书中，施密特主张政治是一种“敌友”关系的概念，并要求从公共权力与其必然的敌人的关系入手

① 参见［英］戴维·米勒、韦农·波格丹诺主编：《布莱克维尔政治学百科全书》，739页，北京，中国政法大学出版社，1992。

理解国家的本质。由此，他将政治学的范围视为仅仅涉及暴力斗争和战争，而国家则无非是进行这类活动的组织。

如果说上述人物对于强权国家基本持有一种正面意义上的肯定乃至推崇的态度的话，那么，我们在那些对国家强权持有强烈否定和反对态度的无政府主义者那里却可能看到另一种取向。尽管对于国家目的、本质和职能的看法以及有关国家概念的整体思考与前述那些思想家大体相同或相近，但无政府主义者的态度却大相径庭，他们由此决定对强权国家采取坚决反抗和敌对的立场。

处在两派之间的则是那些精英人物统治论者如莫斯卡和帕累托等人。他们视国家为不可避免的祸害，认为政治统治者必然只是一些精英人物，精英通过国家维持自己的地位而国家也由此获得权力和稳定。

所谓“法律国家”（the State as law）的概念是指那些着眼于国家的法律权力，以及国家公职人员、特别是法官对这一权力加以应用之方法问题的一派主张。其中所强调的是国家权力的规范化和非人格化，将国家视为一整套由法律明确规定其权利和责任的官职，其权力则是按照已知或可知的程序而行使的；国家的价值即在于行使权力的规则性和一致性，国家即是规范权力行使的法律体系。就此而论，有关在法律的基础上建立国家即“法治国家”的形式概念便成为这派主张的核心。

这类国家概念的渊源应当归之于柏拉图。在他的《法律篇》中，柏拉图强调了遵守法律的重要性、特别是公职官员服从法律的意义。在他看来，法律至上是其新“理想国”的最重要的特征。在这个“真正的政体”中，统治者不是阶级利益集团而是“上帝”，但这个上帝借以使其命令晓谕民众的声音就是法律；相反，除非法律高于统治者，否则国家覆亡在所难免。柏拉图的学生亚里士多德将此概括为“法治优于一人之治”的著名命题。[1]

这种法治国家的概念首先在那些反对专制的早期共和主义者和启蒙思想家的著述中得到了继承和发展。例如哈林顿于1649年写成的《大洋国》一书明确提出，国家就是“法律的王国”，“国家或城邦的美德就必然是法律”，因此，“它所治理的国家就是权威，权威也就是它所治理的国家”。而对于国家而言，它的基础或中心就在于它的“基本法”，即规定着财产所有权的土地法和保证平等地轮流执政的选举法。而孟德斯鸠在《论法的精神》中不仅特别强调了法律国家的重要性，而且还详说了政府形式与相应的宪法之间的关系，据以提出了三权分立与制衡理论。

当分析法学派开始取代规范研究取向的自然法学派而在法学理论界占据支配性地位后，法治国家的概念以其经验研究的支撑又获得了更加广泛和坚实的论证。例如奥斯丁在1832年发表的《法理学大纲》和戴雪写于1885年的《英宪精义》即为例证。比较晚近且最为完整的表述当推汉斯·凯尔森的《法与国家的一般理论》一书。在这本将分析法学推进至极端的纯粹法学理论的名著中，凯尔森明确表示反对法与国家的二元论而主张“作为一个社会秩序的国家和法律必然是同一的”，并由此“建立了一个作为法的理论不可分割部分的国家理论”。在他看来，“国家是一个政治上有组织的社会，是因为它是一个由强制

① 参见苗力田主编：《亚里士多德全集》，第9卷，112页，中国人民大学出版社，1994。

性秩序构成的共同体，而这个强制性秩序便是法律”[①]，因此，国家也只是一种法律现象。经由这样的论述，凯尔森与当时正在兴起中的法西斯主义的政治理论、特别是上述施密特等人的“强权国家”理论展开了论辩。

所谓“合法性国家”（the State as legitimacy）的概念则是指那些力图揭示并思考有关国家行为之依据，以及其行为由此而取得合法性的基本哲学问题的学术探讨结果。这派观念的主张者认为，国家虽然具有强制性的特征，但国家的本质在于为社会提供各种服务或行使公共职能，包括维护社会政治秩序、保障人身安全、解决社会纠纷、促进民族统一以及对外实现主权独立和领土完整等；其中又以经济职能最为重要，包括按照特定的正义准则对社会财富进行再分配，建立必需的社会公共设施，推动经济发展等。

这类以国家行为及其合法性来解释国家本质的概念及其相关理论最为繁多和庞杂，包括了诸多不同流派的不同学说和理论。其中既有强调福利、社会进步和效率的各种“警察国家”理论，如德国的重商主义者，现代意义上的福利国家理论则多少是这一思路的演进；也有关注于国家意志之特性所赖以为基的基本价值问题且反对法律实证主义的法治国家“物质”理论，如法国学者狄骥等人，其理念集中体现在他那本专论法律哲学和政治哲学的《宪法论》一书中。而在黑格尔哲学脉络上所展开的探讨如黑格尔本人和新黑格尔主义者如格林，则将国家视为道德共同体，主张各种社会集团、阶级和个人均可通过对国家的参与而超越其个性，达到共同体内的自由。

上述分类只是认识纷呈多样的各家各派国家概念和国家理论的一个认知框架，因而它既不可能完全涵盖学术界对于国家问题探讨的历史过程的复杂性，也不可能完整概括集中在国家问题上的各种学术探讨的结果。

三、马克思主义的国家观

较之于上述各种国家概念及其相关理论，马克思的国家理论显然是另一种理路。马克思主义的国家分类体系，就其实质而言，是一种基于社会历史过程考察的阶级分类原则；就其重点而言，是一种基于社会经济基础分析的阶级权力演进理论；就其方法论依据而言，是一种强调逻辑与历史相统一的观念。易言之，马克思、恩格斯的国家学说既有着十分严谨的逻辑，同时又“无非是历史的方式，不过摆脱了历史的形式以及起扰乱作用的偶然性而已”[②]。历史的方法使得他们不同于其他那些思想家只是讨论“一般社会”，而是探讨每一个具体的社会形态；而逻辑的方法又使他们能够从对具体社会形态的探讨中认识“社会一般”，透过纷繁复杂的社会现象而揭示社会现象的本质和规律。

马克思、恩格斯所创立的阶级分类法立基于对传统政治学有关国家理论的批判和继承。他们首先批判了传统分类法过于强调形式主义和表象性特征的缺陷，以及片面看重统治者或掌权者数量特征而未能追究其历史原因和现实依据的根本性失误；然后又在其历史唯物主义的方法论基础上将国家现象置于特定的阶级视角下加以观察和解析，而最终创立了全新的国家分类框架，并以此为基础展开了对于国家理论的全面论述。因此，马克思主

① ［奥］凯尔森：《法与国家的一般理论》，213页，北京，中国大百科全书出版社，1996。

② 《马克思恩格斯选集》，2版，第2卷，43页。

义的国家理论从一开始就带有明确而又强烈的批判色彩。

在马克思、恩格斯看来，权力、统治、主权乃至分权这样一些与国家概念及其相关理论有密切联系的术语都有着特定的阶级含义。不同的国家形式之间的差别首先且必然表现为阶级性质的差别，而不同的国家形式之间的更替则主要在于其统治阶级的不同而非统治者人数之多寡。究其实质，则主要是在社会生产过程中占据统治地位的阶级用以维持其统治、即维持其在社会生产过程中既有支配地位的机关；究其演变，则主要是不同的统治阶级对付相应的被统治阶级的手段不同。因此，“古希腊罗马时代的国家首先是奴隶主用来镇压奴隶的国家，封建国家是贵族用来镇压农奴和依附农的机关，现代的代议制的国家是资本剥削雇佣劳动的工具”①。至于具体的政体形式及其分类特点，如执政者的人数多寡与执政机构的设置样式，其重要性只能在把握了国家的阶级实质的基础上才具有意义。

正是因为这样，马克思、恩格斯的国家分类原则在根本上不同于既有的传统的国家分类方法。但他们又绝不是在真空中创立其理论学说的。在现实经验的维度上，他们从自己的生活境遇、从对历史的研究中以及对现实的观察中，都具体地感受到了阶级国家的存在；在理论推演的层次上，马克思、恩格斯注重的是透过现象而抓住本质，去除伪饰而理解真实，清理繁杂而把握要害；而在思想渊源方面，马克思、恩格斯则大量汲取了前人已有的优秀思想成果、特别是启蒙运动时期的进步思想家们的诸多观点和主张，不仅吸纳了他们的思想而且使用着他们所创立的术语、概念和范畴。

根据对于国家起源和国家形态发展的历史考察，马克思、恩格斯不仅提出了新的国家分类原则而且提出了有关一般国家理论的若干论断。在他们看来，从原始社会到奴隶社会，是人类社会历史上的转折点。生产力的发展使得早先只能维持基本生存的生产活动发生了巨大的变化：剩余产品的出现使得人们不仅可以占有这些产品且因之形成了占有数量的不平均以及立基于此的私有制的出现，而对于劳动力需求的扩大不仅使得战俘奴和债务奴与军事首领和债主的出现成为可能，而且他们之间的差别与对立最终造成了社会分裂为奴隶与奴隶主阶级。于是，社会分工、私有制和阶级阶层的产生所导致的利益分化与对立，最终使原始的公共权力以及机构失去其作为共同利益担当者的功能。因此，马克思、恩格斯指出：“国家是社会在一定发展阶段上的产物；国家是承认：这个社会陷入了不可解决的自我矛盾，分裂为不可调和的对立面而又无力摆脱这些对立面。而为了使这些对立面，这些经济利益互相冲突的阶级，不致在无谓的斗争中把自己和社会消灭，就需要有一种表面上凌驾于社会之上的力量，这种力量应当缓和冲突，把冲突保持在‘秩序’的范围以内；这种从社会中产生但又自居于社会之上并且日益同社会相异化的力量，就是国家”②。说到底，“国家无非是一个阶级镇压另一个阶级的机器”③。

由此可见，马克思、恩格斯的国家理论至少包括这样一些逻辑分析要素。首先，国家是人类社会发展到阶级社会后由统治阶级进行阶级统治的特殊的公共权力机关。正是“随着社会本身进入一个新阶段，即阶级斗争阶段，它的有组织的社会力量的性质……也不能

① 《马克思恩格斯选集》，2版，第4卷，172页，北京，人民出版社，1995。

② 同上书，170页。

③ 《马克思恩格斯选集》，2版，第3卷，13页。

不跟着改变（也经历一次显著的改变），并且它作为阶级专制工具的性质……也越来越发展起来”①。其次，国家本质上是实行阶级统治的工具，但在形式上却表现为超然于社会之上的相对独立的力量，表现为“日益同社会相异化的力量”，其目的即在于调和阶级利益根本冲突各方之间的矛盾而使之保持在可以接受的范围之内。最后，为了实现这一目的，国家的功能可以分为政治统治功能和社会管理职能两大类，国家的“政治统治到处都是以执行某种社会职能为基础，而且政治统治只有在它执行了它的这种社会职能时才能持续下去”②。

马克思主义的国家理论对于后世有着极其重要的影响。自此以后，无论是主张和拥护马克思主义理论的学者，还是反对和否定马克思主义理论的学者都必须直面马克思、恩格斯所揭示的道理，都必须在认真对待马克思、恩格斯所创立的理论的基础上讨论国家问题。

第二节　体系理论的兴起及其影响

一、传统国家观的困境与体系理论的兴起

从逻辑上讲，马克思主义国家理论已经向传统国家理论提出了严重的挑战，而前述各种各样的国家概念和国家理论之间所发生的争论和论辩也同样尖锐，因而在思想资料方面为新的国家理论的产生准备了必要的条件。同时，在现实生活中，社会发展又展示了大量的在传统国家理论中无法容纳的新内容，从而为这一新的理论的产生提供了相应的经验基础。而对同一政治现象，社会科学其他主流学科也会给予关注和研究，并基于特定的学科资源而产出独特的相关学术理论，进而反过来对政治学的理论发展产生重要影响。我们在战后初期政治学和比较政治学研究领域所看到的所谓“体系理论”的兴起就正是这样一幅图景。

所谓“体系理论”（system theory）是一个相当宽泛的范畴，主要是指那些试图以含义宽泛的“政治体系”作为政治学核心概念并以此展开政治分析的学术努力及其由此所得到的学术成果。其建构即始于对传统的国家概念和国家理论的批判和摒弃。作为“第一个用体系这个明确的术语来分析政治的政治学家”③，伊斯顿在 1953 年出版了《政治体系：政治学状况研究》一书，认定政治学如欲摆脱过去那种既缺乏明确的系统理论又无法深入研究现实问题的状况，就应当像自然科学那样建构出一种适用于研究不同层次的政治问题而非个别政治现象的核心概念，一种可以为各种学术争论奠定共同的基础性理论前提的一般理论。在他看来，这样一种一般理论应当采取经验的研究方式且具有足够的理论抽象程度。由此，他提出了政治体系的概念，将社会政治生活定义为一个由各种政治力量之间的互动组成的且与政治环境内外进行输入—输出式沟通的、具有自动适应性的系统。

① 《马克思恩格斯选集》，2 版，第 3 卷，118 页。

② 同上书，523 页。

③ ［美］阿尔蒙德、小鲍威尔：《比较政治学：体系、过程和政策》，11 页。

尽管在其首倡者伊斯顿及其后来的追随者那里，政治体系作为一个术语的意指相当宽泛，特别是在用做复数时，政治体系不仅指代国家或政府，而且也指称政党、社会团体、工会、学校乃至任何参与政治活动的个人。但体系理论首先是建立在对传统国家概念和国家理论的批判基础上的。在体系理论的主张者看来，国家概念作为政治学的核心概念显然是不适当的。这首先是因为在政治学的发展史上和在对于现实政治问题的研究中，国家概念过于庞杂且具太多歧义，以至于无法当做一个有效的理论概念和分析工具。人们在谈论国家时，不可避免地会受到意识形态、价值准则和认知方法的影响和制约，根本无法得到相对一致的、能够借以讨论共同问题的国家概念。其次是因为国家概念所指代的经验现象过于褊狭，以此为中心所展开的政治分析势必会将非国家的政治力量及其相互关系如政党、利益集团乃至政治个人之间复杂而又重要的互动排斥在外，势必会忽略非国家的政治生活和政治现象。而这显然与现实生活所提示的经验认识相抵触，也与人们要求政治学所应当提供的真实知识毫无关联。再次，以国家概念为中心所展开的传统政治学研究实际上是与法律条文主义和形式主义的研究取向联系在一起的，因而严重掩盖和遮蔽了现实生活中实际发生着的政治过程和政策问题。最后，以国家为中心的政治学研究始终充斥着价值判断、抽象思辨和规范研究，其结果是道德哲学至上和价值观念先行，进而严重损害了真正有意义的经验研究和知识积累。

自伊斯顿率先发起“体系革命”以后的数年间，政治学界、特别是美国政治学界几乎人人都在谈论和研究体系问题。继之而来的且与体系理论对传统国家概念所构成的批判相关的，则是有关国家类型的比较研究产生了极其繁多的成果。其中最为引人注目的就是体系理论所产生的方法论意义上的突破，其中既包括新的政治体系的界定所必然带来的新的研究视野如关注政治过程和广泛的政治实体及政治力量、新的研究程式如假说校验和模式建构，以及新的研究技术的使用如量化研究和统计分析，也包括广泛地汲取社会科学其他学科如社会学和经济学的学术资源与学术成果。其结果就是使过去从未被看做和用做政治学研究的资料数据成为时下最通行的研究素材，而“伴随信息爆炸而来的是一股类型学的洪流，或称之为众说纷纭的政治体系分类方法。事实上，‘类型学’在20世纪60年代已成为政治学家的‘流行话’，以至挤掉了较旧的但同样有用的名词，如‘分类’、‘分类方案’。1967年，在‘国际政治学会第七届世界大会’上，所有的分组会议都集中于讨论‘政治体系的类型学’这一题目”①。

相对于传统的国家分类而言，这一时期所产生的政治体系比较类型学的研究成果大都注重模式化工作，即根据现实个案的经验研究而抽象出的若干分类准则或标准，并收集相应的经验材料和数据而建构特定的理论模型，据此再对不同的国家作归类处理或举证说明。而就具体的形式而论，这些成果又可区分为三类。第一类是依据以个案研究为支撑的可操作性的比较标准构建出分析框架，并据此对多个不同的个案展开分析，其意图在于论证和校验这一分析框架的普适性。如阿尔蒙德等人提出了特定的结构分化与政治文化类型相结合的分析框架，进而将世界各国划分为英美型、欧陆型、极权型和前工业型或原始政体型。艾森斯塔德则有政权的合法性类型、政治活动组织的专门化程度、政治领域与其他

① ［美］达尔：《现代政治分析》，89页，上海，上海译文出版社，1987。

社会活动领域的分化程度以及统治者据以运用权力和资源的政治目标等四类标准构成的框架，并且将人类社会史中所曾出现过的最为常见的政治体系形式区分为原始政治体系、家长制帝国、游牧或征服帝国、城邦国家、封建的政治体系、中央集权的历史官僚帝国与现代体系，又将现代体系进一步区分为民主、独裁、极权和“不发达”四种类型。大体具有同样理路的分析框架，还有席尔斯的现代寡头政治体系、极权政治体系、传统和传统主义的寡头政治体系、监护的和政治的民主体系构成的分类体系。

第二类则较多地具有规范性和形式主义的特色，即在严格界定的比较维面或向度上给出特定的概念取值，通过交叠相加而形成不同的政治体系类型划分，其主要追求的目标在于这一分类体系的周延和完整。例如阿普特以权威类型和价值偏好两个向度的区分值而建立了一种分类体系。其中，权威类型的区分值包括等级式权威、金字塔式权威和离散型权威，价值偏好的区分值包括完美价值与工具价值即推崇神圣与主张世俗，两相叠加则有六种类型即中央集权式和离散式动员型体系、现代化权威型或新重商主义型体系、神权或封建体系和协商体系。达尔则依据自由化（竞争程度）和包容性（参与程度）两个维度上的有无或高低取值而区分出多元政体、封闭性寡头政体、竞争性寡头政体和包容政体四种类型。芬纳发展出一套更加复杂的体系，他所选择的比较维度包括大众与精英参与政治过程的程度即参与和排他，参与方式的不同如次级集团的自治或依附，政府行使权力的方式如基于威吓的强制、基于辩护的操纵、基于情感的组织和基于共识利益的劝说/谈判，社会的组成方式如等级秩序与代表制，社会追求的目标如现实目标与未来目标，进而区分出四大类 16 种亚属的政体类型。

第三类则是以大量的相关统计数据及其相互间的相关程度或变化趋势为基础建立统计模型，进而力图对所有国家的类型归属给出结论。例如班克斯等人致力于计算机化统计为基础的数理分析，主张用“硬数据”取代不可测度的“软指标”，在 1963 年发表的一项研究中，他们对当时 115 个独立国家采用了 57 组变量进行统计分析，在每个统计项上则区分出三个类型即相反相对的两组（A 与 B）和处在中间态或无法明确归类的一组（C），在每一组中则对每个国家根据计算出的相关系数而给出前后高低的排序。他们认为以此便可以辨析出不同国家之间的差别，既包括两两相对时的差别也包括分组归类时的差别。

这样一些成果与其说是增加了人们对于政治体系异同的了解，毋宁说是为说明不同的政治体系之异同的来由和根据，为确定不同的政治体系可能的发展方向开拓了新的认识渠道。“从这个角度来考虑，现代政治分析正处在一个新知识阶段的门槛上”①。也正因为这样，体系理论的提出及其所带来的第一批研究成果，实际上既是战后初期以来比较政治学突破性发展的主要标志，也是这一突破性发展的重要内容，直至今天，也是我们学习比较政治学所必须详加考察和辨析的对象。

二、主流体系理论

所谓学术理论的主流与非主流地位，主要是指某一种理论学说或概念范畴在特定的时期内相对于其他理论学说而在学术界占据主导或支配性的位置，且对后来的学术发展产生

① ［美］达尔：《现代政治分析》，89 页。

了重要影响，并因而成为后来者或应用与校验或挑战与质疑的论说中心的一种状况。在体系理论的发展过程中，伊斯顿和阿尔蒙德的体系理论就属于这样一类主流的理论。

1. 伊斯顿的政治体系理论

在某种意义上可以讲，伊斯顿的全部政治学工作都是围绕着政治体系这一核心概念展开的。他最重要的三部著作《政治体系：政治学状况研究》（1953 年）、《政治分析的框架》（1965 年）和《政治生活的系统分析》（1965 年）也是体系理论脉络中的经典文献。伊斯顿对传统政治学研究感到不满而力图建构新的基本概念和一般理论，由此创立了政治体系的概念体系及其相应的体系理论。对于政治学理论创新工作而言，批判性地继承和创造性地诠释历史上的理论遗产与综合性地吸纳和改造性地利用其他社会科学乃至自然科学的知识成果，是常见的两种理路。相对而言，伊斯顿更侧重于后一种选择。在其逐步创立政治体系概念和体系理论的过程中，伊斯顿不断地从诸多来源汲取相应的学理资源。首先是来自社会学和人类学大师的学术理论，其中既包括帕森斯的学说，也包括在源远流长的结构—功能主义学派中名声显赫的马林诺夫斯基、拉德克利夫—布朗、默顿和莱维等人的观点。前者在 1951 年出版《社会系统》一书并由此成为将系统理论全面引入社会学的第一人。在他的努力下，社会系统理论很快替代了社会有机体理论而成为社会学思想的主流。而在伊斯顿那里，帕森斯的所谓行动参考框架、行动者与情景之间的互动关系、社会系统的维持与变迁乃至关于理论建构工作的讨论等均留下了深刻的痕迹。而后一学者群体则是伊斯顿的功能与结构范畴的应用和相对于现实生活的类型划分等理论的来源。其次是经济学理论。如同帕森斯在 1956 年出版《经济与社会》一书而强调并论证社会学和经济学的耦合与一致那样，伊斯顿的理论工作也必然受到相关经济学理论的影响。早在 1961 年时即有人指出其理论观念类似于“经济学、特别是新古典经济学中的收入分配理论和资源配置理论”①，其后更有人认为其模式“与传统经济学的研究方法不仅共用着诸如体系、输入—输出（即投入—产出）观念，而且分享着诸如稀缺、配置、竞争、最大化、内部均衡、功能性依赖、自我调节、寻的和反馈等概念”②。最后则是生物科学的生命体理论和自然科学中的系统理论。伊斯顿曾经指出：“正如我们在物理学中可以发现有关运动的一般理论、在生物学中发现有关生命体的一般理论一样，我们对于政治生活的过程也应当有特定的一般理论”③。这意味着伊斯顿实际上是将当时已经进入社会科学其他学科研究领域的一般系统理论引入了政治学。

当然，伊斯顿并不是简单地挪用和移植从社会科学与自然科学那里得到的知识成果。特别是在他后来的《政治生活的系统分析》一书中，伊斯顿尽力构造了一个逻辑自洽的理论体系。系统理论的经典定义指出，系统即是处在互动中的一系列要素，或者说是由相互依赖且相互作用的若干要素所构成的有机整体。因此，任何系统均有三大要件：一定的构成成分，而大系统则包括有子系统；各构成成分在时空连续区上的相对稳定的某种秩序以及与外界的特定沟通；贯穿于特定秩序之中的各构成成分相互联系和相互作用的方式与规

---

① Mitchell，Politics as the Allocation of Values：A Critique，in *Ethics*，No. 71（Jan.），1981，pp. 79－89.

② Sorzano，David Easton and the Invisible Hand，in *American Political Science Review*，No. 69（March），1975，pp. 91－106.

③ ［美］伊斯顿：《政治生活的系统分析》，5 页，北京，华夏出版社，1989。

则且经由这一机制而实现的输入—输出转换。在伊斯顿看来，政治体系就是这样一个为了描述社会大系统中政治子系统状况而建构起来的分析系统。它具有这样一些特征：作为一个系统，其边界范围乃是由与政治当局制定有约束力的决策有关的行为所构成，并因之具有相对的封闭与稳定；系统有其内部环境即受到同一社会非政治系统的其他系统的包围，也有其外部环境或“超系统”的环境即受到非同一社会的其他系统的包围，并因之受到环境的各种压力和影响；系统在环境的压力下与环境发生输入—输出式的互动以维持自身的平衡，并因之具有开放性和反应性；在输入与输出之间还有反馈回路，系统可以持续不断地与环境处在互动之中，并因之具有动态性和生命体特征。其中的输入，即是政治系统所受压力之源，由“要求”和“支持”构成，前者由系统成员的特定愿望经由“结构机制”即“守门员”和“文化机制”的共同作用下转化而成，直接指向行政当局以要求实行特定的政策；后者意指对特定政治对象的认同，包括隐性/显性支持和积极/消极支持，共同指向政治共同体、体制和行政当局，并由此驱动“要求”的输入并转换为相应的“输出”。“反馈”则沟通着输入与输出，是向当局发送的有关要求、支持和对于输出的进一步反应的政治信息。整个政治系统的平衡有赖于经由反馈所实现的输入与输出之间的调适。

图 5—1 表示伊斯顿的政治系统运行模式。

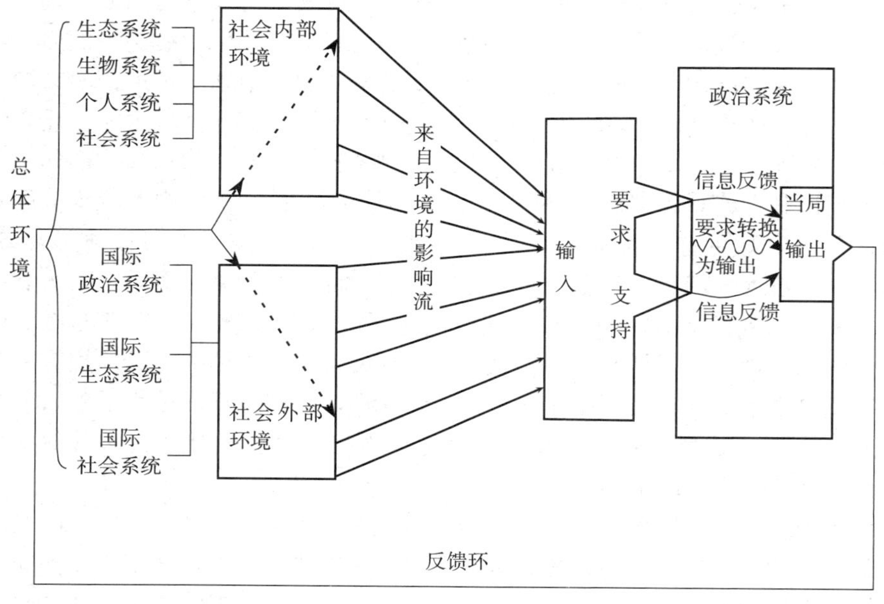

图 5—1　伊斯顿的政治系统运行模式

资料来源：［美］伊斯顿：《政治生活的系统分析》，440 页。

由此可见，伊斯顿的政治体系理论是以有机复合的政治互动行为作为分析起点、以系统的生存即系统的平衡和自我维持作为分析内容、以输入—输出和反馈作为核心概念而展开的一种对于政治系统的整体性宏观分析。其特点在于通过将政治体系最具一般性的变项抽离出来而列为一个完整的分析系统，从而将各种政治现象和政治力量置于交互作用和相互依赖中加以考察，并试图在宏观结构与微观要素之间建立可供观察和研究的联系。

伊斯顿的政治系统理论一经提出便很快风靡一时，随着他本人在系统理论方向上的进一步完善化和精致化，其理论主张在政治学界、特别是比较政治学界得到了相当普遍的赞同。人们认为，这一努力实际上将一般系统论原理引入了政治学，从而不仅开辟了政治学研究的新路径，而且因其使政治学融入了在社会科学其他学科中已然兴起的一般系统理论的应用热潮，从而开启了政治学与社会科学其他主流学科乃至自然科学对话和交流的渠道，为政治学在此后一个时期获得前所未有的知识进步做出了不可磨灭的贡献。同时，伊斯顿的政治系统理论比较妥善地解决了一般系统理论与政治学理论的衔接与契合，因而既有适当的抽象度又有合理的经验内涵，具有较高的分析能力和较宽的适用范围。因此，在一个时期内，几乎政治学的术语都因之发生了前所未有的变化。

2. 阿尔蒙德等人的结构—功能主义框架

相形之下，同样强调政治系统分析的阿尔蒙德则主要是从结构—功能的角度建构其分析模式的。尽管他受到了伊斯顿的强烈影响并且同样接受了来自社会科学和自然科学的相关资源，但阿尔蒙德更关注于中层理论而不愿追求过于宏大的普适性的理论目标，更侧重于结构—功能主义而不是着力于更加复杂或精巧的系统输入—输出模型。就此而论，阿尔蒙德对于社会学人类学领域内结构—功能主义的理论脉络给予了更多的关注。这一理论的基本要素在马林诺夫斯基和拉德克利夫—布朗那里已经产生，特别是后者有关社会系统内制度性功能的研究对于结构—功能主义的现代版本有着至关重要的启发作用；帕森斯后来提出的比较抽象的框架经由其学生和同事默顿的经验研究的补充而最终形成了基本完备的结构—功能主义。正是在大量汲取社会学结构—功能主义思想并辅之以其他一些学理资源如系统理论的基础上，阿尔蒙德通过写作《比较政治体系》（1956 年）、《发展中地区政治》（1960 年）和《比较政治学：发展的路径》（1966 年）等文稿逐步建立了自己的框架。

所谓结构—功能主义是指那种将社会看做是一个系统，试图通过探讨其结构和功能而揭示其运行规律的研究方法。结构—功能分析的基本概念包括结构和功能，结构即某一系统内由特定行为主体所构成的组织安排、反复出现的行为方式或不同角色之间相对稳定的关系，功能即与此类行为主体的行为方式之目的和过程相关联的影响或行为结果；其基本的分析逻辑意在强调结构与功能的不可分割性和互相转化；任何结构都会产生特定的功能，而任何功能也必定来自于某种结构；功能依其作用方向可分为正与负，依其表现形式可分为隐与显，均共同指向结构且对结构有不同的影响；在功能的影响下，结构也有正负之分和隐显之别。结构与功能之区分及其研究所关注的中心在于特定的结构与功能对于某一系统的维持和延续或崩解和变迁所产生的作用与影响。

基于一般的或社会学的结构—功能主义理论学说，阿尔蒙德首先确立了政治系统的概念，并且也沿袭了输入—输出和要求—支持的基本思路及有关环境、边界和压力—反应等与系统有关的分析要素。其次，他又引入了结构与功能及其区分和互动的思想，以及相应的研究变量和指标。由此，阿尔蒙德的框架既有伊斯顿学说的影响又有超越和创新的一面。在阿尔蒙德的研究工作中，对于功能和结构问题的辨析和界定始终占据着极其重要的地位。他首先界分出体系的能力、转变和维持三个层次的功能组别。其中，能力功能主要是指政治体系的能力、特别是政府的能力，包括管制的能力、提取的能力、分配的能力和反应的能力等，共同决定着系统在与其环境的互动中的表现与效能；转变功能专涉体系的内部过程，包括利益表达、利益整合、政治沟通以及法规的制定、执行和调整诸项，主要与体系完成输入—输出之间的转换相关，并因之涉及系统对环境性需求的因应过程；而维持与调整则是更深层次的功能，包括政治社会化和政治纳用。同时，阿尔蒙德对于结构问题也给予了相当的重视。他认为，在政治发展过程中政治体系所面对的问题依次是国家机构建设、民族统一建构、政治参与以及福利或分配。特别是其中的国家机构建设，从根本上讲，所涉及的就是政治结构问题，是国家向基层生活场域的制度化渗透和进入。

在其后更加成熟的理论表述中，阿尔蒙德将政治体系的“结构”界定为构成这一体系的政治角色所采取的各种活动，即具有某种行为效果、意图和期望的规则性的活动。然后区分了政治体系与其环境之间发生互动的三个阶段，即由环境与体系之间的交换所构成的输入和输出以及体系本身完成输入到输出转换的内部过程，并在此基础上从体系、过程和政策三个不同层次考察体系的功能类别。其中，涉及体系层次的功能主要包括政治社会化和政治纳用，其功用在于为体系塑造和吸收特定的政治角色以维持与调整体系的延续和发展；涉及过程层次的功能主要包括四个方面即利益表达、利益聚合、政策制定和政策实施，其功用在于将要求与支持的输入转换成权威性的政策输出；涉及政策层次的功能主要是政策输出和政策分析，前者包括资源的提取、产品和服务的分配、行为的管制以及符号和信息的交流，后者则主要是沟通着输入与输出的反馈。在此基础上，阿尔蒙德还进一步将功能与结构结合起来，指出相对于其他有着同类功能的角色，官僚机构的功能即为应用法规，政党组织的功能是利益聚合，政治团体的功能是利益表达，立法机构的功能是调整和实施法规。阿尔蒙德的政治体系运行见图 5—2。

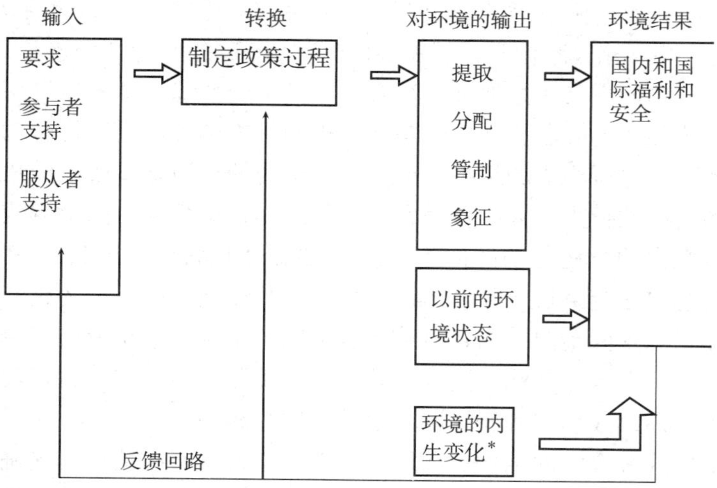

* 不是政治体系本身的行动所引起的变化。

图 5—2 阿尔蒙德的政治体系运行

资料来源：[美] 阿尔蒙德、小鲍威尔：《比较政治学：体系、过程和政策》，10 页。

在同一个方向上进行工作的学者还有阿普特。他在 1958 年发表了《政治学研究的比较方法》一文，又在 1965 年出版了《现代化的政治》一书，从理论模式到经验研究都对结构—功能主义提出了自己的见解。在他看来，比较政治研究，特别是有关现代化进程的政治分析，所谓权威即政府的类型研究显然应当居于核心地位；政府的特征在于其功能性，主要包括社会法令的汇合者、关涉民族的历史与未来的象征性纽结的提供者、系统内政治角色的制度性安排及其实现的负责者、社会成员资格和参与标准的制定者；甚至在那些没有正式政府的某个地方或历史阶段，也必定会有某种社区组织担当这些功能；因此，用更具抽象性的政治体系来表示，那么，体系的功能便可以概括为适应能力、目标满足能力、整合能力和模式维持能力。较之于阿尔蒙德，阿普特更重视结构因素，总是强调功能无非是结构的体现或表征，分析功能主要是为了理解结构。

从总体上讲，虽然结构—功能主义也属于体系理论的一脉，但阿尔蒙德等人的理论主张较之于伊斯顿的政治体系论则有更多的不同。从比较的角度视之，结构—功能主义是一种以政治体系的政治结构作为分析起点、以体系的功能特别是其中政府之功能作为分析重点、以考察这些功能对于整个体系的维持和调适为主要内容的一种分析方法；同时，结构—功能分析因其对输入—输出过程解析为具体的功能而使早期政治体系理论中所谓“黑箱”的范围进一步缩小，因其对具体功能的论述更加详尽而对于政治实践的指涉程度更高，同时也因其理论抽象与经验内涵的特殊联系而成为更有实际影响的研究方法。特别是在比较政治学研究领域，按照阿普特的说法，“就其将我们的注意力引向分析而非描述的层次而言，结构（功能）分析本身就是一种比较方法”①。因此，阿普特甚至还探讨了根据结构—功能主义方法展开比较分析的基本步骤：确定分析单位即特定政治体系本身的构成及其边界、根据意欲研究的问题而辨析体系借以维持自身生存和延续的基本功能、基于选定的功能而收集和分析相应的数据与证据以探究其体系之结构问题。阿尔蒙德则组织了更加庞大的研究队伍，按照其结构—功能主义的理论模式展开了对于世界主要地区和国家的比较研究项目。在这个意义上讲，结构—功能主义更像是一种中层或中程理论而非宏观理论。

三、对主流体系理论的批评及其替代性理论的产生

伊斯顿政治体系理论的提出在政治学和比较政治学领域引起了巨大的反响，赞同者不在少数，但反对意见也时有所闻。其中最具根本性的批评见解主要涉及这样一些方面。首先，以伊斯顿的学说为代表的政治体系分析方法过于宏观而失之于空泛，过于抽象而失之于空洞，其本身并没有容纳多少经验内涵，而其理论指向更无法为进一步的经验研究，特别是比较政治研究提供有意义的启发和提示；由此，其形式上的逻辑自洽却多少反映了其实质内容上的贫乏。因此，在伊斯顿等人主张政治分析模式的普适性并因之创立和强调其体系模式的一般性特征的时候，人们却看到“它无所不能，因而又是一无所能的”②。其次，政治体系分析是在政治学行为主义“革命”的高潮中产生且成为这一高潮中宏观分析方面的代表性成果之一。因而，其主张者不仅自认为这是一种关涉政治互动行为的框架，而且以此作为整个分析的逻辑起点。但在其过于粗陋的抽象模式下，不仅作为行动者的个人失去了所有可能的个性因素，而且较之于政府机构、政党组织、利益集团乃至大众媒体

① Apter, *The Politics of Modernization*, Chicago: University of Chicago Press, 1965, pp. 18-20.

② Return to the State, Special Issue, *American Political Science Review*, No. 82, 1988, pp. 653-901.

也并无差别。这样一来，体系内的行动者便成为最为空洞无物的指代品。最后，政治体系理论又带有特定的保守主义特征。按照伊斯顿本人的意见，“一个系统如何通过必要的变革而设法维持其生存这个难解之谜，构成了政治生活分析的核心问题”①。这样一种问题意识支配着伊斯顿的理论预设，因而在他看到体系在输入—输出和反馈机制的运作下而生生不息的时候，却必然否定了现实生活中任何一种系统都会存在的盛衰兴败的生命周期；在他强调系统对于环境的挑战能够作出反应和调适的时候，却有意忽略了体系的灾难性崩解和革命性变迁的可能性。在他的理论框架内无法解释革命的出现，却只能找到为既有政权的设想对策的内容，因而这样的政治学理论会产生特定方向的误导。

如前所述，阿尔蒙德等人的结构—功能主义分析框架在一定程度上弥补了政治体系分析的某些缺陷和不足，特别是在引入经验内涵和建构经验性理论假说方面，为比较政治学的研究开辟了新的途径。但在一些关键性的方面，人们仍然指出它与体系分析一样也存在着致命的弊病。例如，结构—功能分析以现有的政治体系为前提展开分析并假定其基本的运作规则是追求自身的均衡，因此它所力求解释的是体系的绵延不息。与此相关，它所关注的是在特定时点上的静态的功能分析，因此它所意图理解的是特定体系在既定条件下的最优功能或功能的最优化。这仍是一种在本质上否定变革而强调延续的理论，是一种带有保守主义取向的“系统维持模型”②。又如，就其理论概括所立基的经验内容而论，结构功能主义往往带有明显的种族中心主义或西方中心主义特征。一如阿尔蒙德所承认的那样，“从根本上说，我们的课题只是根据较为复杂的西方体系所特有的政治活动来探讨问题。易言之，我们是从结构专门化与功能分化已达最高程度的政治体系当中获得我们的功能要件的”③。这不仅是一种价值偏好所导致的研究误差，而且更包含了一种对以西方现行制度作为人类未来发展方向的普适性体系的全面肯定。再如，与前者相关的则是暴露出结构—功能主义分析方法的某种随意性和主观性特点：人们尽可以根据自己的生活经验和学术取向而设定功能、结构及其具体意义。这样一来，原初是创造一般性理论的努力却得到了非一般性的理论框架。又如，就其方法论而言，结构功能主义往往忽略结构而过分关注功能，片面强调经由对功能的把握而理解结构。这不仅会造成对相关研究工作的误导，而且还隐含着一个更有问题的逻辑陷阱：作为研究对象的某一政治体系的生存有赖于所设定的功能要件，而由于这一体系的存在便可假定这些功能要件确实在发挥功用且满足了系统对于维持自身的需求。

从对体系理论的输入—输出分析和结构—功能分析的学理批评中足以促生替代性的理论，这在比较政治学的历史发展中主要表现为两个方向上的学术努力：一种是从体系理论所批判和摒弃的国家理论入手而试图“回到国家去”，另一种则是在若干重要的方面提出与主流体系理论的行为主义、保守主义取向构成某种对立的体系理论。就后者而言，这样一些替代性的体系理论包括有马克思主义的系统理论和激进取向的系统理论。

---

① ［美］伊斯顿：《政治生活的系统分析》，479页。

② ［美］艾萨克：《政治学：范围与方法》，335页，杭州，浙江人民出版社，1987。

③ Almond & Coleman, *The Politics of the Developing Areas*, New Jersey: Princeton University Press, 1960, p. 16.

1. 马克思主义的系统理论

在苏联等社会主义国家，曾经兴起过将马克思主义经典著作中的系统论思想发掘出来的学术努力，也就是追溯体系理论的马克思主义的起源问题。但更主要的、特别是与前述主流体系理论相对抗的工作，则主要来自于一些西方马克思主义者。他们力图将主流体系理论中的一些关键性概念和理论预设用马克思主义的基本观点加以改造和置换，以求得到全新的体系理论。

综合起来看，这一方向上的努力表现为有关学者试图证明或厘清这样一些问题：首先，马克思主义经典作家们实际上早就主张体系理论或者说在马克思主义经典作家那里可以发现系统论的思想。其次，如果说主流体系理论是以系统自身的均衡和自我调节作为前提而立论的话，那么，马克思主义经典作家们早就提出了基于社会冲突理论的体系思想，其中包括将社会冲突看做是社会前进即体系变迁和更替的原动力的主张。再次，马克思主义经典作家们有关体系冲突的思想在现实社会中具有更强大的解释力。

2. 批判和激进取向的系统理论

沃勒斯坦等人创立的世界体系学说从一个极其重要的角度提出了又一种替代性理论。相对于主流体系理论基于西方国家的经验概括并前提性地假定所谓政治体系首先且最重要的是民族国家、特别是西方国家的理论缺陷，沃勒斯坦却认为，人类学、经济学、政治学、社会学以及历史学的分科是以某种自由派的国家观及其对社会秩序中功能和地缘两方面的关系来确定的。如果某人的研究只集中在各种组织，其意义是有限的，如果集中在社会体系，其研究将一无所获。① 对于研究体系变迁的过程和结果，只有将整个世界当做一个社会体系、将所有民族国家当做其中的次一级结构因素才能得到真正的发现。这是因为这个囊括着整个世界的体系才是一个真正的社会体系，它同样具有边界、结构、成员和成员集团或角色和角色群体、合理的规则和特定的凝聚力。但更重要的是“世界体系的生命力由冲突的各种力量构成，这些冲突的力量不断地试图把它改造得有利于自己时，又使这个世界体系分裂了。世界体系具有有机体的特征，因为它具有生命期。在它的生命期中，它的特征在某些方面发展变化，而在另一方面则保持稳定。人们可以依据这一世界体系运行的内在逻辑来判定处于不同时期的世界体系的结构的强弱”②。

由此可见，沃勒斯坦的“世界体系”理论在许多关键性的方面已经不同于主流体系理论。我们甚至可以说，除了体系和其他一些惯用术语以外，几乎没有什么共同之处了。

第三节　国家理论的复兴与新多元局面的出现

一、体系理论的困境与国家理论的复兴

主流体系理论的内在缺陷及其替代性理论的出现从一个侧面表现了体系理论所面临的

① ［美］沃勒斯坦：《现代世界体系：16 世纪的资本主义农业与欧洲世界经济体的起源》，第 1 卷，11 页，北京，高等教育出版社，1998。

② 同上书，460 页。

困境。而更大的困境则在于现实生活提供了不同于体系理论所描述的场景，或者说，体系理论无法为现实经验提供合理的解释。相形之下，在现实的政治经济发展中，国家的职能作用凸显出来；在晚近的社会变迁和制度转型过程中，国家的核心地位尤其彰著，而这必然推动国家理论的再次复兴。

20世纪60年代末70年代初以后，西方国家的经济增长开始缓慢而社会进入一个动荡时期。1973—1975年，石油危机引发了席卷所有西方国家的经济危机；情况刚有好转，1980年新的危机又爆发了，直至1982年跌入谷底。危机期间的失业人口数以千万计，成为战后以来从未有过的新局面。对此，西方各国政府不得不采取国家行为干预经济以力图尽快复苏经济或维持基本福利。危机渡过之后，却又有追求生活质量、讲究环境保护运动的兴起，也同样要求有超出私人资本利益的国家行为。这种状况与20世纪60年代末以学生运动肇始的西欧左翼知识分子运动汇合在一起，促使整个学术界开始重新审视国家问题。与此同时，美国的民权运动和反越战运动在知识界也引起了巨大的反响，敏感的学者对相当一个时期以来占据主导地位的行为主义方法进行了深刻的反思并由此开始了“后行为主义”的时期，其标志之一就是国家问题重新得到强调。

而在比较政治学的研究视野下，世界其他地区和国家的现实的经济政治发展进程也特别明显地展示了新的内容。日本的经济发展奇迹连同其后东亚地区的经济起飞，揭示了国家导向的经济调整和经济发展的所谓“发展主义”的问题。从南欧到拉美在20世纪70年代中期达到高潮的民主化运动以及从80年代初直至80年代末90年代初苏联东欧国家的政治剧变，无一不提示着国家问题始终居于社会政治生活乃至社会整体的中心地位。而非洲的总体形势却似乎是从一个不同的方向证实了人们已经感觉到的问题。由此，对于国家问题的重视不再是一次短暂的回潮而是一个不断获得驱动力的持续的智识运动了。

这样一场智识运动，就其逻辑发展线索而言，首先表现为对于前一时期行为主义政治学的“反动”。行为主义革命曾经在20世纪50年代至60年代为政治学、特别是比较政治学带来了极大的好处，诸如研究领域的扩大、研究手段的更新和理论模式的建构以及在此基础上所完成的知识积累和理论创新等，无疑在整体效果上提升了政治学和比较政治学的学术地位和研究质量。但其成就的获得与局限性的暴露同样与日俱增。行为主义所强调的科学性、实证化、可操作性和价值祛除致使政治学走入了只具技术性功用而缺失理想关怀、想象能力和预测功效的境地。而在其他一些规范性概念如正义、公平等重新引起学界重视的同时，国家概念作为规范性分析工具的作用恰好可以弥补行为主义的缺陷和填充价值研究的空白。其次，“回到国家”的智识运动体现为对于新的经验事实的发现和研究。考察这一运动中充当主将人物的学者，尽管可以发现不少专事规范研究的学者，但更多的则是从事经验研究乃至田野调查的学者。在他们的研究工作中，可以直接感受到对于行为主义的摒弃和对于传统主题的回归；而这并非来自于纯粹的理论推绎或个人的研究偏好，而是植根于比较周详和精致的实证研究并由此获得了强大的经验支撑。再次，“回到国家”即对于特定学术传统的重视和回归，但这并非是简单地回到过去和注意力的转移。相反，这是经由对经典著作、传统主题和知识脉络的重新审视与重新解读，并因之成为一种具有特定意义的批判性和创造性的回归。最后，在这一运动中不仅如同过去所有的理论争论那样，充斥着不同流派、不同立场和不同见解之间的批驳和辩论，而且由于上述原因而表现出异常复杂的景象：批评与辩护、再批评与反批评持续不断，多边争论参与者的阵线和联盟也是变动不居的，特定的参与者或是处于交叉火力之下或是向着四周开火。总之，新的多元局面就是这样形成了。

如果有必要对这一"回到国家"的智识运动给出概括的话，那么可以发现，这一回归所包括的共同意旨仅仅在于将长期以来受到忽视的国家问题重新置于政治学研究的焦点之下，重新确立国家概念在政治学分析中的核心地位，根据新的经验事实和实证发现以构建新的国家理论。但参与其间的各个学术流派都会按照自己的理论逻辑和现实关照阐发特定的国家概念和国家理论，对国家的起源、本质、作用、类型、现存政权的性质和职能、未来的发展方向、国家的基本政策以及理想的国家制度等问题表述自己的看法。这样一场尚未休止的智识运动确实给政治学、特别是比较政治学研究带来了诸多新的因素，因而我们也不能不在此加以讨论。

二、当代国家理论的不同流派

倘若就目前这一特定时点而论，我们还是可以将国家理论这一题域中的纷乱复杂的多元局面作一个简略的描述。按照学界一般公认的分类，各种国家理论大体上可以分为多元主义、新保守主义以及与之相抗衡的新马克思主义这样一些类别。

1. 多元主义国家理论

所谓多元主义，既是一种分析模式，又是一种规范学说，同时，又是其主张者对于特定经验现象即西方国家政治实践的一种概括和解释。作为政治学说的多元主义，其核心是对于国家问题的一整套理论见解，其基本含义在于信奉并强调国家内部权力中心的多元化而否定和否认权力集中于某一个人或某个团体手中。当代多元主义的代表人物包括罗伯特·达尔等人。

政治多元主义的渊源相当久远而其影响也同样深长。在哲学上，它最早起源于多元主义思潮，主张客观世界本身以及关于这个客观世界的知识和认知方法的多样性，反对与否认单一性和一元论（monism）。这样一种比较宽泛的哲学基础使得多元主义的信奉者与日俱增。在政治上，多元主义可以追溯到早期的自由主义，主张个人相对于国家的自由，反对绝对的国家权力。因此，政治多元主义首先质疑的是那种一元化的国家主权理论，认为无论就经验事实而言还是在价值观念上，所谓一元的国家主权只是一种逻辑上的虚构和理论上的错误；相反，国家主权是多元的，因而也是有限的。基于这样的认识，多元主义进一步认为国家无非是多个社会团体之一；与其他团体一样，只是在特定的领域有其决定权。这样的见解因社会的进步和政治参与的扩大而得到越来越多的认同。①

自20世纪60年代开始，政治多元主义的信奉者又引入了行为主义方法和经验研究模式并由此产生了分析性的多元主义与规范性的多元主义之间的分野。因此，就其方法论特征而言，政治多元主义主张实证主义和行为主义，认为传统的政治学研究大多是道德伦理说教而不能解决实际问题，真正的科学研究应当是建构普遍性的假说，经由经验观察、特别是定量方法的校验而求得知识的积累。其逻辑前提则是个人主义的，主张任何集体行为

---

① 参见吴惕安、俞可平主编：《当代西方国家理论评析》，6～21页。

或机构都可以通过辨析其间的个人成员状况而得到理解。同时，相当数量的政治多元主义者也接受了功能分析方法，主张所有具有社会意义或引起社会结果的社会现象均可由此得到解释，而在经验的研究课题中则特别注重政治输入问题并因而对多元主义社会的制度和文化、代议制政府政党及其竞争关系、利益集团和大众媒体展开了广泛的研究。①

基于这些研究，政治多元主义对于国家问题提出了诸多独特的理论论证。从其研究的内在逻辑发展来看，首先是"风标模型"理论的提出。这一理论强调国家本身无足轻重而只是体现和反映着在政治竞技场上获胜者的意见，一如风标体现着强风所向，又如"现金记账员"一样统计着参与竞争者的输赢得失。政府决策就是立法，而立法无非是对在压力集团的竞争中强大者的胜利加以合法化而已。但"风标模型"理论也有其无法自圆其说之处：一是在这一模型下国家被设定为对最强大的压力集团的要求更加敏感、偏爱乃至被"殖民化"了，因而国家不可能是中立的，于是这样推演的结果却成了精英主义国家；二是整个社会毕竟存在着许多超出于压力集团的特殊利益之上的公共利益，政府政策也主要关涉这些公共利益，但风标模型却无法容纳这些公共利益。

其次则有"中立国家"论的出现。在这一理论设想中，要害问题并不是国家对于各种压力集团究竟是采取纯粹旁观者的"消极中立"还是制定并保障竞争规则乃至资格平等的仲裁者式"积极中立"，而是要解释天性自私乃至有着党派私利的公职官员为什么会摆脱压力集团狭隘利益的支配而"中立地"按照公共利益行事取法。按照这一理论模型的解释，关键在于多元主义体制本身由于选举的定期性和党派的竞争性使得国家能够在多元竞争中多少是自发地实现中立，同时政府也会为了自身统治的稳定与合法而尽可能地实现和保持中立。由此，中立国家模型不仅对现实存在的西方国家的制度作出了特定取向的概括，而且能够解释战后以来西方国家官僚机构设置的膨胀和政府干预程度的不断扩大。但这样一来却多少与多元主义所主张的有限国家的规范理念相悖，与多元主义的思考逻辑相抵触。

于是，接着就有"经纪人模型"理论的出现。按照这一理论模型，尽管当选或非当选的公职人员有其个人或党派的狭隘利益和政策偏好，政策结果也无非是出自自私者相互竞争的结局。但国家作为参与竞争的诸多自私者的一员，却承担着"中间人"角色，因而其权限受到"委托人"的限制，它既不能过于偏向某一委托人，又不能完全按照自己的利益行事。因此，国家并非中立而自然地尊奉公共利益；在定期选举的条件下，它无非是获胜的最大的利益集团而已，但其能否长久和稳定地执掌政权不仅取决于其党派的实力而且取决于那些非组织化的大多数普通选民的支持。由此，则主观为一己私利的考量却造成了客观为公众利益服务的效果。这样一种迟至 20 世纪 70 年代提出的假说显然更加符合多元主义的理念和经验事实的研究，因而得到了多元主义者的普遍赞同。

在上述这些理论假说的提出、校验和改进过程中，政治多元主义者进行了大量的理论辩论和经验研究，既包括比较历史和比较现实的研究，也包括机构研究和政策分析，特别是集中对与国家之组织有关的机构或过程如行政权与立法权及其相互关系、具有专门才干的行政精英与司法精英之间的互动、决策过程、中央集权与中央分权等展开了研究，因而

① Dunleavy & O'Leary, *Theories of the State*, New York: Meredith, 1987, pp. 17-41.

从一个特殊的面向推动着比较政治学的知识积累。

2. 新保守主义国家理论

所谓新保守主义是一个语义模糊因而含义宽泛的术语，通常用以指称传统保守主义的现代或当代变异。因而人们在用这一名词指代政治思潮时便会有着不同的意指。但一般说来，自20世纪70年代以来，新保守主义在西方国家等同于新右派，其基本立场在于捍卫传统、反对激进，其理论渊源来自于自由主义哲学和保守主义思潮；而在许多问题上，新保守主义力图复兴和再生诸多传统保守主义的观念以使之适应现代的社会条件并与多元主义展开竞争。新保守主义以所谓现存的传统、秩序、等级和自由为四大价值，并规定为国家的基本职责，因此与多元主义相反，新保守主义强调国家的重要性。在它看来，国家是秩序的基础、经由国家才能祛除个人的缺陷、个人经由国家才能获得意义，但国家也只有在维持社会秩序、捍卫权威和等级、抑恶扬善以实现个人价值、平息争端以保障个人权利的意义上才是可取的。也正是在这一点上，新老保守主义出现了严重的分歧。但是，新保守主义对于国家地位的强调并不意味着对于国家权力扩张的拥护。相反，新保守主义主张限制过分膨胀的、表面上表现为理性而实质上则为理性不及的国家权力和决策者理性，尤其反对国家对于经济事务的干预。在这一问题上，新保守主义以官僚个人的“性恶论”为基础对国家的非中立性展开辩驳，同时，特别强调基于高额累进的收入税的现代福利国家所带来的严重弊病，并以此对其国家理论展开论证。

与传统保守主义构成重要差别的另一方面，则是新保守主义在理论形式和论证方式上的精巧、复杂和系统化。更确切地说，新保守主义在社会科学研究中既运用最为传统的方式，同时也诉诸最为前卫的方法。因此，当代新保守主义表现为不同的两大分支：一为维也纳经济学派，另一则为公共选择理论学派。前者以经济理论为主要研究领域，自20世纪初期形成后始终未辍而活动至今；后者尽管在表面上更多地体现为一种纯粹的方法论流派，而且这一方法也确实为不同的政治思潮主张者所用。但在公共选择理论的前提预设和逻辑推论中，在这一理论的主流代表人物如布坎南、弗里德曼等人那里，无疑有着明显和明确的新保守主义的主张，例如对于自由市场的赞扬、对于“市场失效”补救措施的讨论、对于福利国家的批评，而就其终极关怀而言，甚至这一学派的数理化政治科学取向本身即表现了他们力图用新保守主义取向从经济学扩张到社会科学其他学科的努力。

就其方法论特征而论，新保守主义的当代代表人物是实证主义的坚持者，并且强烈主张运用自然科学家式的方式研究社会现象。他们所主张的理论建构有明显的形式主义特色：从简单且普适性的假定如理性人作为分析的起点，立基于这样的基本假设而建构出逻辑自洽且可经由经验研究校验的理论假说，根据经验数据验证这些假说的成立与否。虽然在这方面，以哈耶克和米塞斯为代表的维也纳学派略有不同。同时，新保守主义也都主张个人主义的方法论预设并对此有周详的论证。在研究主题方面，新保守主义不同于多元主义，对政治输入问题秉持着一种悲观和怀疑的态度，而将民主进程看做是一种有缺陷的市场所在。尽管公共选择理论对于政治输入也提供了某些理论解释，但其基调仍然是消极和否定的。总体而论，新保守主义对民主、政党竞争和投票选择以及利益集团的作用等给予较多的关注，并因之提出了一些至今仍有较大影响的理论见解。

在国家问题上，新保守主义先后提出了一些理论模式，主要包括需求学派模式、供给学派模式和耗散结构理论模式，而其主要意图均在于分析当代国家的弊病以提出纠偏补弊的措施。所谓需求学派模式，是指那种将国家机构内部的运作方式看做基本类似于政治市场的需求拉动机制的见解。在这一理论模型中，国家的公共决策机制仍然被设定为“黑箱”，但认为由其输入过程仍可把握其中起支配作用的规则。这一规则最典型地体现在政府预算的提出与实施过程之中，不仅因为政府预算是最为重要的公共决策，而且因为在这一问题上政府最典型的做法就是为了获取最大数量的选民支持而追寻统计学意义上的中数以上的选民的主观偏好。在这里，政府的理性就是一种选举获胜理性，尽管其实质上是一种非理性；就其结果往往是导致政府预算的扩大、对经济事务干预的加深和社会福利的恶性发展而论，则又属于理性不及。正是根据这样的解释逻辑，新保守主义对当代政府预算的过分膨胀和福利的过分增长提出严厉的批评。

所谓供给学派模式，与前者的不同之处在于它并不关注政治输入问题，相反却认为国家作为社会产品和服务的主要供应者和某些产品和服务的唯一购买者而拥有了相当大的垄断权力，因而往往可以随心所欲地进行政治操纵。而这种操纵的要害在于，国家往往会将自己的考虑置于多数选民的利益之上，而且利用信息不对称的条件使得国家、特别是当选政府以损害目前选民的未来利益和未来选民的直接利益为代价而求得自身的好处。这一理论模式不仅力图解释政府具体政策的偏差，而且意欲揭示在当代代议制度下不同的政党政府中持恒不变的规律。

所谓耗散结构理论模式，是指国家机构等同于市场上的大公司，在“拥股者”为数众多且各自的意见和见解极其离散的状况下，则国家的公共决策进程就适用于耗散结构理论所描述的从无序走向有序的情景。但由于民主国家的“股民”的数量极其庞大、利益分歧悬殊和信息成本加大，因而对于国家的民主监督往往流于形式。这一理论模式所说明的是国家机构内在的、长久的恶性发展趋势。

基于上述理论假说，不同的新保守主义学者同样进行了大量的、比较个案的经验研究，包括量化分析，但其假说的先验价值设定、前提性预设和内在逻辑已经在理论方向上规定了他们的研究结论。

3. 新马克思主义国家理论

所谓新马克思主义，是指那些经由西方学界的部分学者按照他们所解读和诠释的马克思主义理论观点用于分析和研究当代社会而得到的学术成果。自20世纪70年代以来，在他们的努力下，不仅国家问题被重新提上政治学的研究议程，而且新马克思主义也被认为是与多元主义和新保守主义相抗衡且同样流行的政治思潮。作为在当代所流行且针对当代问题所立论的政治理论，新马克思主义明显不同于前述多元主义和新保守主义。其理论渊源主要来自于马克思主义的经典作家如马克思和恩格斯，同时也包括马克思、恩格斯在创立其学说时所批判性继承的一些思想家以及后来对马克思主义理论进行阐发工作的理论家。就其理论创新的线索而言，他们或者根据当代社会发展的新的政治现实而阐释、发掘和发展马克思、恩格斯的某些论断以论证马克思主义对于当代问题的适用性，或者对马克思、恩格斯生前未能充分论述的某些论点加以发挥、推演和展开以用于指导分析和研究当代问题。尽管在新马克思主义者内部存在着各种分歧意见，但这样一种对待马克思主义的共同态度使得他们区别于其他政治思潮的主张者。

正是因为这样，新马克思主义者们在方法论上大多对多元主义和新保守主义学者所信奉的主张持有批判与拒斥的态度，同时他们在坚持本体论和认识论方面的辩证法与唯物主义、在注重社会阶级—结构分析方面、在对一切既有的理论保持批判态度三个关键维面上又有着基本的共识。同时，新马克思主义的思想流派在国家问题上提出了许多富有洞识的理论见解，从而为政治学和比较政治学领域的理论图谱保持了一道独特的色彩。

就其具体的方法论取向和理论结论的方向而论，新马克思主义对于当代国家问题的研究成果主要包括工具主义国家观、结构主义国家观和仲裁者国家观。所谓新马克思主义的工具主义国家观，主要是指以密里班德等人从统治阶级与国家机器之间的关系角度、从国家机器对于统治阶级的实际含义为出发点所进行的研究，因其充分肯定马克思、恩格斯有关国家是统治阶级进行阶级统治的工具的论断并据此展开论证而得名。这一理论认为，“根据马克思主义的见解，资本主义社会的‘统治阶级’是一个拥有和控制生产资料的阶级，它凭借给予它的经济权力这一优势，能够把国家作为它统治社会的工具”①。尽管各种自由民主主义的理论认定当代社会的经济权力极其分散、破碎且处于相互竞争之中，并由此认为根本不存在任何集中的经济权力和相应的统治阶级；尽管在现实的社会中，国家统治精英直接来自于资本家阶层的情况相当少见，而国家的相对自主性也越来越明显，但在工具主义论者看来，这并没有改变这样一个基本事实，即那些实行自由民主制度的国家也还是阶级的国家，也还是统治阶级的工具。当然，随着社会条件的变化，统治阶级运用这一工具的方式有所不同，过去是政治统治和强制秩序，而现在则主要是干预经济生活以提高全体资本家的利润。因此，在这一理论方向上的经验研究主要集中于考察和揭示现代社会的阶级状况，包括财富占有、收入分配和相应的政治地位和权力分配情况以证明统治阶级的存在，辨析和研究国家作为统治阶级的工具的活动类型及其目的性以及统治阶级在运用这一工具以实行阶级统治时的虚伪性。

所谓结构主义国家观，是指从深植于国家内部的结构性因素出发考察和分析当代资本主义国家局限性与矛盾性的理论学说。这一学说从马克思主义经典作家那里获得了有关社会结构分析的启发而展开对于当代国家的分析。但在不同的新马克思主义学者那里，对于这些结构性因素却又有着不同的看法并因而形成了不同的研究侧重。一方面，以阿尔都塞等人为代表的一派所强调的是政治结构因素。在他们看来，当代资本主义国家在结构上可以分为以警察和军队等强力部门构成的镇压性的国家机构和包括宗教性、教育性、行业和职业类等组织、传播媒体乃至家庭等在内的意识形态性的国家机器，两者的共同作用就是维持社会秩序和稳定以保障资本主义生产方式所必需的基本条件。另一方面，奥康诺等人所做的工作则侧重资本主义再生产的结构因素。在他们看来，资本主义的再生产过程从生产结构上可以分为投资、生产和消费等环节，从权力结构上可以分为中央政府和地方政府。前者涉及资本主义生产的社会资本的来源和积累、基本秩序的建立和维持以及通过特定的社会消费而实现的合法性；后者则涉及以不同的方式指导国家经济的发展方向和生产方式本身的再生产。

所谓“仲裁者”国家观，主要是指普朗查斯等人从统治阶级内部的矛盾关系出发而探

① ［英］密里班德：《资本主义社会的国家》，27页，北京，商务印书馆，1997。

讨资本主义国家性质的学术工作。马克思、恩格斯曾经论证过国家是在社会分裂为不可调和的对立面而又无法摆脱这些对立面时作为一种表面上凌驾于社会之上的力量来调节和缓和以避免走向共同的覆灭。“仲裁者”观念由此进一步展开，在这一流派的主张者看来，现代国家的仲裁者作用远大于马克思、恩格斯所生活的那个年代。尽管资本主义国家在其终极意义上无法超越其经济关系的制约，但它毕竟具有“相对自主性”即“国家对阶级斗争领域的关系，特别是其针对权力集团的阶级和派别的相对自主性，并扩大到权力集团的同盟和支持力量的相对自主性”①。因此，国家不仅能够起到仲裁者的作用，而且由于当代社会所出现的加强对社会经济生活的国家干预趋势而使这一作用更加扩展和强化了。

但无论在国家问题上有着何种具体的理论分歧，新马克思主义者都基本上肯定了马克思主义经典作家的主要论断，坚持认为当代资本主义国家仍然是资产阶级的阶级国家且为资本主义的经济基础服务。然而，针对当代社会的新变化并依据当代社会科学的新发展，他们又从不同的角度相当精巧和周详地论证了国家问题，因而表现了与马克思主义经典作家的差别。

上述三种理论是当代学界最主要的、相互争论的国家学说。除此之外还有一些尚处于边缘的却又相当有意思的国家理论。限于篇幅，本书不再讨论。

三、有关国家问题研究的再续与创新

回归国家的理论运动所造成的上述多元局面对于比较政治学领域的研究工作提供了极大的刺激，并因而产生了相当多的研究成果。特别是在一些有着长期学术研究传统的题域之中，如国家与社会关系问题和比较革命研究，新的发掘和探讨及其研究成果是最值得注意的。

1. 国家与社会的关系研究

国家与社会的关系，是一个相当庞大且庞杂的研究领域。就近年来的发展状况而言，这一领域内研究热潮的兴起既与国家理论的复兴相关联，也与现实发展所提供的经验事实相联系。其实，前述体系理论和国家理论都在不同程度上指涉国家与社会的关系问题，同时人们也经常会将体系理论看做是重视社会而否定国家之重要性的理论，因而在国家理论再度复兴之后，一方面是体系理论的主张者仍然坚持着原有的主张，对于各种“将国家带回来”的理论尝试提出批评，特别指称这些学术努力往往是徒劳无效地建构着国家概念，因为它们“或者没有明晰的界定，或者是在给出界定时却使之极其类似政府、政治体系的概念”②。而在另一方面，则出现了在一定程度上超出于体系理论与国家理论之分野和对立的新的研究取向，并且相应地形成了诸多研究成果。这就是所谓国家与社会关系的研究。这一研究取向关注于国家与社会之间的相互对应的关系结构，包括两者的分化、相互之间的理论区分和经验界限、关系样式和互动实质，同时也包括按照相应的视角重新发掘和解读以往的经典文献和理论学说。在这一研究取向之下，学界人士所研究并争论的主题

---

① ［希腊］普朗查斯：《政治权力与社会阶级》，285页，北京，中国社会科学出版社，1982。

② Almond, Return to the State, Special Issue, *American Political Science Review*, No. 82, 1988, pp. 653－901.

首先涉及国家与社会的分野问题，其次则涉及国家与社会的互动问题。

所谓恶性对抗说，是指或由于社会所具有的前国家或非国家身份，或由于社会拥有区别于政治的经济内容，国家与社会之间的分野一经产生便处于对立、对抗之中，其发展演变往往表现为国家与社会之间持续不休的激烈对抗，国家总是意图扩大自己的机构和权力而干预社会，社会则以其自身的努力反抗国家的过度干预和过分权力；其结果或者是全权而强大的国家侵犯乃至鲸吞了社会，或者是多元分化且充分发展的社会严重限制着国家的权力。但无论是何种结局，也只不过是新的一轮抗争的起点。整个历史进程就是在国家与社会之间的对抗中发展的。

所谓良性互动说，是指在国家与社会的划分基础上，二者会在复杂互动中形成相对平衡的关系，国家既承认社会的独立性并为之提供制度性的法律保障，同时又对之进行必要的干预和调节。而社会既具有制衡国家的力量以使自己免遭国家的超常干预和侵犯，同时又经由发展起来的多元利益集团而表达自己的政治要求，成为建立民主政治的强大动力和保障民主的坚实基础。

这样两种对立的观点制约着对于现实的政治经济发展的特定研究，反过来又从中发现有利于自己的经验论据。而在比较政治学的研究领域，双方都极其关注跨国比较的研究课题。其中，对于苏联东欧国家政治剧变的根源和过程的探讨，对于目前正在发展着的制度转型的研究都成为许多学者为之努力的题域。

然而，对于上述问题还存在着第三种意见，其立论所向在于质疑国家与社会之分野的合理性。在这种意见的主张者看来，无论是恶性对抗还是良性互动，共同的关键都是建立在国家与社会的“两分法”基础之上的，其缺陷在于将国家与社会看做是相互分离的实体。这样一种划分过于人为化了，真正的现实情况是“国家在社会中”，即国家与社会是统一的，因而又是密不可分的。但这种统一性在于国家和社会都不是一种“铁板式的整体”，相反，国家是社会的组成部分之一，同时，分裂为各个不同组成部分的社会又在争夺着对于国家的控制，因而整个场景应当是整个社会、包括国家在内的各个部分在各种层次上存在着复杂的互动，不可能也不应当将这种复杂的关系化约为两个实体间的分离及其斗争。

上述不同观点之间的辩驳和争论成为近年来的理论探讨和经验研究的热点，并因而极大地推动了比较政治学研究的发展。可以预期的是，由于它们之间的进一步争论，它们还将成为比较政治学持续发展的动力之一。

2. 比较革命研究

革命，即那种最初以政治上的剧烈变革和动荡并导致政治权力转移的出现、继之以整个国家或社会发生根本性变化的发展进程。但是，革命不仅因其能够在极短暂的时间内导致极深远的变化而成为引人注目的政治现象，而且因为革命直接指向国家而对于本章所讨论的国家问题尤显重要，因此革命问题研究便成为政治学、特别是比较政治学的传统研究领域之一。对于革命问题的比较研究不仅成为各种流派的政治理论争论的焦点之一，而且也是各派理论的原创力之源和校验其适用性的经验对象之所在。因此，在上述回归国家的智识运动中，比较革命研究也就成为争论的热点之一。在这方面，著名学者斯考切波有着独到的研究和贡献，而她的研究也支持着她所提出的“将国家带回来”的学术主张。

从比较革命研究的历史发展来看，早期的革命研究带有明显的形式主义特征和自然史描述特色。前者是指就历史上曾发生过的革命事件进行形式分类研究，后者是指早期的研究大多重在描述革命实际发生的历史过程，包括发生之前的社会状况、革命爆发之时的形势特点、革命发展的主要过程和标志性事件、革命的主要后果等。马克思主义作家，包括马克思、恩格斯本人对于革命问题的研究则另辟理路，从阶级斗争以及历史发展的动力视角考察历史上的以及他们生前所发生过的革命，提出了诸多真知灼见。较之于他们的经济学著作，马克思主义经典作家们有关革命的研究及其成果带有更强烈的实践品格，因而更注重革命的行动策略问题和动员问题，而其理论分析的缜密程度和系统化程度则稍逊一筹，因而为后来的马克思主义者留下了比较广阔的理论创造和实践探索的空间。

自20世纪50年代末60年代初以来，伴随着行为主义革命达到高潮，比较政治学界对于革命问题重新产生了研究的兴趣，并相应产生了更多的研究成果。其中更加引人注目且对后来的研究产生更大影响的学术工作，主要集中于讨论和提出有关革命分析的一般性或宏观的理论框架。先是有“社会心理学模式”的出现。这一理论模式一反过去那种描述性的分类而力图提出能够概括所有革命现象的一般性理论，同时也反对过去那种注重宏观意义上的大形势和大条件而力图追究革命发生的个体—个人经验基础。从历史上看，革命毕竟是一个非常特异的时期，特定的大众心态往往会使一场街头躁动骚乱演变成一场革命；同时，少数革命的先进分子往往会心甘情愿地为革命投入自己的时间、精力和财富乃至生命，而他们又往往在革命中发挥着至关重要的作用。那么，行为主义所提示的原则，即一切集体的或社会的行动都可以在参与者个人的维面上找到具体的个人原因，个人原因又往往以心理动机为特征，显然是可以适用于革命问题研究的。因此，社会心理学派提出了“相对剥夺”的概念。这就是说，在人们所理解的他们所能得到的如财富、福利和政治地位等，与他们所理解的他们理应得到的之间存在着差距，但这种差距是一种心理心智方面的认知和评价，与实际的状况基本无关。因此，人们往往不是因某种原因而真正地被剥夺，而是在心理上感觉到自己在遭受剥夺，这就是所谓剥夺的相对性。一旦相对剥夺感得到广泛的散布、特别是其两极化的发展即期望值与获取能力明显成反比急剧发展的时候，革命就会爆发且自然拥有了革命的领导人。

但个人情绪的宣泄与革命的行动之间毕竟有着难以逾越的距离，每个因个人境遇而不满的人不一定会采取集体行动以发动革命。因此又有“功能主义”理论模式的出现。这一模式认为，社会总是在平衡与不平衡之间发展，国家的基本功能就是对来自政治体制之外的环境压力作出反应，寻求政治体制与环境压力之间的平衡。而一旦国家无法或无力对环境压力作出必要的反应，不平衡就会频繁出现且加深加剧，进而导致革命局势的出现和实际革命的爆发。因此，政治体制的功能失效和职能瘫痪才是革命发生的根本原因。根据这一理论认识，比较革命问题的研究者对过去和现在的革命作出了精细的研究和全面的考察以论证自己的理论。例如查尔默·约翰逊写作的《革命性变革》就据此对中国革命从晚清至民国直至中华人民共和国的整个过程进行了分析。尽管这一分析思路弥补了个殊主义的“社会心理学派”的某些缺陷，但本身仍有相当问题，例如过于关注体制稳定问题且预设体系有自我调节和保持平衡的功能，这本身就是拒斥革命性变革的。

为了进一步完善对于革命问题的解释，亨廷顿试图将上述两种模式综合在一起，并以国家的现代化进程为线索设定其论证逻辑。按照他的理论逻辑，在现代化的过程中，人们会因教育发展和经济增长而日益强化其要求参与政治的主张，但这一期望的提升程度远高于政治机构所能完成的职能，政治机构的变化也总是远远落在大众的要求之后。失望情绪的积累和政治机构改革的缓慢乃至停顿，导致人们对政治生活的绝望，进而开始走上革命之路。

相反，查尔斯·蒂利则拒斥这种折中主义理念，提出了“资源动员”模式。蒂利认为，仅有情绪上的不满，即便是极其尖锐的不满态度，也还不足以解释革命的爆发。因为不满和冲突本来就是政治生活的自然组成部分，因此，所谓革命，必然是在革命者——反对党或反对组织拥有了足以发动革命、特别是暴力行动的大规模资源的时候，才有可能发生。蒂利还强调，反对者在拥有了资源并控制着特定的地理区域并以此与国家对抗时，集体暴力和革命才会应运而生。

但在斯考切波看来，上述种种理论仍未能对革命的问题给出全面而又合理的解释，尽管它们也具有部分的合理性。基于这样的认识，在几乎综合了上述各种理论见解对于革命爆发的一般性条件的总结和概括之后，斯考切波提出了结构主义模式。这个理论模式特别强调国家作为革命爆发之原因和条件的核心成分、革命行动直接指向的中心机构而具有的意义。斯考切波认为，革命更多的是结构问题，更多地与结构状况相联系。而结构状况涉及两个向度：一为一国之内不同政治集团之间，特别是国家与其他集团如政治反对派、社会团体乃至国家机构本身的关系类型或状态，二为一国与他国之间即国家与国家之间的关系状态。据此，她罗列了诸多导致革命发生的原因，但特别强调了特定国家所面临的国际因素、国家强制力的强弱和国家与有组织的反对派之间的关系是导致旧体制崩解而新体系开始运作的关键。

作为一个主要依据二手资料进行研究工作的学者，斯考切波的理论发现显然更具有意义。她以国家为中心所展开的政治分析，对于此前数种理论学说所无法合理解释的问题进行了剖析和研究，进而对国家在政治学研究中的地位作出了深刻的论证。就此而论，“将国家带回来”无非是其理论论证逻辑的进一步延伸而已。

比较政治文化研究

重点问题

- 政治文化研究的知识传统和经验启发
- 政治文化的基本含义和学理价值
- 公民文化研究的主要方法
- 政治文化与政治社会化的关系
- 政治文化视角下的中国政治

发端于20世纪50年代的政治文化研究，是当时正在蓬勃兴起的“比较政治运动”的一个有机组成部分。在其后的若干年里，这一研究主题之下聚集了众多的学者，他们所取得的学术成就及由此而形成的巨大影响，使政治文化研究一度居于比较政治学研究的核心位置。但这一景象并未维持太久，来自外部的批评和攻击与生自内部的激烈争论，使得政治文化研究一度走向衰落。然而，政治文化研究所受批评最为集中的弱点，也正好是它难以为其他理论所替代的长处所在，因此近年来我们又目睹了政治文化研究的复兴。尽管这一复兴并不意味着往日风光的再现，但却以更加成熟的学术姿态而引人注目。可以说，相对于比较政治学研究的其他理论领域，政治文化研究所经历的兴起、昌盛到衰落，再至复兴的过程，能够使我们更加深刻地领会学术理论发展的真谛。正是在这个意义上，对政治文化研究的讨论，无论是对于这一领域本身，还是对于整个比较政治学的发展，都具有重要的价值。

第一节 政治文化研究的兴起及其意义

一、政治文化研究兴起的学术渊源与社会背景

作为一个内涵丰富的研究领域，政治文化研究在不同的学者那里有着不同的意义，而这些学者在从事政治文化研究时，也秉持着不同的学术取向，因此在追溯政治文化研究的

历史渊源和学术起源时，他们有着不同的见解和观点，他们会有所选择地突出某个或某些学术前辈，有所侧重地凸显某个或某些学术传承。但相对而言，以下几个方面的学术和历史传统因素在政治文化的研究者中拥有较高的共识度，并在不同程度上得到他们的引申和援用。

首先是西方政治和社会思想家们长期积淀下来的知识传统。尽管政治文化作为一个专门的研究领域只有半个世纪的历史，却有着相当悠深的学术渊源。权威性的《布莱克维尔政治学百科全书》将“政治文化”描述为“关于一种旧观念的相当新的术语”①。之所以称其为“旧观念”，是因为研究“精神状态”对政治的影响同政治分析本身一样由来久远。在《理想国》中，柏拉图曾指出政府随着人的习性的变化而变化②，可谓一针见血地抓住了政治文化概念的本质。亚里士多德曾描述过促进政治稳定或变革的“心态”。法国大革命时期的思想家们如卢梭深切地关注“道德、习俗和意见”，并将它们视为法律和政治制度的真实基础。伯克则认为“习惯凝聚”会影响政治机构的运作。密尔在《代议制政府》中，孟德斯鸠在《论法的精神》中，都强调民风习俗对一国政治体制的决定性影响，并且具体论述了他们所观察到的这种影响。这一丰厚的知识传统构成了政治文化研究的深厚基础。

其次则是各种学科领域内已有的“文化研究”的强大影响。此处之所谓“文化研究”，包括一批相关的研究领域的文化研究成果，涉及心理学、社会心理学、社会学和文化人类学等学科。以韦伯、杜克海姆的学术研究为代表的欧洲社会学经由帕森斯等人的引介而传入美国，影响至深且巨。在《新教伦理与资本主义精神》一书中，韦伯十分强调精神/价值要素在社会—政治制度方面的重要性。托克维尔《论美国的民主》一书直至今日，依然是政治文化研究中的皇皇巨著。在文化人类学方面，20 世纪上半叶本尼迪克特、米德等人的著作，强调孩童时期的社会化过程对其成人后的政治态度和行为模式有着深刻的影响。1946 年本尼迪克特专论日本的《菊花与剑》，1953 年莱特论述共产主义运动的《布尔什维主义研究》等书试图从对民族文化的独特性描述出发解说特定的政治制度和社会发展，以其独到的见解和特异的立论，揭示了一系列人们略有所知而愿闻其详的问题，因而风靡一时。20 世纪 30 年代至 50 年代社会心理学和精神分析学对权威人格以及极权主义起源的研究同样也为政治文化研究的兴起提供了不同方向的学术刺激。

最后则是行为主义革命和新型研究技术的发展所提供的冲力。强调经验研究的行为主义革命对政治学和比较政治学带来了全方位的震撼和启迪。在这样的大背景下，那些最敏感的学者开始质疑以往关注文化与政治连带性问题的研究取向。在他们看来，以往的研究或因单纯依凭个人印象和洞察力进行现象描述而失之于随意，或因一味依据历史文献和档案材料进行“义理”阐发而失之于玄想。以政治文化研究为内容的学术革命势在必行，而这一时期迅速发展起来的新的研究方法和技术为这一革命的实现准备了必要的“物质”条件。包含着特定内容且高度专业化的调查研究技术如问卷设计、抽样技术、数据采集和统计分析等操作性技术的出现和成熟，使得政治文化的研究者们能够运用科学的方法去收集

① ［英］戴维·米勒、韦农·波格丹诺主编：《布莱克维尔政治学百科全书》，550 页。
② 参见［古希腊］柏拉图：《理想国》，第 8 卷，北京，商务印书馆，1986。

特定集团或民族与政治有关的心理和文化倾向方面的数据，并据以对政治文化问题展开经验性的实证分析和比较研究，从而摆脱那种对某一文化的空泛的印象主义论述。研究方法的革命和抽样技术的发明对政治文化研究的兴起有着至关重要的催化作用。正是在这一意义上讲，政治文化研究也是行为主义革命的产物之一。

政治文化研究的兴起还源自特定的社会政治背景，或者说，还有着社会政治方面的根源。对于政治文化研究的社会背景，我们可以归结为正反两个方面。所谓负面原因，主要是指西方民主制度发展过程中所出现的曲折，尤其是法西斯主义的上台和猖獗以及极权主义现象的出现，对社会和政治进步的直线观念提出了严重的挑战。两次世界大战期间德国、意大利、西班牙民主政权先后崩溃，法西斯主义/纳粹主义取而代之，由此直接引发的一个问题就是，在这些先前建立了民主制度的国家，为什么其宪法不能阻止法西斯主义的登台？第二次世界大战以后，特别是 20 世纪 50 年代和 60 年代许多新兴独立国家的宪政历时未久便迅速垮台，也以不同的方式提醒人们注意同样的问题。显然，将这一问题仅仅归结于经济条件或社会因素是过于简单化了。于是，政治制度、政治行为和政治文化之间的复杂关系成为人们关注的一个焦点。另一方面，从西方政治思想的发展来看，民主制度的挫折也是对自启蒙运动以来的乐观主义的一个打击，它促使人们抛弃关于民主问题的天真想象，转而关注民主问题的复杂性。

所谓正面原因，则始于人们由民主制度历经磨难而不坠的事实中所生发的对于民主的信念和信心。在探寻既有民主制度得以维持之原因的同时，他们试图得到能够适用于更大的时空范围的理论发现。因此，他们立意探讨诸如民主制度的有效运作需要哪些条件以及如何去培育和发展这些条件一类的问题。正如阿尔蒙德所指出的，“（公民文化）这项研究开始于对政治民主发展的关心。我们的关心是由一大批这样的国家所引起的。在这些国家里，实现这样一种民主的政治系统成为一个公开的也是困难的目标……一个稳定的和有效率的民主政府，不光是依靠政府结构和政治结构：它依靠人民所具有的对政治过程的取向——即政治文化。除非政治文化能够支持民主系统，否则，这种系统获得成功的机会将是渺茫的”①。这就是说，发展民主政治体制，不但要有制度方面的建设，还要求与之相应的政治文化的啮合。而学者的任务就是运用科学的方法，通过对公民态度的调查，来详细说明民主文化的内容。其实这也是政治文化研究者在进入这一领域时所抱持的基本预设。

源自于学术的历史传统和现时发展的推动与特定的社会背景之间的契合，使得政治文化研究在 20 世纪 60 年代吸引了众多学者的注意力，开始在学界风行起来。

二、政治文化的概念及其分析功能

“文化”之于政治以及政治学研究具有重要的意义，已是学术界的一个基本共识。但怎样处理文化与政治的关系，特别是在可理解的学术框架内处理这两者的关系，却存在着不同的分析思路和研究方案。阿尔蒙德等人所开创的公民文化研究传统堪称经典或主流的方法，其特点是将政治文化与政治结构和政治行为区分开来，然后考察政治文化对后两者

① ［美］阿尔蒙德、维巴：《公民文化》，545～546 页，北京，华夏出版社，1989。

的影响，以及它们之间的相互作用。这一经典方法的影响至为深远，以至人们常常自觉或不自觉地将其等同于政治文化研究本身。因此，在这里有必要强调，经典方法并非是研究政治文化的唯一方法。也正是出于对“公民文化”研究的不满，一些学者似乎更愿意回归文化人类学，对“文化”作广义的理解。他们在考察文化与政治之间的关系时所采用的学术理路，可以用这样的公式来表达：既重视文化的政治维面，又重视政治的文化维面。在这一分析框架中，作为研究对象的“政治文化”（有些学者甚至不愿使用这一术语）不是某种“给定”的东西如既成的态度或价值取向，而是在不同体系的复杂互动中不断生发和形成的。对于采用现象学或所谓后现代研究方法的学者来说，这一点至关重要，它是区别于传统“政治文化”研究的关键所在。我们不妨将这种研究取向称为“政治的文化分析”。当然，如果认真辨析的话，在阿尔蒙德等人的“公民文化”研究与“政治的文化分析”这两者之间还可以发现众多的中介环节和变体。

政治文化研究方面所存在的这些差异和分歧，使得任何具有概述性质的论说都会遇到术语选择的问题。本书无力且无意去寻求一个既能够充分辨析不同研究取向的差异，又能够表明它们之间的相似特征的适宜词语。因此，在满意的答案既不可欲且不可求的情势下，本书所采用的简便的处置方法就是，将“政治文化”研究与阿尔蒙德的“公民文化”研究作分离处理，进而给政治文化一词以较大的思考空间。但在本章的论述中，我们的分析重点依然是政治文化研究中传统的或占主流地位的“公民文化”研究。

对于“政治文化”的界定之所以有如此之大的分歧意见，主要与以下三个因素密切相关：首先是“文化”概念本身的多义性。据统计，学者们已从不同的角度给“文化”下过一百多个定义。从既涵括精神要素也包括物质要素的大文化概念，到限指精神或心理状态的狭义文化概念，其中空间容量之大，足以汇纳百川。其次是“政治文化”所指称的现象本身所具有的复杂性和变化性。无论是侧重于历史传统还是着眼于现实变迁，也无论是关注于个人、特定群体或是整个民族国家乃至“文化圈”，所谓政治文化似乎是无所不包且无所不在的。最后且最重要的则是学术流派和研究取向的多元性。与社会科学的其他关键性概念一样，对政治文化的不同界定反映了不同研究取向和学术流派的基本特征。从研究前设、方法论假定，到研究对象的选择、核心问题的确定，以及对问题的回答方式，每一种研究取向都有其内在的规定性，都直接或间接地制约着人们观察、理解和研究政治文化的视角，进而影响着人们对其作出相应的概念界定。

就此而论，术语含义的界定是受到更大的意义系统的“规定”的，概念是意义之网上的一个纽结。我们要界定的政治文化本身便是这样一个网络：“在任何运行着的政治系统中，存在着一个有序的政治主观领域（subjective realm），它赋予政体以意义，予机构以纪律，予个人行动以社会相关性。因此，政治文化的概念提示我们：社会的传统，其公共机构的精神，其公民的激情和集体理性，以及其领导人的风格和工作符号（operating codes），不是历史经验的随机产品，而是作为一个意义整体而联结在一起，并构成了一个可以理解的关系网络”①。这似乎将我们带入一种不可逾越的循环往复：一方面，出于研

① Lucian Pye & Sidney Verba, *Political Culture and Political Development*, Princeton University Press, 1965, p. 7.

究的可行和讨论的需要，我们必须对“政治文化”作出某种界定；另一方面，我们又是在特定的政治文化中来界定“政治文化”的。但事实上并非如此。尽管意识到这一点有助于我们理解为什么人们对政治文化会作出不同界定这一事实。同时也提醒我们，对于概念的理解必须深入到它所栖居的意义网络中去，并将其置于特定的历史—社会背景中加以把握。易言之，学术发展的复杂性并不能于我们的论说职责有所稍减，但我们论说的最佳途径也许就是如实述说这些复杂性。

从政治文化研究兴起以来，阿尔蒙德所提出的政治文化概念一直是学术界广为采用的经典定义。按照他的说法，所谓政治文化，是指政治体系的心理维面，“它包括一国居民中当时所盛行的态度、信仰、价值观和技能”①。这一见解为采用科学方法研究政治文化奠定了操作性基础，因而直到今天，这一界定依然为众多信奉科学主义原则的学者所运用。不过，20 世纪八九十年代以来，似乎有越来越多的学者对此采取了批判的态度。一如小穆迪所指出的那样，将政治文化狭隘地理解为社会成员对政治所持有的观念或态度的总和，并不能在理解政治方面为我们提供较多的收获。他因此主张，应该将文化理解为一种客观的结构，是人们行动、观念和在相互作用过程中的关系范式；政治文化研究应该包括制度和人们行为的习惯方式。当然，这仅仅是众多解说中的一种而已。

与科学主义强调概念的统一性和方法的客观性相反，20 世纪八九十年代的文化研究显示出一种多元化的发展。无论在研究领域或对象方面，还是在使用的研究方法和工具方面，都缺乏明显的共识。因而又有人将文化区分为两个不同的维度：一是主观维度（subjective），另一是互为主观维度（intersubjective）。其中，主观维度重视个人如何内化个体价值和态度；而互为主观维度则强调意义共享和认同，它们构成了社会生活的符号、表达和阐释的部分。如果说主观维度更多地与行为主义革命的科学观联系在一起，那么互为主观维度的文化研究取向则有鲜明的后现代思潮的烙印。在新的文化研究中，政治只是其中的一个层面。就此而论，我们目前正在经历一个多元化和重建共识的时期。政治文化界定的历史性变化无非是佐证了这一点而已。

但也许是由于政治文化概念所具有的多义性和歧义性才使得这一概念具有更广泛的使用价值。仅就科学主义的研究传统而论，政治文化概念便有着其他概念所无法替代的分析功能。

第一，有助于政治系统的宏观分类与比较。从 20 世纪 50 年代始，“政治系统”一词开始取代“国家”而成为比较政治学的核心概念，因而政治制度的分类遂在政治系统的基线上展开。而政治文化的概念则凸显了政治系统中个人态度和价值的重要性，从而为政治系统的分类与比较提供了一个重要的参数。阿尔蒙德关于政治文化的类型描述便是一个很好的例子。

第二，有助于分析的精确性。以往用于描述政治文化现象的传统概念，诸如民族精神、政治意识形态、时代精神、民族政治心理等，往往含糊笼统，其意义难以精确地界定。相形之下，在行为主义革命背景下形成的政治文化概念，不但能够与经验现象联系起来，而且可以进行直接的测量，并用数理方式加以精确的表述。这一特征使政治文化概念

① ［美］阿尔蒙德、小鲍威尔：《比较政治学：体系、过程和政策》，15 页。

与以往的传统概念区别开来，它不再是朦胧的、含糊的、混杂的，而是界定清晰的、可以操作运用的，从而为科学的分析和可验证的科学发现准备了必不可少的基础。

第三，有助于沟通宏观分析和微观分析。作为社会科学研究中的一个基本问题，如何将宏观分析与微观分析有机地联系起来始终困扰着学界。而政治文化概念为宏观与微观两者的沟通提供了一种新的可能性。政治文化的变量乃是个人的价值、态度与情感，然而这些微观层次的变量在汇总时可以转换成政治系统的某种总体特征。“鉴定一个国家的政治文化，实际上意味着填写这样一个作为适用于其人口的抽样的矩阵。政治文化变成对一般意义上的政治系统——它的输入和输出方向，以及作为政治角色——作出自我认知的、情感的和评价的种种取向时所产生的不同种类的频率”①。由此，人们既可以说某国公民对权威具有某种特定的态度取向，同时又不否定“例外”存在的可能性。

第四，有助于解释社会、经济因素与政治现象之间的关系。因为政治文化不但要测量人们的态度分布状态和价值取向，而且还要研究人们的态度和价值观是如何形成的。由此不可避免地会涉及诸多非政治因素如家庭、小群体、经济状况、宗教、族群等对政治态度和价值形成的影响。对这一过程的考察，显然有助于解释政治因素与各种非政治因素之间的复杂互动关系。

第五，有助于重视不同类型的人类行为。不可否认的是，特定个人的态度与价值观的形成既受到家庭社会化的影响，也受到社会机构包括学校、公共媒体、工作单位等的影响。在这一时间序列和空间位置中，政治文化的研究既涉及由童年经历而形成的各种习性行为，也包括有意识的理性行为。对政治文化研究来说，这两者必须并重，而不能忽视其中的任何一方。

第六，有助于了解特定社会的政治发展。由于政治文化对一国的政治发展有着重要的影响，因此，了解一国的政治文化不但有助于解释为什么有的国家能够相对顺利地取得政治发展而另一些国家则经历了严重的挫折，而且由此还可以在一定程度上判断一国未来政治发展的大致概况。反之，若不了解一国的政治文化，仅仅从制度设置上来判断一国的政治形状和特征，必将误入歧途。

然而，对那些置身于公民文化传统之外的学者而言，文化概念在比较政治学中的意义又可以用不同的方式来阐释，其中的主要观点包括：

第一，文化对于个人之于政治有着限定作用。文化制约着人们如何看待政治共同体、权威和冲突。对社会秩序有一种共通的文化理解是任何政治共同体的核心和基础。在历史过程中，人们建构起了普遍接受的权威以及各种合法的规则程序，它规定了哪些斗争是合理的，哪些行动是适当的，冲突应该怎样进行。在一个政治共同体中，文化既界定了利益，又界定了追求利益的特定方式。

第二，文化将个人和团体认同联结起来。因为任何政治共同体所面临的一个基本问题是如何保持团体成员的忠诚以及处理个体与集体的关系。文化为处置这一问题提供了解决方案，它是将个人与团体认同联结起来的唯一基础。对外部世界的内部形象建构是文化认同的动力机制，它源于团体成员共享的历史经验，并通过政治社会化而得以延续。文化认

① ［美］阿尔蒙德、维巴：《公民文化》，20页。

同发挥了筛选功能，在使某些行动合理化的同时，也排斥了其他行为空间的可能性。在共同命运的感召下，个人和集体行动通过两种机制而得到强化：在内部，个人和集体认同之间相互强化；在外部，他人对成员的一致性看待，从反面加强了个人和集体的认同感。

第三，文化设定了团体界限并规定了团体内部及相互之间的行动。具体地说，文化规定了团体内部以及团体之间的联系方式和行为期望。与谁生活在一起？如何消磨时光？谁是情感投注的对象？谁控制稀缺资源？以及财产如何在代际转移？对于这些问题，不同文化可能有着完全不同的回答方式。共同体回答这些问题的方式对于人们如何行动以及期望他人如何行动具有重要的意义。对社会群体的文化界定，无论是亲属、年龄、性别，还是共同利益，都为人们提供了如何行动的明确期待。文化规则对团体内部关系的调整具有同样的意义，不同文化的差别只在于如何限制和什么时候限制。

第四，文化提供了一个解释他人行动和动机的框架。这是因为，离开了文化背景，任何一个具体动作就像演员在没有布景和道具的舞台上表演，其意义是无法确定的。由于大多数政治和社会现象具有复杂的性质，有时即使具备了理解身体姿态和动作符号的能力，也不一定能够理解政治生活。故对人类行动意义的理解只有在特定的文化框架中才有可能。在文化分析中动机处于中心的位置，因为它提供了将个人行动和社会场景联结起来的一种机制，而动机是在文化中习得的。在某种意义上，文化分析中的动机概念的地位相当于理性选择理论中的利益。

第五，文化为政治组织和动机提供了资源。文化可以向领导人和团体提供用来作为组织和动员工具的重要资源。由于这种或那种原因，在“常规政治”无法进行的条件下，对文化的政治利用便成为一种替代。围绕着特定的文化实践而组织起来的各种正式和非正式团体（诸如宗教或年龄团体）成为人们的一种政治工具。团体利用它们来达致那些通常无法直接追求的目标。

由此可见，政治文化概念的分析功能涉及许多不同的方面。鉴于篇幅的限制，我们将叙述的焦点集中于两个方面：一是以阿尔蒙德为代表的公民文化研究及其概念体系，二是有关权威、革命、政治冲突和政治发展的文化研究。

第二节　公民文化研究及其传统

一、公民文化研究：概念与类型学研究

在“公民文化”研究兴起之前，对于稳定的民主政体运作和发展的前提条件这一问题的思考，基本上是沿着四种不同的理路展开的。第一种是历史途径，即从民主国家历史经验的总结中，得到某种印象和理解，并据此展开进一步的逻辑推断。第二种是规范途径，其特点是非经验性。这一途径着眼于从民主政治自身的制度构造和意识形态的规范中，推导和概括出某些准则，例如保持民主需要公民积极参与国家事务，需要具有关于公共事务的高水平的情报，以及广泛的公民责任感等。第三种是社会经济条件的途径，强调民主的“硬件”基础。在研究方法上与前两者不同的是，这一途径主张采用调查的方式对民主政体的经济和社会条件进行实证研究，然后力图在民主制度与经济发展水平、社会境况之间

建立起某种联系。第四种是人格途径，主张采用精神分析的方法来研究民主政治的产生和发展。在这一途径上从事学术工作的学界代表人物是拉斯维尔。在《权力与人格》一书中，他对“民主人格”（democratic personality）的特征进行了详尽的分析，并开列出一张民主特征的品格栏目表，其中包括开放的自我；与他人共享价值的胸怀；多元的价值取向；对人类环境具有信赖感和信心；相对地不受苦闷的影响，等等。

在上述四种研究途径中，尽管在探索民主的发展条件这一问题上拥有共同的目标，但前三种途径并没有直接涉及民主政治的心理基础问题，人格途径的优长在于触及了政治文化研究的核心问题，但是它提供的答案并不令人满意。一如阿尔蒙德和维巴所指出的，拉斯韦尔所开列的这些“民主品质”并不是特殊意义上的政治态度和感情，而且在没有民主结构的社会中也可能大量地遇到这些品质。新的政治文化研究就是在这样的基础上展开的。

阿尔蒙德等人所首创的公民文化研究，其逻辑起点是对政治文化作出严格的界定。这是采用科学定量方法研究政治文化的一个必要条件，而这一界定又是通过一系列步骤完成的。

首先，阿尔蒙德等人将政治文化与政治结构区分开来。在他们看来，所谓政治结构是指角色之间的联系。角色是一种规则化的行为模式，通过自己和他人的期望和行动而建立起来。政治角色是政治体系的基本单位之一，角色的组合就是结构。在此，角色、结构与政治体系三者之间的关系是，“结构（例如立法机关）是由各种相互关联而又相互作用的角色组成的；政治体系则是由相互作用的结构（例如立法机关、选民、压力集团和法院等）构成的”①。阿尔蒙德还指出，之所以采用角色（role）和结构（structure）两个术语，而不是职位（office）与机构（institution），是为了强调参与政治的个人的实际行为，强调政治机构的实际作为。这种将政治文化与政治结构区别开来的研究设定，一方面有可能将政治文化作为一个独立变量来处理，另一方面便于考察政治文化与政治结构之间的关系和相互作用。用阿尔蒙德等人的话来说，“政治文化影响着政治体系中每一个政治角色的行动。同时，由现存的政治结构所造成的机会和压力也影响着那种政治文化。当人们边学习边行动并通过行动来学习时，文化和结构、态度和行为之间就不断发生相互作用。态度类型影响政治生活的正在进行中的活动，构成这些活动的基础，同时也被这些活动所影响”②。

其次，他们将政治文化界定为对政治对象的心理取向，“当我们说到一个社会的政治文化时，我们所指的是：作为被内化于该系统居民的认知、情感和评价之中的政治系统”③。因此，这一界定包含着三个重要的区别：一是使政治文化与一般意义上的文化概念相区别；二是使政治态度与实际的政治行为相界分；三是将政治态度与其他的一般性态度等分离出来。“这样一来，政治文化一词表示的是特殊的政治取向，即对政治系统和系统各个部分的态度，以及对系统中自我角色的态度。我们说到政治文化，正如我们也能说

① ［美］阿尔蒙德、小鲍威尔：《比较政治学：体系、过程和政策》，14页。

② 同上书，29～30页。

③ ［美］阿尔蒙德、维巴：《公民文化》，16页。

经济文化或者宗教文化一样。它是可用于特殊社会对象和过程的一整套取向。”①

再次，他们进一步说明政治态度的指向对象。这包括特定的角色和结构、角色的承担者、具体的公共政策、决定或决定的执行。但在后来的著作中，阿尔蒙德又改变了论述的方式。政治对象的划分不再是一般体系、输入对象、输出对象与自我，而是采用了体系取向、过程取向和政策取向的概念。“说明一国的政治文化的一种方法，是叙述人民对政治系统的三个层次——体系、过程和政策——的态度。”②

最后，他们认为指向政治客体的心理/态度是多维的，因此还必须区分出不同的类型。据此，阿尔蒙德和维巴将政治文化定义为针对政治客体如政党、法院、宪法、国家历史等的“取向性模式”，这些取向又可以划分为涉及对政治客体的认识和意识的认知取向、涉及对政治客体的情感和感觉之类的感情取向以及涉及对政治客体的评判评估的评价取向。由此可以从被调查者对问题的不同回答来确定其在政治文化中的类型归属。

将政治对象与态度取向组合起来，便可形成表 6—1。

表 6—1　　政治取向的诸方面

	1	2	3	4
	作为一般对象的系统	输入对象	输出对象	对象自身
认知				
情感				
评价				

资料来源：［美］阿尔蒙德、维巴：《公民文化》，18 页。

通过这种层层辨析和分解的方式，阿尔蒙德等人建构了一个可以通过问卷设计进行抽样调查和统计分析的政治文化概念。这种概念界定的方法渗透了行为主义革命的基本精神：将复杂的社会现象通过概念界定和类型界分的方式转换成可以从事经验操作的概念对象，进而用科学的研究方法加以度量、比较和分析。正是在这样的基础上，阿尔蒙德等人进一步展开了对于不同的、宏观意义上的政治文化类型的区分。

他们认为，根据一个国家的人口的态度在政治取向诸方面不同的频率分布，可以区分出三种基本的政治文化类型。当人们对前述四种专业化的政治对象的取向频率近似于零时，便是村民文化。这一文化的特征包括，政治专业化的程度非常之低、对政治系统和中央政府普遍缺乏认同、政治规范没有内在化等等。而当一个社会中的成员能够积极且公开地表达自己对四种政治对象的态度取向时，那么无论其态度是肯定的还是否定的，都是参与者政治文化。这一文化的特征包括，对自我政治角色的高度认同，无论在输入还是在输出方面都具有较高的参与程度。介乎村民文化与参与者文化之间的则是臣民文化。这一文化的特征是在政治系统和系统的输出方面的取向出现较高频率的分布，但在政治系统的输入以及自我政治角色方面的取向则趋近于零。由此则生成表 6—2。

① ［美］阿尔蒙德、维巴：《公民文化》，14～15 页。

② ［美］阿尔蒙德、小鲍威尔：《当代比较政治学：世界展望》，52 页，北京，商务印书馆，1993。

表 6—2 政治文化的类型

	1	2	3	4
	作为一般对象的系统	输入对象	输出对象	对象自身
村民文化	0	0	0	0
臣民文化	1	0	1	0
参与者文化	1	1	1	1

资料来源：[美] 阿尔蒙德、维巴：《公民文化》，19 页。

上述三种政治文化的类型区分，从逻辑上说，是政治文化的纯粹形式，而现实中所有的政治文化都是混合的。这种混合可以从两个角度来加以把握：一是历史发展的角度，以村民文化为基点，趋向于臣民文化，再到参与者文化；另一个是比例混合的角度，各种要素的混合可以视为一个连续谱，因此在同一种混合类型中，其内部也存在不同的分布状态。阿尔蒙德等人建构了三种"系统性混合型"的政治文化，一是村民—臣民文化，一般存在于由地方性的部落到中央集权国家的过渡和存续时期；二是臣民—参与者文化，一般出现于民主政体最初的艰难建设时期；三是村民—参与者文化，这是大量新兴国家所面临的处境。但这仍然是一种理论形态的理解。

因此，按照阿尔蒙德等人的界定，所谓"公民文化"并非等同于参与者文化，尽管积极参与是公民文化的一个基本特征。公民文化是村民文化、臣民文化和参与者文化的又一种混合。"在这种文化中，许多人在政治中是积极的，但也有许多人充当较消极的臣民角色。更重要的是，甚至在扮演积极的公民角色的那些人当中，也没有排除臣民角色和村民角色。参与者角色是对臣民角色和村民角色的叠加"①。这显然与人们一般的自然想象有所不同，但公民文化的这种界定却更接近于实际情况，并且可以进一步讨论民主条件问题。

对这种"混合型"的公民文化进行解剖，便可以发现这样一些要点。首先，它包含了所谓的"理性—积极"模式，即公民对政治活动是积极参与的，而且这种参与又是理性的，即公民具有足够的信息，能够深思熟虑地作出决定等等。其次，这种参与是全面的，即涉及政治活动的全过程。再次，在公民文化中，参与者政治取向与臣民和村民政治取向是结合在一起的，而不是前者取代后者。个人在政治过程中成为参与者，但是他们并不放弃作为臣民或村民的取向。最后，这些取向之间的关系是协调的，传统的、较为保守的态度或取向与政治参与的积极性等相互融合，产生出一种相对平衡的政治文化。

公民文化的"混合"特征，是解决"政治权力和责任之间的张力"的一种有效机制。在阿尔蒙德等人看来，如何在政府的权力和政府的责任之间保持适当的平衡是民主制度最为重要也是最为困难的任务之一。而解决这一问题，除了制度性的措施如定期选举和政党政治之外，还需要相应的而且常常是矛盾的公民角色：政府责任的实现需要公民的积极参与，而政府权力的实现则要求公民的服从。换言之，对于民主制度的有效运作来说，一定程度上的公民"消极"是其中的一个有机环节。恰如公民文化是一种混合物，"公民"也

① [美] 阿尔蒙德、维巴：《公民文化》，519 页。

是参与者取向、臣民取向和村民取向的特殊混合。正是在这一意义上，公民文化的混合性发挥了一种维持民主政体中权力与职责平衡的功能。“在公民文化中诸态度的混合‘适合’民主政治系统。在许多方面，这种混合特别适合于民主制的混合的政治系统”①。

我们在这里所论说归纳的，主要是阿尔蒙德等人公民研究中的概念体系和分类体系以及在此基础上的理论推论。其实，他们的工作还包括了大量的、利用抽样方式采集数据并作出统计分析的跨国性比较研究，并因此为公民文化的讨论提供了经验基础。同时，他们的这一工作也创立了以新的操作性技术研究政治文化问题的范例，并因此启发和刺激了更多的、不同规模和范围的政治文化调查与研究。

二、政治文化研究的“复兴”与“后物质主义”取向的出现

然而，自20世纪60年代公民文化研究风行以来，有关的批评之声即不绝于耳。积之愈久，其势愈烈，且有否定公民文化研究之趋向。如果说50年代和60年代是政治文化研究的兴盛期，那么，至60年代末期，其影响就开始渐渐式微，于是便有所谓政治文化研究衰落的说法。导致这一现象的原因是多方面的，其中既有社会客观现实变迁方面的因素，如西方新社会运动的兴起对既有的自由民主制度合理性的挑战；也有学术发展方面的因素，例如以传统/现代对立为基础的现代化理论在学界受到严重的质疑，而建立于其上的政治文化概念也受到批判，再如后行为主义革命时期学界对实证方法与社会改革责任担当之间矛盾性的认识，又如新的学术研究范式的流布和盛行对政治文化所构成的替代和竞争等；也有政治文化研究本身的因素，例如在家庭、社会等不同领域中“链接”复杂的行为模式所遇到的困难，又如在确认最重要的社会化影响时所产生的困惑，再如过于强调价值和行为自身而忽视了其他社会变量的偏好，复如政治文化研究明显的静态研究特征以及对变迁可能性的轻视等。所有这些因素的共同综合作用最终导致了政治文化研究的吸引力大不如前。因此，尽管很少有人否定价值要素对于政治分析的重要性，但作为一种研究的主导范式，政治文化的地位已经被理性选择取向所取代。

当然，不能将“衰落”理解为政治文化研究的荒芜与中断。事实上，学界始终有人关注并坚持着有关政治文化的研究。一如奇尔科特所指出的那样，20世纪70年代期间，政治学家们从政治文化的一般性研究转向对政治社会化过程的具体研讨，考察家庭、学校、工作场所、舆论、大众传媒等机构对政治态度形成的影响；80年代期间重点又转向对个人选择的研究，注重在政党、舆论影响下的个人政治态度，以及与选举政治有关的个人选择问题。而总体看来，对于批评政治文化研究、特别是公民文化研究的各种意见，政治文化研究的坚持者和主张者大体上是以两种略有不同的方式给出了回应。一种是在略有修正的基础上坚持传统的见解，典型代表是阿尔蒙德；另一种则是在特定的创新基础上发展政治文化研究，其中的突出者是英格尔哈特。正是经由他们的努力，近年来的政治文化研究又出现了复兴的趋势。

20世纪80年代初，阿尔蒙德和维巴主编了一本题为“政治文化反思”的文集，以回应各种批评意见。在《公民文化概念的知识渊源》一文中，阿尔蒙德从自古至今的纵向视

① ［美］阿尔蒙德、维巴：《公民文化》，540页。

角和不同学科的横向视角两个方面，对政治文化概念的知识渊源进行了系统的阐述，并将学术界关于政治文化研究的主要争论归结为以下三个问题：第一是政治文化的界定以及对政治文化内容的辨析；第二是在分析层次上，将政治文化与政治结构和政治行为区分开来是否适当的问题；第三则是政治文化的解释能力大小的问题。阿尔蒙德对后两个问题的回答似乎颇具信心。他认为对政治文化的批评意见尚不足以构成有效的威胁。对于政治文化与政治结构的关系问题，阿尔蒙德认为，政治文化既是一个自变量，又是一个因变量，它既影响政治结构，又被政治结构所影响，不能简单地用政治文化与政治结构的对立来取代两者之间的辩证关系。同样的道理，公民的政治信仰、情感、价值取向影响着人们的行为，而信仰、情感和价值取向本身又是人们社会化经历的产物。在此基础上，阿尔蒙德对第三个问题也同样坚信不疑，即政治文化的诸多要素，以及形成和支撑它们的政治社会化概念在分析政治结构和政治过程中发挥着重要的解释力。

但在第一个问题上，阿尔蒙德承认后继者的研究开拓了政治文化的丰富内涵，例如派伊和达尔分别提供了新的分析维度。因此，在后来的作品中，阿尔蒙德和小鲍威尔对政治文化概念进行了三个方面的修正。首先是充实了政治文化的内容，于是有了“体系”文化、“过程”文化和“政策”文化的区分。其中，每个亚文化类型中又包含了不同的内容。例如体系文化包括对政治共同体、政体和权威当局的态度分布；过程文化包括对自我政治角色以及其他政治行动者的态度；政策文化包括对政治输入—输出的偏好分布以及不同政治价值的群体排序方式等。其次是强调政治文化取向的多样性，其中特指公民对于体系、过程和政策目标的取向是多样的，包括认知维度上的信仰、信息和分析，情感维度上的归属感、反感或麻木不仁以及评价维度上的各种形式的道德评判。第三是力图阐明政治文化诸要素之间的有机联系，例如信息、信仰、情感和道德评价之间以何种方式相互关联在一起的问题。由此可见，面对学术界的各种批评，阿尔蒙德采取了不断改进和精致化的策略，但在基本的学术假定上，他依然坚持了原先的基本立场。

同样是出于对政治文化“衰落”的不满，以及对理性选择取向局限性的批评，1988年英格尔哈特发表了《政治文化的复兴》一文，利用丰富的时段性跨国资料，一方面意在重证“公民文化”的基本主题，即政治文化对于民主政体的发展和稳定具有重要的意义；另一方面则力图从更大的历史背景中透视西方文化的发展历程，进而论说其组成部分的公民文化问题。

英格尔哈特指出，公民文化研究有两个潜在的假定，一是假定各国在政治文化方面存在着持久的差异，二是假定这种差异具有重要的政治后果。英格尔哈特认为这两个假定是成立的。为了证明这一点，他分别从生活满意度、政治满意度、人际信任度和对既成社会秩序的支持这四个方面进行论证。在分析1973年至1985年期间对九个欧共体国家公众所进行的200余次、涉及20多万人次的访谈资料以及其他各种相关的研究数据时，他发现各国公众在这四个指标方面的得分值以及其中所显示的结构，具有相对的稳定性。从这些经验数据中得到的结论可以归结为四个要点：第一，各国在生活满意度、政治满意度、人际信任、对既成社会秩序的支持度这四个关键的指标方面的得分值是不同的；第二，这四个指标之间具有紧密的联系；第三，这些文化差异具有跨时度的稳定性；第四，这些文化特征与民主制度的稳定与否是联系在一起的。一般而言，较之得分低的国家，得分较高的国家更有可能采取民主制度并将其维持下去；反之，在那些得分较低的国家里，民主制度更容易陷入困境而艰难地挣扎。

英格尔哈特还指出，政治文化是将经济发展与民主政治连接起来的关键中介。民主政体的生存并不只依赖于经济因素，特殊的文化条件是举足轻重的。长期的经济发展有助于政体的合法性，因此在民主政体建立后，经济发展有助于民主政体的稳定。但是经济发展若没有相应的社会结构和政治文化的配合，也不可能单独地创设出自由民主制度。稳定的民主制度反映了经济、政治和文化因素之间的复杂的相互作用，因此“公民文化”的基本主题依然是成立的。

在此基础上，英格尔哈特又从韦伯的一个理论命题出发进一步展开分析。在《新教伦理与资本主义精神》一书中，韦伯考察了资本主义的兴起以及随后西方经济的迅速发展与加尔文新教主义之间的关系，从中得出的著名的理论命题就是：文化并非是由经济决定的附带现象，而是一组具有自主性的因素；它与经济发生着相互作用，在形塑经济的同时，又被经济所形塑。英格尔哈特对韦伯的命题进行了重新阐释。他指出，新教伦理作为一个独立变量确实对新教国家的经济发展具有长时段的影响，历史上的经验数据证明了这一点。然而，到了20世纪后半叶，原先深受新教伦理影响的西方发达国家，在文化价值观方面出现了重大转变。1970年至1987年间进行的西方六国调查所得到的资料表明，第二次世界大战后迄今的西方文化经历了一个基本性的变化，其背景是战后以来西方发达国家所经历的持续的经济高速增长。社会物质财富的迅速积累，国民生活水平的提高，极大地改变了年青一代的社会化环境。随着新一代的崛起，西方社会的价值观念发生了悄然巨变。对于新一代人来说，基本的生活需要已经得到了满足，在此基础上他们对生活提出了更高层次的需求，如自我实现、自尊、情感、高质量的生活、良好的社会关系等。英格尔哈特将这种新的变化称之为“后物质主义”的价值观，以区别于老一辈人的“物质主义”价值观。

按英格尔哈特的说法，通过代际更替的机制而实现的文化价值观的基本变化，对当代西方国家的经济发展产生了深刻的影响，恰如新教伦理的出现曾经在历史上所发挥的作用一样。后物质主义的价值观使人们对经济增长的强调开始减弱，而保护环境和保持生活质量的要求日益提高。如果保护环境和维持生活质量需要牺牲经济发展的速度，他们也会接受这一代价。由于后物质主义者通常出生于较富裕的家庭，接受过良好的教育，因此他们更愿意与他们所喜欢的人一起工作，并从事自己有兴趣的职业，却不看重薪水的高低。当一个社会越来越被后物质主义的价值观影响时，经济发展的优先性便被置于较次要的地位。从长时段来看，这会影响到一个社会经济发展的速度。

西方社会文化价值的变迁，以及它们与经济发展的关系，可以用图6—1来表示。

图6—1　社会文化价值的变迁与经济发展之关系

资料来源：Ronald Inglehart, The Renaissance of Political Culture, in *American Political Science Review*, Vol. 82, No. 4, December, 1988, p. 1222。作者在引用时有部分删节。

英格尔哈特所揭示的这一问题引起了很多学者的关注。西欧社会代际所发生的这种文化变迁，确实具有深远的政治意义。社会基本价值的变化一方面使得原有的政治方式开始受到冲击，例如传统意义上的左派和右派的区分失去了意义，政党支持的阶级阵线开始衰落等；另一方面，出现了新的政治形式和新的政治符号，例如族群、环境主义者、和平组织、女权主义、新工会、绿色政治等。在某种意义上，西方社会正在经历一个从“传统政治”向“新政治”逐渐转变的过程。因此，持有相同学术理路的研究成果开始出现，并构成了政治文化研究走向“复兴”的新趋势。

第三节 政治文化视野中的权威、革命与政治发展

一、政治文化与权威主义

在政治文化研究领域，除了阿尔蒙德等人所关注并为之付出许多努力的那种意在提供普适性解释的宏观理论模型以外，还有大量的、针对特定问题或历史现象的研究成果，其中所包含的洞识之精彩和分析之犀利，较之于阿尔蒙德等人的学术努力有过之而无不及；因此，这些成果构成了政治文化研究学术知识总成中不可分割的组成部分，也是我们在讨论政治文化研究中所不能不给予关注的。

在这些成果中，从政治文化的视角所展开的权威主义研究具有特别重要的意义。这不仅是因为权威主义是政治文化研究最初因之兴起的学术题目之一，而且是因为这一题目也是政治文化研究因之获得持续发展的动力源之一。所谓权威主义，作为一个术语，既是指代一种特定类型的政治统治形式，也用以指称拥护这种统治形式的政治哲学乃至政治心理。“在这样的统治形式下，统治者把他们的价值观强加给社会，而全然不顾其成员的意愿”，而拥护这一统治的哲学和意识则认可“一个国家同家庭一样也可以以独裁的方式来管理”①。在比较政治学研究中，人们对于权威主义的关注由来已久，这是因为它作为一种政治现象既常见却又反常，人们不得不对已经出现过的或者有可能再度发生的这类现象进行学理探讨。正是在这些探讨中，政治文化研究成为一个主要的思考途径。

希特勒第三帝国的出现及其犯下的各种暴行，促使人们思考这样的问题：为什么这样一个建立在与西方世界大多数国家格格不入的观念基础之上的政权会如此容易地被奥地利和德国这样的文明国家所接受呢？许多研究将注意力放在心理解释方面，其中赖希的《法西斯主义群众心理学》（1933 年）一书影响最大。赖希运用弗洛伊德的分析方法解析法西斯主义的心理根源。他认为，法西斯主义的根源在于群众的性格结构之中。“这种性格结构既不限于某些种族或民族，也不限于某些政党，而是普遍的和国际性的。从人的性格的角度来看，‘法西斯主义’是具有我们权威主义机器文明及其机械主义神秘生活观的被压抑的人的基本情感态度”②。赖希将人的性格结构区分为表层、中层和深层三个层次，它

① ［英］戴维·米勒、韦农·波格丹诺主编：《布莱克维尔政治学百科全书》，44 页。

② ［奥］赖希：《法西斯主义群众心理学》，修订增补版，序言，3 页，重庆，重庆出版社，1990。

们都是社会发展的沉淀物。其中，表层是文明的外壳，体现为礼貌、同情心、负责任等；第二层则表现为残忍、好色、贪婪、妒忌等，是对原始生物欲望压抑的副产品；深层表现为诚实、勤奋、合作、与人为善，是人的自然健康的基础，也是所谓“力必多”自然冲动的源泉。法西斯主义所体现的是人的性格结构的中层，即被扭曲的反常的性格特征。这种反常的性格特征是几千年来父权制权威主义对性进行压抑的结果。

在赖希看来，这种性压抑导致了两个方面的结果：一是由于性生活得不到满足，自然的攻击性便转化为野蛮的虐待狂，这是导致法西斯主义种种暴虐行为的根源；一是产生性格的异化以及扭曲的荣誉、义务观念，使人们的思想、行动和情感都违背了他自己的物质利益。赖希认为，鼓吹“种族纯洁”和性道德的背后所掩盖的是“性高潮焦虑”，法西斯主义的种族意识是性高潮无能的人的性格结构的纯粹生物的病态表现，因此，法西斯主义分子也就是一些性无能的病态之人。在这些分析的基础上，赖希指出，“政治反动势力的文化政治的核心是性问题。相应地，革命的文化政治的核心问题也应当是性问题”①。赖希的研究结论既不无惊世骇俗之处，却也不无发人深省之处。一方面，他的发现在一定程度上因战后人们对法西斯头面人物如希特勒、赫斯和希姆莱个人隐私秘密的揭露而得到了证实，并因此得到人们更高程度的信服；另一方面，他将弗洛伊德的理论用之于对政治领袖和政治制度的研究，直到今天仍然为所有那些希图在个人层次上对那些在历史的关键时刻或重要关头有过重要作用的人物作出分析并进而为历史变迁或制度创设作出解释的人们提供了一个研究范例。

较之于赖希的研究，注重文化与人格之间关系的研究则起源更早，尽管其轰动效果远逊于前者，但对于政治文化研究兴起所起到的影响并未因此而有所减弱。这类研究最初是由文化人类学家在部落社会中进行的。例如本尼迪克特在《文化模式》（1934 年）一书中，对美国西南部的祖尼族印第安人，美拉尼西亚的多布族，以及太平洋西北岸的克瓦基特尔印第安人进行了研究，并概括出了这三个部落社会各自的基本人格类型。其中，祖尼族印第安人的人格特征是“太阳神型”即阿波罗型，其特征是严肃、和平、中庸；多布族为“狂想型”，表现为多疑、恐惧、不节制；夸口特为“酒神型”，自大狂妄，自我中心，蔑视他人。这一方法在第二次世界大战时期被用于研究复杂社会，当时应美国政府“更详尽地认识自己和对手”的政策需要，不少文化人类学家参与了对本国国民以及同盟国和敌对国国民的研究，此即著名的“国民性研究”（民族性研究）。由于当时处于战争状态，无法到敌国去做田野调查，因而研究者用文学、影片、大众传媒作为分析的对象，辅之以对战犯和难民的访谈。这种方法叫做“远距离的文化研究”。本尼迪克特的《菊花与剑》（1946 年）是此类研究成果中最为著名的作品。在该书中，本尼迪克特解说了日本人性格的两面性：菊花代表温和、洁净，而剑代表武士道的精神。日本人的理想性格平时表现为和平，但若失其性格时，则表现出强烈的武士道精神。

在本尼迪克特那里，人格或国民性被认为是特定的儿童社会化方式的结果。因此，本尼迪克特研究了日本人对儿童的教养方式，发现日本儿童在“口唇期”即一岁时，受到溺爱，非常自由，没有纪律；进入“肛门期”后开始接受严格的训练，受到独裁式的性压

① ［奥］赖希：《法西斯主义群众心理学》，修订增补版，序言，3 页。

抑。本尼迪克特用这一事实来说明日本人人格的两面性。与此类似，戈勒与里克曼合编的《大俄罗斯人》（1949 年）一书，采用历史事件和俄罗斯人在婴孩时期严格地被襁褓包裹的情形来说明俄罗斯人狂躁压抑的性格。总体而言，通过强调社会化、人格和政治行为之间的密切联系，此类研究对美国的个人主义、日本的军事主义和俄国的极权主义提出了全面性的解释。正是在他们的影响下，众多文化人类学家都非常重视研究各国对儿童进行社会化的方式以及成年后对其政治态度和政治行为所造成的更长久的影响。

二、政治文化与革命和政治冲突

作为一种惨烈的政治现象，革命和暴力冲突始终得到政治学家和比较政治学家的重视。人们在对不同国家、不同时间所发生的革命现象和冲突事件的比较分析中发现，无论是革命的一般参加者还是革命的积极领导者，他们的心智心理在革命发生前后都会处在一种特殊的状态。因此，对于革命和冲突的研究便成为比较政治文化研究中的一个重要主题。这方面所谓“相对剥夺理论”（relative deprivation theory）具有相当大的影响。詹姆斯·戴维斯 1962 年在《美国社会学评论》上发表了一篇题为“关于革命的一般理论”的文章。基于对 1842 年美国罗得岛纺织工人暴动、1917 年俄国革命和 1952 年埃及革命等案例的分析，作者认为，政治的稳定与不稳定最后取决于一个社会中人们普遍的心态。在物质、地位、权力各方面虽然匮乏而不足但心里仍感到满足或不在意的穷人，在政治上不会有所作为，相反，只有那些感到不满的人才会起而反抗。也就是说，直接导致革命的并非是实际上的物质匮乏和生活贫困，而是日益积累的不满情绪或心态。其基本结论可以用图 6—2 来表示。

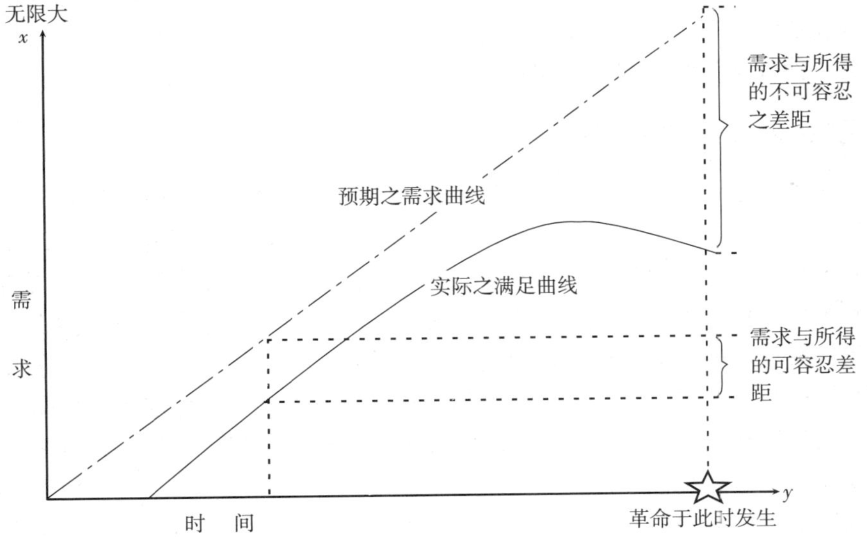

图 6—2 需求之满足与革命的发生

说明：x 坐标轴表示需求（其向上发展的箭头，表示无穷大）；y 坐标轴表示时间。在时间的推移过程中，两条曲线的差距开始拉大，尽管都是向上发展。换言之，实际满足需求之曲线的发展速度要慢于预期需求曲线的增长速度。这种相对扩大的差距，发展到一定的程度便会导致社会不稳定，并出现革命。这一理论又称为“J 形曲线理论”或“戴维斯曲线”。

资料来源：彭锦鹏：《政治安定的设计家——韩廷顿》，39 页，台北，允晨文化实业公司，1982。

戴维斯的理论概括开创了从心理角度研究革命现象的新思路。此后的泰特·格尔在《人们为什么会造反》一书中，沿着这一思路试图发展出一种普遍的关于“政治暴力”的等级和形式的理论。格尔的革命理论与戴维斯的观点本质上是一致的。在格尔看来，革命或政治暴力发生在社会中许多人变得愤怒，尤其是既存的文化和现实条件鼓励人民敌视政治目标的时候；而人们的愤怒通常发生在“相对剥夺”存在的条件下，即在人们感到可能获得的有价值的东西和机会与他们实际获得之间存在着巨大的鸿沟之时。因此，逻辑上的解释就是，革命的发生乃由于社会上出现了广泛的、导致紧张的、多方面的相对剥夺，且这种相对剥夺既波及大众，也席卷了精英。如果潜在的领袖和追随者受到了严重的挫折，他们就有可能精心组织并广泛参与政治暴力活动。此时，内部战争的基本条件也就成熟了。在这里，格尔还区分了几种主要的政治暴力形式，如动乱、密谋和内部战争。内部战争又包括革命、大规模恐怖主义、游击战争和内战。其中，内部战争与动乱和密谋的区别在于：较之于动乱具有更严密的组织，较之于密谋具有更广泛的群众基础。

如果说戴维斯和格尔的工作集中于揭示在革命或冲突发生之际人们的非常心态的话，那么，在比较政治文化领域中对于文化与政治冲突问题展开研究的另一种思路则是关注于更长时段内特定区域的特殊文化因素对于政治冲突的影响及其影响方式。例如，莱廷发现，西班牙的巴斯克地区的抗议活动充满了政治暴力，而临近的加泰隆尼亚地区则相对平稳。在解释这一重大区别的原因时，作者认为这是由于两地的亚文化有所不同。巴斯克地区的小镇中男性组织具有强烈的英雄气概以及相应的行为规则，而加泰隆尼亚地区则相对缺乏这种亚文化特征。当巴斯克地区的男性公民卷入抗议活动时，暴力就成为抗议运动实现自我维持的一种机制。库恩对埃及与以色列外交谈判的研究则显示，文化提供了一个理解他人行为和话语的基本框架，由于文化背景的差异，常常带来诸多误解，这些误解引起了各种冲突，使外交谈判变得格外困难。

三、政治文化与政治发展

在现代化理论中，政治发展是经济发展在政治领域的对应词。学术界对于政治发展的界定意见纷纭，派伊在《政治发展的面向》一书中，曾对政治发展的十种界说作了较为详尽的解析和评论，并从中概括出三项基本共识，它们是平等、能力与分化。所谓平等是指趋于普遍平等的精神与态度，包括大众政治参与、法治与才能标准；所谓能力是指政治系统具有能力，包括政府的自主性，执政的效率与效能，行政的理性化等；所谓分化是指政治系统的结构分化与角色专业化，以及分化结构的良好整合。作为政治文化研究的著名学者，派伊尤其注重从政治文化的角度对政治发展问题展开研究和分析，并且由此建构了一整套理论学说。

对于在第二次世界大战后获得独立的新兴国家来说，政治发展所面对的问题，既包括如何建立一个现代民族国家，同时也包括如何建立一个现代民主—法治的国家。在这一过程中，它们遇到了众多的问题。如果说西方国家的政治发展相对来说经历了较长的历史过程，因此它们能够在不同的发展阶段处置不同的政治目标，那么新兴发展中国家则没有那么从容的历史机遇。在西方国家是历时性的问题，对于发展中国家来说，则具有共时性的压力。于是出现了所谓发展综合征（syndrome）的问题，它们表现为认同危机、合法性危机、贯彻危机、参与危机、整合危机与分配危机。其中，认同危机与合法性危机与政治文化密切相关。

认同危机是指个体或群体对政治系统的心理取向的危机，它发生于激烈的政治变革之际。当新的历史条件使得原先被视为当然的集体自我形象和心理界定变得无法接受时，认同危机便开始产生了。此时，人们需要对自我、对所处的政治环境、对政治系统、甚至对传统进行重新界定，以解决“我或我们是谁”以及“他们是谁”的问题。只有消除认同危机，人们才能获得个人、国家与国际系统的秩序感，政治系统才有能力去应付来自内部与外部的各种挑战。由于导致认同危机的原因有多种，因此存在不同类型的认同危机以及解决之道。

合法性危机是政治文化危机的另一种类型。合法性可以简要地界定为一个社会中的人们对最高政治权力的认可。当人们表示愿意服从某种政治权力时，我们便说这一政治权力具有合法性。所谓合法性危机是指人们对政治权威的看法发生了严重的分歧，以至影响到了政府的施政能力。对于发展中国家来说，导致合法性危机的基本原因在于政治动员过程中，人们的自主意识和对政治的感知发生了较大变化，他们不再恪守传统观点和信念，对政治系统提出了更多的要求。当政治系统的输出无法满足人们的要求，或政治系统的现状不能与人们的期望相适应时，合法性危机就潜在地形成了。如果说解决不同类型的认同危机需要不同的方法，那么，无论合法性危机是由何种原因导致的，解决这一危机的方法只有一种，即统治者必须具备动态的领导能力。在这一过程中，如何处理以及能否成功地处理他们不得不面对的各种两难选择，诸如坚持与顺应的两难、满足与牺牲的两难等，对于解决合法性危机具有重要的意义。

派伊的这些论述为那些致力于从政治文化角度研究发展中国家问题的学者提供了理论框架，连同他本人对中国政治文化的探讨，一并催生了更多的有关国家个案的比较研究。中国以及其他那些有着悠久的历史传统和丰厚的文化积淀的发展中国家往往会对那些试图理解它们的外来者加之以一种先前的思维设定：任何普适性的学术发现都必须在极其特殊的历史文化环境中加以调整或修正，而不可能简单地照搬套用之。正是在这种情形之下，政治文化研究却因之得到了更多的发展空间。

四、对中国政治文化的研究

西方人讨论中国政治文化基本上有三种不同的方式，即汉学方法、非专业人士对中国社会的直接观察以及社会科学研究方法。所谓汉学方法，是指那些训练有素的历史学家或文学家通过研究成文文本和古典文献来理解和阐释中国社会特征的方法。这一方法因长期的历史积累和研究传统而具有强大的影响，但其缺陷是容易忽视具有规范性特性的文本文献与实际社会生活之间所可能具有的距离。未曾受过专业训练的外行观察者如记者、传教士、商人等非学术研究者往往能够利用他们的亲身经历写出许多脍炙人口、影响巨大的作品，但其观察必然受到个人经历和经验的局限并受到个人情感的支配，其明显缺陷是缺乏系统性和学术性。社会科学方法是比较新近的产物，这一方法强调有关研究应当基于经验事实，应当使用科学方法，并且应当致力于获得系统的知识。

在采用社会科学的方法研究中国政治文化的阵营中，还可以辨析出五种不同的研究取向或途径，一是心理历史取向（psychohistorical approach）；二是心理文化取向（psychocultural approach）；三是社会心理取向（sociopsychological approach）；四是沟通取向（communication approach）；五是意识形态研究取向（ideological approach）。这些研究取向所凭依的学理资源各有不同，关注的经验事实或资料各有侧重，而最终的结论也相去颇远。尽管如此，在这一题域内被公认为影响最大的学者则莫过于派伊。正是在他的影响下，国外有关中国政治文化研究的学术成果层出不穷，形成中国问题研究中数量最为繁多的书系。派伊对中国政治文化的研究属于心理文化取向，并非政治发展研究的主流方法，不过这并不影响其在政治文化研究中的卓然地位。究其学术渊源，文化心理取向的理论基础是弗洛伊德的心理分析方法，试图用所谓的深层心理因素来阐说复杂的政治现象。

随着中国改革开放程度的加大，海外学者直接在中国国内进行实证调查研究的可能性空间增大，关于中国政治文化的“田野研究”作品亦开始出现。内森与史天健运用公民文化的研究方法，在实证调查基础上写出的《民主的文化前提》便是其中的成果之一。值得指出的是，中国国内学者受到阿尔蒙德公民文化研究的影响，从 20 世纪 80 年代开始也尝试用实证调查的方法研究当代中国政治文化，如张明澍的《中国“政治人”》以及闵琦的《中国政治文化》等。

总体而言，海外对中国政治文化的研究作品不少，但很难说成果累累。西方学者的自我反思对此评价颇为严厉。用美国著名的中国问题学者佩里的话来说，中国研究中“文化取向”的学术声誉不高，而且随着西方政治文化研究的衰落，对中国政治文化的研究也在很大程度上被人们遗弃了。只是到了 20 世纪 90 年代，对中国政治文化的研究才重新恢复。不过，人们此时对政治文化的理解已经与以前大不相同了，既非派伊的心理文化取向，亦非阿尔蒙德等人的态度取向，而是“新文化取向”。这一取向强调“阐释”、“互为主体性”、“意义”和“互动”。当然，这并不是问题的全貌。不过有一点是肯定的，海外中国研究常常受到主流社会科学和各种新思潮的影响。目前西方社会科学正在面临新的转型，因而西方学界的中国政治文化研究的前景尚有待观察。

第四节　政治文化研究的发展：政治社会化与政治文化研究前瞻

一、政治社会化研究的基本内涵

通过问卷调查和访谈方式所进行的政治文化研究，具有一种静态的性质，由此所得到的资料是一个截面，即某个社会在一个特定的时间内人们政治态度的不同分布状态。由此直接产生的问题就是，这种政治态度的不同分布格局是怎样形成的？为什么人们会持有相同或不同的政治倾向？这正是政治社会化试图解答的问题。政治社会化研究试图从动态的角度来考察政治态度的形成、维持和变迁过程。在这一意义上讲，政治社会化是政治文化研究的一个有机组成部分，且是其进一步发展的产物。因此，离开了政治社会化的分析，政治文化研究也将是不完整的。

从社会科学学科间的学术交流角度来看，政治社会化研究深受人类学、社会学和社会心理学的影响。“社会化”一词最早可以追溯到19世纪20年代，其基本含义是指“使之成为社会性的，使之适应社会生存”。社会学首先将其吸纳和转换成为一个学术概念，随后又为心理学家和人类学家所分享。有关文化与个性、态度与学习、人格与国民性方面的分析，为政治社会化研究提供了知识积累和方法指导。

20世纪50年代初，人们在政治研究中引进了“政治社会化”的概念，用来指称人们学习政治价值和政治立场的过程。1959年，赫伯特·海曼出版的《政治社会化：政治行为的心理学研究》一书，首次对以往由心理学、社会学、教育学分别研究的政治社会化进行了综合研究，成为政治社会化研究的开创性著作。到60年代中期，政治社会化研究随着政治文化研究的迅速兴起而发展成为政治学研究的一个重要领域。

如何界定政治社会化，取决于观察问题的角度。从政治文化的角度看，“政治社会化是政治文化形成、维持和改变的过程”①；“政治社会化形成并传送一个国家的政治文化。政治社会化也可以在把文化从老人传送给年轻人的过程中维持一个国家的政治文化。它引导人民或一部分人民以不同的方式看待和体验政治，并在这个范围内改变政治文化……维持、改变和创造——这些就是政治社会化为政治文化所做的工作”②。而对于公民个体来说，政治社会化是“政治人”的培养过程，或政治角色的训练和生成过程。对于政治系统和政治结构来说，政治社会化又是自我再生产过程的一个有机环节。这些不同的叙述表明政治社会化具有多向度的意义或功能。通过社会化过程，人们既学到了特定的政治态度，也学会了对政治系统的更一般的取向。

通常情况下，政治社会化过程不是由专门的机构定向封闭进行的，它涉及一系列的社会组织和活动，其中包括家庭、学校、工作单位或就职场所、同辈群体、大众传媒、政党、利益集团、与政府机构直接接触、社会文化环境等等。随着现代高科技的发展，网络正在成为政治社会化的一个重要工具。它们分别在贯穿人生的政治社会化过程中，发挥着不同的作用。

人们普遍承认，政治社会化的过程是从儿童时期开始的；人们也一致同意，儿童时期的政治社会化对于后来成人阶段的政治态度具有重要的影响。但是，在诸如儿童政治社会化是否决定了成人后的政治态度、成人政治态度是持续稳定的还是可能变化的等一系列问题上，人们的观点并不一致。为叙述的方便，可以将这些不同的观点置入一个连续谱中来考察，其中的一极强调儿童阶段政治社会化的重要性，认为这一阶段政治态度的形成具有一锤定音的功能；早期从事政治社会化研究的学者大多持类似的观点。他们认为，最重要的学习发生在童年形成时期，这时基本价值和态度已经成型，这种价值和态度会保持到成年时期。其导出的一个核心假定便是：成年人的政治行为主要是童年学习经验所致。赫伯特·海曼便认为，个人在亲身生活中早就全面了解了各种政治态度，除个别情况外，成年前形成的政治态度一般不会发生大的变化。

而连续谱的另一极则强调政治社会化的发展性和变化性，认为虽然儿童的政治社会化是非常重要的，但成年以后的政治社会化具有同样的意义。政治社会化是一个人一生的过

① ［美］阿尔蒙德、小鲍威尔：《比较政治学：体系、过程和政策》，91页。
② ［美］阿尔蒙德、小鲍威尔：《当代比较政治学：世界展望》，42页。

程，在不同的阶段具有不同的内涵和重点。在发生重大政治事件的条件下，政治再社会化过程便具有重要的意义。趋于此极的学者对"儿童—成年持续性假设"进行了批判。从逻辑上说，这两极之间还允许存在各种不同的中介主张。

到目前为止的各种经验研究尚未能给出让人充分信服的切实结论。相反，它显示了政治社会化过程的复杂性。一方面，人们发现，古典政治文化研究中的三个技术指标——感情倾向、认知态度和评价结构——的发展并不是同步的。一般来说，感情倾向常常是在人生早期形成的，并且在面临新的经历时表现出相当大的持久力。认知态度是在稍后的年代中，在人生的青少年和成年时期形成的，而且认识的态度要求一个人形成比较复杂的智力结构（只有这样才能理解和运用有关复杂现象的知识）。一个人价值评价结构的发展是在前两者的基础上进行的，既包括感情倾向，也涉及认知态度。这里重要的是，在不同的发展阶段，人的价值评价的基础是不同的：儿童作出的评价在很大程度上是以他们的直接情感反应为指导的，而成年人则把他得到的情况同一套比较多样的价值观和情感联系在一起，以达到他们的评价高度。

另一方面，人们又发现，在不同的政治议题或领域，不同阶段的社会化以及社会化中介的影响力是不同的。例如，在党派取向方面，研究发现家庭的政治化过程具有重要意义，儿童的政治倾向性大都深受父母态度的影响。在美国所作的经验研究中，人们发现在某些地理区域，投票格局异乎寻常地延续了好几十年。党派认同由父亲传给儿子，一直要传递好几代。当询问儿童、大学生或者成年人关于他们早期偏爱的由来时，最通常的回答是，他们从父母那里获得这种偏爱。不过，在党派认同之外的其他政治问题上，父母—孩子的一致性的比例却要低得多。

此外，各国之间的差异也是一个值得重视的问题。关于儿童党派认同的跨国比较研究显示，欧洲国家之间存在着较大的区别。80％的英国儿童在 8 岁至 10 岁之间就有了党派偏好，德国、荷兰和比利时的儿童在相同的年龄段（大约 10 岁至 17 岁），比例从 50％到 80％多。相比之下，美国儿童似乎落后一些，低于 40％至 64％。法国儿童最低，中学中只有 26％的学生有党派认同，意大利的情况也比较居后。① 这种差异在时间的维度上同样表现出来，亦即在不同的历史时期（尤其是代际更替或时代转变），政治社会化过程及其结果是有差异的。

尽管较之于政治文化的界定，政治社会化的界定中已然包含了"变化"的成分，但政治社会化的研究很大程度上仍具有一种保守的性质。这种保守性体现在两个紧密关联的方面：首先，政治社会化的目的是将现有的权威结构赖以存在的价值观传授给下一代，从而维护既成的政治制度；其次，为政治制度的再生产培养出合适的政治角色。在这方面的论述中，伊斯顿的讨论是一个典型。

伊斯顿在讨论合法性问题时，从一个特殊的角度将韦伯的分析推进了一步。他区分了政治支持的三个对象，即政治共同体、政体和当局，并且区分了弥散性支持与特定支持两种类型。这一区分对于政治社会化研究具有重要意义，它使得人们能够比较精致地讨论合法性的不同形式以及政治社会化的不同主题。就政体而言，人们关心的主要问题是对政体

① 参见曾繁正等编译：《西方政治学》，204 页，北京，红旗出版社，1998。

的弥散性支持，即超越功利考虑的合法性信念；在当局方面，主要体现为对派性偏爱的研究。尽管这两者都与政治合法性有关，但相关研究据此可以分开进行。

伊斯顿指出，“儿童是通过政治化过程学会承认合法性的，或是在合法意识形态中存在分裂和冲突的情况下信奉非法性的。任何系统最初都需要通过灌输合法性，而把儿童束缚在典则和其当局之中”①。因而他又提出了一个关于儿童政治社会化的理论模式，将儿童的政治社会化过程划分为四个不同的阶段，认为它们是按照合理的顺序，从简单到复杂、从个别到整体依次展开的。其中，“政治化”是第一个阶段，在这一阶段儿童开始对政治感兴趣。第二个阶段是“人格化”阶段，儿童通过几种权力形式，开始接触政治制度。接下来是“理想化”阶段，儿童用理想的眼光去看待人格化的权力，形成了对它的爱与憎。最后达致“制度化”阶段，儿童不再单纯地去看几种孤立的政治权力形式，而是观察已经形成制度的权力整体。在这四个发展阶段中，伊斯顿特别强调，早期的人格化和理想化是后来的扩散体系支持的必要条件。他认为，任何稳定系统中的儿童都可能在某些杰出的或重要的当局人物那里，找到一个焦点，并且由此产生对这一当局个人化身的感情。随着儿童的成长，这种感情慢慢转移到政治当局的其他机构上，从而完成了政治感情从人格化到制度化的转型。在这一意义上，政治领导人的个人品格对于儿童的政治社会化具有重要的意义。

由此可见，尽管政治社会化过程并不主张或反对某一特定的政治价值，因为就当局而言，政治合法性的对象既可以是民主政体中的总统与首相，也可以是传统政体中的君主、首领或某个历史人物，但其对现状的肯定则是显见的。使现存政治秩序合法化，并得以不断地再生产，这是政治社会化的本质。因此，当代马克思主义者对资本主义社会的政治社会化采取了尖锐的批判立场。对于葛兰西及其追随者而言，通过“市民社会”的堡垒向工人阶级灌输资产阶级的意识形态话语，是资本主义统治得以生存和运作的秘密所在。因此，无产阶级与资产阶级斗争的中心舞台已经转移到了意识形态领域。在这一意义上，家庭作为儿童政治社会化的主要中介，便成为政治斗争的一个前沿阵地。

二、争论中的政治文化研究

文化研究在比较政治学中的地位是颇为奇特的。一方面是大多数研究者都承认政治文化的重要性，另一方面却是人们对政治文化的概念界定、类型划分乃至研究取向都存有众多的分歧。政治文化研究的多元性不但表现在实证主义传统的公民文化研究与人文阐释传统的文化研究之间，而且也体现在政治文化研究主流的内部。一如本章开篇所述，政治文化研究具有不同的知识渊源，行为主义革命从一个特定的方面将这些不同的知识领域串联了起来。不过，行为主义革命并没有同化人们的研究取向。且不论其他学者之间存在的分歧，一同作为政治文化研究“创始人”的阿尔蒙德与派伊之间的差异也是明显的。克劳森曾将两人的区别概述如表 6—3。

① ［美］伊斯顿：《政治生活的系统分析》，337 页。

表 6—3　　阿尔蒙德与派伊之间的区别

阿尔蒙德	派伊
“公民文化”	政治文化概念与政治发展相关
“文化”具有规范色彩，是可欲的	“文化”没有规范色彩，相反给予否定的评价（对“政治发展”的潜在阻碍作用）
强调成人社会化 主要与社会相关	强调儿童社会化 运用于“新西方国家”
社会学“偏向”，依赖于经验研究	心理学“偏向”，经验研究乃非必需
假定“政治文化”属于社会的自主性领域	没有这种区分

资料来源：Soren Lausen，Chinese Political Culture：A Discussion of an Approach，in *The Stockholm Journal of East Asian Studies*，Vol. 3，1991，p. 59。

在相当长的一段时间内，政治文化研究的多元化趋势恐怕还要持续下去。研究方法的多样性一方面表明政治文化研究尚未成熟，还有待进一步的规范化；另一方面，这种格局又提供了丰富的可拓空间。因此，从学术发展的观点来看，这一现象也许是政治文化研究发展的深层动力。

一般说来，一个研究领域内的分歧越大，不但会导致较多的内部纷争，也容易招致更多的外部批评。政治文化研究的遭遇正是如此。在各式各样的主要针对古典研究的批评意见中，既有导源于意识形态倾向的，也有集中于学术方面的；既有关注于实质性问题的，也有专注于技术方面的；既有正面抨击的，也有反面讥讽的；既有建设性的，也有否定性的。奇尔科特在《比较政治学理论》一书中，对文化理论的批判进行了较为全面而精练的叙述，并从批判性的角度将政治文化研究的特征概括为五个方面：一是作为资本主义的、技术层面的政治世俗化而过于理想化；二是在假设上不充分、不清晰、不真实或未经证实的；三是化约论的、受文化制约的、无法解释问题且流于描述性的；四是特殊而非整体性、思辨性的；五是在方法论上是静态的、有限的，并倾向于被动的、有条件的而不是主动自发行为的。

当然，如何对待这种批评本身是一个有争议的问题。在既定脉络内，就推进政治文化研究而言，以下三个问题也许是不能回避的。首先是宏观与微观的关系问题。对于阿尔蒙德和维巴来说，政治文化的概念具有连接微观分析与宏观分析的功能。一如他们所说，“我们愿意认为，那些组成政治系统的彼此无联系的个人的态度和动机，以及政治系统的特征与运转之间的关系，可以通过我们上面概述的政治文化概念，系统地揭示出来。换言之，微观政治学和宏观政治学之间的连接纽带是政治文化”。其连接方式就是“通过找出系统的政治结构中的态度癖好和行为癖好，把政治心理与政治系统的运转联系起来”①。从方法论的角度观之，阿尔蒙德和维巴主张采用抽样技术，从调查一个个具体的公民态度入手，然后归总推论，得出全部人口的某种态度的分布概率，并将其视为该国的政治文化特点。换言之，其研究特点是由微观进入而得出宏观结论。就抽样技术本身而论，这种推论并无不当，因为从众多“个别”样本的结论推及总体的可靠性是由数学统计原理来保障的。问题在于两个方面：一方面，采用问卷调查方法，是否有可能揭示出复杂的政治态度

① ［美］阿尔蒙德、维巴：《公民文化》，36～37 页。

和行为偏好？另一方面，能否将“政治文化”看做这样一个可推论的总体？

在第一个方面，持批评意见的人指出，问卷和访谈的方法注重的是被调查者所表达的意见，而忽视了没有用语言表达出来的行为，比如信念和尊重如何影响系统的政治行为这一问题就根本没有涉及。同时，态度倾向与实际的政治行为并不是一回事。经验表明，大量与政治相关的行为并不是由态度决定的。人们想要保守党却投工党的票，赞成种族主义却采取中性的行为，主张性别歧视却遵守反歧视法等。这就提出一个非常重要的方法论问题：问卷技术能否足以解释构成政治生活的复杂现实的本质？在第二个方面，批评者指出：“数据采集通常是在微观层次上即对个人实施的，而文化却是一种集体现象。‘个人主义的’谬误涉及从众多个人的聚合特征到个人所属的某个集团的总体属性的因果争论。在我们看来，问卷应答者中表示自己赞同自由民主价值观的人员比例大小并不能告诉我们政治制度或政治文化是否是‘民主的’。而把政治文化看成社会中信仰、情感和价值观的聚合，就会倾向于忽略人们总是根据自己的政治影响去衡量个人的价值观这一问题。”①

其次是政治文化与政治结构的界分问题。如前所述，将政治文化与政治结构区分开来，并在此基础上考察两者之间的关系，是政治文化研究的一个重要前提。正如阿尔蒙德等人所说：“政治文化影响着政治体系中每一个政治角色的行动。同时，由现存的政治结构所造成的机会和压力也影响着那种政治文化。当人们边学习边行动并通过行动来学习时，文化和结构、态度和行为之间就不断发生相互作用。态度类型影响政治生活的正在进行中的活动，构成这些活动的基础，同时也被这些活动影响。因此对文化和结构两者进行考察，从而发现这些态度类型，是很有裨益的。研究任何一种具体的政治体系都应该简明扼要地勾画出一幅其政治文化最基本的轮廓的图画，同时也应该相应地勾画出一幅其结构和功能的图画”②。

戴维斯和刘易斯指出，为了说明结构和文化两者的关系，阿尔蒙德引入了政治行动的角色及取向这两个概念。他从实现角色的观点来看待所有的政治活动。政治体系中的每一个行动者（个人或团体）扮演着特定的角色，他的活动由他对角色的概念所引导着，并且他对系统内其他成员给他的期望所得到的了解，也成为他实践角色的依据。③ 也就是说，政治文化与政治结构之间的这种密切联系，是通过角色概念的中介来实现的。

在阿尔蒙德那里，“角色”一词具有双重性，一方面它是一个结构性概念（政治结构乃是角色之间的联系）；另一方面，角色又不是一个纯粹的结构概念，它同样包括了心理层面的内容，即对自己角色规范的认知、感情和评价，对他人角色行为的期待和预期。在《公民文化》一书中，阿尔蒙德也提出了角色文化的概念，用以专指精英人物的心理因素。也就是说，阿尔蒙德在政治文化概念中所界定的内容，在角色概念中同样内在地包含了。若排除了这些内容，角色概念也就不复存在，或者失去了任何分析的意义。

角色概念具有政治结构与政治文化的双重意义，同时角色又是政治结构的基本单位，这一事实提出了一个问题：政治结构与政治文化还能如此区分吗？在逻辑上，阿尔蒙德的

---

① ［英］戴维·米勒、韦农·波格丹诺主编：《布莱克维尔政治学百科全书》，551页。

② ［美］阿尔蒙德、小鲍威尔：《比较政治学：体系、过程和政策》，29～30页。

③ 参见［美］莫顿·戴维斯、沃翰·刘易斯：《现代政治系统的模型理论》，119～120页，台北，远流出版公司，1992。

政治结构概念是否内在地包含了政治文化的因素？如果这样的话，对政治文化的研究应该怎样进行？尽管从逻辑上说，对文化与结构（角色）关系的处理，并非一定采取相互排斥的立场，因为制度/结构具有包容文化因素的能力或逻辑空间，但这样一来，作为独立变量的政治文化因素便不复存在了，因为它可以被制度吸纳，成为制度的一个要素。

最后则是意识形态的批评。在某种意义上，政治文化、特别是公民文化的概念以这样一个假定为前提，即政治制度之外的某种东西对于解释政治现象是至关重要的。人们带着这种“前见”去寻找和发现问题。诸如民主政治的基础（德国魏玛政权的垮台，自由民主政体运作的条件）、权威主义的起源（对法西斯主义和极权主义现象的解释）、暴力的发生（对革命与政治暴力的解释）、政治发展（发展中国家的民族国家建设以及民主政治发展）等，便成为关注的焦点。不难发现，上述主题或多或少带有西方自由民主意识形态的“烙印”以及所谓“西方中心论”的色彩。用柏伊姆的话来说，阿尔蒙德与维巴的公民文化理论是以盎格鲁一撒克逊模式为基点的，用这种模式为标准来衡量或评价世界上的全部政治文化，显然充满了西方式的偏见。①

阿尔蒙德等人曾经对这些批评意见给出了回应，但一次回应并不能湮灭长期积聚下来的所有批评意见。因而唯一可以肯定的就是，争论还将长期持续下去。

三、走向多元的政治文化研究

从政治文化研究的争论中，从这一研究自 20 世纪 50 年代兴起至 60 年代达致鼎盛而经历了 70 年代的“衰落”后再度于 80 年代至 90 年代在不同的基础上开始“复兴”的“循环”中，我们显然可以得到一些宝贵的启示，并由此展望政治文化研究的发展前景。

正如政治文化研究走向“衰落”的原因是多方面的一样，其开始复兴的原因也是多维的，其中既有来自西方社会内部的变化，也有导源于外部环境的刺激。在经历了战后经济持续发展的黄金时代后，西方社会年青一代的价值观发生了重大的变化，英格尔哈特将其描述为从物质主义到后物质主义的变化，其他学者则分别用“后工业”、“后现代”等术语来指称这种变迁。西方社会的这种内部变化为政治文化研究注入了新的动力。

从外部环境看，20 世纪 70 年代开始的第三波民主化浪潮，尤其是 80 年代末苏联和东欧国家的政治剧变重新唤起了人们对政治文化的兴趣。普特南对意大利地方政府的研究以新的方式再次支持了文化理论的假定。他发现一个地区的文化传统是解释其政府绩效的有效的预测参数。他的研究还证明，这些文化传统具有根深蒂固的历史渊源，与早期公民结社的范式密切相关。普特南对文化影响所作的具有创造性的系统研究影响颇巨，以至于有学者认为他的研究导致了政治文化研究的全面复兴。

在第三波浪潮中出现的大量新兴民主国家成为西方学者进行态度调查的实验场地。在苏联、东欧和东亚国家（地区）所做的态度调查显示，那里的一般民众对民主基本原则的支持度相当高（超出了西方学者的期盼值），民主转型与公众对民主的支持态度相伴随。总的来说，20 世纪 80 年代以来，社会科学在经验证据方面已经取得了重大的收获，这些证据支持政治文化模式隐含的一致性假定。不过，相对于经验数据方面的成就，理论方面

① 参见［德］柏伊姆：《当代政治理论》，166 页，北京，商务印书馆，1990。

的突破性进展尚未出现。自《公民文化》一书问世以来，人们对政治文化要素以及它们之间关系的界定几乎没有什么进展。而且，对新近民主化国家所作的经验研究没有超越政治文化的既成理论边界，而只是验证了已有文化理论的价值。就此而言，政治文化的理论研究正面临着机遇与挑战。通常情况下，政治制度和政体的基本原则是稳定不变的，因而考察制度与文化变迁之间的相互作用颇为困难。而20世纪末期的政治转型为考察这种相互作用即文化与制度选择的一致性问题，提供了一个极佳的机会。我们可以对老问题作出新解释或对传统研究提出新的问题，基于经验研究提出新的政治文化理论。[①]

此外，西方社会所谓“后学”的兴起也是政治文化研究复兴的一个重要背景。后现代思潮在政治文化研究中扮演了一个相当重要的角色，这也是20世纪80年代至90年代政治文化复兴与古典政治文化研究的最大区别之一。

所谓政治文化的复兴并不意味着有一个共同的纲领，有一个相同的目标。恰恰相反，“政治文化的复兴”应该理解为较多的学者重新对政治文化的研究发生兴趣。事实上，在政治文化研究的复兴中，人们都力图按照自己的方式给政治文化研究进行重新定位。这里，概念的界定已经成为不同学派和研究取向彼此竞争的前沿阵地。其中，有的坚持政治文化的行为主义研究，有的提出新文化理论，有的提倡后现代主义政治文化，有的提倡现象学的政治文化分析[②]，有的主张运用制度主义方法研究政治文化，诸如此类，不一而足。各种观点相互竞争，呈现出一个多元研究取向并存的局面。学术界的各种不同观点和取向都在这里操试各自的手术刀，以期发现用武之地。人文关怀与科学方法之间的冲突，宏观分析与微观分析的关系，结构与行动者之间关系的紧张，都得到了不同程度的表现。在这一研究领域中以某种微缩的方式集中地展现了社会科学方法论的诸多基本矛盾。在某种意义上，不同的文化研究取向都在“继续”，根据不断发展的社会情势而作出相应的调适。

总体而言，比较政治文化依然是一个有待深入开发的研究领域，它已经作出的贡献是我们进一步向前探索的良好基石，它的不成熟则为我们提供了许多可供开发的空间。

---

① Russel J. Dalton, Comparative Politics: Micro-behavioral Perspective, in Robert E. Goodin and Hans-Dieter Klingemann (eds.), *A New Handbook of Political Science*, Oxford: Oxford University Press, 1996 (paperback 1998), pp. 340-341.

② Stephen Welch, *The Concept of Political Culture*, St. Martin's Press, 1993.

现代化的比较研究：发展与欠发展的若干理论

重点问题

- 学科视角下的现代化问题研究
- 现代化理论框架内的政治发展研究
- 现代化理论的基本特性及其批判
- 欠发展论的基本内容
- 依附论的基本概念

相对而言，所谓现代化研究和现代化理论，是一个多少显得已经过时的陈旧术语，通常用以指称 20 世纪 60 年代以来不断兴起但于今多少呈现出颓势的研究领域。无论冠之以何种名目且无论以何种标准来衡量，现代化研究都是比较政治学研究中争议最多的一个题域，各种理论流派就甚至包括这一名称在内的各种问题展开了激烈的争论。对第三世界国家发展问题的关注，催生了汗牛充栋的所谓发展问题和现代化问题的文献，构成了一个庞大的理论体系；对传统发展理论和现代化理论的批判激生了欠发展理论，而欠发展理论的局限又推动了依附理论的创生；现代化理论热潮逐渐衰落，被关于现代性和后现代问题的讨论所取代，进而又出现了可持续发展理论的探讨。追寻这些理论交锋的起点所在、矛头所向及其阵线变幻，无疑可以帮助我们更加深刻地认知我们自身所在的社会和整个外部世界的变迁和发展，因而它也是比较政治学研究的重要内容之一。

第一节　现代化理论的起源及其发展

一、发展经济学的产生和发展

曾长期从事现代化问题研究的罗荣渠先生指出："迄今为止，不论是现代化理论或是发展理论，都是西方主流社会科学的派生物，而其研究的主要对象，却是处在大变革过程中的第三世界发展中国家”[①]。此处之所谓派生物，显然包括两层含义。一方面，20 世纪 60 年代以来的所谓现代化研究，尽管以第三世界新兴国家的崛起为最初的现实推动且以这些新兴国家作为主要的研究对象，但那些首先建构出现代化理论的西方学者在研究相关问题时，却总是以西方的经验为凭依，以对西方国家自身的发展道路和历史经验的理论概括和学理总结作为基本的学术资源和认知框架。另一方面，这种研究又以特定的学科建构和相关知识的积累而实现了一种特定类型的学科化发展。因而，其主要的理论概括往往会随着现代社会科学主流学科的发展、成熟及其扩散和流布而成为人们长期以来无所质疑而全然接受的既定认识。这两个方面的发展线索是交织在一起的，构成了现代化理论的发展轨迹。而我们对于现代化理论的讨论也不能不由此展开。

现代化，无论从什么意义上考量，都首先是一种物质性的经济现象；而在以经济现象作为研究对象的经济学领域，所谓现代化的问题首先可以表述为经济增长和经济发展的问题。20 世纪 40 年代末以来逐步成长起来且已经具备学科形态的所谓发展经济学不仅以第三世界新兴独立国家的经济发展问题作为研究对象，而且继承和发展了近代经济学有关经济发展问题研究的一般成果。当然，无论是关注第三世界新兴国家的发展经济学家还是关注早期资本主义经济运作的古典经济学家，就他们对实现经济发展和增长的路径、方法和方式的研究而论，就他们对经济欠发展或经济不增长之原因的探究而言，他们之间确实存在着思维的连续性和研究方法的连贯性。

例如以《国富论》一书奠定其在经济学中历史地位的亚当·斯密，其“财富”概念便明显地具有现代经济学通用的“国民生产总值”的含义，其整个经济学说的主旨便是经济发展，而他对于国民财富增长中资本积累的重要性的论述，对于经济增长静止乃至退步的可能性的分析，对于制约经济发展的制度性、政治性和自然性因素的研究，特别是有关政府政策对于经济增长的作用的考察，无不对后来者有着深刻的启发。可以说，斯密不仅提出了经济增长和发展的原创性问题，而且给出了特定的回答。其后的李嘉图，作为一个“希望**为生产而生产**”[②] 并因此主张发展资本主义生产力的经济学家，更加关注分配问题之于经济发展的重要性，他对于国民收入在工资、利润和地租之间的分配比例关系，以及这一关系对于社会生产发展状况之影响的考察和洞见，成为近代经济学关注于分配问题的滥觞，因而极大地影响着人们对于分配问题的观念。而与之同时代的马尔萨斯则以其《人口原理》和《政治经济学原理》论证了人口因素对于经济增长的制约作用，同时也考察了与分配有关的有效需求的增加对于增长的刺激作用。正是在这里，马尔萨斯从不同的方向进一步拓展了李嘉图有关分配问题的研究。约翰·穆勒则集中分析了经济增长对投入要素价格的影响，分别将人口增长、资本积累和技术进步逐个地当做变量进而观察它们对于投入要素价格的影响，这无疑开创了一种新颖的抽象分析方法。

这些古典经济学家所生活的那个时代只是资本主义的早期阶段，因而他们所关注和研究的问题不可避免地受到他们所处的那个时代的限制，他们担忧的是生产和经济能否长久地发展下去，关心的是哪些因素构成了生产和经济持续发展的关键，他们几乎探讨了一切

---

① ［美］亨廷顿等：《现代化：理论与历史经验的再探讨》，罗荣渠译序，1 页，上海，上海译文出版社，1993。

② 《马克思恩格斯全集》，中文 1 版，第 26 卷Ⅱ，124 页，北京，人民出版社，1973。

与生产有关的可能的约束条件和主要的投入要素。尽管他们所建构的概念体系及其所使用的方法仍然对后世有长久的影响，但他们所提出并力图解决的问题随着时代的变迁而多少失去了意义。正是因为这样，后来以马歇尔为代表的新古典学派尽管仍然关注着资本积累等较长期的问题，但已经将前述古典经济学家所讨论的问题当成确定的既设前提，转而更多地关注收入分配、价值与价格以及一般均衡等短期问题。同时，他们在认识深处化解了前人的忧虑，认定资本主义的发展是渐进的、演化的且又是连续的、不间断的；发展的最终结果会使社会全体得到好处。但在这个问题上，熊彼特却表示了不同的意见。依据他的企业家创新理论，他认为经济发展是对既有经济格局的突破，而突破的推动力来自于企业家的创新精神及其创新活动。因此，经济发展只能是跳跃式地、间歇式地并因而是突生式地实现，且伴随着经济的周期性波动。

如果说资本主义经济的进一步发展使得所谓经济发展问题从主流经济学家的研究日程中消失了的话，那么，第二次世界大战以后亚非拉地区大批新独立国家的涌现及其对经济发展的渴望和对发展道路的探索便构成了新的发展理论兴起的客观背景。“以 1945 年至 1960 年这一段时期为高峰的非殖民化运动重新激发了对发展经济学的兴趣。许多新独立的国家以及拉美那些较早独立的国家都处在一种以追求国民经济增长为目标的情势之中。富裕国家或出于人道主义的关心或鼓励输出的利益以及大国势力的角逐，对这些国家的经济发生了兴趣……各种国内和国际代理人期待着经济学家作出政策分析。而由于不发达国家缺乏经济学家，于是感受到这一冲击的便是欧洲和北美。对于这些地区的经济学家来说，这既令人兴奋却也使人为难，因为他们几乎已有若干代不曾认真考虑过经济发展问题；这样一来，数以百计的此前还只是国内问题专家的经济学家改头换面，以发展经济学家的名义出现，而成千上万的较之于其前辈更加关注政策问题的年轻人，则为了将自己训练成为‘第二代’发展问题专家而涌入大学和研究生院的课堂。”①

以第三世界发展中国家的经济发展问题作为研究对象的所谓发展经济学便成为一门相当时髦的学科，并因而迅速产出了诸多成果。仅就其间对其他学科和整个关于现代化理论研究产生了较大影响的理论而言，发展经济学中的二元结构发展论和经济成长阶段论是最为突出者。

早在对第三世界国家的经济状况进行分析的最初阶段，埃考斯和鲍依克等人就已经注意到，在这些国家中存在着两个迥然不同的经济部门：一是技术工艺比较进步、已经纳入市场体系并因而市场作用明显的现代化部门，二是主要使用传统技术和工艺、尚未进入市场体系的本土部门，两者之间有着明显的差别。在此基础上，曾先后在英美任教的刘易斯对这种二元结构展开了系统的分析。在他看来，二元结构中用资本主义生产方式组织生产的现代经济部门与用前资本主义生产方式进行生产的传统经济部门，后者包括农业、小型商业与服务业，二者并存共生。由于结构上的差异，传统生产部门有大量的隐蔽性失业和极低的边际生产率，因而形成了极低的工资水平和几乎是无限供应的多余劳动力。这种情况下的现代生产部门的工资水平并非取决于边际劳动生产率，而是由传统生产部门的平均收入所决定。在实际生活中，现代生产部门的工资水平较之于传统生产部门高出 30%左

① L. G. Reynolds, *Ideals and Reality in Economic Development*, Yale University Press, 1977, p. 34.

右，却仍然低于本部门实际的边际劳动生产率。其结果就是传统生产部门的多余劳动力为寻求更高的工资报酬而不断涌入现代生产部门，现代生产部门的高额资本利润则会用于积累和投资而使生产规模不断扩大，且不断需要和吸纳从传统生产部门转移来的劳动力。在这样的持续过程中，现代生产部门不断扩张而传统生产部门不断萎缩，最终实现了经济的发展和现代化。

刘易斯的这一增长模式无疑揭示了发展中国家所普遍面对的一种矛盾处境以及大都可能经历的不同生产部门之间此消彼长的转换过程，但他显然是对此持有一种过于乐观的看法，相信资本主义生产是唯一可能的出路。在发展经济学的理论脉络中，刘易斯的二元结构发展模式成为他自己和其他许多学者继续探讨的基础。一方面，包括乔根森等人在内的著名学者以此为据建立了更为系统化也更加复杂的数学模型，用以具体分析发展中国家的二元结构特征；另一方面，包括刘易斯本人在内的一些人则以为由此找到了一条可以通过政府计划政策有意加以利用和实施的发展战略，并展开了相应的论证。

但较之于刘易斯的二元结构发展论，罗斯托所提出的“经济成长阶段论”则因其具有更加宏观的视角而成为影响更大的发展理论。在罗斯托看来，整个人类社会的发展过程就是经济成长的历史，其间又必然经历六个阶段。第一是现代科学技术阙如、生产力水平低下、农业生产为主体且由家族与部落充当社会组织角色的传统阶段；第二是或由内部生发或由外部导入的科学知识和观念开始渗入生产与生活、开始造就新型企业家并通过他们扩张生产、从而为过渡到更加迅猛的发展阶段准备条件的“为起飞创造前提阶段”；第三是实现了必要的社会政治制度建构、不断加大投资和积累的比重、进而越过增长的临界点而在较短时间内产生决定性成果的“起飞阶段”；第四是扩张的经济将现代技术应用到各个经济领域并因而实现经济持续成长的、相对时间较长的“向成熟推进的阶段”；第五是工业高度发达、人均收入提高、经济主导部门转为耐用消费品制造的大众高额消费阶段；最后则是以服务业为代表的、提高生活质量的“追求生活质量阶段”。围绕着这些阶段划分，罗斯托分别论证了每一阶段的特性，同时也探讨了阶段间替代的动力和原因。他特别强调了经济起飞的意义，并且据此分析了与之配套的政策措施。①

罗斯托认为，经济成长阶段论具有普遍的适用性，尽管每个国家的发展历程有其独特性，尽管发展中国家较之发达国家有其特定的困难，但这一理论及其分析方法既适用于发达国家，也适用于发展中国家。罗斯托对经济发展阶段的划分表现了其对于社会发展阶段性的洞识，因而成为现代化理论中有关传统—现代划分理路中具有经验意涵的探讨。他对阶段更替发展动力的探讨则表现了其对于人类进步终极原因的追寻，但由于从一开始就抱持的意识形态判断使得他的规范分析包含有诸多偏见，这些偏见成为后来者批判的锋芒所指。

在发展经济学的分类中，人们往往会将刘易斯的理论归入结构主义理论，而将罗斯托的学说指为非结构主义的类型，并按照这样的划分将各种各样的发展理论归纳在一起。就此而论，前述两大理论实际上标识着两大理论脉络的分野及其争论所在。但实际上真正与

---

① Walt W. Rustow, *The Stages of Economic Growth: A Non-Communist Manifesto*, Cambridge: Cambridge University Press, 1960.

之构成另一种发展取向的，应当是马克思主义的发展理论。

二、社会学领域中的发展问题研究

伴随着工业革命的发生和发展而出现的巨大的社会变化，被那些身处其间的经典思想家们所感受和关注，并且付出了很大的精力对之进行研究。在这种背景下所产生的社会学，自孔德首次使用这一术语指称自己的思想体系直到后来者在相关领域内继续从事学术研究并使之成为现代社会科学主流学科之一，始终将所谓社会变迁问题，包括变迁的原因、方向和结果，以及与此相关的问题如社会变迁发生时的社会状况和特性及此前与此后的社会特征等，作为研究的重点对象。正是在这一意义上，如同曾任德国社会学学会主席的查普夫所言，"现代化和现代化理论属于社会学最重要的理论课题"①。

以这样一种理解来看待社会学关于社会变迁和社会发展的理论，可以将其间的演进理路大体上区分为两种：一种是始自于斯宾塞的思考传统，经由杜克海姆等人的进一步张扬，再到帕森斯和默顿等人的系统化工作而得到完善的结构—功能主义；另一种则是从马克斯·韦伯开其先河而在后来表现出多样化发展的社会心理文化理论。

具体说来，在结构—功能主义理路中努力的学者首先继承了斯宾塞对于社会进化论的推崇中所包含的进步主义信念，接受了他的社会有机体学说，特别是其中从结构—功能角度对于社会进化的解释以及简单社会与复合社会即军事社会与工业社会的划分概念；其次则接续了杜克海姆基于社会分工和功能分化而提出的、以机械团结到有机团结为主要内容的社会变迁理论，有关以共享价值为基础的社会整合观念，以及他在提出这些理论并用以指导其经验研究时所使用的方法；再次则直接领受了马林诺夫斯基和拉德克利夫—布朗的功能主义概念及其对于社会制度所做功能分析的典范；最后又吸纳了其他思想大师有关社会变迁问题研究中的诸多洞识，包括韦伯的社会理论和方法论原则，以及帕累托的社会系统理论。尽管上述经典作家的观点不尽相同且多有分歧，但共同滋养了以帕森斯和默顿总其大成的现代结构—功能主义理论。

在长达40余年的著述生涯中，帕森斯创立了有"大型理论"之称的社会行动系统理论。在他看来，社会系统中的所有个人的行动均依赖于其主观选择，而社会系统是由规范性规则、价值观和信仰构成的复合体，对此必须根据规范性结构及其在进化过程中的作用加以认知。他特别强调社会以其特定的制度和结构来满足系统的需要并解决重复出现的问题，进而维持或重建系统的平衡。在此基础上，他建构了一个包括有分化—适应性升级—包容—价值概括的社会进化模型，由此又强调社会变迁过程的渐进平缓的自调整性。作为帕森斯的弟子，默顿则依据范围较为有限的假定而建构自己的"中层理论"，关注于填补帕森斯的大型理论与精巧、个殊的经验研究之间的空白，并因此提出了"功能失调"、"显性功能"和"隐性功能"、"功能替代"等重要的概念体系及其研究方法，从而完善了功能主义的理论体系。

由此可见，结构—功能主义者都把社会看做由相互关联的部分组成的结构，而这些结构又在不同程度上由平衡机制所维系。易言之，他们大都将社会看做一个有机的生命体或

---

① ［德］沃尔夫冈·查普夫：《现代化与社会转型》，54页，北京，社会科学文献出版社，1998。

由相互依赖的结构因子所构成的系统，它们之间的依赖性即在于它们各自的功能不同且维系着系统的运行。尽管这些学者所建构的理论模式有所不同，但从总体上讲，他们都关注现代社会的分化以及在分化基础上的社会整合和社会秩序，进而以此解释社会的变迁。他们注重社会价值及其对于社会的整合作用而非社会利益及其冲突，注重宏观的社会过程分析而非社会结构研究和微观层次的学术努力，注重权力与社会同意的联系而非权力的强制性，注重社会控制而非社会变化，因而在其理论框架内无法容纳社会的突生性变化和社会的整体变迁。结构—功能主义对于现代化理论研究有着极其重要的影响，但更重要的却是它为更为晚近的研究提供了批判的对象并进而激发了新理论的产生。

在韦伯所开创的社会心理文化价值理路上，理论演进的图景则更加繁复。韦伯思想的博大精深使得他成为许多相互争论的学说和理论的重要来源，也就是说，韦伯的理论体系引发和启迪了各种各样的学术努力。但就其对于现代化理论的影响而言，韦伯以理性化作为社会变迁之核心概念的理论最为深远和广泛。在韦伯看来，人类的历史演进和社会变迁就是社会生活，包括经济生活、政治生活、宗教生活和文化生活等的理性化过程，就是由世袭制度向理性制度的历史转变，由传统型统治或“克里斯玛型统治”向法理型统治的社会发展。所谓“法理型统治”也就是现代的欧洲资本主义社会，其特征在于不仅存在着生产过程的可计算性，而且经济行动所赖以发生的法律和行政环境也具有了可计算性，法律秩序形式和性质都具有一系列明显的公式化、规范化特点，以及科层制管理的广泛出现。而这种转变得以发生的关键则在于经过改革的宗教意识所引起的人的态度和气质的突破和飞跃，进而才形成了经济理性化的过程。按照韦伯的话说，这就是“虽然经济理性主义的发展部分地依赖理性的技术和理性的法律，但与此同时，采取某些类型的实际的理性行为却要取决于人的能力和气质。如果这些理性行为的类型受到精神障碍的妨害，那么，理性的经济行为的发展势必会遭到严重的、内在的阻滞”①。

尽管韦伯所关注的是工业化资本主义社会能够在西欧出现的原因，但他对理性化社会的论述以及在实现这个理性社会时支配着人之行为的价值观念的论述对部分现代化理论论者有着深刻的影响。他们沿着韦伯的思考逻辑进一步认为，落后和欠发展与其说是一种经济现象或特定形态的政治经济体系，毋宁说主要是一种精神现象、一种心智状态。就此而论，现代化就是一种理解、表现和评价方式的改变过程。

在这个方向上进行学术努力的代表者有勒纳和英克尔斯。与社会变迁重在文化变迁的早期论者那种比较宽泛的文化界定有所不同，勒纳和英克尔斯更强调与行为方式相关联的价值观念和思维方式，但他们两人又是从不同的角度展开论证的。勒纳以其《传统社会的消失：中东的现代化》一书讲述了传统人的传统观念和行为方式是如何消解和解体并导致整个社会走入现代化的过程，并且强调教育和通信传播的发展对于现代观念的获得所具有的意义。而英克尔斯则主要论证了什么是现代人。在他与史密斯所撰写的《从传统人到现代人：六个发展中国家中的个人变化》一书中，他明确指出：“我们所关心的是回到对人的考虑上来。我们感觉到，在发展过程中一个基本的因素是个人，除非国民是现代的，否

① ［德］马克斯·韦伯：《新教伦理与资本主义精神》，15页，北京，三联书店，1987。

则一个国家就不是现代的”①。在他看来，无论政治和经济制度如何，其本身都是一种外在的形式和空洞的躯壳，一国人民必然需要一种能赋予现代制度以真实生命力的普遍的现代心理基础，都必须在思想态度、价值观念和行为方式上经历一种现代的转变以具有某种程度的现代性，否则是不可能实现真正的现代化的。也就是说，一国人民必须转变为“现代人”，“他是一个见闻广阔的、积极参与的公民；他有明显的个人效能感；在同传统的影响来源的关系中，他有高度的独立性和自立性，特别是在他决定如何处理个人的事务时尤为如此；他乐意接受新经验以及新观念，也就是说，他是相当开放的，在认识上是灵活的。”②

当然，较之于韦伯原初的论述，所谓文化心理一脉的现代化理论多少显得有些偏颇，但惟其如此才引起了学界的注意和争辩，并因而深化了人们对于现代化的理解。就此而论，这一理路的理论建树对于此后有关现代化问题的理论探讨有着巨大的影响。

正如社会学界所普遍承认的那样，马克思的理论也属于社会学理论的经典渊源之一。尽管马克思生前并未自认为是社会学家，也从未将自己的理论归入后人所指称的那些学术流派，但马克思主义理论所揭示的社会运行规律的普遍性以及其中所体现的洞察力和原创性，使得社会学界公认他是伟大的社会学家，特别是社会理论方面无可争辩的经典大师和学术权威。在20世纪70年代以后的有关现代化问题的研究中，马克思的理论受到越来越多的关注。正是在这样的背景下，马克思主义理论不仅成为社会冲突理论的主要来源，而且成为结构主义分析和批判理论有关现代化问题探讨的主要的理论基础。对此，后面将加以详述。

三、历史学领域内的现代化与发展研究

对于现代化和发展问题的研究，历史学以其独特的方式做出了独特的学术贡献。究其根本原因，按照美国著名史学家查尔斯·蒂利的话说，则是“有关人类事务的一切可靠的知识都要立足于已经成为历史的种种事件。由于我们想要了解的社会结构和社会进程存在的时间很持久或者需要一个很长的时期才能发展起来，所以历史知识已越来越有价值。社会进程依赖于发展途径，即前一阶段发生的一系列事件可左右某一特定时间所发生的事件，有鉴于此，关于历史顺序的知识已经变得十分重要”③。这虽然不无作为史学家的自豪与自傲之感，但确实提示了一个重要的事实：前述有关现代化和发展问题研究的学术成果都在相当程度上建立在有关人类特定历史时期和历史过程的认知和理解的基础之上。而恰好在这方面，历史学家的作用十分突出和明显。这种作用主要体现在两个方面：一方面，历史学家以其对于历史事件和资料的梳理和发掘为现代化问题的研究者所提出的各种理论提供了历史事实的经验验证，使之成为具有科学根据的理论；在这方面，甚至这些理论的提出者本人也会着力于研究历史以说明自己的理论，因而临时地客串了历史学家的角色。另一方面，那些更具独创性的历史学家以其学术研究成果大大地影响了有关现代化问题的研究，直接推动

① ［美］英克尔斯、史密斯：《从传统人到现代人：六个发展中国家中的个人变化》，10页，北京，中国人民大学出版社，1992。

② 同上书，424页。

③ ［美］查尔斯·蒂利：《历史学家在怎样做（和做什么）?》，见单天伦主编：《当代美国社会科学》，50页，北京，社会科学文献出版社，1993。

和促生甚至构成有关现代化理论的一部分，因而又被公认为现代化理论的大师。

较之于前述经济学和社会学因20世纪60年代非殖民化运动的兴起而着手开始第三世界国家的发展问题研究而言，历史学对于现代化和发展问题的重视是一个更长久的变化趋势的更为晚近的变化而已。这一变化自第二次世界大战前开始而在战后50年代中期达到顶峰，其结果就是所谓“新史学”在历史学领域开始居于支配地位，而与旧史学构成了差别：“新史学倾向于分析而不是叙述，倾向于专题论述而不是编年体。它更多地依靠统计表、口头交谈、社会学模式和精神分析理论，而不是依靠制度、条约、议会辩论或政党宣言。旧史学着重于政权与管理、立法与政治、外交与对外政策、战争与革命，而新史学注意的中心则是社会集团与社会问题、工厂与农场、城市与乡村、工作与娱乐、家庭与性、幼年与老年、犯罪与精神病。旧史学主要描写帝王、总统、政治家、领袖人物、政治理论家，新史学则以‘无名的大众’为其主题。旧史学现在被指为‘来自上面的历史’、‘精英人物的历史’，而新史学则是‘来自下面的历史’、‘人民的历史’”①。由此可见，具有社会科学化取向的新史学在研究目的、研究对象、理论框架和研究方法等方面都与此前占统治地位的、人文主义取向的旧史学构成了明显的分野。而在新史学的脉络之中且对于现代化和发展问题研究有着重大贡献的历史学家典范当首推布罗代尔和查尔斯·蒂利。

布罗代尔的学术贡献不仅在于他通过接办布洛赫等人创办的《经济和社会史年鉴》的方式，在思考传统和学术团体的双重意义上继承了战前由布洛赫等人开创的法国新史学传统，更在于他用自己震撼国际学界的研究成果大大丰富了有关资本主义发展的历史知识，从而使得新史学成为当代历史学界最具影响力的学派。布罗代尔的成名作是他在1949年发表的博士论文《腓力蒲二世时代的地中海与地中海世界》，在这部两卷本共1 200页的著作中，他试图将16世纪后半期即西班牙国王腓力蒲二世在位时期的地中海世界作为一个整体加以考察。正是在这部著作中，他论证并实践了自己的史学理论，提出了总体历史和长时段的核心概念。在1967年开始发表至1979年最终完成的又一部鸿篇巨制——《十五至十八世纪的物质文明、经济和资本主义》中，布罗代尔又在一个更为广阔的时空范围内论述了欧洲的历史、特别是从中世纪的封建主义向近代资本主义过渡的历史，再一次展示了年鉴学派史学理论的精髓及其所可能创造的学术成就。

按照布罗代尔的说法，相对于传统历史或政治史关注历史事件所使用的短时段以及经济社会史关注周期和跨周期性问题的中时段而言，对更加长期的社会因素或社会结构的关注则不能不使用长时段。这类社会结构因素不会像经济因素那样自动地显现自身，但却规定和制约着历史。长时段现象，包括地理环境和人们的思维习惯、普遍的社会心态等，构成了历史的深层结构。所谓总体历史则是强调历史研究理应包括更加广泛的内容，应当涉及社会日常生活的各个方面，而不能仅仅讲述英雄和英雄崇拜故事，因为“历史事件是一次性的，或自以为是独一无二的；杂事则反复发生，经多次反复而取得一般性，甚至变成结构。它侵入社会的每个层次，在世代相传的生存方式和行为方式上刻下印记”②。布罗

① G. Himmelfarb, *The New History and the Old: Critical Essays and Reappraisals*, Cambridge: Cambridge University Press, 1987, p. 14.

② ［法］布罗代尔：《十五至十八世纪的物质文明、经济和资本主义》，第一卷，27页，北京，三联书店，1992。

代尔关注历史时间的多元性、历史整体的多层次性，试图通过长时段的历史与其他历史的比较对照而揭示历史过程更加丰富和深刻的立体画面，试图用时间、空间、社会、经济、文化等诸多领域的事实全面说明社会历史的结构。因此，他的研究取向甚至被认为具有科学范式的意义。同时，他的研究成果又令人信服地讲述了西方资本主义发展的历史过程，在相当程度上不同于那些现代化论者在其预设的乐观主义和线性发展理论模式下所理解的西方发展过程。对此，布罗代尔强调指出："摆在我们（历史学家）面前与摆在社会科学家面前的一个共同的主要任务是澄清（理论）模式的功能和局限，其重要性往往会在某些方面被夸大了，因此有必要将模式研究与历史观察相对照。我认为，一个模式的意义和解释价值严格地取决于它所采用的时间观"①。

布罗代尔对于时间、空间、长时段内所显露的社会结构等问题的关注及其研究成果极大地影响了现代化问题和发展问题研究者的学术工作，促生了后来的欠发展理论和依附理论。这在沃勒斯坦的学术研究中表现得最为突出，实际上，沃勒斯坦在其所在大学所担任的教职就是"布罗代尔经济、历史体系和文明研究中心"主任。正如布罗代尔所说的那样，"在这一点或那一点上，甚至在一两条主线上，我与他（沃勒斯坦）的意见并不吻合，但这无关紧要，在问题的实质上，我们的观点是一致的"②。

查尔斯·蒂利则与布罗代尔有所不同，尽管他也自称自己的工作更具有社会科学化的、注重大规模历史过程的研究取向，但他主要以比较史学的成就而知名。自从以研究历史上的集体暴力现象和革命事件开始其学术生涯以后，蒂利就开始采取一种"以历史事实为依据的、社会—结构样式的解释路径"并特别关注政体问题③，由此质疑在现代化论者那里居支配地位的否定民族国家的作用以及所有国家都会经由同样的道路从传统走向现代的理论预设。就其 20 多年来所不间断关注的民族国家的形成这样一个多少属于中型理论的问题而论，他所使用的方法，主要是以当今世界上民族国家形成最早且最多的欧洲地区作为经验研究的对象，着力于对其中那些较为宏大的结构和过程进行比较以求得到普适性的认识，力图说明现代民族国家的形成是经由全然不同的道路而走到现在并因此成为这些国家之间的差别所在的历史根源。在其受美国社会科学研究会比较政治委员会政治发展研究项目的委托和资助而主持完成的《西欧民族国家的形成》一书中，蒂利却表述了与同一系列的其他七本著作不同的旨趣。在他看来，尽管国家建构并不可能有简单的或单线性的因果解释，但有两大类变量是必须加以考量的。首先，一国的国内阶级结构状况是必须注意的，这不仅是因为那些在经济上占据支配地位的阶级会力图得到其所需求的资源，而且是因为阶级关系和阶级联盟的不同样式使得统治者有可能使用不同的方式去攫取和使用资源；所有这些都会严重制约和影响国家形成的基本路向。其次，一国所处的跨国性结构，包括其对外贸易和经济依赖性以及特定的地理位置等，也是必须关注的，因为这种结构制约着国家之间的政治—军事互动样式并由此影响其国内的发展进程。直到 20 世纪 90 年代，蒂利还出版了《强制、资本与欧洲国家》一书，进一步深化了这一方向的研究工作。

---

① F. Braudel, History and the Social Sciences: the Long Term, in F. Stern ed., *The Varieties of History*, New York: Vintage, 1972, pp. 403-429.

② ［法］布罗代尔：《资本主义的动力》，55 页，北京，三联书店，1997。

③ S. Skocpol, *Social Revolutions in the Modern World*, Cambridge: Cambridge University Press, 1994, p. 13.

在特定主题的历史研究的基础上，蒂利批评了在国家形成问题上的发展主义理论和功能主义理论，强调了历史主义视角的必要，也就是说，应当历史地、具体地、由过去推演到现在地认识问题，而不是非历史地、过于宏观地和由现在回溯过去地看待国家的形成。他还特别批评了政治发展论者将西方的经验简单化、绝对化和普适化的做法，指出西方国家历史形成的那些关键性因素在现时代已经发生了根本性的变化，因而西方国家所走过的道路是不可能重复的。① 与布罗代尔的见解相同，蒂利也强调特定的时间—空间概念对于理解和认知历史问题与现实问题的重要性，因而反对那种不顾历史事实、简单地将片面理解的历史教训应用于现实分析乃至政策咨询的做法。但与布罗代尔不同的是，蒂利是在一个更具限制性的主题上，大体使用着与现代论者相同的学术术语论证了一个与现代化论者大相径庭的认识结论。尽管其本身所包含的学术颠覆性尚不及布罗代尔的理论，但仍对学界有着巨大的影响。可以说，正是在蒂利等人的影响下，历史学界对于西方国家的研究出现了一个热潮，从20世纪70年代末到80年代，有关国家问题的历史学理论著作大批问世并且直接导致了日后被称做是“回归国家”的学术发展趋势，它从一个重要的向度对传统或经典的现代化理论构成了挑战。

综上所述，较之于经济学和社会学现代化问题研究及其所提炼的现代化理论，历史学界的同类研究却多少表现出不同的发展取向。这主要是因为：第一，尽管历史学和社会学以及经济学有关现代化和发展问题的研究都包括了对于西方国家发展道路和经验的总结和概括，但正如地理距离使人类学家获得了疏远感，历史间隔也使历史学家怀有这种疏远感。疏远感有助于消除参照中心，并起到了自我批评的作用，即批评传统史学中欧洲种族中心论的作用。② 第二，马克思主义理论具有不可否认的影响。尽管我们所提到的历史学家对此大多并没有明确的承认，但正如曾任英国历史学会主席的巴勒克拉夫所指出的那样：“今天仍保留着生命力和内在潜力的唯一的‘历史哲学’，当然是马克思主义”③。马克思主义历史理论中的逻辑与历史相统一的方法、社会形态的宏观认知方法和社会结构分析方法以及相应的概念体系和分析框架，以及在此基础上所阐发的社会起源学说、社会变迁理论等，其体系的博大和逻辑的完整，不仅构成了与前人的根本性差别，而且对后人更有着莫大的启迪。

第二节 比较政治学视野下的现代化发展

一、政治发展的基本含义

当我们循着学科发展的路径而考察现代化理论的时候，必然会简化或舍弃在现实的学术发展中诸学科之间复杂的交叠互动。其实，作为一个跨学科的研究领域，战后以来兴起的现代化和发展问题研究具有两个特点：一方面，这种研究首先起源于比较政治学而并未

① C. Tilly ed., *The Formation of National States in the Western Europe*, Princeton: Princeton University Press, 1975, pp. 4, 81-82.

② ［法］保罗·利科：《法国史学对史学理论的贡献》，86页。

③ ［英］巴勒克拉夫：《当代史学主要趋势》，261页。

止步于比较政治学。较之于其他学科的学者而言，政治学界无疑更接近于政府决策中心，因而更易于感受到政府决策的需求，也更易于得到研究所需的政府财政资助，但一旦问题提出之后，则其他学科的介入是必然的。另一方面，最早开始现代化和发展问题的比较政治学研究又从社会科学的其他主流学科的相关研究中获得了进一步的学理滋养，并加以综合吸纳而开始了更加系统而又精深的研究。所谓政治发展研究就是在这样的背景下出现并兴盛一时的新的研究领域。

早在 1954 年美国社会科学理事会（SSRC）成立比较政治学委员会并由阿尔蒙德出任主席一职后，便开始将亚非拉第三世界发展中国家的政治变迁问题作为主要的研究课题。1963 年派伊继任委员会主席职位，开始更加明确地以政治发展为主题组织委员会的活动。截至 1974 年，该委员会已经提供资助出版了 300 多项研究成果，包括专著、合著和论文等，同时还支持召开了 29 次学术会议，5 个暑期讲习班。尤其是主要由委员会成员参与写作的“政治发展”丛书一套 8 本，对于政治发展理论的扩散和流布产生了重要的影响。

但正如一般的学术发展已经表明的那样，随着一个特定主题下的学术成果的积累，其间的分化和分歧便会不可避免地出现和发展。且不论那些对政治发展研究持否定态度的学者，仅就其中那些一向坚持使用政治发展的术语指称自己的学术研究工作的学者而论，便可以依据其核心概念和理论预设的不同而划分出不同的学派，主要包括以阿尔蒙德等人为代表的结构—功能分析、以多伊奇等人为代表的社会进程分析和以布莱克、艾森斯塔德等人为代表的比较历史分析。这中间的结构—功能主义学派已如本书前面章节所述，是在社会学结构—功能主义理论影响下并融会了伊斯顿政治系统理论的基本要素而建构的一种理论模式。比较政治学中的结构—功能主义正是从所谓政治发展研究中首先提出并进一步演化成普适性的理论模式的。从阿尔蒙德与科尔曼合编的《发展中地区政治》再到阿尔蒙德与鲍威尔合著的《比较政治学：一种发展研究的进路》，其间的功能主义框架日臻完善；大体属于同一派别的还有著有《现代化的政治》一书的阿普特和写下《发展中国家的行政管理》的里格斯。尽管他们之间在功能的划分和界定上有着诸多不同，但相对于其他学者，这些学者之间的共性显然大于他们之间的不同。

所谓社会进程分析，主要是指那些着力于对不同的发展中国家的政治发展状况展开量化的比较研究，将特定的政治行为与工业化、城市化和大众媒体的普及化作用等发展程度联系起来进行考察，力图找到其间所包含的连带关系的学术努力。代表作包括多伊奇的《社会动员与政治发展》、尼德勒的《拉丁美洲的政治发展》以及卡特赖特的《国家的政治发展：它的测度及其社会相关系数》和艾斯特斯的《各国社会进程》。

而比较历史分析则是指那些试图根据自己对历史经验事实的理解和总结、使用宏观的比较方法、对于特定的政治发展问题进行探讨的学术尝试。其中影响较大者有艾森斯塔德的《现代化：抗拒与变迁》、布莱克的《现代化的动力》以及亨廷顿的《变革社会中的政治秩序》等。相对于本章第一节所提到的历史学家而言，这里的代表人物的写作方式和论说模式有很大的不同：他们是理论模式先行，并以这样的理论模式去诠释历史过程，因而他们的见解与前述历史学家也有很大的分歧。

对于政治发展本身的界定则更是歧见纷呈了。按照亨廷顿的说法，政治发展在各种学术文献中至少包括了四种不同用法。一是地理学指向的，即将政治发展界定为对于亚非拉发展中国家政治状况和政治问题的研究，这实际上也是政治发展一词的最初用法，其渊源于发展经济学的痕迹尤其明显。二是派生性指向的，即将政治发展定义为更广阔的现代化进程的政治向度和政治后果。随着工业化、城市化、教育普及化、大众媒体作用日显、经济发达和社会流动和分层的发展而出现的政治问题，包括政治危机和失序、失范等，就是政治发展所研究的内容。三是目的论指向的，即政治发展被看做是向着某种特定的制度形态发展的政治变迁过程。当然，这一制度形态又因研究者的个人偏好不同而有所侧重和区别，主要包括民主化、专业化、制度化、理性化和官僚化等。四是功能性指向的，即将政治发展定义为在社会发展的特定阶段即工业化社会才会出现的特定的政治现象和政治运动。因此，多元化的价值体系、发达的政党政治和集团政治及其制度安排、个人权利保障制度等便可以归入这一研究课题。①

在派伊看来，各个学派的政治发展理论实际上是在探讨同一问题的不同侧面而已，因此，他开列了政治发展的10个主要的命题：政治发展是经济发展的先决条件；政治发展意味着具有工业化社会的典型政治结构；政治发展是政治现代化的过程；政治发展意味着单一民族国家的建构；政治发展即健全立法，完善行政；政治发展是社会流动和大众动员，参与政治生活；政治发展是民主政治的建立；政治发展是稳定有序的变迁过程；政治发展意味着提升政治领袖和政治结构对于民众的动员能力和政权效力；政治发展是多维度社会变迁进程的一个方面。在此基础上，派伊进一步认为，从上述命题可以辨析出三个不断重复的研究主旨，即对于平等的关注，包括政治参与的广泛化和大众化、法治的普遍化和排斥特权、政治纳用的理性化特征等；对于政治系统能力的强调，包括系统的效率、合理性和能力作用的范围及强度等；对于政治角色和政治结构持续分化和专门化的认识等。这也就是政治发展的基本内涵。②

流布最为广泛的政治发展概念，也许应当算是阿尔蒙德依据其完整的结构—功能主义框架所给出的界说。在他与小鲍威尔合著、后又全面改写了的《比较政治学：体系、过程和政策》一书中，他认为，所谓政治发展是指特定的政治体系所在的大众文化随着教育和大众传播工具的普及化而出现的世俗化和科学化取向，政治体系本身的结构高度分化而出现了更加专门化和自主化的政治角色和相应的次级结构以及它们之间的新的互动关系，“一个结构上分化、文化上世俗化的政治体系将日益增强其影响国内外环境的能力”即具有更加广泛而有效率的政策行为能力。既然政治发展主要是指政治体系本身的变化，那么就意味着政治发展是政治体系为应付来自国内外环境的变化和内部政治精英人物的挑战而进行结构调整或角色创新的结果。在理论上，“政治发展的推动力表现为进入政治体系的输入流程中数量和内容的某些重大变化”即支持输入与要求输入之间出现了不平衡。而在现实中，政治发展的动力来自于政治体系所面对的五种类型的挑战或问题。“第一类是渗透和统一的问题，亦所谓国家建设问题。第二类的体系发展问题是忠诚和义务，或称之为

① 参见［美］亨廷顿：《政治发展》，见［美］格林斯坦、波尔斯比主编：《政治学手册精选》，下卷，150～153页，北京，商务印书馆，1996。

② Lucian Pye, *Aspects of Political Development*, Boston: Little Brown, 1966, pp. 33-44.

民族建设问题。第三类是参与问题，也就是各种社会集团施加压力，要求参加政治体系的政策制定的问题。第四类是经济建设问题，即运用政治体系来提高国内经济的生产能力，使社会得到产品和服务。第五类挑战是分配或福利，即国内社会中产生的，要求运用政治体系的权力来重新分配收入、财富、机会和荣誉的压力。"①

综上所述，尽管这些以政治发展为主题而展开研究工作的学者之间存在着不同的意见和争论，但在相当程度上他们又是共同的，他们甚至在进入这个领域的实际研究之时就已经具有了共通的理论预设和基本前提。他们都以乐观主义的基调界定政治发展。在他们看来，政治发展不仅是可欲的而且是可行的，尽管它也有可能造成暂时的危机状况；政治发展是随着整个社会的现代化进程而不可避免地出现的，无论它是引起变化的变化还是因变化而生的变化；政治发展是政治系统从先前无分化而又僵死的传统状态向着一种结构高度分化并因之专门化和自主化且富有效率和民主的现代或发达状态的过渡。而这种现代的或发达的政治系统，在经验层面上就是业已存在的西方的自由民主制度。尽管这些学者"开始时常常是作为发展中地区某一国家或地区的专家，撰写有关它们的学术论文，然后就'它们的'国家政治的某个方面写第一本书，继而对整个政治发展做更为广泛的、更带有比较性质的研究，运用从行为革命吸取的概念和方法，而且相当自然，常常还试图把他们在首次研究一个国家时所发现的关系概括进多少与大多数国家有关的关系中去"②。但实际上，他们最为萦怀不去的乃是他们生于斯、长于斯的国度，他们最为熟悉的乃是本国的政治生活和政治体制，因而他们在选择参照系而对发展中国家进行研究时，不可避免地是以本国的政治生活的抽象物作为首选乃至唯一的选择，由此建构起进行分析和研究的框架。当然，在学术发展的进程中，实际的情形表现得更加复杂和隐秘。

二、政治发展诸问题研究

作为一个在特定时期内投入了包括学者个人的时间和精力以及外来的财政资助等相当多的学术资源的研究领域，政治发展的主题下确实产生了诸多研究成果。其中一些对于发展中国家谋求经济发展和社会进步也不无特定的参考价值。而从学术发展的角度来观察，这些成果作为后继理论演变的基础更具有意义。因此，我们在这里也不能不加以讨论。

1. 政治发展的过程与样式

既然政治发展的论者对于政治发展的价值评价、对于政治发展的起点设定和目标模式具有了先验性的认知，因此，他们大都更关注于政治发展的路径和方式的选择以及相应的理论论证，举凡政治发展进程所可能涉及的一切均在他们考量的范围之内，例如发展的阶段性及其划分，制约发展的主要宏观因素或主导倾向，发展所处的外部环境包括先在的地理和历史状况以及现在的对外关系，开始发展的时机（timing），与发展战略选择有关的次序或序列（sequence），以及发展的速度问题，还包括发展的基本模式和样式。

在这方面的研究成果中，布莱克的《现代化的动力》堪称典型之一。与其他政治发展

① ［美］阿尔蒙德、小鲍威尔：《比较政治学：体系、过程和政策》，22～26页。

② ［美］亨廷顿：《政治发展》，见［美］格林斯坦、波尔斯比主编：《政治学手册精选》，下卷，150页。

论者不同，布莱克特别重视政治发展的时机与样式问题。在他看来，现代化作为一个长期的发展过程，主要表现为现代性的成长和传播即现代知识的增长及其对人类行为方式的影响，正是这种影响改变了传统制度必须行使的功能，进而又影响了制度本身。“正是在这一意义上，现代功能对传统制度的冲击构成了现代化过程的核心”①。由于政治是行动计划的理论化及其实际执行，政治为社会提供了组织基础，政治领袖的特性及其代与代之间的更替对于确定社会的发展方向有着极其重要的作用，因而现代化过程可以从其政治维度上获得透彻的理解和把握。为此，他又将现代化的发展过程划分为现代性的挑战、现代化领导的稳固、经济和社会转型、社会整合四个循序渐进的阶段，在这每一个阶段上，政治领袖的特性及其所面临的挑战问题以及相应的解决办法都是不同的。而在比较研究各国的现代化进程时，布莱克认为最为重要的是考察五个变量，即政治权力由传统人物转入现代化领导人手中的早与迟、传统领导所面对的现代性政治挑战是内发的还是外来的、国家的历史延续性与中断性重组、近代以来的独立自主与长期殖民统治、适应现代性功能的制度是内生的还是引入的。据此，他又将世界各国已经实现的现代化或正处在或步入现代化进程的国家进行了排序处理，并依据其步入阶段的早晚而归为七组类型。其中每一类型都因现代化发生的动机不同而表现出各自的特点。

较之于其他政治发展论者的精巧复杂的理论模型和卷帙浩繁的论证，布莱克的论说相当简单，但他揭示了相当重要的事实，即现代化的进程在具体国家的早发与迟发、内发与外发以及由此而出现的不同的历史环境和现实条件将是考察一国具体情况时必须加以考虑的重要问题。这一发现和洞识，对于政治发展理论的拥护者和反对者都具有相当的启发意义。

2. 政治发展与模式选择

既然政治发展是可欲求的和可操作的，那么就必然会涉及模式选择和政策设计的问题。曾在 1965 年以《现代化的政治》一书而名噪一时的阿普特就是这样做的。他认为，“现代化作为一种导向现代性状况的进程，肇始于人们试图解决配置问题之际”，也就是始于人们着手质疑和辨析自身如何作出各种道德或规范的、社会或结构的、个人或行为的选择，因此，“选择的问题对于现代人至关紧要”。② 在这个意义上讲，政治体系就是有关一个特定集体的选择体系，政府就是管制选择的机制。当然，由于上述三种选择的不同进而又造成了不同类型的制度，反过来，特定类型的制度又会制约人们的选择。

按照权威维度的两分法理想类型分类，阿普特提出了在推行现代化的进程中有世俗—自由主义模式与神圣—集体主义模式两种基本的政体类型。他认为，世俗—自由主义模式下的行为性特点是人人具有理性推理的能力和理解个人私利的能力；结构性特点是允许人们理性行事和追求私利，因而强调有限政府和排斥强制，并建立具有权力制衡机制的代议制政府；规范性特点是强调政治共同体的经典自由主义。而在现实生活中，这种模式的对应物实际上是自由—功利主义的社会形态，强调的是机制性和谐与均衡，最大的特征就是多元化的权力和政治领导，讨价还价和妥协；政治生活如同市场，政府是卖方，出售特定

---

① ［美］布莱克：《现代化的动力》，48 页，杭州，浙江人民出版社，1989。

② David E. Apter, *The Politics of Modernization*, Chicago: University of Chicago Press, 1965. pp. 10-11.

的政策产品，公民是买方，用投票方式进行购买。而神圣—集体主义模式下的行为性特点是潜能性，即无人格化的效率与效能；结构性特点在于政治共同体成为将潜能转化为现实的工具，因而强调社会生活而非私人空间，强调政治社会化而成为一个教育教化的场所；规范性特点在于整个社会成为一个道德伦理单位，个人的道德取决于体系的道德。在现实生活中，这种模式的社会强调的是广泛的社会动员机制，以求得人民之间的团结。维系这种团结的手段是以纪律化的方式集中精力于特定的政治和经济目标，而目标是指向集体的利益而非一己私利。这类社会的最大特征是具有个人感召力和人格魅力的政治领袖，集中而有纪律的领导，群众性的政党组织和专一不二的政治信仰。

在政体分类论说的基础上，阿普特认为，世俗—自由主义模式下的政府权威不易建立，尽管并不是没有权威；而在新独立的发展中国家，那些选择了世俗—自由主义模式的国家在独立后的很短时间内却都分崩离析了。因此，他承认这种以和谐与离散化为特征的模式未必适用于新独立的、正在谋求发展的发展中国家。相反，以社会动员为特征的社会却能够使人民广泛且积极地认同于发展的目标，积极参与政治生活，尽管主要是象征性地参与。因此，对于发展中国家来说，选择政体模式以便更好地推进现代化就是一个必须加以慎重对待的问题。①

以其对于乌干达和加纳以及其他非洲国家的经验研究为基础，阿普特似乎比其他那些政治发展论者更多地注意到了发展中国家在独立之初照搬西方政治制度所形成的困境，并进而注意到了这些国家的特殊国情以及作出相应的特殊选择的必要性，尽管他的论说基调仍不无意识形态的偏见。从学理发展的角度观之，阿普特对于现代化进程中不同的权威类型的关注引起了更广泛的反响，开启了所谓强大政府学派的一脉理论。

3. 政治发展与政治秩序

对现代化进程中，特别是刚刚走上现代化之路的发展中国家政府权威问题的关注和研究，在亨廷顿那里达到了顶峰。他一向主张应以经验研究和历史比较的方式研究发展问题，因而特别关注第三世界新独立国家在 20 世纪五六十年代普遍发生的政治动乱。在 1968 年出版的《变革社会中的政治秩序》中，他对照辨析了各种现象，进而认为，这些国家之所以动荡不安，并非出于贫穷落后，恰好在于它们正力图实现现代化。从历史上看，高度现代化的社会和高度传统的社会都是稳定有序的，而正处在现代化过程中的变迁社会才最易动荡失序。通过对有关资料的统计分析和相关度考察，亨廷顿提出了著名的命题："现代性产生稳定，而现代化却会引起不稳定"②。而究其原因，则主要在于现代化过程中社会变迁与政治发展的不匹配。对此，亨廷顿给出了三个递进关系式以说明这一过程的逻辑发展关系。

$$\frac{\text{社会动员}}{\text{经济发展}}=\text{社会挫折感}$$

$$\frac{\text{社会挫折感}}{\text{社会流动机会}}=\text{政治参与}$$

① David E. Apter, *The Politics of Modernization*, pp. 28-42.

② ［美］亨廷顿：《变革社会中的政治秩序》，41 页，北京，华夏出版社，1988。

$$\frac{\text{政治参与}}{\text{政治制度化}}=\text{政治不稳定}$$

按照亨廷顿的说法，在现代化过程中，一方面是社会动员程度的提高，另一方面则是经济的发展，但前者往往会提高人们的期望，而后者则提高社会满足人们期望的能力。在一般情况下，特别是现代化发展到一定阶段，社会动员的程度和速度远高于经济发展，于是便会在需求的满足与需求的形成之间出现差距，进而使人们普遍产生“社会挫折感”。在社会纵向流动和横向流动的机会可能受到限制的情况下，无法得到缓解的“社会挫折感”就会促使人们力图通过政治参与而向政治体系施加巨大的压力。如果政治参与得到迅速的扩大而政治制度化的程度却未能实现相应的提升即政治制度尚不具备组织和疏导政治参与的机制和能力，则政治动乱便会应运而生。如果说现代化进程中经济增长以某种速度促进了物质福利的提高，那么，它却以更快的速度造成了社会的怨恨和不满。因此，合乎逻辑的结论就是：在预想的政治发展起步之前，必须确保政治稳定。而意欲实现政治稳定，关键在于是否有一个能够有效统治的政府，这个政府的具体形式倒是无关宏旨的。对于发展中国家而言，“首要的问题不是自由，而是创建一个合法的公共秩序。很显然，人类可以无自由而有秩序，但不能无秩序而有自由。必须先有权威，然后才能对它加以限制”①。

当然，现代化进程不仅会造成社会动员与经济发展之间的差距及其他后果，而且还会造成程度尤高的政治腐败，即以“政治权力与财富的交换”为其基本形式的“公职人员为实现其私利而违反公认规范的行为”②。价值观念的变化与冲突、新的财源和权力渠道的创生、政府权威的扩张和决策管理活动的增多使得现代化进程更易于产生腐败，而这本身又成为体系缺乏制度化的构成成分和重要表征。因而，政治发展中的制度适应性理应考虑这一问题。

围绕着发展中国家在现代化进程中的政治秩序问题，亨廷顿还讨论了历史上的发展模式问题，分别论说了发展中国家的各种社会政治因素如军队、政党、农民、中产阶级、知识分子乃至大学在校学生等在政治变迁过程中的角色作用，论证了政治变革的基本策略问题。因此，《变革社会中的政治秩序》成为一部包罗万象的经典，其中的诸多论断成为后来者进一步展开研究或进行针对性批驳的基础。但说到底，亨廷顿实际上是从第三世界国家的政治欠发展开始自己的理论论说的。他认为，意欲实现政治发展，首先就必须建立稳定的政府并确保政治秩序，至于政府的形式及其统治政策的内容不能不退居其次。这样一种推崇政府权威的基本取向理所当然地又被称为“新权威主义”。

4. 其他有关问题

关于第三世界发展中国家的特殊问题，政治发展论者还有许多研究成果。例如就特定的比较研究个案而言，历史悠久且具有十分独特的种姓制度、却又全面移植了英国政治体制的印度，长期保持经济增长却又在一党长期连续执政的条件下基本维持了社会稳定的墨西哥，民主政体与军人政权交替反复出现并对经济发展产生奇特影响的拉丁美洲，在“发

① ［美］亨廷顿：《变革社会中的政治秩序》，8页。

② 同上书，59页。

展主义”支配下的政府政策与经济获得奇迹般增长的东亚诸国，都是相关研究的热点。就特定的研究对象而言，第三世界国家的农民问题、教育问题、军队问题则是有分量的学术成果最为集中之所在。就特定的政治现象而言，具有多重复合形态的民族主义、人际关系乃至官僚集团中的庇护主义（clientelism）、用以描述军事政变频仍和军人执政的考迪略主义（Caudillism）和用以刻画社会复杂关系的世袭主义，是学界最感兴趣的研究主题。但限于篇幅，本章不可能详加介绍。

三、对于现代化理论和政治发展理论的批判

一般说来，学术批评、特别是针对特定的理论体系或理论流派的学理性批判，至少包括五个进路：或是追究其先在的理论预设以发现其中的真伪疏漏，或是追溯其学理资源以质询其中的片面误读，或是考察其逻辑体系以发掘其中的自相矛盾之处，或是检验其方法论以寻找其中的舛错失当，或是推演校验其普适结论以揭示其中的局限偏颇。而对于现代化理论和政治发展理论的批判，可以说是全面涉及了上述几个向度。

就其先前的理论预设而论，现代化理论的批评者首先指出，现代化理论并非一种对于经验事实的单纯意义上的理论概括，相反，它是包含了特定内涵的一种思考框架。按照邓正来先生的话说，整个西方的现代理论架构，尽管各家论说的内容不无歧异，方法亦不尽相同，但一般而言均以两个相互联结的假设为基础而展开，“假设一，当下世界的所有国家都可以根据西方现代化所取得的成就而被界分为传统社会和现代社会。这便是人所熟知的‘传统—现代’两分观……假设二，人类历史注定沿着单一轨线发展，此一轨线由前后相续、性质严格区别的阶段构成；依据上述‘传统—现代’两分观，这种发展就表现为由传统社会向现代社会的进化”。在这样的两分法与直线论的基础上所形成的各种现代化理论，就其被用以解释非西方的发展问题的意义而言，已经成为一种普适的关于各种传统社会向现代社会转型和变迁的“思想框架”。

政治发展理论作为现代化总体理论的一个分支，受这一框架的影响至深且巨，正如拉帕隆巴拉所承认的那样，“‘现代’和‘现代性’这两个术语就意味着社会达尔文主义模式的政治发展，并暗示着改变是不可避免的，且其进展具有许多明显的阶段，接下来的进化阶段则比先前的阶段更复杂亦更美好”①。查尔斯·蒂利甚至进一步指出了政治发展理论家们往往将错误理解了的西方经验模式当做政治发展的基准，并称此为将西方经验加以漫画化和绝对化的错误。②

现代化理论的这一思想框架，实际上是以西方的发展经验，甚至是误解了的西方经验作为基础而建构的。因而，现代化理论的批评者直言不讳地指出这实际上是一种种族中心主义世界观的产物，代表了美国利益在全世界的扩张。

就其自身的逻辑体系而言，现代化理论的核心概念及其相应的理论论证在相当程度上是建立在对传统社会与现代社会的界分问题之上的。尽管现代化论者建构了诸多理论模

---

① Joseph LaPalombara, Issues on Theory and Comparative Politics: A Widening Chasm, in L. J. Cantori & A. H. Ziegler, Jr. (eds.), *Comparative Politics in the Post-Behavioral Era*, Boulder, Co.: Lynne Rienner, 1988, p. 25.

② C. Tilly (ed.), *The Formation of National States in the Western Europe*, Princeton: Princeton University Press, 1975, pp. 4-5.

型，选择并论证了诸多变量和指标，但其本身已经注定是化约论性质的，无法表明各种社会之间所存在的重大差异。例如"传统的"一词用以意指各种各样的前工业化社会，但这些社会不仅在历史上曾经历过全然不同的形态变迁，而且就其在现代化论者所指明的时点上更有着各自不同的社会经济结构和政治结构，有的是封建社会，有的是部族社会，有的则是官僚帝国。缺乏历史的、精细的辨析便无法认知这些社会正在发生的社会变迁及其后果。这就是一些比较史学者对这种划分表示不同意见的根本原因。甚至在现代化论者中那些对于历史的时间空间更加关注的学者如艾森斯塔德也承认，"现代化过程可能始于部族集团、城邦社会以及各种类型的农民社会，也就是始于发展程度和类型各不相同的社会。这些社会由于本身的资源状况和能力不同，对现代化的需求程度可能大不相同"①。

而从传统到现代的直线发展论也同样是有问题的，且不论各国的历史进程往往表现出异常复杂、各不相同的特点，即便是在现时代，经济增长和技术进步所带来的未必就是对于传统观念和行为方式的否定和抛弃。例如有现代化理论修正派代表人物之称的古斯菲尔德就曾指出，由于现代技术的发展，特别是现代交通的发展，极大地便利了更多的信徒前往麦加圣地朝觐，结果是传统的伊斯兰教反而得到了强化。日本的企业制度更是经常地被当做特异个案而用来否证现代工业社会中传统价值的消逝。传统制度不仅适应现代工业制度，而且能够与现代工业制度共存，这样的例证屡见不鲜。更为重要的是，现代化进程甚至能够使处于休眠状态的传统制度以及习俗和习惯恢复新的活力，因而发展也是可逆的。

就其所凭依的学理资源而言，现代化理论的批评者指出，"以帕森斯为首的结构功能学派，是现代化理论的先驱"。而"帕森斯的学说给人的印象是，仿佛人类的历史是一部轻松愉快的、和平的思想交流史……然而奇怪的是，在帕森斯的任何关于社会演进的著作中，都丝毫未谈及'统治'、'剥削'、'帝国主义'和'殖民主义'等灾难"②。

帕森斯的理论体系在相当程度上师承杜克海姆的进化理论，因而也同样重复了后者著述中原有的一些缺陷。例如"杜克海姆一般地分析了权力，但并未谈到帝国主义对第三世界的特殊影响。实际上，正是在杜克海姆出版其《劳动分工》一书的那个时代，帝国主义的影响已经反映出来了。他的《劳动分工》一书缺乏对权力的充分解释，把角色与组织的分化看成仿佛是一种和谐的适应过程，在这个过程中，人们仿佛是心甘情愿地根据现代化的需要去选择自己的角色。不言而喻，在人们的经济生活中确实产生了劳动分工，但这种分工可能是社会中某些集团、权贵或上层阶级用权力强加于人的，劳动分工的过程很可能是用权力决定报酬和用权力去控制劳动的过程"③。现代化理论的这些先驱的共同问题在于其论说缺乏足够的和具体的历史证据，同时更缺乏必要的结构分析。

上述这些缺陷在政治发展理论家那里得到了复制乃至放大。作为政治学家，他们却引人注目地不去关注历史上和现实中确实存在的权力关系问题，忽略了帝国主义和殖民主义以及国内阶级结构和阶级关系状况对于一国政治发展所构成的制约和限制。

---

① S. N. Eisenstadt, *Social Evolution and Development*, Oxford: Oxford University Press, 1970, p. 25.

② A. M. Hoogvelt, *The Sociology of Developing Societies*, London: Mcmillan, 1976, p. 18.

③ ［英］安德鲁·韦伯斯特：《发展社会学》，38页，北京，华夏出版社，1987。

就其使用的分析方法而言，现代化理论和政治发展理论的批评者特别指出，现代化理论，特别是政治发展理论的建模方式、对于不同模式的分类和描述以及相应的成因分析是站不住脚的。查尔斯·蒂利指出："政治发展的文献确然是回溯性的，即从 20 世纪的政治形态回溯到它们假定的原因"；但在这一回溯过程中，只有那些有助于形成或维持至今仍能看到的那些条件的历史事件才被认为是有意义的；这种有意选择的结果就是，至多能够说明一个既定的政治结构会依据哪些条件向着现存的模式或制度变迁，而根本不能解释政治结构发生解体、停滞、与其他结构的融合或转变成一个此前根本无法观察的新变体。在仔细辨析的基础上，蒂利还举证了亨廷顿《变革社会中的政治秩序》和阿普特《现代化的政治》两部政治发展理论代表作中的缺陷：前者有概念界定含混以及更严重的概念偷换的错误，在分析国家个案时，政治现代化、政治发展和政治制度化等关键性概念出现了奇特而明显的含义转换；后者的分析单位则带有非历史的臆想性，在以社会、民族和体系等取代国家作为分析单位时，丢失的不仅是国家对于政治发展的作用，而且还忽略了国际的国家体系对于一国政治发展的影响，这在政治发展的文献中是具有代表性的问题，其结果就是分析结论本身不具有意义。①

就其所得出的普适结论而言，批评者或指证其过于宏大而与现实中发展中国家所面临的紧迫问题无涉，或驳难其过于偏颇而近乎呓语。最尖锐的批评者甚至由此质疑现代化论者、特别是政治发展研究者的深层动机，认为他们的研究结论或者是为西方国家、特别是美国政府的既定政策辩护，或者是为其未来的政策建言。例如丹依就认为，比较政治学家有关政治发展的研究关注建构复杂的理论模式、充斥着抽象概念和含混术语，而其最后产出的成果"不但不符合历史、不关心政治，而且在分析技术的掩盖下自觉或不自觉地出卖给了美国对外政策的目标"②。在这个意义上讲，甚至包括现代化概念本身也受到质疑，因为"现代西方学者在使用这一概念时所带有的价值观偏见和意识形态的语调，对正确理解几十年来人类社会所发生的变革过程已经造成某些危险的后果"③。对此，就连阿普特也承认，"许多意识形态是披着发展科学的外衣出现的，而潜在的合理性消失了"④。

可以说，上述这些批评是导致盛极一时的政治发展研究走向衰落和消沉的重要原因之一。正是在这些批评中促生了替代性理论。

第三节　欠发展论与依附论

一、现实的启迪与理论的教益

在对现代化理论进行批判的基础上，产生了后来广为人知的欠发展理论或依附理论，

① Charles Tilly (ed.), *The Formation of National States in Western Europe*, pp. 615–619.

② A. R. Dennon, Political Science and Political Development, *Science and Society*, Vol. XXXIII, Summer _ Fall, 1969, pp. 285–298.

③ ［印度］A. R. 德赛：《重新评价"现代化"概念》，见［美］亨廷顿等：《现代化：理论与历史经验的再探讨》，26 页，上海，上海译文出版社，1993。

④ ［美］阿普特：《发展政治学的详细规划》，见中国社会科学院近代史所主编：《社会变革比较研究》，268 页，北京，社会科学文献出版社，1992。

它着重研究第三世界国家和地区经济落后状况、成因、性质和特点，并据此探讨走出落后困境的一系列理论主张。就其关于第三世界国家欠发展问题的研究成果及其对所谓发展理论的批判，人们称之为“欠发展理论”；就其对第三世界国家在国际政治经济关系体系中所处的历史和现实的依附性地位的揭示，人们又称之为“依附理论”。无论是前述批评性意见还是后述正面的理论建构，欠发展理论或依附理论的主张者都是有所凭依的，而这些凭依大体可以理解为现实经验与理论资源两大部分。

所谓现实经验，主要是指20世纪五六十年代以来，许多发展中国家按照发展经济学的某些理论设想制定了自己的经济发展战略和工业化战略，进而在经济增长方面取得了一些成就，但经济增长本身并未带来社会的进步，收入不均、贫富悬殊、阶级分化的现象愈演愈烈，进而导致政局的不稳和动乱。与此同时，却有更多的发展中国家在经济发展中遭到严重的挫折。有意思的是，无论是经济有所发展还是经济每况愈下，除极少数例外，大部分发展中国家并非没有强大有力、权力高度集中的政府组织，但政治稳定并未像政治发展论者所预期的那样随之出现，或者仍然可以感到明显的重大政治危机和潜在动乱风险。这些纷繁复杂的现实状况不仅对那种追寻普适性模式解释的现代化理论和政治发展理论构成了挑战而引发了批评意见，而且促使人们开始重新审视被发展经济学和政治发展理论所设定为前提或推演为政策建议的那些主张，进而去寻找替代性的理论资源以得到新的解释。

由此可见，所谓理论资源，显然是不同于前述发展经济学和政治发展理论所引据的那些学说，而是另一种选择——马克思主义的理论体系。马克思主义理论的伟大意义不仅仅在于其演化成现实的政治力量而影响着千百万人，而且在于它作为知识领域一种替代性的传统而可能作用于千百万人。而这种影响有时甚至是潜移默化、润物无声的，被影响者、被作用者自觉或不自觉地受到它的影响，他们有时自认不讳，有时却否认乃至拒斥，但其思维深层的踪痕仍然是有迹可寻的。现代化理论的批判者就属于这样的情形。

不可否认的是，对于资本主义社会，马克思有着独具洞识和独成体系的研究。一方面，马克思对于资本主义社会的经济形态进行了大量的探讨，并建立了相应的完整的理论模型，包括普遍和发达的商品生产、劳动力商品化和剩余价值的榨取，从而揭示了资本主义社会的普遍特征和独特性质；通过对商品二重性、劳动二重性和价值形式的研究及其概念运动，考察了剩余价值的生产、来源和本质，从而建立了狭义的剩余价值学说，并进而对资本主义生产过程、流通过程和资本运动的总过程进行了全面的分析。另一方面，马克思不仅在理论上运用历史与逻辑相统一的方式，更重要的是对资本主义实际的历史发展也进行了透彻的研究，从而揭示了资本主义从最初形态直到成熟形态、从一个国家和地区到整个世界的发展规律及其特性。“资产阶级，由于一切生产工具的迅速改进，由于交通的极其便利，把一切民族甚至最野蛮的民族都卷到文明中来了。它的商品的低廉价格，是它用来摧毁一切万里长城、征服野蛮人最顽强的仇外心理的重炮。它迫使一切民族——如果它们不想灭亡的话——采用资产阶级的生产方式；它迫使它们在自己那里推行所谓的文明，即变成资产者。一句话，它按照自己的面貌为自己创造出一个世界。”① 而理解和解

① 《马克思恩格斯选集》，2版，第1卷，276页，北京，人民出版社，1995。

释这个世界，同样须从资本主义生产方式的基本性质和特点入手。“从直接生产者身上榨取无酬剩余劳动的独特经济形式，决定着统治和从属的关系，这种关系是直接从生产本身产生的，而又对生产发生决定性的反作用……我们总是要在生产条件的所有者同直接生产者的直接关系——这种关系的任何形式总是自然地同劳动方式和劳动社会生产力的一定的发展阶段相适应——当中，为整个社会结构，从而也为主权和依附关系的政治形式，总之，为任何当时的独特的国家形式，找出最深的秘密，找出隐蔽的基础。”① 上述两个方面的分析实际上又是结合为一体的。这一理论不仅受到马克思主义流派学者的重视，也受到自称为非马克思主义者的学者的关注，影响着他们关于资本主义社会及其世界体系的理论思考。正是从这个意义上讲，“马克思是第一位目的很明确地研究经济发展理论的人，而且的确是第一位在这种意义上使用‘经济发展’的名词的人”②。

在马克思主义理论发展史上，列宁的帝国主义理论对于资本主义发展的新现象有深刻的概括和总结。在他看来，较之自由竞争时代的资本主义，帝国主义的特征在于：“(1) 生产和资本的集中发展到这样高的程度，以致造成了在经济生活中起决定作用的垄断组织；(2) 银行资本和工业资本已经融合起来，在这个‘金融资本’的基础上形成了金融寡头；(3) 和商品输出不同的资本输出具有特别重要的意义；(4) 瓜分世界的资本家国际垄断同盟已经形成；(5) 最大资本主义大国已把世界上的领土瓜分完毕。”③ 在这里，列宁坚持了马克思主义对于资本主义生产过程和流通过程以及资本运动的总趋势的分析，进一步展开了对资本主义新的发展和新的现象的分析，探讨了资本主义对外侵略和资本扩张的经济基础和发展规律。这些观察和分析在相当程度上已经揭示了世界资本主义发展过程及其结果的实质性问题，任何对当代世界政治经济发展持批判态度的学者都不会不从中获得启发。

同时，马克思主义理论还为那种在现代化理论中居于支配地位的结构—功能主义提供了截然不同的替代性选择。尽管马克思在世时既未自认为是社会学家，也不可能将自己的理论归入社会学范畴，但由于其理论体系的巨大影响，当代社会学界不仅公认马克思是伟大的社会学家而且是冲突理论的主要创始人之一。特别是马克思对整个社会发展过程中阶级斗争和阶级冲突对于社会变迁和制度变革的推动作用、对资本主义社会阶级结构和阶级关系及其作用的观察和分析，不仅表现了深刻的理论洞察能力，而且提供了完整的概念分析框架。因而，作为分析一般社会结构和社会变迁的方法，以马克思主义为其主要来源之一的社会冲突理论构成了功能主义的对立物。当功能主义强调社会的相互依赖和一致性时，冲突理论则主张社会冲突的恒久性和不可调和性；当功能主义认为社会可以自动创造控制社会冲突的方式而保持平衡之际，冲突理论则注重社会矛盾引起冲突、剧烈的冲突导致社会根本性变革的可能性。而“强调经济权力的不平等和由此造成的冲突，便构成了‘依附论’或‘不发达理论’的基本内涵”④。

应当说，马克思主义理论当中有关资本主义经济及其世界性发展的分析、有关社会冲

① 《马克思恩格斯全集》，中文1版，第25卷，891～892页，北京，人民出版社，1974。

② ［澳］阿恩特：《经济发展思想史》，37页，北京，商务印书馆，1997。

③ 《列宁选集》，3版，第2卷，651页，北京，人民出版社，1995。

④ ［英］安德鲁·韦伯斯特：《发展社会学》，38页。

突问题的分析为现代化理论的批判者提供了替代性的理论资源。但更重要的是，他们不仅在这些资源的基础上展开了批判，而且也同样开始了积极的理论建构工作。在这一过程中，素有新马克思主义者之称的美国学者保罗·巴兰起到了一种关键性的理论转换作用。他于1957年出版了《增长的政治经济学》一书，可以说是最早冲击主流经济理论关于经济增长和停滞问题认识的一次尝试。巴兰认为，西欧发展的历史说明，是资本主义首先"侵入"了低度发展地区的经济，而这种入侵非但没有历史的进步作用，反而破坏了这些地区依古典经济学所展示的那些物质基础；入侵所造成的资本主义移植非但没有所谓经济发展动力的作用，反而导致这些地区的经济停滞和社会落后。因此，巴兰强调，西方资本主义的扩张，预示着殖民化、民族经济解体和剩余产品的被侵吞。而解决欠发展问题的关键，非但不是积累国内资本或培植民族企业家，反而应当是进行社会主义革命，剥夺国内外资本家的财产，进而使民众完全控制和支配本国的经济。①

当然，欠发展理论和依附理论的出现还得益于其他一些理论资源。其中，联合国拉丁美洲经济委员会（ECLA）及与之有联系的一批拉美知识分子对于发展问题的探讨对后来者有较大的影响。长期在该委员会任职的普雷维什很早就提出不能用正统经济学的理论解释拉美国家的经济发展过程，并提出著名的"中心—边缘"理论。在他看来，世界经济关系体系实际上是由占支配地位的工业发达国家作为"中心"、居被支配地位的生产初级产品的发展中国家作为"边缘"或外围而构成的。这样的中心与边缘之间在分享技术进步成果方面的不平等、国际贸易比价上的不合理和国际收入方面的不公正使得中心能够不断吸吮边缘的收入并维持其对边缘的霸权地位。"这种霸权表现为'中心'国家以政治权力为后盾的技术和经济优势，以及它对'外围'国家施加的影响。由于'中心'国家与'外围'国家的上层分子有密切联系，这就使它能在不同程度上控制'外围'国家的政治和经济权力，并使后者处于依附地位。因此，在已经形成的国际分工格局中，拉丁美洲等'外围'国家的具体任务只是为工业大国生产食物和原料。"② 尽管拉美经济委员会为摆脱这种困境而设计的"进口替代政策"并未取得预期的成功，但它的理论分析和研究成果却被人称为"结构主义的发展主义"，影响了后来的相关研究。

二、相对于发展的欠发展

与传统或经典的现代化理论相对立的欠发展理论或依附理论，在其始于20世纪60年代末而至今仍在发展中的演进过程中，已经成为一个相当庞大且繁复的理论族群。但从总体上看，其间各种理论主张和观点流派仍具有相当程度的共同点。首先，这些学者大都来自于第三世界国家，尽管他们在发达国家接受了系统的学术训练甚至在发达国家工作多年，但较之于那些"外来的"研究第三世界国家的学者，他们对于欠发展和不发达仍有着他人难以企及的切肤感受和真实体验。这使得他们既能更加切合实际地观察和分析问题，以第三世界国家的历史经验和现实状况作为研究的对象，同时又比较熟悉西方学者的理论

① Paul Baran, *The Political Economy of Growth*, New York: Monthly Review Press, 1957.

② ［墨］普雷维什：《依附、发展和相互依存》，见中国社会科学院经济研究所编译：《发展经济学的新格局：进步与展望》，43页，北京，经济科学出版社，1987。

误区和思维定式，进而能够有针对性地展开理论论辩。其次，他们大都更关注于本国发展的长期历史及其所处国际环境的宏观结构。对于第三世界国家所经历过的商业资本主义掠夺、殖民主义统治和新殖民主义的奴役和剥削等特定的历史发展过程和既定的国际结构性地位的认知和理解，成为他们讨论发展问题时的关键性背景。由此，他们由探讨第三世界国家欠发展的深层根源入手，进而讨论如何走出欠发展的困境，坚决拒斥现代化理论仅以目前的欠发展状况作为讨论的原点而展开如何走向现代化的思维框架。再次，他们对于现代化理论高度赞扬和充分肯定的经济发展持有怀疑精神和批判态度。因为在他们看来，第三世界国家的现状和历史都提示着特殊的教训：第三世界国家的发展未必会给本国最广大的人口带来福祉，也未必会给本国带来真正意义上的发展。最后，他们大都主张某种阶级分析方法，尽管在对特定阶级的历史作用和现实影响的价值评判方面有所不同，但资本主义和资产阶级、无产阶级、中产阶级、农民大众等不同阶级之间的阶级结构和阶级关系是他们共同使用的概念架构。

当然，在其他方面，欠发展理论或依附理论的主张者之间存有不同的意见。例如，依据他们对于第三世界国家民族资产阶级在本国经济发展或欠发展中所起作用的不同评价，可以区分出“新马克思主义者”和民族主义者；依据他们对于摆脱贫困和欠发展而实现真正发展的途径的不同设想，可以区别为激进主义者和温和主义者。但这种区分未必有助于全面理解欠发展理论或依附理论，因而为着论说的方便，这里仅讨论其中一些有代表性且具较大影响的学说。

1. 中心—边缘的欠发展理论

曾经在巴西任教多年且始终以拉美经济作为研究重点的德裔学者弗兰克以其《发展的社会学与社会学的欠发展》一文率先开始了对传统现代化理论的系统批判，真正令其闻名遐迩的是多部专论欠发展或低度发展(underdevelopment)问题的著作。弗兰克认为，所谓未发展（undeveloped）是指前发展或未开始发展的阶段，而低度发展或欠发展（underdeveloped)，则主要是指在资本主义世界体系中由于发达国家的支配和控制而被扭曲的发展，因而是一种相对于发展的欠发展（underdevelopment of development）。在此基础上，弗兰克批驳罗斯托的经济发展阶段论，指出后者所描述的传统社会与发展中国家的历史和现实不相吻合。随着世界资本主义经济的融合即15世纪以来欧洲政治经济的扩张，各发展中国家已经被纳入了世界历史的同一趋势，其结果就是一些国家的发展与另一些国家的欠发展。因为第三世界国家的欠发展，才有了发达国家过去和现在的发展。第三世界国家的欠发展并不在于其内部因素的制约，而在于世界经济格局和历史发展的趋势的结构性约束。也就是说，这种欠发展是由于世界资本主义体系所造成的。

同时，弗兰克也批驳了刘易斯的二元结构论关于发展中国家结构性矛盾的结论，指出后者所谓第三世界国家存在着大量与世界经济隔绝的自给自足区域的观点与真正的现实不符。实际存在着的是一种“宗主—卫星”模式，即由世界大都市中心组成的、包括相对欠发展地区和经济落后地区直至延展到第三世界国家最贫穷的农村在内的、金字塔形的紧密联系的网络。在这个网络中，联系着“宗主—卫星”链条的依次是美国及其统治阶级占主导的世界级大都市、相对落后的南方各州、第三世界国家的都市中心、省级或州级中心，以及最后的地方庄园主和小商贩。而链条中的物流则逆向地表现为下一级“卫星”的剩余产品和价值被上一级“宗主”所侵吞、剥夺和攫取。而每个中心相对于其“卫星”都存在着资源的浪费和挥霍，都会将从自身的“卫星”那里榨取的经济剩余输送到上一级乃至一切都成为其“卫星”的世界性“宗主”那里。因此，在他看来，世界资本主义体系中的基本矛盾有三，即经济剩余的攫取与被攫取、“宗主”中心与各级“卫星”之间的分化，以及在这一既定结构中的变化与“变化的持续性”，即在世界资本主义扩张过程中，上述统治和剥削结构仍能维持下去，进而持续造成发展与欠发展的两极对立。①

弗兰克以巴西和智利作为经验个案，论说了他的这一理论发现。在详尽考察巴西和智利从早期殖民时期直到现时代的发展中，他分别讨论了从南欧宗主国到英国资本主义直至美国资本主义所持续建立和维持的、在本国民族资产阶级帮助下而从大城市直至渗透到乡村的垄断结构，以及与垄断结构相伴生的巴西和智利的社会和政治生活的畸形状况。因此，他指出：“我和保罗·巴兰一样相信，正是世界性和本民族的资本主义，在过去产生了欠发展现象，并将在目前继续产生这种现象”②。而走出这种困境的办法，按照他的话说就是，“最近的经济危机的政治解决方式基本上要依阶级斗争的结果而定，就如历史上决定于阶级斗争的结果一样”③。

弗兰克的这些论述以其特有的对于资本主义世界性体系的分析而引起了更多第三世界研究者的注意。他将欠发展的关键置于不合理的世界体系中加以考察的做法与此前的传统现代化理论构成了明显的区别和对立，而他在政治主张方面的激进主义与其学术研究中的自由主义奇妙混合的特征更激发了人们对他的兴趣。因而，弗兰克的精彩见解连同其论说中的未臻完善之处，共同启发着后来的诸多研究者，为相关理论的发展提供了足够的冲力。

2. 不平等的发展

较之于弗兰克那个震撼人心却又略显粗糙的“宗主—卫星”理论模型，埃及学者阿明着重研究并论证了工业发达国家组成的“中心”剥削和支配处于“边缘”地位的发展中国家的具体实现方式。在1976年出版的《不平等的发展》一书中，阿明提出了“边缘资本主义”的结构性概念。在他看来，由于早期的殖民地贸易造成了发展中国家的前资本主义农业生产关系的畸变和传统手工业的破产以及资本主义生产方式的初步形成，外国投资的进入则造成了专务出口而劳动报酬极其低下的现代生产部门，发展中国家普遍推行的进口替代工业化在其发展过程中却造成了国内市场的畸态，跨国公司所建立的分工体系又迫使发展中国家只能提供初级产品和原料而输入设备和技术。在这样一种由四重原因的共同作用而使不平等已经成为专业化的国际格局中，边缘地区的国家与国际市场实现了一体化，但其结果却是不得不接受国际垄断资本的统治和支配。由于不平等格局的形成和延续，发展中国家的欠发展是历史积累的结果，而发展的主动性又因此进一步丧失，发展受到严重的阻碍。

---

① A. G. Frank, The Development of Underdevelopment, *Monthly Review*, Vol. 18, 1966 (Sept.), pp. 17-31.

② A. G. Frank, *Capitalism and Underdevelopment in Latin American: Historical Studies of Chile and Brazil*, New York: Monthly Review Press, 1967, p. Ⅺ.

③ ［德］弗兰克：《世界体系中的危机与依附关系的转变》，见［美］海尔布罗纳等：《现代化理论研究》，163页，北京，华夏出版社，1989。

在此基础上，阿明还比较研究了发展中国家不同地区如拉丁美洲、阿拉伯地区、亚洲和非洲等地的“边缘资本主义”的历史形态和社会特征，然后又概括分析了它们所具有的共同点：农业资本主义在国民生产部门中占主导地位；主要从事商业的国内资产阶级从属于占统治地位的外国资本且只能在外国资本所给出的范围内发展；特有形态的官僚政治生长起来，特别是随着民族国家的独立，国家资本主义有相当大的发展，官僚机构成为社会变迁的主要动力来源；无产阶级化尚未完成，因而居于同样阶级地位的不仅有现代企业中的雇佣劳动者且包括农民大众和城市失业人口。因而在这样的社会中，存在着一种极其特殊的、以农业资本主义发展为基础、以国家官僚机构主导下的国家资本主义为关键的“边缘资本主义”的社会政治经济结构。这一结构既是在发达工业化国家“中心”的工业和金融资本支配和控制下形成的，反过来又具有向这一“中心”输送经济剩余的功能。

同时，阿明还分析了“边缘资本主义”的历史发展进程。他认为，“边缘资本主义”有三个不同的发展阶段，分别是殖民主义、进口替代工业化和“边缘”走向自力更生的道路。其中，对于进口替代工业化阶段的分析最具特色。在阿明看来，进口替代工业化阶段始于边缘国家获得政治独立、民族资产阶级掌握政权并开始实行进口替代工业化的战略之际。但由于殖民主义阶段对这一阶段发展所形成的制约，这种进口替代战略实际上是以生产奢侈品为起点的，大众所需的日常消费品生产却处于不利地位。总体而论，这一阶段的特点包括：第一，“大众边缘化”现象的出现，即少数特权阶级的财富不断增长，并因而日益接受和享受发达国家的消费方式，进一步加剧重奢侈品生产而轻日用品生产的趋势，又保证了这些从事奢侈品生产的特权阶级能够获得高额利润，且巩固其在社会、政治、文化和思想方面的统一性和主导性地位，而大众却“边缘化”了；第二，边缘对中心的新的依附的出现，除了过去遗留下来的文化和政治依附以外，由于边缘国家的基础工业和公共部门的发展服从于出口产品和奢侈品生产，边缘国家对中心国家的资本有新的依附；第三，农业的落后状况依旧，尽管边缘国家的民族资产阶级会进行某种土地改革或绿色革命式的技术改造，但农业仍然落后，农业人口占人口多数的边缘国家仍需进口粮食；第四，边缘国家的资产阶级丧失其民族性而走向买办化，即成为中心国家资本的附庸；第五，边缘与中心之间的不平等交换日益加剧，因为在新的依附的基础上，中心向边缘输出更多的机器设备和技术，而边缘却用它们来生产本国的奢侈品和供出口的简单制成品和传统的初级产品，这样一来，原有的不平等仍在，而新的更大的不平等又在发展中，边缘依附中心的状况有增无减。阿明有关走向自力更生的道路的第三阶段论述则主要与其关于第三世界国家摆脱依附的设想有关。他认为，发展真正的“民族的和自力更生的”经济才是唯一的出路。①

应当说，阿明的这些论述不仅继承了弗兰克以来从资本主义世界体系的角度分析第三世界发展中国家经济落后问题的基本思路，而且特别强调了这一分析层次之于边缘国家生产问题、阶级问题和制度转型问题的重要性，比较详尽且具说服力地论证了发展与欠发展的问题应当从生产与交换的角度加以考察的必要性。

---

① 参见［埃及］萨米尔·阿明等：《不平等的发展：论外国资本主义的社会形态》，北京，商务印书馆，1990。

3. 不平衡的发展

在追究第三世界发展中国家之所以欠发展的原因方面，著名的激进左派学者诺瓦克提出的“不平衡的发展”也是具有相当影响的一种理论。在其于1966年出版的《历史上的不平衡复合发展》一书中，他在相当程度上沿用了马克思主义经济理论的经典作家们对于资本主义发展的不平衡概念来论说历史上的发展与欠发展问题。

他首先用生产力发展和科学进步的不平衡性作为一种普遍的规律性法则来解释发展问题，进而又以历史的比较论说在世界资本主义的发展过程中已经充分显现了不平衡性，这种不平衡性以历史积累的效果赋予不同的民族、不同的经济部门、不同的阶级乃至不同的社会机构和文化领域以不同的增长速度和增长规模。

其次，他强调这种不平衡的发展又具有复合性的特征，即历史发展进程中的多种因素会对不平衡发展的具体样式、状态和性质产生重要的影响。以此观察第三世界发展中国家的欠发展问题，便可以看到多重形式的剥削和统治的存在对于欠发展所构成的总体上的制约作用，也可以看到即使是欠发展在不同的国家也表现出不平衡的特点。

正是在这样的基础上，诺瓦克又强调了根据这种不平衡性而由落后的民族在某一时期超越先进民族的可能性问题，即通过某种剧变性的事态而在社会演进方面造成质的飞跃，进而摆脱欠发展的可能性问题。①

诺瓦克的“不平衡发展”论在一定程度上不同于弗兰克那种仅仅界分发展与欠发展的过于整体性的两分法分析路径和具有宿命论色彩的结论，揭示了不同程度的欠发展的可能性，更揭示了在整体的欠发展中部分发展的可能性。正是在诺瓦克所揭示的这个方向上，另一些有新马克思主义者之称的学者如沃伦进一步探讨了突破欠发展的可能性。在《帝国主义与资产阶级工业化》一文中，沃伦既承认第三世界国家的经济发展在很大程度上依附于发达工业国家，又指出第三世界国家并非注定只会停滞或陷于畸形发展的境地而无法自拔，第三世界在政治上的独立、东西方的对抗和帝国主义列强间的竞争给第三世界国家造成了更多和更好的讨价还价的机会，并且能够激发它们推动自主的资本主义发展的主动性。这一思路显然在接下来的理论演进中得到了延续和发展。

三、相对于欠发展的依附性发展

同样是使用依附性的概念，前述有关第三世界国家经济落后问题的研究者更关注于欠发展问题或相对于发展的欠发展，而在20世纪70年代以后的理论演进中，一些研究者注意到了在国际经济的既定格局中仍有部分发展中国家确实实现了一定程度发展的经验个案，因而更强调相对于欠发展的依附性发展的问题。由于这部分学者对于依附性概念本身和依附性发展的研究个案给予更多的关注，因而他们或在相对狭隘的意义上区别于欠发展论者而被称之为依附论者，或相对于弗兰克等人的主张而被称为新依附论者。但依附论者并未构成一个内部统一的学者群体，他们在前提预设、研究方法、概念建构、思考逻辑和价值判准上都存在着分歧和争论。只是为了叙述的方便，本节对其间的代表性理论作了必要的逻辑排序。

① G. Novack, *Uneven and Combined Development in History*, New York: Merit Publishers, 1966.

1. 依附性的发展

在依附理论的提出者和主张者当中，巴西学者卡多索以其曲折复杂而又丰富多彩的学界生涯和政界经历引人注目，更以其汲汲于发展中国家政治经济问题研究30余年而成为依附理论的大师级人物。在他那篇引证率最高的文章《拉丁美洲的依附与发展》中，卡多索首先批评了弗兰克的欠发展理论，认为这一理论建立在对第三世界国家现实的静态研究的基础之上且秉持着一种整体性的观察角度，因而未能注意到在跨国公司的控制下的拉美国家工业化的动态结构，否定了这些国家实现独立自治的工业化的可能性。在此基础上，卡多索主张，在当代发展中国家现实的社会经济发展过程中，“依附”和“发展”是同时共存、并行演进的。发展中国家的经济既具有“依附性”又有“可发展性”。换句话说，受制于“依附性”的发展中国家仍能够实现特定的发展，尽管这种发展是有代价、受牵制的，但较之于外国资本未进入时的处境，这时的发展仍是可能的和可取的。这种发展就是一种“依附性的发展”，是当代资本主义垄断扩张的新形式。①

在以巴西为经验个案而展开的理论分析中，卡多索进一步阐释了这种“依附性的发展”。他认为，巴西的经验说明，早期依附论中将依附与发展隔绝对立起来的见解并不允当，巴西的经济发展状况表明依附与发展并非绝对对立，反而有可能出现相互结合的现象。对此，他又提出了“连带型依附性的发展”的概念，并且认为其间的关键在于外国资本、发展中国家的国家资本和私人资本之间生成了一种新的连带关系。国际垄断资本主义的新形式——跨国公司的出现和发展以及由此形成的新的国际分工格局，会创造出跨国公司的利益要求与发展中国家的经济利益趋于一致的可能性。例如在巴西，那些投资于制成品和中高档消费品生产的、以跨国公司为经营方式的外国资本，不再像“古典帝国主义时代”那样满足于一般的攫取利润，相反却试图与巴西国内由国家资本支持的关键性经济部门的迅速发展相衔接，而私人资本则会更主动地介入共同的发展以避免被取代的危险或丧失扩张的机会。在这种格局中，上述三方都会从巴西的经济发展中得到好处并建立协调关系，尽管三方各自的深层企图可能是不同的。同时，受雇于这三方的大部分工人和管理层的中产阶级也会从这样的发展中受益，尽管国家的经济发展会因依靠经由跨国公司建立的金融资本网络和国际市场联系而受到牵制。②

但卡多索认为，这种“连带关系”的出现并未根本改变工业发达国家与发展中国家之间的中心—边缘的结构性关系。国际资本的控制权掌握在工业发达国家手中，发展中国家工业生产的关键则掌握在跨国公司手中，因而国家间的不平等交换仍然存在，发展中国家的经济剩余仍在向工业发达国家转移。然而，由于“连带型依附性的发展”的出现，中心—边缘的结构也确实发生了一些变化，某些发展中国家以此改变了在世界资本主义体系中的相对位置。一些国家实现了“依附性的发展”，而另一些国家则仍处在“依附性的欠发展”的境地。

① Fernando Henrique Cardoso, Dependency and Development in Latin America, in *New Left Review*, Vol. 74 (July-August), 1972, pp. 83-95.

② Fernando Henrique Cardoso, Associated-Dependent Development: Theoretical and Practical Implications, in Alfred Stepan ed., *Authoritarian Brazil: Origins, Policies and Future*, New Haven: Yale University Press, 1973, pp. 142-176.

正是在这里，卡多索的理论对于众多第三世界国家所处的不同状态，特别是因不同的结构性条件下具体的政治、经济和社会因素的结合方式不同而造成的依附结构的多样性和特殊性显然具有更大的解释力，并因而对依附理论的其他主张者有所启迪。同时，卡多索在其分析过程中较多地应用了现代社会学和政治学的分析方法，对于发展中国家阶级结构和阶级关系状况的分析也有不少创新和洞识，并因此在依附理论的诸多流派中独树一帜。①

2. 依附性结构中的发展

较之于欠发展理论或依附理论的其他学者，多斯桑托斯的独特贡献在于他对依附概念给出了较为周详的界定和全面的阐释。在他于 1978 年出版的《帝国主义与依附》一书中，多斯桑托斯指出："依附是这样一种状况，即一些国家的经济受制于它所依附的另一国经济的发展和扩张。两个或更多国家的经济之间以及这些国家的经济与世界贸易之间存在着互相依赖的关系，但是结果某些国家（统治国）能够扩展和加强自己，而另外一些国家（依附国）的扩展和自身的加强仅是前者扩展——对后者的近期发展可以产生积极的和/或消极的影响——的反映，这种相互依赖关系就呈现依附的形式。不管怎样，依附状况导致依附国处于落后和受统治国剥削这样一种总局面"②。接着，他详尽论说了这种依附性结构。

多斯桑托斯还对历史上存在过的不同形式的依附结构进行了比较研究，分别论述了其间的连续性和变异性。他认为，第一种依附结构是殖民地型依附，产生于早期殖民时代，其特点是商业资本和金融资本与殖民主义政府结成联盟，通过在殖民地占有土地、矿山和劳动力主宰欧洲国家与殖民地之间的不平等关系。第二种是 19 世纪末形成的金融—工业型依附，其特点是帝国主义霸权中心的大资本，统治并通过投资于附属国的初级原料和农产品生产进行扩张，从而满足霸权中心的消费需求和扩张欲望，在附属国形成面向出口的或外向型的生产结构。第三种是第二次世界大战后出现的技术—工业型依附，其特点是跨国公司开始投资于发展中国家中与其国内市场相关联的工业生产部门。

从总体上看，依附结构不仅制约着发展中国家的国际政治经济关系，而且决定着发展中国家的内部结构，包括工业生产的发展方向、资本积累的样式、生产和生产关系的再生产过程以及社会政治架构和阶级结构。在第三种依附形式下，发展中国家的工业发展严重受制于国际商品和资本市场的状况：新投资的可能性取决于是否有一个能够创造外汇以购买所需原料的出口部门，工业发展的方向取决于帝国主义中心的技术垄断性质，具体的生产状况取决于国际收支的波动，而国际收支又由于依附关系的存在而趋于长期的逆差。其结果就是，发展中国家的生产体系带有畸形的特点，在保留传统出口部门的同时建立了一个符合跨国公司利益而非国内发展需求的不平衡的生产结构和技术结构，包括收入高度集中、设备利用不足和集中在大城市的现有市场的集约使用。资本积累的独有特点是国内工资差别的扩大和在国外求购机器设备和工业原料。国内市场的发育也出现畸形，传统部门

① 参见张雷声：《寻求独立、平等与发展：发展中国家社会经济发展理论研究》，113～115 页，北京，中国人民大学出版社，1998。

② ［巴西］多斯桑托斯：《帝国主义与依附》，310 页，北京，社会科学文献出版社，1992。

与现代部门的并存以及工业部门资本密集型技术对劳动力的吸收不足，导致剥削程度居高不下、工资水平低下和大众购买力匮乏，同时，未能创造与人口增长速度相匹配的就业机会，新的收入来源受到限制，外资利润的汇出减少了国内创造的部分经济剩余。

因此，在多斯桑托斯看来，发展中国家处于经济落后的原因并非如弗兰克所说的那样仅仅由于大量的经济剩余被工业发达国家所攫取而造成的“相对于发展的欠发展”，而在于同国际资本主义经济关系的不平等性相联系的“依附性结构中的发展”。因而与其说是外部的结构性因素造成了发展中国家目前的困境，毋宁说是与外部结构相关联的内部结构的共同作用。在依附性结构的变迁中，变迁的动力即在于依附性结构能够再生产自身。多斯桑托斯认为，特别是在新的依附形式下，作为以大资本的垄断性控制、金融中心对发展中国家的统治、对高度复杂技术的垄断为基础的世界经济体系的组成部分，依附性生产体系能够不断再造或持续强化一个其自身发展受到国际关系制约的生产体系：其中的某些生产部门能够得到发展，但必须在自己的国家内同国际资本在不平等的条件下进行交换和部分竞争，同时推行对劳动力的超级剥削，从而将由此创造的经济剩余在国内外的统治者之间进行分配。这种再生产的根本特性在于不断再造出阻碍其在国内和国际上走向有利地位的各种因素，并在国内不断再生产出落后、贫困和社会边缘化。这种无法克服的内部矛盾会导致国际收支逆差的不断积累，从而产生更多的依附和更多的超级剥削。而作为弥补这些巨额逆差而提供的外来贷款和外国援助也成为依附的积累机制。

多斯桑托斯还比较分析了依附性结构约束下出现的两种不同的发展模式：一个是以跨国公司为主角的新的国际分工模式，另一个是在资本主义国际体系的范围内以国家为中心的国家资本主义模式。在分别论说了这两种模式的可能性和局限性之后，他认为，依附性结构中的发展必然会导致出现一个深刻的政治冲突、军事冲突和社会矛盾激化的长期过程，因而他又主张走人民革命的道路，在社会主义条件下寻求发展。

应当说，多斯桑托斯对依附性结构，特别是其在发展中国家内部所形成的特定结构的关注开辟了依附理论中的又一种新的思考脉络。而揭示发展中国家内部大都市对落后地区的垄断与控制、生产关系的畸形和社会歧视的存在以及文化和生活水准的极化发展等问题的所谓“国内殖民主义”理论及其变体“发展极”理论，都是遵循着同一取向进行思考的结果。①

3. 世界体系中的依附性发展

如果从对传统现代化理论的颠覆性角度来观察，则伊曼纽尔·沃勒斯坦在依附理论的基础上所提出的世界体系理论具有更加深远的影响，加上他对西方中心的批判并未止步于现代化理论而是深入到社会科学结构本身，因而其理论的意义尤其值得关注。

在沃勒斯坦看来，只有将欠发展问题与整个资本主义世界体系及其周期节律和长期趋势结合起来，才能真正理解这一问题的关键所在。因为从 16 世纪开始，世界就已经进入了资本主义体系。在他看来，资本主义的本质特征，就是为实现利润最大化而在市场上出售商品。在这样的生产制度中，只要有利可图，产品就会得到继续生产直至边际利润为零

① Joseph L. Love, Modeling Internal Colonialism: History and Prospect, in *World Development*, Vol. 17, June, 1989, pp. 905–922.

之时。资本主义从一开始就是一种世界经济现象而非民族国家的问题。相对于以朝贡形式直接分配农业剩余的世界帝国、以封建地租形式分配同样的农业剩余的欧洲封建主义，资本主义世界经济体系是通过世界市场机制和国家机器来分配有效的和扩大的生产所带来的剩余的。在历史的发展中，资本主义世界经济体系是通过世界体系之外的国家不断进入体系的“融入”过程和世界体系不断使体系外的国家就位的“边缘化”过程而使越来越多的国家和地区加入整个世界经济的“商品链”之中的。

在由此形成的世界体系内，发展与欠发展都是体系运动发展的结果，而非一时一地的特有现象。在层次上，这个世界体系作为一个实体而具有单一的劳动分工和多元的文化，涉及三个方面即政治、经济和文明的内容，包括文明、政治帝国或其他国家体系以及世界经济或世界经济体系。在结构上，这个世界体系是由集中了制造业、银行业和相关的先进经济活动的“中心”地区与或多或少地集中于初级产品生产活动的“边缘”地区以及处于两者之间且与两者均发生联系的“半边缘”地区所构成的经济专业化分工结构，同时存在的则是阶级构成即资产阶级与无产阶级。中心地区与半边缘和边缘地区之间存在着国际劳动分工和技术优势，尤其存在着政治力量的不对等，因而相互间存在着严重的不等价交换，半边缘和边缘地区的经济剩余不断地从边缘向中心转移以保障资本主义制度的生存。这种不等价的交换也存在于无产阶级与资产阶级之间。而这种以不平等交换为特征的资本积累过程就是资本主义世界经济体系的运作动力。按照沃勒斯坦的说法，“资本主义世界经济体是以世界范围的劳动分工为基础而建立的，在这种分工中，世界经济体的不同区域（我们名之为中心区域、半边缘区域和边缘区域）被派定承担特定的经济角色，发展出不同的阶级结构，因而使用不同的劳动控制方式，从世界经济体系的运转中获利也就不平等”①，“如果情况不是这样的话，就不可能确保剩余产品流入西欧以保障资本主义制度的生存”②。

当然，就不等价交换得以实现的具体机制而论，沃勒斯坦认为，在世界经济体系的发展过程中曾经出现过或至今仍运转的机制包括殖民垄断贸易、当代跨国公司内部的转换、涉及一种或多种商品的国际商品市场或国家间双边和多边贸易协定等，它们是随着历史的发展而变换的，并因而出现中心区域与边缘区域之间的调整。这表现为中心区域有较高的资本积累速度和规模，而边缘地区则较低下。他还指出，区域间的分化不仅是世界体系的基本特征，也是维持这一体系延续所必要的结构性安排。一个国家离开某一结构性位置，决非意味着逃脱这一体系而仅仅是在分工体系中承担另一新的角色而已。

沃勒斯坦的世界体系理论尽管大量采用了依附理论的观点，但与之更有着明显的差异。他所论证的依附性是某一国家或地区对于世界体系的依附，因而不同于依附论其他学者所主张的那种存在于特定的中心国家与边缘国家之间的依附性。他所主张的世界体系是一种实体性的、单一的或整合在一起的国际分工结构，因而不同于其他依附论者所认为的那种因中心国家与边缘国家的连带性而生成的外部结构。在此基础上，他也不同意其他依附论者将国家作为基本分析单位的研究方法，而坚决主张有关政治和经济主要进程的适当

① ［美］沃勒斯坦：《现代世界体系：16 世纪的资本主义农业与欧洲世界经济体的起源》，第 1 卷，194 页。

② 同上书，99 页。

分析单位是历史的世界体系。

也正是从对基本分析单位的思考出发，“沃勒斯坦对于那种把‘国家’作为分析单位的思维方式的批判，并未止于他对 20 世纪中形成的发展主义和现代化理论的批判，他更将批判矛头直指 19 世纪中叶得以制度化的、反映了自由主义意识形态的社会科学，因为他认为，19 世纪社会科学的重要前提之一就是这种将‘国家’视作分析单位的理论取向”①。正如沃勒斯坦所言：“在这个意义上，社会科学即使不是国家的造物，至少在很大程度上也是由国家一手提携起来的，它要以国家的疆界来作为最重要的社会容器”②。而其最终结果，就是成为一种有利于常规性国家制度的知识类型。在此基础上，他认为有必要展开重建社会科学的工作。

当然，对于沃勒斯坦世界体系理论并非没有质疑，诸多批评意见不仅来自反对世界体系论的学者，而且更多地来自同样主张世界体系论的学者内部。但必须注意的是，学术进步的动力和源泉往往不在于某些特定问题的解决，而在于特定问题的提出以及由此而导致的更多问题的出现。围绕着沃勒斯坦世界体系理论的各种争论最恰当不过地证实了这一点。

---

① 邓正来：《关于中国社会科学的思考：学科与国家的迷思》，见《邓正来自选集》，132 页，南宁，广西教育出版社，2000。

② ［美］沃勒斯坦：《开放社会科学》，28 页，北京，三联书店，1997。

第八章

社会—政治结构理论

重点问题

- 精英的基本概念和精英主义的基本命题
- 多元主义的理论脉络及其演进
- 法团主义的基本概念与基本内涵
- 工具主义与结构主义的基本内容
- 诸种主义间的区别与联系

在比较政治学的范畴内，所谓社会—政治结构理论，主要是指比较政治学者在对不同的社会进行宏观结构比较研究时所提出的思考框架和理论知识。社会—政治结构理论的内容相当广泛，包括了对社会阶级、阶层、群体和集团的概念界定和类型划分及其相互关系样式、结构和模式的理论概括。就其所表现的学术取向乃至意识形态偏好而言，由于其整体性思维的特点而往往被人加之以“主义”（-ism）的后缀，因此，有诸如精英主义、多元主义、法团主义、工具主义、结构主义、批判主义、国家主义的名目，以及其他各种阶级分析的观点。秉持这些不同取向的学者之间有着激烈的争论，其中的许多讨论又与比较政治学的其他理论主题或领域有着重叠交叉的关系。所有这些内容对于学习和理解比较政治学都是不可缺少的。

限于篇幅，本章将侧重讨论精英主义、多元主义和法团主义，它们被认为是比较政治学中的主流性观点。作为对照，最后一节将简要叙述工具主义与结构主义。

第一节　精英主义

一、精英主义的基本概念

精英主义是一种理解和阐释政治和社会及其历史发展的特定方法和思考传统。作为学术主张，精英主义所指涉的是一个跨学科的研究领域，尽管较之于社会科学的其他学科，社会学和政治学的学者对之有着更多的关注。作为学术实践，现代意义上的精英主义与著名学者莫斯卡、帕累托、米歇尔斯和拉斯韦尔的名字联系在一起。他们的开创性探索使精英理论成为社会科学中的一个重要主题。美国哈佛大学著名政治学家卡尔·多伊奇等人在1971年2月的《科学》杂志上发表了一项研究报告，列举了从1900年到1965年的62项“社会科学方面的进展”。其中，由莫斯卡、帕累托和拉斯韦尔等人提出的精英理论被认为是其中重要的一项。当然，在严格的意义上讲，精英主义并不是一个有着完整结构的单一理论，因为事实上存在着不同的精英理论和观点。更为重要的是，精英主义与其他的主义或理论之间存在着程度不同的亲和性。这就是说，在各种不同的理论流派和学术取向中，都可以发现精英理论的某些因素。尽管如此，我们仍然可以通过考察精英主义在一些根本问题上的立场，来把握其基本特征和理论精髓。

“精英”一词原意为“年收获中的最佳部分”，指用来酿造上等酒的葡萄，其转意是“经过挑选的合格者”。精英概念为古代思想家和现代研究者所广泛使用，但其含义并不一致。一般认为，帕累托第一次最为明确地试图根据社会生活中的实际情况而不是合理完善的行为模式来考察精英问题。在帕累托那里，精英概念兼具高度与素质两个方面的成分。所谓“高度”是指某种可以客观判断的成功标志，如职位、得分、盈利等，而“素质”是指个人的才智、才干或内在涵养。帕累托指出：“这些阶层（‘按势力和政治及社会权力而分出的一类人’，或‘所谓的上流阶级’）构成一个精英集团，一个 aristocracy（即贵族阶层，aristos 的词源学含义是‘最优秀者’）。只要社会平衡是稳定的，这些阶层的多数成员便会具有某些突出的素质，无论这些素质是好是坏，都是权力的保证。”①

后来，拉斯韦尔对精英一词进行了重大的修正，他排除了精英概念中的素质成分，而采用“高度”指标作为衡量精英的唯一标准。他指出，“精英是用于分类的、描述的概念。它指的是某一社会中占据高级职位的人。有多少种价值就有多少种精英。除了权力（政治精英）外，还有财富、名望和知识等方面的精英”②；“权势人物是在可以取得的价值中获取最多的那些人们。可望获取的价值可以分为尊重、收入、安全等类。取得价值最多的人是精英，其余的人是群众”③。于是，精英一词成为一个分析性概念，一个中性词，而不再含有价值的意蕴。这一修正的“长处”是使辨析判别精英的标准走向了经验化和客观化，有利于经验层面的观察，且能够采用科学的方法来进行研究。这样一来，“精英”概念便成为社会科学中的一个普遍范畴。然而，这也导致了另一个重大缺陷，即由于抛弃了素质标准，将占据高职位的人等同于精英，于是就容易忽视一个重要的问题，即有可能存在“精英赝品”，进而又排除了这样一个追问“如何使真正的精英占据高的职位”。正如萨托利所指出的，“如果纯粹根据权力和高度来定义精英和具体的政治精英……就会阻止我们看清楚精英的素质（和标准）与权势地位（被不恰当地等同于精英地位）之间的差别。结果精英研究输掉了最关键的牌局——不是权势人物存在的问题，也不只是权力精英是一群还是数群的问题，而是权势人物是真正的精英还是赝品的问题”④。

---

① 转引自［美］萨托利：《民主新论》，149页，北京，东方出版社，1993。

② 转引自［意］帕累托等：《精英的兴衰》，149页，台北，台湾桂冠图书公司，1993。

③ ［美］拉斯韦尔：《政治学：谁得到什么？何时和如何得到？》，3页，北京，商务印书馆，1992。

④ ［美］萨托利：《民主新论》，180页。

但这些分歧和争论的存在并没有妨碍学界一如既往地频繁且广泛地使用“精英”一词，毕竟这一术语所揭示的社会和政治现象是直接的现实存在，同时，这一术语所包含的排他性内涵也是清楚的：精英是不同于大众的少数人。

二、精英主义理论的基本命题

精英主义理论的逻辑起点是社会异质性，即首先承认在人类社会中社会资源分配的不平等性，进而肯定在政治权力领域少数人统治多数人现象的普遍存在与必然性。这一观点可以概括为精英与大众的两分法：“精英理论家们是用两分法来分析社会的，这种社会基本上是紧密结合在一起的少数人统治着分散杂乱的多数人的社会”①。

但精英—大众两分法又有各种不同的表述方法。莫斯卡指出：“最漫不经心的人也能注意到，在一切政治制度共有的、恒常存在的事实和倾向中，有一种极为明显的现象：从最原始的、几乎还未跨入文明的社会，到最发达、最强大的社会，一切社会中都存在着两个阶级：统治阶级和被统治阶级。属于统治阶级的永远是少数人，他们行使各种政治职能，垄断政权，并享有政权带来的利益；而人数众多的被统治阶级则身受统治阶级或合法、或专断粗暴的管辖和控制”②。法国著名历史学家布罗代尔在《十五至十八世纪的物质文明、经济和资本主义》中写道：“无论怎样进行观察都只能表明，这种内在的不平等是社会的恒在法则。社会学家也都承认，这是一条没有例外的结构性法则。但是，应该怎样去解释这条法则呢？……人们一眼就看到的，是高居金字塔尖的少数特权者。权力、财富以及一大部分剩余产品照例都归这些少数人所有；统治、管理、领导、决策，保证投资和生产的连续进行，都由这些少数人负责；财物、服务和货币最终也归他们掌握。在他们下面的是被统治的群众，地位不等的劳动者和众多的经济工作人员。最底层是大批社会渣滓、无业者的世界。”③

从理论上分析，支撑着精英—大众两分法命题的基石有两块，它们依次叠进且互为支撑：一是在微观或个体层次上，强调人与人之间是不平等的；二是在宏观层次上，认为这种不平等是结构化的，体现为社会制度的形式。

严格地说，精英—大众两分法有规范含义与经验含义之分。所谓规范含义是指社会“应该”由精英来统治或治理，如同古希腊哲学家德谟克利特所说，“按照事物的本性，优秀的人理当进行统治”④。中国古代的说法则是“劳心者治人，劳力者治于人”。所谓经验含义是指采取科学的方法，考诸经验，从中得出“客观”命题。无论是莫斯卡，还是帕累托，他们都是科学方法的赞成者，他们标榜自己的精英理论是基于科学的观察和分析的，因此是放之四海而皆准的真理。在19世纪后期的特定背景下，他们提出精英理论的直接目标有两个：一是针对盛行于欧洲的马克思主义的命题，因为马克思预言人类社会的未来将会没有阶级，因此也就没有国家与权力政治，而精英理论认为，人类永远会有掌权的少

---

① ［英］罗德里克·马丁：《权力社会学》，304页，北京，三联书店，1992。

② 转引自［意］帕累托等：《精英的兴衰》，1页。

③ ［法］布罗代尔：《十五至十八世纪的物质文明、经济和资本主义》，第二卷，509～515页，北京，三联书店，1993。

④ 转引自［苏］涅尔谢相茨：《古希腊政治学说》，75页，北京，商务印书馆，1991。

数人，永远会有少数统治与多数被统治之分。二是反对当时流行的自由乐观主义，因为自由乐观主义认为在代议制民主的条件下将会湮灭统治者与被统治者的区分，而精英理论却认为，转向拥有代议制民主的工业化社会不可能从根本上改变社会划分为统治精英与大众的结构，社会流动和精英循环也许会增长和扩大，统治集团也许会更加具有异质性，但是政府必将仍然是寡头式的。

由此可见，精英理论所包含的精英与大众二分法中规范含义与经验含义的区分并不具有绝对的意义，它们之间是可以转化的。精英理论从标榜科学命题出发，通过“价值评价”的中介，使自己成为一种披着“科学”外罩的意识形态。其实，如米歇尔斯那样的理论问题研究者所经历的政治生涯也足以证明这一点。

如果说精英与大众两分法是精英理论的基石的话，那么，所谓精英循环则是这一理论推演的逻辑结果。按照帕累托最初的解释，所谓精英循环是一类精英被另一类精英所取代的政治现象。因为政治统治往往需要有不同的品质，而精英个体又很难同时兼备多种品质，例如灵活、精明和能言善辩的“狐狸”品质与铁血冷心、乐于施暴的“狮子”品质，于是当某类精英的心智才干不足以应付某类事件时就会被另一类品质相反的精英所替代。历史上的政治变迁不过就是不同类别的精英之间的恒久的循环而已。但在莫斯卡那里，精英循环的内涵则更加复杂。在他看来，过于内向、僵化的精英集团会逐渐失去其对社会、政治和意识形态的控制并有可能被推翻。究其原因，这是因为他们未能向新人开启进入精英阶层的通道、开放官职以吸纳新生的社会力量，而同样由少数人领导的、全面取代旧的精英的力量便乘势而起，彻底推翻旧有的循环而代之以新的、但同样是精英的循环。因而，政治变迁、特别是那些以暴力形式出现的政治如革命，往往是代表着新旧两种循环的精英之间冲突较量的结果。①

三、精英理论的特征

对于精英理论基本特征的概括，学者各有不同。M. E. 奥尔森和 M. N. 马杰尔认为，精英取向的基本原则有六个要点。第一，在所有的社会（以及大型组织）当中，一直并将继续存在少数强有力的统治精英。不论政府体制和经济制度的性质如何，总是寡头统治或少数人对多数人的统治。群众确实不能自己统治自己。第二，尽管精英在人口中占有极小的比例，但他们却控制着极大份额的资源。他们组织良好，高度内聚。因此精英在社会中能够有效地使用权力。第三，精英往往会运用所有的手段来保护、维持其权力，并且一有可能便增加其权力。只有在有利于其自身利益时，他们才与他人分享权力。他们从来不主动让渡权力。第四，为了统治社会，精英会运用极其广泛的各种技术手段，包括控制政府、支配经济、使用警察和军事力量、操纵教育体制和大众媒介、惩罚和消灭反对者，以及制造意识形态，以使自己的权力和统治合法化。第五，精英允许甚至鼓励有限的社会变迁，但是力图将变迁程度限制在有利于实现他们所追求的目标的范围内，而不能威胁到他们的权力。重大的社会转型总是遭到精英的反对。第六，当社会变得越来越庞大而复杂时，精英的权力趋于隐秘，因为这一权力根植于无数的组织化结构之中。其结果，精英的

① T. Bottomore, *Elites and Society*, Harmondsworth: Penguin, 1966. pp. 35-36.

统治愈发无处不在，而且愈发有效。①

托马斯·戴伊和哈蒙·齐格勒在《民主的嘲讽》一书中，从不同的角度概括了精英理论的六大特征：第一，社会区分为有权的少数和无权的多数；负责社会收益分配的是少数人；政策不是由民众决定的。第二，统治多数人的少数人并不代表被统治的多数；精英大多出自社会经济的上等阶层。第三，为了保持稳定、避免发生革命，非精英上升到精英地位的过程必须是缓慢而又不间断的。非精英只有接受精英的基本观点，才能进入统治集团。第四，精英对于社会制度的基本准则和保持现行社会制度不变等方面的意见是一致，只是在很少一些问题上有分歧。第五，国家政策并不反映民众的要求，而只反映盛行于精英中的价值观。国家政策的改变是缓慢的，而不是革命性的。第六，相对说来，行动积极的精英很少受到态度冷漠的民众的直接影响。精英对民众的影响多于民众对精英的影响。②

尽管上述分析各有侧重，但还是可以从中发现一些共同的因素，诸如精英与大众的二分结构，精英与民众的关系（即是否代表民众的利益？是否反映民众的要求？是否受民众的影响?），精英的社会来源，精英阶层的开放程度（开放但有条件），精英之间的关系（基本共识的假定），精英的社会作用（决定国家政策、驾驭民众），等等。从这些内容可以看出，在精英理论的视野中，国家/政府具有相当强大的“自主性”。

四、有关精英理论的争论

精英理论强调精英统治的必然性，将其作为一条放之四海而皆准的真理。无论是整个社会，还是社会中的各种组织，概莫能外。但在陈述这种必然性的缘由时，不同的学者有不同答案，总括起来大体上有三种理路。

一是强调组织的因素，例如米歇尔斯认为，（大型）组织的存在，使得寡头政治成为不可避免的现象，这就是其著名的“寡头铁律”。在对欧洲若干个社会主义政党的研究中，米歇尔斯发现，尽管这些政党的领导者们按党章规定是由普通党员选出并对他们负责的，但这些领导者总会利用庞大且复杂的组织状况，利用管理组织所需的分工和专长而摆脱普通党员的监督和控制，巩固自己的地位，选拔忠实于自己的亲信，愚弄普通党员和追随者。其结果就是一种无法摆脱的恶性发展——寡头统治在自称主张现代民主的政党内得到了确立。③

二是强调行为选择强度的重要性，例如萨托利指出：“总是存在着‘控制的少数’，它们总是左右着历史的进程”；之所以如此，乃是因为“在其他条件相同的情况下，谁激烈谁就主动，主动者就能战胜消极者；只有小团体才有可能在一大堆和一系列问题上采取持久而主动的态度”④。易言之，在任何一个拥有一定数量的成员的组织内，都会出现因其积极和激烈地主张行动的少数人，他们会鼓动、呼吁甚至强迫其他大多数人共同采取行

---

① M. E. Olsen and M. N. Marger (eds.), *Power in Modern Societies*, Westview Press, 1993, p. 80.

② 参见［美］托马斯·戴伊、哈蒙·齐格勒：《民主的嘲讽》，6～7页，北京，世界知识出版社，1991。

③ R. Michels, *Political Parties: A Sociological Study of the Oligarchical Tendencies of Modern Democracy*, New York: The Free Press, 1962, pp. 333-341.

④ ［美］萨托利：《民主新论》，230页。

动。其结果就是这些少数人因之控制了大多数人。

三是强调综合因素的共同作用。如果按照精英理论的主张者所提到过的因素排列起来，我们就会得到一张相当长的单子：精英拥有高尚的人格特征；精英所接受的社会化和教育就是为了承担精英的角色；精英来自特权家庭的背景，这使得他们具有许多优势；精英为了成功付出更大的努力和奋斗；精英比其他人更能组织起来，并采取集体行动；精英代表了社会中占支配地位的利益；大型组织中的等级权威结构为精英的存在提供了温床；精英在社会的重要组织中占据了核心位置；所有的组织都需要领导来决策和指导行动；在所有的组织当中，少数的中心职位必然获得对关键资源的控制（例如财政、人事、沟通和报酬分配等）；非精英将精英视为功能上不可缺少的；非精英是冷漠的，他们欢迎领导，让精英承担起社会责任。① 但如果用逻辑归类的方法对上述诸种解释进行简化处置，那么，我们可以将之归结为三大类。首先是精英本身方面的因素，包括个人和群体的组织能力、人格特征、奋斗精神、家庭背景、教育熏陶等；其次是社会结构方面的因素，涉及组织的权威等级结构的存在、核心位置的特殊性、与社会支配利益的关系等；最后是非精英方面的因素，例如非精英普遍的被动与无能、需要他人的领导等。但必须注意的是，精英主义者一般把关注的焦点放在政治方面，对于社会—政治权力的经济基础几乎不予关注。

基于上述分析，对精英统治的必然性持肯定态度的人认为，社会秩序的维持和保留完全依赖于精英提供的有益服务，精英权力应该为人们接受并得到保护。退一步说，即使精英不是可欲的，也须将其客观存在和发挥作用当做一种不能缺少的功能来接受。换言之，精英权力结构必须存在。问题不在于消除或缩小精英与大众的差别，而在于如何选择真正的精英，以及如何使精英对自己的行动负责。在这一意义上，萨托利又提出了“精英榜样论”。正是在这里，又有了民主悲观论与精英民主论之间的差异。

当然，并非所有的研究者都同意精英统治必然性的解释。持否定立场的人将精英权力视为不公正、也是不应该的。他们一致认为在精英权力结构中非精英会成为剥削的对象，因此在社会利益的分配中产生了不平等。他们主张，精英权力应该取消或至少降低到最低限度。据此，所谓参与民主被认为是一种有效的方法。因为尽管存在着精英与非精英之间对立性的差别，但通过限制精英权力的程序，以及在精英和非精英之间建构起制度性的联系渠道，密切两者之间的关系，那么，有可能缩小两者之间的距离，并扩大民主的实际意义。

由此可见，精英问题上的争论已经超出了精英问题本身，进入了诸如民主、分权和权力限制，以及官僚和官僚机构与大众民主等一系列问题的讨论。因而从某种意义上说，精英理论实际上是切入政治学基本问题的一条独特的途径。

第二节 多元主义

一、多元主义的概念及其学术渊源

在政治学和比较政治学研究领域，多元主义是最为常见的术语之一。但在学理上对之

① M. E. Olsen and M. N. Marger（eds.），*Power in Modern Societies*，pp. 80-81.

加以定位，则是极其复杂的，可能涉及多种角度和视域。按照不同学者的不同用法，多元主义既是一种关于权力配置状态的理论，又是一种经验民主理论，也是一种关于政策制定过程的理论，还是一种国家与社会关系的理论。而就本书所关注的重点而言，我们将侧重讨论前两种用法所指涉的问题。作为经验民主理论的多元主义与作为涉及权力配置状态理论的多元主义之间存在紧密的联系，多元主义关于西方民主社会中的权力配置的观点是其经验民主理论的基础。著名的多元主义者罗伯特·达尔正是通过对权力配置状态的描述，来说明美国民主政治的运作过程的。

从中文角度来看，“多元主义”一词中的关键字是“元”。就其词义而言，“多元”之所指似乎是一个相当简单的问题，但实际上这涉及政治学发展过程中分析单位的一个重大转折。在自由主义的政治学传统中，基本的分析单位一向是公民个人。而保守主义的精英理论对于大众的理解，也是将其视为分散的、无组织的个人。熊彼特虽然开辟了民主研究的新途径，但他依然没有改变分析的单位。在熊彼特的理论中，个人选民与被选出的领导人之间几乎没有什么中间或中介环节，因而实际上忽视了利益集团的重要性。尽管麦迪逊在《联邦党人文集》中，对利益集团作了精彩的分析，但他作为政论家和政治家的影响似乎并未扩大到开创新的学术理路的程度。因而第一次将利益集团置于政治学分析的核心地位的是美国学者阿瑟·本特利。他在1908年出版的《政府过程》一书奠定了团体分析的基础。战后多元主义则继承了这一传统，通过考察竞争性选举与有组织的利益集团的活动之间的相互关系，改进了熊彼特的民主理论。多元主义中的“元”之所指是有组织的利益集团，一如达尔所指出的，“在‘民主多元论’或‘多元主义民主’的说法中，‘多元论’和‘多元论者’这两个术语都指组织的多元论，也就是指在一个国家范围内许多相对自治的（独立的）组织（子系统）的存在”①。所有的民主国家在组织上都是多元主义的。本特利曾经说过，理解了美国的利益集团也就理解了美国政治。如将这一说法稍稍变动一下，则可以用来描述多元主义的基本立场：理解了利益集团也就理解了美国的民主。

由此言之，所谓“多元”，主要包括两种意思：一是指各种各样的组织或利益集团的并存并立，相互竞争；二是指缘由权力资源高度分散而呈现的一种多中心（multiple centers）或无中心（centerless）格局，即意指社会中存在着权力的多元中心，其中任何中心都不能完全占有主导地位。

多元主义并不是单一整合的理论观点或学说，从地缘角度考察，有欧洲多元主义与美国多元主义之分；从发展的角度来看，有传统或经典多元主义与新多元主义之别。从某种意义上说，多元主义本身即是多元的，既包括不同类型的多元主义并存，也涉及同一类型多元主义内部的不同支流的同在。对此，考察第二次世界大战后在美国发展起来的经典多元主义及其演化的过程将会印证这一点。

一般说来，经典多元主义的知识背景主要来自三个方面。一是早期欧洲多元主义的影响。就知识传统言之，欧洲多元主义一向致力于解决的问题是社会集团与国家的关系。作为现代民族国家的发源地，国家主权观念在欧洲具有深刻的影响。在英国多元主义者看来，国家主权概念意味着唯有一个集团——国家——独占统御的地位，因此对传统主权概

① ［美］罗伯特·达尔：《多元主义民主的困境》，5页，北京，求实出版社，1989。

念的批判成为其出发点。在对结社与集团的“特许理论”（concession theory）与“虚设集团人格理论”（fiction and group personality theory）的批判中，英国多元主义者从德国学者那里接受了（有机）集团—人格理论。这一理论强调集团是真实的、有生命力的东西。在结社中，个人的意志结合起来产生了集团的意志，它具有真实的人格，不能化约为个人的意志和特质。由此而来的法律诉求是所有的集团（包括自愿结社）均具有法律人格的“权利”，因为像个人一样，它们拥有“真实”的人格。这意味着，结社与集团具有自己独立的起源，它们的存在与国家批准与否没有关系。以这种特殊的方式，英国多元主义者为新兴的工会组织提供了理论依据，并由此形成了独特的历史渊源。

经典多元主义的第二个理论来源是麦迪逊关于“派别”问题的论述以及本特利所开创的团体分析。麦迪逊清醒地看到，在一个自由社会里，利益集团（派别）是一种必然产物：由于人们具有不同的才能，导致不同程度、不同形式的财产占有情况，“这一切对各财产所有人的感情和见解的影响使社会划分成为不同利益集团和党派”①。由于党争的原因不能排除，因此只有用控制其结果的方法来谋求解决。多元主义继承了麦迪逊的观点，但与麦迪逊不同的是，多元主义从正面看待派别的政治功能。“党争”不但不会对民主政体带来威胁，相反是稳定的结构性来源。对多元主义来说，不同利益集团之间永无休止的竞争和妥协，是民主政治达至均衡和公共政策顺利发展的基础。

而本特利等人开创的团体分析理论则为多元主义提供了基本的理论概念。本特利将团体置于政治学分析的核心地位，因而在他看来，所谓政治分析就是团体分析，政策过程本质上就是一个不同团体之间的持续不断的冲突和交换的过程。尽管不能简单地将团体分析等同于多元主义，但多元主义确实是以团体分析为基础的。多元主义者如此看重“团体”在民主政治中的作用和意义，是因为在他们看来，首先，结社是人民的基本自由，反对人们组织起来的政治必定是专制的；其次，在自由民主的社会里，团体是获得政治权力的工具，实现个人利益的手段，通过组织利益集团，人们可以动员和利用各种资源影响政府的政策，从而实现自身的利益；最后，集团是帮助个体建构自性（identity）和促进个体发展的工具。

多元主义的第三个理论来源是韦伯和熊彼特的民主理论。在这方面，他们两人的共同点是将民主作为一种工具来看待，其基本功能是选择政治领导人。多元主义接受了民主的工具性界定，自称为一种民主的经验理论。正如下面将要叙说的，这是多元主义与精英理论相结合的一个契机。

二、多元主义的基本观点

从一定意义上说，多元主义与精英理论是对立的，但这种对立并不是前提性的而是推演性的，也就是说，双方的差异与对立是在思维运动中表现出来的。多元主义者也承认政治影响力（权力）的分配是不平等的，“不管我们的观察多么粗略和不完善，所有政治体系普遍公认的特征之一是，政治影响力的分配是不公平的”②。在达尔看来，造成这种不

① ［美］汉密尔顿等：《联邦党人文集》，46页，北京，商务印书馆，1989。
② ［美］罗伯特·达尔：《现代政治分析》，47页。

平等的原因有三：一是政治资源分配的差别；二是个人使用政治资源的技能和效率的差别；三是个人为政治目的使用其资源于不同方面的差别。

由此可见，在承认政治不平等方面，多元主义与古典精英理论并无根本的区别。但是，接下来在如何看待及确定这种不平等时，两者的差异就显示无遗了。达尔认为，尽管政治资源分配方面存在诸种差异，但是这种差异是非结构化的或者是累积性的。因而差异的关键在于区分不平等的表现形式。达尔指出，政治资源分配的不平等表现为两种不同的形式：一是累积性的，另一是弥散性的。所谓“累积性”不平等，是指所有种类的资源都为某些人控制，从而形成“权力硬块”，有者全有，无者全无。这正是精英理论的基本假定。所谓“弥散性”不平等，是指不同种类的政治资源分别在不同程度上由各种利益集团所掌握，尽管不平等依然存在，但是其表现方式多样化了。在这种情况下，“要确定一个小小的、界限分明的‘管理国家’的精英阶层是困难的，因为不同的精英人物往往在不同的领域内发挥影响力，他们的关系是高度复杂的”[①]。因此，我们不能抽象地谈论权力的大小，而必须问：“在什么事情上对什么行动者有影响力？”

借用权力弥散性概念，达尔为我们描绘了一幅无中心的图像：“在一个孤立的和较小的体系中，我们会发现有些行动者在重大问题上对所有其他行动者都是自主的。这些人就是‘原动机’。他们无疑就是我们所说的‘权力中心’、‘统治集团’、‘权力结构’，等等。但在一个并非很小和孤立的体系中，要发现原动机是困难的，也许是不可能的。因果链向外无限扩展，时间上向后无限延伸，包括了一个行动者影响另一个行动者，此人又影响另一个行动者……无穷无尽。在这种情况下，因果网络成了一个无限扩展的宇宙”[②]。这种现象也可以称做“多头统治”，它“意味着寡头统治已被打败，它已转变为由各权力集团所组成的多元的、分散的和——充其量——开放的一团星云”[③]。

在这样的概念基础上，多元主义进一步展开了自己的基本命题。尽管会面临简单化的风险，但为方便理解起见，此处不妨将多元主义的基本命题概括为以下几个方面。

第一，有关利益集团广泛性的命题。多元主义将各种利益集团视为政治权力分散的社会基础。为了使权力扩散，以及使非精英进入权力过程，多元主义主张整个社会中社团和其他组织越多越好。为此，政治和法律制度必须保障公民的结社权利，任何一群个人都享有结社的自由，随时随地可以组织起来，而且利益集团和潜在利益集团的数目原则上不受限制。遍布全国各地、活动于不同社会领域的各种类型的利益集团——从草根社团到全国性的大型组织，从地域性组织到专业性团体——构成了政治多元主义的社会基础。

第二，利益集团的中介性命题。在多元主义的范畴内，利益集团有时被称为“中介组织”，因为它们的位置恰好处于人民和政府之间。利益集团的中介功能是双向的：一方面，它将具有相似利益和关注的个人集合起来，为他们提供获取公共事务信息的手段，帮助他们将分散的力量集中起来以形成更大的整体效应，并通过制度性的渠道将这种影响上达至政府部门和决策者；另一方面，利益集团通过提供（关于公共利益和需求的）必要信息来

---

① ［美］罗伯特·达尔：《现代政治分析》，97页。

② 同上书，51页。

③ ［美］萨托利：《民主新论》，163页。

为政府领导人服务，它提供了一种制度化的手段，通过它，政府领导人能够下达至广大的选民，以了解其关注的热点以及有效地处理他们的问题。因此，利益集团的中介过程在公民和政府之间架起了一座为传统民主理论所忽视的桥梁，使得公民的参与活动的范围扩大了，上下沟通容易了。

第三，利益集团的动员性命题。在多元主义看来，并非所有的利益集团都从事政治活动。有的利益集团定期地参与政治体系，如政党、公民社团、政治行动组织和说客团体，但是大多数利益集团通常是非政治性的，或"准政治性"的，只有在涉及其特殊的组织利益之时，才间歇地进入政治领域，如工会、商业组织、娱乐行业、种族团体、互助会、文化团体、教会等。但这些非政治组织的存在依然具有重要意义，这是因为：首先，加入利益集团扩大了人的眼界，因此容易关注公共事务和政治议题；其次，加入利益集团能接触到不同的人，由此结成的关系将人带入不同的活动领域，包括政治活动；再次，加入集团可以在社会互动中锻炼人，培育经验和领导技能，这些能力在政治领域中是有价值的；最后，利益集团为人们提供了众多的通道，通过这些渠道个人可以对政治家和政治体系施加影响。简言之，利益集团促使人们关注共同的利益和问题，经由这一过程，许多个人被激发起来发表意见和采取行动。

第四，利益集团的私人性命题。多元主义认为，利益集团的组织必须是自愿的，其基础在于共同的利益和关心。无论是加入还是退出，都基于公民个人的自愿。利益集团的自主性必须建立在公民个人的自主性之上。为了确保利益集团的自主性和独立的权力来源，它必须是私人性的，或处于政府控制之外。利益集团的自主性不但能够使其独立于政府而运作，而且是其影响政府政策的基础之一。

第五，利益集团的定向性命题。多元主义认为，利益集团充斥于社会生活的每一个角落，但对于具体的利益集团来说，它们的活动天地不是漫无节制的，而是局限于某一特定领域的。每一个利益集团都拥有独特的资源类型，其关注的问题和活动相对专门化，其权力的运用亦有所限制。在某一议题上，某一类团体也许具有压倒性的优势，但在另外一些议题领域中，其他的集团可能占据了主导地位。这样，就排除了少数几个巨型利益集团一手遮天、独占接近政府的渠道、垄断公共政策的可能性。

第六，利益集团的竞争性命题。现代社会被分解为无数的具有不同利益和资源的集团，它们运用资源去接近和影响政府，并与其他的利益集团相互竞争。这种竞争在企业组织、工会、政党、族群团体、学生会、官僚机构、妇女组织、消费者、宗教团体等诸如此类的集团之间展开。在这一过程中，它们既为争夺资源而战，也为影响政府决策而战。权力竞争的胜利者是经常变化的，并不存在"常胜将军"。这种动态变化的竞争格局足以防止权力的集中，并确保政治民主。

第七，命题认为政府本身也是一个多元主义的复合体。对于多元主义来说，国家（更常用的是政府）是一个代表了许多集团利益的政府部门之间的冲突的场所。国家或政府并非一个整体，它被分解为具有不同利益和掌握不同资源的部门和机构。分权的制度设计，使得权威在政府内部是分散的。权力在政府三个部门和不同政府层级之间的分配，以及它们在政策制定过程中的相互制衡，构成了政府多元主义。这种制度安排有利于回应来自社会的不同利益，并使任何单一利益不能独自控制国家。

第八，命题强调多元主义是社会均衡的保障。在多元主义的模式中，权力散布于整个社会之中，形成了许多竞争性的多元决策中心，而且竞争的动态过程不断改变着政治势力的格局。在这种情况下，民主社会中的均衡或稳定是怎样实现的呢？为了防止社会被追逐自身利益的集团之间的冲突所解体，多元主义指出了几个必要的整合条件，它们包括：首先，利益集团在不同议题上的利益是交织的，而不是深刻分裂的，这样可以防止集团或组织之间的裂痕过大或无法和解；其次，利益集团的成员是相互交叠的，即个人（尤其是领导）分别归属于不同的组织；再次，行动中的相互依赖以保持集团上的功能相关，即集团在功能上必须是相互依赖和联系的，这样才需要彼此的合作和竞争；最后，为了解决冲突、达成集体决策的共识，必须存在广为人们接受的一组规则，以界定利益集团在致力于追逐权力和影响公共政策的活动方式。

不过，正如奥尔森和马杰尔所说，到目前为止，尚未有任何一位多元主义的主要作者详细谈论如何获得这些整合的条件，因此多元主义模式与其说是民主社会的描图，不如说是一种理想。①

就此而论，多元主义在一定意义上为我们提供了一幅类似于竞争性市场的图景：（政治竞争的）市场是开放的；进入这个市场是自由的，利益集团的组织是不受限制的；资源和权力是广泛分散的；任何一个集团都具有潜在的政治影响；没有永久性占主导地位的特殊集团；争夺资源与影响公共政策的竞争不但是激烈的，而且是动态的，没有“常胜将军”；政府是碎裂的……最后，作为竞争过程产品的公共决策反映了政治市场的要求，换言之，公共决策是不同的市场力量相互竞争、冲突、讨价还价和妥协的结果。

三、作为经验民主理论的多元主义

经典多元主义深受行为主义革命的影响，强调理论的经验基础和科学特征，因而又将民主区分为“规范”层面，即应该如何统治的问题，与“经验”层面，即所谓民主国家在实际上是如何统治的问题，并将自身界定为一种“经验民主理论”（empirical democratic theory），即对民主政治的现实进行描述和解释。但正是在后一个过程中，出现了一个值得注意的问题：多元主义与精英理论在“精英”观与“民主”观两个方面发生了某种程度的“结合”。

如前所述，在权力配置问题上，多元主义与精英理论有着对立的观点。精英理论的“权力硬块”或“权力中心”说，以及精英—大众结构的必然性说，使精英主义者对民主不抱任何幻想。在这种情况下，多元主义与精英理论相结合的可能性何在？它们又是通过什么途径结合的呢？问题的关键在于对“精英”和“民主”概念作出新的理解和阐释。

首先，多元主义虽然强调了权力的多中心配置，以及利益集团之间的相互竞争，但是它并没有否认精英的存在及其所发挥的重要作用。精英理论从权力分配不平等这一事实出发，区分了寡头精英与芸芸大众。多元主义则用权力分配的弥散性不平等来取代累积性不平等，从而打破了寡头精英结构，但是，这并不意味着多元主义彻底否定了精英概念。严格地说，多元主义否定的只是封闭式的寡头精英概念，它将精英概念做了“多元化”的加

① M. E. Olsen and M. N. Marger (eds.), *Power in Modern Societies*, p. 148.

工处理，一方面扩大了精英的范围，用众多的、分布在社会不同层面和领域的精英取代了寡头精英的概念；另一方面，多元主义引入了竞争性要素，用竞争关系消除寡头精英的封闭性质，从一小撮垄断性精英寡头发展到开放式的、众多的、处于竞争中的精英。多元主义所谓利益集团之间的竞争其实主要就是这些利益集团领导者精英之间的竞争，一般民众仍属于被动员的力量。正是通过这种构造方式，精英概念与多元主义不再对立；相反，彼此可以有机地结合在一起。于是，有了所谓“精英多元主义”或“多元精英主义”的表述方式。

其次，“民主”概念也发生了重大变化。自古希腊以来，民主一直是按照其字面意思来界定的，即“人民自己统治自己”或曰“自治”。精英理论否定的正是这一点。因为在精英论者看来，人民大众是无法且无能自治的，或者因为缺乏这方面的素质，或者是因为社会结构的规定性——从事社会管理的总是少数人，而多数人统治少数人是逆悖自然的。古典精英理论家如莫斯卡和帕累托等人坚信，西方工业社会中代议制民主的发展也不可能从根本上改变社会划分为统治精英和大众的结构状况，代议制政府仍将是寡头式的。由此可见，要使精英理论与民主理论接近起来，从逻辑上说，对民主概念的修正和重新阐释是必要的。这一任务是由韦伯和熊彼特完成的，他们对民主概念进行了历史性的新阐释。在他们看来，民主与其说是人民的统治，不如说是一种政治精英的选择机制，亦即由民众定期地在众多候选人的公正竞争中自由地选择谁来统治自己。而一旦将民主界定为选择统治精英的工具，则精英理论与民主理论的传统对立即刻开始消解。也就是说，精英的统治完全可以是民主的。正如卡尔·曼海姆指出的，“……民主不是以去掉所有精英阶层，而是以一种新型的精英选择方式和精英的一种新的自我表现方式为特征的……在民主化过程中变化最大的是精英和普通人之间的距离。民主精英具有群众基础，这就是为什么对群众具有意义的原因”①。拉斯韦尔等人也认为：“将某一时期领袖所占的比例说成是民主的检验标准，这就犯了一个基本错误，因为一个社会可以是民主的，但同时通过少数人来表达自己的意志。关键问题在于承担义务和责任的性质和状况。”②

于是，过去相悖的东西现在结合在一起了。这一结合的产物或者被称为“精英民主论”：强调民主的维面，亦即统治精英不是自封的，也无法通过血缘关系来确定，而必须通过人民的多元选择来产生，与此相应，精英必须回应民众的期望和需求；或者被称为“民主精英论”：强调统治依然是少数人的事情，民主并非人民自己决定国家大事，而是选出领导人，由他们替自己作出决定，换言之，统治与被统治的区分依然被保留了下来。

因此，代议制民主只是在统治精英与被统治的大众之间建立了一种制度性的联系，其特征可以概括为四个方面。首先，统治精英的产生乃是经过彼此间的竞争，为着这种竞争，多党制和各种利益集团的存在是必要的；同时，这种竞争为民众提供了多元选举的可能性，并且，无论选择哪一种领袖，都意味着政治权力的最终基础在于人民。其次，精英的统治基础在于获得人民的同意，而且这种权力的合法性来源是唯一的，不可替代的。人们也应当从这一意义上去理解人民主权的含义。再次，人民主权提供的统治基础以及精英之间竞争而产生的压力，均要求统治精英就自己的统治行为向民众负责，否则在定期的选

① 转引自［美］博特莫尔：《精英与社会》，96页，香港，社会理论出版社，1990。

② 转引自［意］帕累托等：《精英的兴衰》，151页。

举中他们将面临竞争失败的危险。最后，这种竞争表明，虽然精英（统治者）与非精英（被统治者）结构依然存在，统治精英依然是少数人，但是精英的内部结构不是封闭的，而是开放的。

作为一种经验民主理论，多元主义的学术贡献在于指出了政治统治现象的复杂性，从而为民主理论开创了一个新的研究领域。

四、对多元主义的批判与新多元主义的产生

20 世纪 50 年代至 60 年代是经典多元主义的兴盛时期，随着 60 年代美国社会矛盾和冲突的激化，多元主义的命运也开始发生变化。它受到了越来越多的、来自不同方向的批判，其中既有学术性的批判，也有意识形态的攻击。就其对多元主义自身的演化所具有的影响而论，下述五个方面的批评意见具有重要的意义。

第一，批评多元主义忽略了“制度性偏见”（system's biases）的问题。在对权力问题进行考察时，多元主义所关注的是在决策过程中谁的偏好占据上风。有学者指出，这种方法是有局限性的，因为权力同样体现在政策议程的控制方面，诸如哪些问题受到优先的关注或哪些问题应该排除在外，涉及列入或排斥某一特殊的政策议题的体制偏见无疑是一种重要的权力来源，但这种权力往往为那些只关注具体决策结果的研究取向所忽视。古典多元主义者的研究聚焦于定量行为和具体的决策方面，因而他们看不到任何体制中固有的偏见，从而无法解释这种权力的“第二面”。

这一批评的挑战性在于，它质疑“制度结构对于所有集团都是中立的”这一假设的真实性。因为如果任何制度都有其特定的“偏见”或倾向性，并且这种偏见能够为不同的集团产生重要的资源，那么应该如何对待制度偏见？是将其隐匿起来、视而不见，或视为理所当然，还是促进制度的改进？从制度设计的角度来看，制度应该尽可能地在彼此竞争的集团中保持中立。然而，考虑到一个社会在文化、性别、阶级、宗族和其他特征方面的诸多差异，制度中立性的假定往往确实是难以实现的。

第二，指责多元主义未能解释或解决不同领域内的垄断趋势的发展。一般说来，任何组织内部都会存在集中化的趋势。而这种趋势发展到一定的程度，组织既不能有效地教导其成员政治参与技巧，也不能提供有效的影响政府决策的渠道。有学者据此指出，如果特殊利益组织欲在公共事务中发言有力，则组织内部的寡头也许是必要的，但这有可能会否定决策公开参与的基本原则，并将多元政治体系缩减为一些多元精英。每一个“策略精英”都趋于主宰其自身领域的活动，并很少遇到其他精英的干扰。因此，尽管不存在单一的权力精英，但是不同的政治场域中都可以发现特殊精英控制了公共政策的议程，或阻挠那些代表广泛选民利益的决策者所制定的政策的执行。精英的多元主义并不必然产生精英之间的竞争情势。对此，多元主义并没有提供合理的解释或解答。

第三，指责多元主义忽视了特殊利益集团的作用。多元主义的批评者指出，多元主义将美国的政治体制描述为相对开放和自由竞争的，每一个利益集团都有机会表达利益、动员势力的说法乃是一种误解。其实各利益集团的地位并不是平等的，其中实业界占据了特权的地位。林德布洛姆指出，实业家享有三重优势：极其雄厚的资金来源、一切就绪的组织机构以及接近政府的特殊通道。这使得实业家在多头政治的竞争中，赢得了大得不成比

例的胜利。他指出：在市场取向的制度中，多头政治和政府采取了一个富有特色的结构。这里存在着一个基本的统治机制……在任何时候，这一既成机制为控制权威提供了一个控制制度。这个制度是市场、控制政府的实业权势和多头政治的综合体。谁是市场中的主要领导者？是实业家。在行使实业界的特权操纵过程中，谁是主要领导者？当然是实业家。谁是多头政治中的主要领导者？是发挥超级影响的实业家。①

但严格地说，多元主义并未天真地假定，所有的利益集团都拥有相等的资源、影响和接近能力。他们承认，诸如经济方面的工商企业就可能具有特殊的地位。不过多元主义者强调，这种特殊地位并不会造成它们对社会的支配，因为它们受到多种的限制。弱势集团可以动用舆论和竞选的资源来吸引人们的注意力，并且影响政策。对此，奥尔森表示了不同意见。他指出，通常存在着一种趋势，即拥有特殊利益的少数人较之仅拥有一般利益的许多人更容易组成利益集团。一旦它们具有既得利益，便会游说政府采取保护自身利益的政策，如垄断、提高价格、防止竞争等。这样，随着时间的推移，便出现了利益集团"僵化"即在特定领域出现垄断的局面。罗威也指出，美国的立法者具有一种倾向，即拒绝制定具有明确标准、因而能够公正和有效地执行的法律。立法者越来越愿意制定模糊的法律，而将法律的解释权力托付给行政官员。不幸的是，由于奥尔森所说的原因，这些行政官员倾向于按照组织良好的团体的利益来解释法律。结果，美国政府正在变成一个巨大的政治分肥的场域，数百个有组织的团体从中得到好处。②

第四，指证多元主义忽视了国家自主性问题。就政策过程而言，多元主义者将主要注意力放在团体的角色和作用之上，并因之相对低估了国家和国家行动者的重要性。但批评者以经验事实的研究为基础强调指出，大多数政策是在国家内部由国家行动者发起的，而不是作为对利益集团压力的回应而首倡的。利益集团被卷涉进政策过程，并非是由于它们主动施压，而是因为它们的进入有利于国家行动者制定和执行政策。由于国家具有拟订和执行政策的资源和合法性，国家行动者常常可以忽视社会团体的利益。因此，多元主义的批评者反过来强调，在探讨政策结果时，合适的研究对象是国家组织，而不是社会团体的行动。③

第五，意识形态的批评。在批评者看来，多元主义宣称自己是一种客观的经验分析理论，但实际上却根本无法摆脱意识形态的立场。20 世纪 50 年代至 60 年代的古典多元主义对美国既存的政治格局和社会秩序表示满意，事实上成了一种价值色彩极其强烈的规范说教。随着黄金时代的消逝，各种社会问题的加剧，人们开始强调利益集团政治的负面作用。"超载理论"认为，人们期望政府解决所有的问题，向政府进行无度的索取，使得政府的负荷严重超载，统治能力下降。而政府为满足利益集团的需求而采取的各种干预措施，最终只会导致经济发展的停滞，甚至政府的破产。在这种批判意见看来，利益集团成了摧毁民主制度的罪魁祸首。

正是为了回应上述这些批评意见，从 20 世纪 70 年代后期开始，经典多元主义的代表人物开始修正自己的观点，古典多元主义由此转向新多元主义（neo-pluralism）。经典多

① 参见［美］林德布洛姆：《政治与市场：世界的政治—经济制度》，288 页，上海，上海三联书店，1992。

② Mark P. Petracca ed.，*The Politics of Interests*，Boulder：Westview Press，1992，pp. 59－61.

③ Martin Smith，Pluralism，in David Marsh & Gerry Stoker eds.，*Theory and Methods in Political Science*，Macmillan Press Ltd，1995，p. 218.

元主义的代表人物达尔在 20 世纪 70 年代后期承认，一个完全依赖于集团之间相互作用来决定资源分配的体系将系统地导致社会中那些处于不利地位的集团或组织不力的集团的全面疏离，因而怎样减少资源分配中的巨大不平等遂成为达尔所关注的重点。在 1985 年出版的《经济民主的前言》一书中，达尔认为当代世界中对自由构成主要威胁的并不是平等的要求，而来自于不平等，或来自于无限制地积累经济资源的自由，和将经济活动组织成按照等级原则支配的企业的自由。与 1956 年《民主理论的前言》形成鲜明对照的是，此时达尔所得出的结论是，现代“合作资本主义”势必造成社会和经济资源的巨大不平等，从而严重破坏了政治平等和民主过程。①

为解决这一矛盾，林德布洛姆区分了两种议题，一种是大议题（grand issues），另一种是次要议题（secondary issues）。他认为，大议题层次具有封闭性特征，主要关注于社会大众的利益；在次要议题的层次上比较开放，具有竞争的特征。这样一来，林德布洛姆一方面强调了工商界的支配作用，另一方面又强调这种支配是有边界的，在这种边界之外，依然存在经典多元主义的特征。

与此同时，新多元主义者开始承认政府作为一种特殊利益集团所具有的自主性。新多元主义虽则仍否定国家受到强势利益集团的直接控制这一命题，但转而强调这一事实：政治家和政府官员发展出了自身利益，具有自身目标；他们不但可以致力于满足普通百姓的利益要求，而且也可以以牺牲他人的利益来满足自己的利益要求。因此，新多元主义者提醒人们要注意官僚利益和官僚结构发展所产生的复杂后果和潜在的威胁。

有意思的是，新多元主义认为在控制经济资源的工商巨头限制政治议题的情况下，对政治输入的微调意义不大。解决的办法不是取消自由民主制度，而是在基本框架内寻找制度性的变迁，如经济民主，从而抵消传统多元主义的弊病。新多元论的民主观由此扩大到非政治领域，例如达尔主张要实现真正的自由，就必须将民主原则扩展到车间和一般经济生活中去。

对于经典多元主义和新多元主义的不同特征，赫尔德在《民主的模式》一书中给出了对比式的概括，因其便于理解而特引证于此（见表8—1）。

表 8—1　关于经典多元主义与新多元主义的特征对比

	经典多元主义	新多元主义
论证原则	多重少数确保统治，因而确保政治自由。 对于强势派别和专制国家的发展构成了关键性的障碍。	
主要特征	公民权利，包括一人一票，表达自由和结社自由。 立法、行政、司法和官僚制之间的制衡制度。 （至少）具有两个政党的竞争性选举制度。	
	寻求政治影响的（相互交织的）各种各样的利益集团。	多个压力集团，但政治议程偏向于法团资本主义权力。
	政府在各种需求之间进行协调和仲裁。 宪法性规则根植于一种支持性的政治文化中。	国家及其机构形成自身的部门利益。 宪法性规则运行于不同的政治文化和经济资源巨大不平等的制度背景中。

① 参见［英］赫尔德：《民主的模式》，272～273 页，北京，中央编译出版社，1998。

续前表

基本条件	权力由社会中许多团体分享和交换。 不同类型的丰富资源分布于全体人口之中。	权力由许多团体争夺。 许多团体资源贫乏，无法实现充分的政治参与。
	对于政治程序、政策选择领域和政治合法性范围具有价值共识。	社会经济力量的分配格局既为政治选择提供了机会，也对其构成了限制。
	积极公民与消极公民之间的平衡足以维持政治稳定。 支持多元主义规则和自由市场社会的国际体系。	不平等地参与政治：不够开放的政府。 受到强有力的多国经济利益和占有主导地位的国家支配的国际秩序。

资料来源：［英］赫尔德：《民主的模式》，276～277 页。本文引用时，参照原文作了必要的修改。

第三节　法团主义

一、法团主义的概念

法团主义（corporatism），在中文中又可译为社团主义或合作主义。其思想渊源及最初的实践可以追溯到近现代，但作为一种较为完整的理论体系问世则是在 20 世纪 70 年代。作为一种特定的社会现象，法团主义的兴起与经典多元主义的衰落相呼应。按照法团主义研究者的说法，20 世纪 70 年代，许多国家都在不同程度上经历了向法团主义演化的趋势，例如巴西、葡萄牙、西班牙、希腊、意大利、德国、奥地利等，70 年代的英国也同样如此，直到撒切尔政府上台才阻止了此一进程。与之相应的则是法团主义理论的兴起和发展。就其主题而言，法团主义所关注的是国家与利益集团的关系。与多元主义不同的是，法团主义强调利益集团具有官僚化的集中趋势。作为这种趋势发展的结果，某一领域的利益表达由特定的团体所垄断，从而在相对封闭的政策制定过程中扮演着特殊的角色。在这个意义上，法团主义提供了一种与多元主义不同的、关于西方社会利益集团政治过程的学说。

研究法团主义理论的著名学者施密特对法团主义给出相对全面的界定：法团主义可以定义为一种利益代表制度，由数目有限、功能分化的利益集团构成，这些利益集团在其代表的范围内是独一的、强制性的、非竞争的，并具有等级结构。它们被国家承认或由国家同意（如果不是创立的话）而建立，并在各自的领域内被特意授予代表的垄断权，作为交换，其领导人的选择以及要求和支持的表达，要受到国家的某种控制。① 在这一界定中，“利益代表制度”表明法团主义处理的议题与多元主义是相同的，它们都将利益集团政治作为一个基本的现实来接受，都是关于描述现代西方社会利益政治的理论模式。因此，它们共享着一些基本的假定，诸如通过正式结合来表达利益的重要性日益增长、功能分化并具有潜在冲突的利益之持久性和扩张性、作为利益代表的地域和政党组织的重要性趋于下降等。法团主义和多元主义的差别在于，它们分别提供了不同的描述模式和解决问题的方案。

① Philippe C. Schmitter，Still the Century of Corporatism? in Frederick B. Pike and Thomas Stritch（eds.），*Social-Political Structure in the Iberian World*，University of Nortre Dame Press，1974，pp. 85-130.

具体来说，在法团主义模式中，利益集团是高度组织化的。这分别体现在三个方面：一是数量方面的有限特征，即多元主义条件下星云般分布的众多利益集团为法团主义条件下数量有限的、具有垄断性的组织所取代；二是内部关系结构方面的官僚制特征，即这些利益集团具有官僚制的层次特征，其成员的资格具有一定的限定性甚或强制性，或者说这些利益集团由义务性成员构成；三是利益集团之间关系方面的垄断特征，即各个利益集团各有自己的势力范围，垄断了所在行业或领域的利益代表权，利益集团彼此之间并不存在竞争关系，而这种利益代表的垄断权及其合法性来自于国家的认可乃至鼓励。

当然，由于各国的历史背景、社会结构和文化传统等因素的差异，法团主义的表现形式是多种多样的。因而有学者依据国家与利益集团的关系特征，区分出“国家法团主义”与“自由法团主义”两个模式。在“国家法团主义”模式中，利益集团的设立是国家的特许行为，这些组织作为国家和经济生产者之间的中介体而存在，具有限制后者独立组织活动的替代功能，其主要作用与其说是利益代表，不如说是国家控制社会的一种手段。萨拉查时期的葡萄牙、佛朗哥时期的西班牙，以及一些拉美国家便属于此一类型。“自由法团主义”则一般是发达国家利益集团垄断权力日益增长的一种“自然”结果，国家对这种权力表示默认，通过各种正式和非正式的渠道将其吸纳进体制，并对其进行控制和管理。考森对法团主义进行了更具体的区分，区分出三种类型（见表8—2）。

表8—2　　法团主义的三种理念模型

类　型	主　要　特　征
同意型	（1）国家准许利益中介组织存在，反过来它们准许国家享有对经济和社会事务的行动权力； （2）合作系统内各组织在价值和目标方面具有较高程度的一致，因而国家只需实施有限的控制，中介组织和社会行动者有明显的自主性； （3）合作结构的建立是为了促进认同。
权威型	（1）国家准许利益中介组织的存在，反过来它们也准许国家的行动，否则社会行动者的经济自由将受到限制； （2）合作系统内各组织在价值和目标方面存在有限度的一致，国家控制的存在可以很大程度上改变经济和社会秩序； （3）合作结构的建立是为了尽可能地保证国家的控制权。
松散的合约型	（1）国家保证合约实施，或通过同生产者集团的谈判取得支配权；功能团体的领袖保证召集其成员建立各种形式的合作约定（有时在国家的帮助下），其中较弱的合约也可能缺少约束力； （2）各团体原则上同意支持现有秩序，但特殊的需求和冲突不时威胁着秩序； （3）合作结构建立在很高程度的自主决定基础上；与上面两种类型相比，这种类型的正式制度化程度较低。

资料来源：张静：《法团主义》，144～145页，北京，中国社会科学出版社，1998。

法团主义是一种相对的倾向，而不是绝对的趋势。换言之，衡量某个国家是否具有法团主义倾向，只是一个程度的问题。因此，在所谓的法团主义国家中，完全可以发现有些政策并不是以法团主义的方式来制定的；反过来，在被认为不是法团主义的国家中，有些政策却是采用法团主义的方式来处置的。因此，学界也有人指出，按照政策领域来讨论法团主义的问题，也许要比以国家为单位更为合适。

二、法团主义的政治后果

在实际生活中，自由法团主义现象是某些西方发达国家的政治、经济和社会演化过程的产物。一旦形成之后，它又具有多方面的反馈性政治后果，并引起有关学者的兴趣和研究。相对而言，有两个方面的问题是最值得关注的。

首先是国家与社会关系的变化。在多元主义的模式中，国家与（市民）社会之间的界限是分明的。作为利益集团自主性的基础性规定，利益集团是独立于政府的，且从外部对政府施加压力；而政府则对不同的压力进行回应。这是多元主义模式的基本假定。而法团主义则提供了一幅关于国家与社会关系的不同图景：国家与垄断性的利益集团之间建立起了一种制度化的协商、合作关系，一方面是国家让渡出了部分公共权力，允许这些利益集团进入公共政策的决策过程，并对相关的政府政策提出意见；另一方面则是作为政治交换，利益集团有义务使一致达成的公共政策在其占有垄断地位的领域内得到有效的贯彻。结果是社会和国家互相交织到这样一个地步，以至就政策制定的权力和过程而言，划分国家与社会并不能反映两者的重要区分。诚如威尔逊所指出的，在法团主义模式中，“利益集团并非在政府之外向政府施加‘压力’，而是统治过程的一部分，既执行政策，也协助拟定政策。这种政府与利益集团之间你侬我侬的状况，在某些国家益发亲密。总之，利益集团与政府之间界限分明的观念，事实上是错误的”①。就此而言，法团主义使国家与社会关系经历了一个双向过程，即“国家社会化”与“社会国家化”。

其次是对议会政治构成的挑战。在某种意义上讲，法团主义的出现与代议制民主无法有效地解决其所面临的各种问题有关，例如制定政府政策的困难，决策过程中必须迁就应付的压力集团日渐增多，许多政策部门陷于僵化，各个政治党派之间难以达成一致的协议，社会中出现了新的分化等。于是，法团主义作为阶级合作的一种方式便应运而生。建立这种新的权力结构就是为了避开代议制政治体制所遇到的麻烦。政府就重大的社会问题和经济政策直接与相关的利益集团对话、谈判和协商，并愈来愈依靠劳资双方的合作和妥协来解决政策问题。这种新政治对传统的决策过程产生了重大的冲击，它意味着议会外和宪法外的政治舞台将部分取代传统的权力角逐场所。这在某种意义上会导致对议会政治的侵蚀。泰勒指出，议会内与议会外的这两个谈判和辩论的场所面对的公众是同一个，在功能上大体上是互补的。“因而，有关‘法团主义’的问题可以用这样一个问题表达：有多少关键的谈判是在国会之外进行的？”②

当然，作为一种尚在发展和扩展中的政治实践，学界对于法团主义所引发的一系列问题仍未有定论，不同意见的争论在所难免。我们也许不能不等待和观察实践的进一步发展，并期待着新的发展能够提供新的启发。

三、精英主义、多元主义与法团主义的关系

如果说精英主义与多元主义的对立中轴是权力配置的状态，核心问题在于是否认定权

---

① ［美］威尔逊：《利益集团》，179 页，台北，五南图书出版公司，1993。

② ［加］泰勒：《原市民社会》，见［德］哈贝马斯等：《社会主义：后冷战时代的思索》，42 页，香港，牛津大学出版社，1995。

力趋于累积性不平等，还是趋于弥散性不平等，那么，法团主义与多元主义的对立中轴则是利益集团的组织化程度，以及利益集团与政府的关系特征，其核心问题在于认定利益集团是独立于政府的，还是被政府所组织的，利益集团是竞争性的，还是垄断性的。通过多元主义的中介，法团主义与精英理论之间发生了密切的联系。尽管精英主义、多元主义和法团主义各有自己的问题取向，以及解答问题的不同途径，但是它们都以特定的方式肯定精英的地位和作用。事实上，在法团主义模式中，对精英支配地位和作用的肯定要高于多元主义。利益集团是高度组织化的、垄断的、按层级建构起来的，更重要的是，其合法性来源于国家的授权，因此利益集团领导对内部成员控制和支配的权力被大大地强化了。“法团主义理论最显著的特征在于其精英支配的结构。它创造了精英合法支配的制度化背景，其中精英的循环依赖于不同利益之间讨价还价的能力。”①

如果我们以对待精英问题的态度作为考察各派基本观点之间的差异性，那么就可以得到一幅有如表 8—3 所提示的图景。

表 8—3　　多元主义、法团主义及其变体对精英问题的态度

	现代精英主义		
	修正多元主义	法团主义	新法团主义
对精英必然性的解释	众多利益集团在权力舞台上公开竞争，但政治参与和政治平等受到两个因素的制约：（1）接近资源的不平等；（2）接近决策过程的不平等。	法团主义是作为一种规范的或理想的国家形式出现的，是国家与私人部门利益（如大公司或有组织的劳工）融合的结果。	新法团主义是一个用来理解政策过程的概念。
精英的性质	多元压力集团，但资本主义大公司占据有利位势。	社会合作。部门利益在政策制定过程中独享特权。	在政策制定过程中垄断了利益代表权。
精英结构	封闭的政策网络。	通过政府、资方与劳方三方代表制的安排，精英拥有合法的支配权。	封闭的政策网络，但并不一定通过三方代表制。
精英循环	随部门利益的谈判角色而相机变化。	随部门利益的谈判角色而相机变化。	随部门利益的谈判角色而相机变化。
精英作用的评估	没有一个集团能够支配所有政策网络。在“次级”政治中，存在多元主义。	作为国家与利益集团中介的多元主义，以及自由民主制的普遍衰落。	各种结社中都发展出了寡头制。
趋同点	批判多元主义的理想政治形式，需要建构新的机制来弥补民主的不足。	批判多元主义和社会主义的理想政治形式。	批判多元主义。
经验研究的焦点	通过宪政改革来重建多元主义，这是英国学者的关注点。	施密特（1979 年）通过经验研究表明，巴西、西班牙、葡萄牙等国，都具有趋近于法团主义模式的国家—利益集团中介机制。	作为一个理解政策制定过程的概念，新法团主义强调应在政策网络中辨析强有力的社会和经济利益。

资料来源：Mark Evans，Elitism，in David Marsh & Gerry Stoker ed.，*Theory and Methods in Political Science*，pp. 240－241。本书引用时略有删改。

---

① Mark Evans，Elitism，in David Marsh & Gerry Stoker（eds.），*Theory and Methods in Political Science*，London：Macmillan Press Ltd，1995，p. 245.

从某种意义上说，法团主义与多元主义构成了一个连续谱的两极。在多元主义的一极，分布着不同种类的、规模各异的、相互竞争的利益集团；在法团主义的一极，利益集团趋于寡头化，利益竞争被垄断所取代，利益集团与政府的关系也被高度组织化了。具体到某个特定的国家坐落在这一连续谱的哪一位置，则由其内部政治—社会结构与外部环境等众多因素所共同决定。一般而言，奥地利、瑞典被认为趋近于法团主义这一极，美国更偏向于多元主义的一极，而英国介于两者之间。这里一个重要的理论问题是，是否存在一个由多元主义一极向法团主义一极运动的历史趋势？能否将经济领域中的市场竞争导致垄断的结论引入对法团主义的理解？亦即利益集团的多元竞争最终导致利益集团的垄断化与组织化？因此，法团主义是多元主义的必然归宿？泰勒对此持肯定的观点，他认为："在西方社会，存在着一个民间团体所构成的网络，这些团体不受国家的支配，而又能够对公共政策产生影响。然而，这些民间团体被吸纳到国家机器里，已成为一种趋势，即步向所谓'法团主义'的趋势……"给出这一趋势的一个理由是，泰勒认为，"在20世纪晚期，真正成功的经济绝对是'法团主义'的经济，如德国和日本"①。

然而，20世纪80年代以来西方社会的经历似乎并没有证明这一趋势的持续生命力，全球范围内的市场经济浪潮阻遏了法团主义的扩展动力。因此，似乎不能将法团主义现象的出现归结为多元主义的自然趋势。法团主义的出现必须具有相当的社会—政治条件。威尔逊将这些条件概括为以下五个方面：一是阶级结构占有重要地位，其他的社会结构分野比较简单；二是代表主要经济利益的集团数量相当少，且相当集中；三是利益集团的领袖与国家政府官员都愿意妥协让步，诚意合作；四是大家都同意职业代表制，换言之，各界都相信人们的利益可以经由各种经济组织代表来争取；五是要有权力相当集中的国家机制。② 但这些条件以何种方式出现以及以何种方式影响法团主义现象的出现？历史浪潮的下一波将是什么？将是有待观察和思考的问题。

第四节　工具主义与结构主义

从意识形态的角度观之，精英主义、多元主义与法团主义在某种意义上可以归为一类，它们对现存的资本主义政治结构和秩序作出了经验与规范的双重叙述。工具主义与结构主义则被认为是继承了马克思主义的传统，从对立和批判的角度来分析当代资本主义国家的运作逻辑，因而为我们观察资本主义的政治结构提供了一个不同的窗口，同时也为我们认识一般意义上的政治结构提供了重要的启发。

一、工具主义

工具主义是一种阶级分析视野中的国家观，其基本观点可以表述为，现代工业国家是资产阶级的统治工具，它的一切管理活动都是贯彻资产阶级的意旨，维护资产阶级的利益的。在《共产党宣言》中，马克思和恩格斯对此有著名的断言，现代国家行政只不过是整

① ［加］泰勒：《原市民社会》，见［德］哈贝马斯等：《社会主义：后冷战时代的思索》，41～43页。
② 参见［美］威尔逊：《利益集团》，128～133页。

个资产阶级的共同事务管理委员会而已。也就是说，国家无非是统治阶级用以维持其统治的工具。工具主义因此而得名。

马克思、恩格斯之后，工具主义国家观在相当长的一段时间内没有明显的实质性发展，直到英国学者密里班德在1969年出版了《资本主义社会中的国家》一书，这种情形才得到改变。密里班德继承了马克思工具主义国家观的基本前提，重申了马克思关于阶级与国家关系的论述，同时又根据资本主义国家的新近发展，进行了一定程度的修正，以解释当代资本主义国家的新情况。

密里班德指出，资本主义社会中占统治地位的资产阶级有着高度的内聚力，共同的利益和共同的目的使他们能够超越某些分歧和异见。在他看来，问题并不在于这个阶级是否拥有行使政治权力和影响的实际手段，而在于这个阶级是否行使着比其他任何阶级都要大的权力和影响，是否拥有起决定性作用的政治权力。对此，密里班德的回答是肯定的。不过，这种肯定不是直接的和简单的，因为资本主义国家的政治与经济直接的关系具有相当的复杂性。密里班德指出，资产阶级作为一个阶级并不直接"治理"，他们并不构成一个"统治"阶级。换言之，他承认国家制度与经济上占统治地位的资产阶级保持着相对疏远的距离。但是，密里班德指出，这种距离的意义被下面的事实所削弱，即国家精英的大部分来自资产阶级。"有大量证据表明，根据社会出身、教育和阶级状况，那些在国家体制中控制着所有支配职位的人，主要并且在绝大多数情况下来自实业界和有产者，或者来自自由职业中等阶级。"①

国家精英的社会构成对于密里班德来说，具有重要的意义，因为它影响到国家/政府的意识形态倾向及其基本政策取向。至少国家精英的上层背景保证了资本主义制度的基本合法性："资本主义政府始终主要是由那些真正信仰资本主义制度优越性的人，或者是那些无论对它这方面或那方面保留态度但却承认它比任何其他的经济和社会制度具有更大的优越性，因此把这种制度作为其第一位事业的人所控制。"② 在此基础上，密里班德对多元主义进行了批判，认为当代资本主义国家绝非政治利益竞争的中立裁判者，相反，它作为一个党派观念很强的角色介入社会冲突之中。由于国家利益（安全、独立、荣誉和伟大等）是与资本主义企业的繁荣紧密联系在一起的，故而国家对资本主义经济秩序的维持，对资产阶级整体利益的维护，是一种"制度偏见"。尽管许多政治领袖对实业部门持一种非常鄙视的看法，甚至认为实业是一种低级活动，但是由于对实业家在其中占实质的主导作用的制度持一种基本肯定的态度，这种鄙视不会带来严重的后果。相反，由于他们相信国家利益与资本主义企业的健康和强大必然地联系在一起，国家便自然而然地会设法帮助企业家和实业家。从这一角度便可以理解，现代资本主义国家的各种干预活动，如支持本国资本与外资竞争、支持高科技的发展、对劳资关系的严格控制、承担各种非营利的经济组织活动、实行福利政策、推动劳动力的社会化等。

为了保持统治阶级的长久稳定和整体利益，国家在日常运作中必须与统治阶级的各组成部分分离开来。政府的政策可能与资本家阶级的短期利益相冲突。在特定的条件下（如

① ［英］密里班德：《资本主义社会的国家》，71页，北京，商务印书馆，1997。

② 同上书，75页。

战争和危机时期），国家可能获得独立于阶级利益的自主性。这种自主性能够保证国家制定的政策具有长期合理性。“资本家主要关怀他们自己的具体经济利益，并且作为资本家，要听命于他们所控制和管理的资本的迫切要求（或者是他们认为的迫切要求）。大臣们、民政机关和其他机构公务员必须看得远一些，他们所关心的事项各有不同：他们的主要职责之一——也许是唯一的主要职责——是要采取行动，以遏制来自下层的压力，调处阶级冲突和维护社会制度的稳定。为了做到这一点，就可能需要办一些为大部分甚至整个资本家阶级所不乐意的事情。”①

总的来说，工具主义国家观包含着两个彼此存在紧张关系的方面。第一方面，它以阶级分析作为出发点，强调资产阶级与国家工具的直接联系，这依次体现在以下三个命题之中：首先，当代西方社会中存在一个拥有和控制生产资料的统治阶级；其次，这一统治阶级与强大的制度设置如政党、军队、大学、传媒等存在密切的联系；最后，这一阶级在国家机器的每一层级，尤其是在核心位置，占有超比例的代表。这种直接联系的必要性在于这样一个基本事实：资产阶级具有与其他社会阶级尤其是无产阶级相对立的利益，因此资产阶级应该控制工业社会的国家机器，使其按照自身的利益来进行管理。

第二方面，它承认国家一定程度上的自主性。这种自主性的根源在于资本家利益的离散性。如果所有资本家都以牺牲一个阶级的集体利益为代价，来追逐其自身的个别利益，那么资产阶级将面临一个囚徒困境的两难境地，它将趋于自身的毁灭。为了摆脱这种矛盾，国家必须超越资本家的眼前短期利益，从长远的角度来制定政府政策。为此，国家必须具有一定程度的自主性，以保证资产阶级的长期利益。当然，我们也可以说，国家的这种自主性是为了更好地发挥其工具的作用。不管怎样，这两个方面的区别依然是存在的。而如何处理它们之间的辩证关系，是工具主义面临的一大难题。

二、结构主义

对马克思主义的结构主义阐释源于 20 世纪 60 年代的法国，其代表人物是阿尔都塞。在阿尔都塞看来，国家是社会内聚的一个因素，它或者通过镇压的手段，或者通过意识形态工具来达致这一目标。前者被称为“强制性国家机器”（repressive state apparatuses，缩写为 RSAs），包括通常所说的军队和警察力量；后者称为“意识形态国家机器”（ideological state apparatuses，ISAs），涉及宗教、教育、家庭、工会、大众媒体等众多组织和机构。这两种国家机器持续不断地创造出资本主义生产方式的“生存条件”，造就了服从纪律的、温顺的、其行为符合资本主义生活方式标准的个体。

结构主义的另一个重要代表人物是普朗查斯，他进一步阐发了阿尔都塞的国家和阶级的结构主义模式。1973 年他出版了《政治权力和社会阶级》一书，对密里班德的工具主义国家观进行了批评。普朗查斯将密里班德的研究方法称为“主观主义取向”（subjectivist approach），即通过人际关系（inter-personal relations）来探索阶级和国家之间的关系。在他看来，资产阶级的成员是否直接跻身于国家机构和政府部门及其比例如何，并不

① ［英］密里班德：《资本主义社会的国家》，9 页。

是问题的要害。问题的要害在于资本主义国家的结构要素。为此，在《当代资本主义的各阶级》一书中，他系统地考察了资本主义社会的阶级结构。其基本观点（前提）被概括为以下三个方面：首先，阶级是按对立社会关系、劳动分工和阶级斗争反映出来的阶级实践来加以界定的；其次，各阶级在劳动分工中掌握着不同职位，这些职位决定着阶级在结构中的地位；最后，各阶级是在经济、政治和意识形态几个层面上建构成结构的。①

对阶级结构的考察，则凸显了国家在当代资本主义社会中的重要性。普朗查斯指出，占支配地位的资产阶级由于利益的竞争容易使彼此分化为不同的阶级碎片，因此它们的长远利益必须由集权化的政治权威来保护。在这一意义上，国家是资本主义社会的统合要素(unifying element)。为了保证资本主义生产方式及其政治秩序的稳定与延续，国家必须发挥相应的功能，以保证实现三大目标：统治阶级在政治方面的有组织（political organization)；工人阶级在政治上的解组（disorganization)（由于生产的集中，他们有可能威胁统治阶级的霸权)；其生产方式不占统治地位的阶级的政治重组（regrouping)，因为他们无论在经济上还是政治上都处于边际地位，故能够在行动上抗衡国家。②

因此，普朗查斯十分强调国家自主性的重要性。他指出，国家只有在相对独立于不同成分的特殊利益时，才能履行上述功能。国家结构凌驾于资本家个人和资本家阶级派别的特殊利益之上，通过其相对自主性保证各统治资本家阶级的利益的稳定性。这种结构是保护资本主义生产方式长期运作的架构，即使这样做会导致国家结构同个别资本家的利益发生激烈的冲突。值得注意的是，尽管在当代资本主义社会中，国家的自主性仍然具有相对的意义，但是其功能的发展已经到了这样的地步，普朗查斯称之为“权威国家主义”（authoritarian statism)，意指国家对社会经济生活的每一方面都加紧控制，与此同时，政治民主制度在迅速衰落，所谓的“形式”自由遭受剥夺和限制。普朗查斯认为，权威国家主义反映了当代自由民主政治的普遍趋势。

三、各种不同理论观点之间的可能联系

我们简要叙述了精英主义、多元主义、新多元主义、法团主义、工具主义和结构主义在分析当代资本主义民主、国家、权力和阶级结构等方面的基本观点和立场。就社会—政治结构的分析而言，我们区分出两种不同的模式：一是强调组合标准，多元主义对利益集团的分析是典型代表；二是强调类别标准，工具主义和结构主义的阶级分析属于此列。在意识形态方面，多元主义对当代资本主义政治制度持肯定的立场，而新马克思主义则持批判的态度。在国家自主性方面，也可以设计一个量度表，找出各种不同观点的相应位置。有趣的是，尽管存在如此众多的区别，有一点是相似的，即上述各种“主义”都以不同的方式与精英主义联系在一起。邓里维和奥利里在《国家理论》一书中，比较了不同国家理论之间的逻辑关系（如图 8—1)，对于理解我们的问题也许有所帮助，特转述如下，作为本章的结尾。

---

① 参见［美］奇尔科特：《比较政治学理论》，429 页，北京，社会科学文献出版社，1998。

② 参见［英］赫尔德：《民主的模式》，280 页。

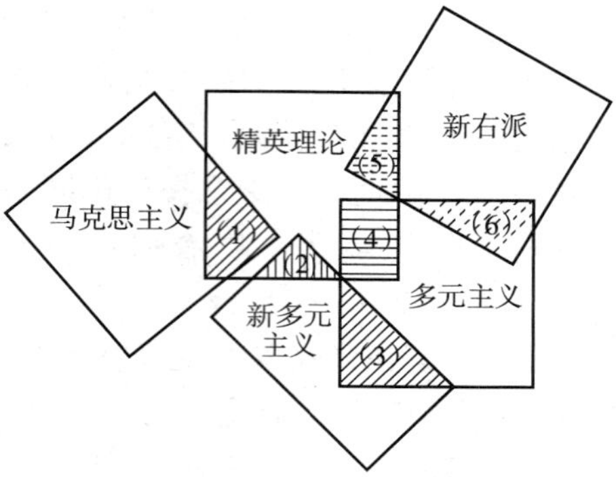

图 8—1 诸种国家理论之间的关系

说明：

（1）＝结构主义/外部控制模式（实业界的支配）

（2）＝自由法团主义/专业化国家

（3）＝残缺多头制/激进多元主义

（4）＝民主精英主义/修正型民主

（5）＝公共选择利益集团模式/新阶级

（6）＝需求模型/政府超载理论

资料来源：Patrick Dunleavy and Brendan O'Leary，*Theories of the State*，Macmillan Press Ltd，1987，p. 323。

第三篇

发展中的比较政治学

第九章

比较政治学的新进展：新理论与新方法

重点问题

- 经济学与政治学、比较政治学的历史联系
- 从政治经济学到国际政治经济学和比较政治经济学
- 新制度主义的基本假设和理论前提
- 理性选择理论对比较政治学研究的意义

对于比较政治学这样一门尚处在发展当中且表现出多样化特点的分支学科，讨论它的新近进展，显然是一项极具风险的工作，毕竟在若干个特定方向上的发展趋势还未能提供足够多的证据可以指认成型的架构和明晰的脉络。但另一方面，这又是一件极具意义的工作，毕竟出现在学科领域前沿的某些动态提供了些许线索以辨识新的发展取向；对于这些问题的讨论显然可以帮助我们把握未来的学科发展趋势，同时，也能够帮助我们更好地理解过去。

基于这样的认识，本章将讨论比较政治学在近一二十年间所出现的、集中于研究方法、研究取向与领域以及研究主题方面的进展。这些进展主要表现在两个方面，一是来自于经济学的理性选择理论和新制度主义对政治学和比较政治学的“渗透”，二是政治学和比较政治学主动“吸纳”或“汲取”经济学的研究成果而形成的创新性发展。这两个方面构成了当今比较政治学中具有主流色彩的新发展，同时也预示了在今后一个时期可能的演进方向。

第一节　新政治经济学对比较政治学的影响

一、经济学与政治学关系的历史脉络

在讨论经济学理论对政治学的影响之前，我们不妨先简要回顾一下经济学与政治学的

历史联系，以求对这种影响有更透彻的了解。

现代社会科学的演进似乎总是在提示着这样一种现象，即某一学科门类以及某一分支学科领域中的突破性发展或突生性变化往往得益于其他学科门类或分支学科的理论支持、资源转化和激励供给。以此观照比较政治学的发展，如同前数章已经讨论过的那样，我们可以发现，社会学、人类学、历史学以及法学，都是在第二次世界大战以后至 20 世纪 60 年代向比较政治学输送理论资源和研究方法的主要来源。但在 20 世纪 60 年代末 70 年代初及至当今的年代里，经济学开始替代社会科学的其他主流学科而成为比较政治学实现创新性发展的主要凭依。当然，这种变化也经历了相当复杂的过程，其间充斥着各种流派的学术争论和理论辩驳，也交织着学科之间的互动和竞争，因而构成了一幅线索含糊、脉络混淆的图景。为述说和理解的方便，我们尝试勾勒这一图景的大致轮廓，尽管这样做的结果仍不免有化约论的嫌疑。

按照时间推移和理论演进的双重准则来看，经济学与政治学、特别是比较政治学的沟通是从相对薄弱逐步发展到高强度和高密度的交流，并成为后者新的理论资源的，同时这也是从简单过渡到复杂且具综合性的互动过程，内容涵括了从研究方法、基本理论和概念框架等各方面的要素。

这一过程的具体演变大体经历了三个不同的阶段。第一，在战后初期比较政治学迅速兴起的那个时段，比较政治学与经济学极少沟通和交流，正在进入行为主义革命的政治学从整体上讲着意于创建自认为是学科独占性的方法和理论，对于经济学的发展根本未曾在意。其中的原因至少就表象而论主要涉及两个方面：一方面，就具有通约性的比较研究方法而论，经济学中的比较经济学诞生较晚且发展缓慢，从米塞斯与奥斯卡·兰格等人有关市场经济与计划经济的争论开始，经历了 20 世纪 30 年代中期以后康蒙斯的《制度经济学》、庇古的《社会主义和资本主义的比较》和熊彼特的名著《资本主义、社会主义和民主主义》，直至第二次世界大战后的多元化发展，到 20 世纪 60 年代，比较经济学才被公认为经济学的一门分支学科。而在这样一个分支学科内，对于不同制度间的比较研究则长期受到带有强烈的意识形态色彩的所谓“ISM”（主义）的思考方式的支配。依据这样的分析框架和分类准则，其结果只能就是对比两大类极端型制度以及处于中间状态的混合经济体制，而且，这种取向至今仍以体制比较为核心而失之于过于整体化且妨碍了对特定结构与过程的研究。这种研究取向对于比较政治学而言是毫无新鲜之处且因而毫无激励之用的，无非是进一步印证了比较政治学中早已有之的、以意识形态划线归类的做法。另一方面，较早地实现了自身的科学化和专业化的经济学主流，不仅已然形成了自身独特的研究旨趣和理论预设，而且更多地涉及特有的研究方法、概念体系、理论学说和术语系统，而这在外行人看来或许是索然无味、不知所云的，因而经济学的专业化知识在相当长的一个时期内妨碍了经济学主流与社会科学当中那些尚未达到同等专业化水准的其他学科的交流与沟通。因此，在比较政治学战后初期的发展中，较之于几乎是内在地要求并展开比较研究的社会学或人类学而言，较之于经历了“新史学革命”而尤其侧重比较历史研究的历史学而言，经济学与比较政治学的沟通与交流显然是稍逊一筹且层次低下的，其结果就是在比较政治学的研究视野中政治问题与经济问题是割裂的、互不相通的，在经济学中被当做核心的问题，在比较政治学视域下则只是边缘性的，反之亦然。

第二，上述情形在20世纪60年代中期开始有所改观，这主要是因为具有共同感兴趣的研究领域的出现，推动着相关经济学者和政治学者之间实现了较好的互动。正是在共同研究发展中国家的现代化问题时，他们开始了较高程度的交流与沟通，发展经济学与政治发展理论就是在这种交流与沟通中成长起来的。例如罗斯托的《经济成长的阶段》一书几乎是每一部有关政治发展的专题著作所必定会引证的，甚至还有政治学的研究者据此而专门写作了《政治发展的阶段》，而其他那些著名的发展经济学学者也都受到政治发展的研究者的关注。罗斯托本人也在距初次发表“经济成长阶段论”的十多年以后又写作了《政治与成长阶段》一书，不仅进一步发展了他的阶段理论，而且专门论说了这一理论所指涉的政治问题。然而，这些理论都受到了广泛而严厉的批评和指责，以至于“发展经济学：我们学到了什么?”已成为了一个问题①，而在1996年出版的《新政治学手册》一书中则完全删去了曾在1975年出版的《政治学手册》中占有显赫地位的“政治发展”的主题。但在此基础上所形成的替代性理论——欠发展理论和依附理论，则主要是从经济学而非政治学的角度和进路展开对现代化理论和政治发展理论的批判，也主要是依据经济学的理论和方法相应展开其正面的理论建构工作。就此而论，经济学者和政治学者在研究第三世界发展中国家的发展问题时所实现的合作仍是一种立基于学科界分之上的“跨”学科合作，各自依其不同的学科和学理资源进行侧重点不同的同一领域的研究工作。尽管如此，发展经济学对于第三世界国家经济问题的重视多少改变了主流经济学只关注于工业发达国家经济问题的研究取向，并且为政治发展理论提供了必不可少的相关知识；欠发展理论和依附理论在批评现代化理论时所提示的社会结构问题、历史发展的延续性问题以及国际宏观结构问题的重要性，对于关注第三世界国家政治问题的研究者无疑具有极其重要的启迪作用。在这个意义上讲，发展经济学和依附理论及其相互间的理论争论从一个特定的角度表现了诸多经济学者对于最早属于比较政治学研究对象的关注，从而对当时的比较政治学研究者构成了最初意义上的理论冲击。比较政治学研究者发现，只凭借在大学读书期间所接受的相对封闭的学科训练，是无法进行科学合理的比较政治研究的。同时，依附理论作为新左派激进知识运动的组成部分在经济学的领域内开始了一种复兴政治经济学的努力，并因此而成为“新马克思主义的新左派对于20世纪60年代激进反抗运动的一大贡献”②。这种学术努力的意图在于改变经济学的研究方法和内容，所关注的问题绝非是“看不见的手”、福利经济学和比较经济优势等，而是权力、垄断资本主义、收入分配、跨国公司等。

第三，最近的20年，也是发生根本性改变的时段。这种改变在相当程度上是以经济学者进入或“侵入”政治学和比较政治学研究领域的方式、以经济学的方法和特定的理论创新为依据而实现的。此处之所谓进入或“侵入”是指经济学至少在初期带有某种单方面和非自愿性的特点，具体地说，就是经济学者研究旨趣发生改变，对于传统上属于政治学研究领域中的问题，经济学者以其特有的经济学理论和方法进行切入和研究，并得到了一些独创性的理论见解。这些见解提出并解释了过去为人们所习见却从未深思追究过的若干

① 参见［印度］贾格迪什·N·哈格瓦蒂：《发展经济学：我们学到了什么?》，见［美］罗伯特·海布尔罗纳等：《现代化理论研究》，176页，北京，华夏出版社，1989。

② A. Lindbeck, *The Political Economy of the New Left*, New York: Harper & Row, 1971, p. 17.

重要问题，因而不仅对于传统经济学主流，而且对于政治学主流均构成了严重的挑战；政治学者对此所作出的回应就是以相应的方法和理论展开研究。一种新的趋势就在这样的互动中形成了。

正如前述，经济学曾以其特定的专业化和科学化而妨害了它与社会科学其他学科的交流与沟通，因而在逻辑上讲，改变这种状况的出路也就必定是经济学研究者率先扩展经济学的研究范围而进入以往属于非经济学的学科领域，以其特定的研究方法和学术理论研究以往属于非经济学研究对象的各种问题。接着发生的情形也就合乎逻辑地发展成为其他学科包括政治学的学者采用了相同的方法和理论而展开更加广泛且具体的研究，而不是简单地接受有关经济学者的研究结论和知识积累，转而设定经济学者的研究结论和知识积累为研究的出发点或前提，继续从事原有的研究。换句话说，学术资源的性质发生了特定的变化，使得政治学者利用这些资源的方式也发生了变化。由此而形成的学科互动较之于前一阶段显然带有新的特点，它不再是双方以不同的凭依进入一个共同的题域，而是在共同的方法论基础上双方持有共同的理论预设，探讨同样的问题，并进而在相同的理论脉络上思考，得出相互支持的研究结论。

就经济学对于政治学所构成的“侵入”中最为突出者、政治学对各种“入侵”所作出的反应最为强烈者而论，理性选择理论与新制度经济学无疑是首屈一指的。当然，引发这两种理论学说最初倡导者的研究兴趣的并非是政治学问题，而是传统经济学在解释经济问题和经济现象时所遇到的困境或缺陷。这些理论倡导者是针对经济学的要害问题提出自己的疑问、在寻解的过程中提出自己的见解的，但他们的这些疑问和见解以及他们提出见解的方法，对于政治学和比较政治学同样具有普适性并由此激发了政治学者的思考。在理性选择理论与新制度经济学之间，既存在着共同点，也有着明显的差异。就其对于政治学和比较政治学所构成的冲击而论，理性选择理论因其倡导者直接进入了政治学和比较政治学的研究领域而显得更具冲击性，而新制度经济学则因其所提出的深刻洞识而更具普遍性。就其对于主流经济学的挑战而言，这两大理论流派都反对长期以来经济学对政治和制度因素之于经济问题的重要性视而不见的态度，反对有关政治制度与经济制度相互分离的前设认定，反对将政治制度当做给定的外生变量的分析方法，进而“重新”主张政府及其建立的制度是整个政治—经济体系的内生组成部分，政府不再是自主地行事，而是受到诸多不同因素的影响。在这一过程中，经济的因素和制度的因素，特别是政党、政府行政管理部门和特殊利益集团都扮演了重要的角色，而政府以及制度安排会以诸多方式影响经济发展和经济运行，成为研究经济问题时不能不加以考虑的要素。基于这样的认识，所谓理性选择理论和新制度经济学将经济学的方法用于政治行为和政治制度研究，它们对制度和政府等问题的研究做出了独特的贡献，并将经济学与政治学乃至社会学聚集在一起。

此处的“重新”是指早在古典经济学时期，经济问题研究一直重视政治对经济的影响，因而相关知识积累被称为“政治经济学”。然而自斯密以降，这一古典传统逐渐被一分为二。一条脉络是以马歇尔为代表的新古典理论，它完全撇开了政治因素，只分析纯粹的经济问题，并将政治经济学更名为“经济学”。在此影响下，西方许多大学改政治经济学系为经济学系，而后甚至认为政治经济学是经济学的一个分支，如《牛津英语辞典》便注明，政治经济学是专门讨论政府经济问题的经济学分支。另一条脉络则是马克思主义政治经济学与凡勃伦制度经济学，在重视政治因素和制度因素分析的基础上，一反新古典传统而行，对资本主义制度进行批判与批评。在西方世界，前者成为经济学的主流，后者则被视为异端。而理性选择理论和新制度经济学却继承了古典经济学的传统，关注政治与经济之间的互动关系，在某种程度上"重新"恢复了经济学对于政治问题的关注和研究，拓展了长期以来逐渐狭隘化了的经济学研究范围。正是在这个意义上，它们亦可看做是政治经济学复兴运动的组成部分。

二、理性选择运用于政治研究

理性选择理论或理性选择范式，是一个相对宽泛的指称。它是政治学界对于那些假定包括选民、官僚、政治家、政党和利益集团领袖在内的政治行为者总是会依照其理性的指导而选择最有效的方法去实现其各自的目的，并根据这一假定以各种数学演绎的方法对这些政治行为者的行为方式及行为结果进行研究的思考方式及相应的理论主张的称谓。其实，甚至是在这一理论的倡导者那里，相互可以指代或替用的名词还有许多，往往因其强调的重点不同而被冠以不同的称谓。例如：就其强调相对于私人性和私人事务的差别、侧重研究公共事务和公共机构或制度而言，人们称之为"公共选择"（public choice）；就其关注相对于个人性和个人事务的差别、侧重研究集体行为而言，人们称之为"集体选择"（collective choice），而集体最大者莫过于社会故又称之为"社会选择"（social choice）；就其跨越了传统的政治学与经济学之间的学科界限、主张并实践着用经济学的方法研究政治问题，同时又区别于经典政治经济学而言，人们称之为"新政治经济学"（new political economy）或"政治的经济学"（economics of politics）；而在某些人看来，其与经典政治经济学的差别主要体现为实证方法与规范方法的不同，因而人们又称之为"实证政治经济学"（positive political economy）；就其对于制度约束和影响理性选择的重视而言，被人们归为"新制度主义"一脉，却又因其强调特殊的研究方法而被人们视为是不同于其他新制度主义，特别是不同于历史制度主义的"方法论制度主义"（methodological institutionalism）；而就其使用这种以数理逻辑为特征的方法对政治问题和政治哲学问题进行探讨而言，人们又称之为"数理政治理论"（mathematical political theory）或"形式政治理论"（formal political theory）。

这种称谓的多样化相当典型地体现了这一理论学派尚处于发展之中的现实；体现了因这一理论学派向社会科学其他学科包括政治学和比较政治学渗透，乃至后者自觉有意地借用该理论的成果而导致的异常复杂的局面；体现了这一理论相对其他理论如新制度主义之间的边界的模糊性；体现了这一理论的内部构成或组成部分的不确定性。因此，人们又会按照涵括范围的大小将理性选择理论区分为狭义的理性选择理论和广义的理性选择理论。前者即等同于公共选择理论，后者则按照结构区分的方式包括有公共选择理论，社会选择理论，"依据空间距离上的每一独立于其他值的变量值，将政治变量看做是处于特定分析空间"的空间模型论等分支，以及已露分离独立之象的所谓宪制经济学和寻租理论，等等。但同时，多样化的称谓也共同昭示着这一学术流派相当明确的理论特征：超出主流经济学的研究视野而进入传统上属于政治学的研究领域，将非市场问题即公共决策问题作为研究对象；同时又将经济学、特别是微观经济学中的方法论，包括基本的理论预设、操作技术和推论逻辑用于研究。概括言之，理性选择理论的特点在于用经济学的方法研究政治学的主题。

对于这一理论学派的创立和发展有过重要作用且成为这一流派奠基之作的学术文献，最早有阿罗在1951年发表的《社会选择和个人价值》，其后有唐斯在1957年出版的《民主的经济理论》，邓肯·布莱克在1958年发表的《委员会和选举理论》，布坎南和图洛克在1962年出版的《一致的计算》和奥尔森在1965年推出的《集体行动的逻辑》。由经济学家所撰写的这些著作以其特定的论说方式和学术语言进入了政治学的重要题域，如政党、政治联盟、委员会、政府官僚和利益集团等实证问题以及选举规则和宪政主义等规范方面的问题。至20世纪70年代，理性选择范式对政治哲学的影响也显露出来了。1971年罗尔斯出版的《正义论》以及诺齐克在1974年出版的与之论战的著作《无政府、国家与乌托邦》都被认为是受理性选择理论的影响并且运用经济推理所写作的重要的政治哲学著作。自那时起及至目前，上述这些学者始终活跃在学界，长篇大作和短篇论文时有所见，仅其中译成中文出版的就有奥尔森在1982年出版的《国家兴衰探源》、布坎南在1986年结集出版的论文集《自由、市场与国家——80年代的政治经济学》、丹尼斯·缪勒原作于1989年的《公共选择》和罗尔斯在1993年初版、1996年再版的《政治自由主义》。既出于这些学者理论洞识的感召，也出于对其中那些诺贝尔经济学奖获得者名声的震撼，相当一批经济学家开始在同一方向上从事学术研究工作，并发表了大批研究成果。到1993年，权威性的经济学刊物《美国经济学评论》所发论文的主题包括“经济政策、经济绩效与选举”、“两个敌对国的武器积累”、“货币政策决策中的惩戒与责任”、“私有化与转型的政治学”等，鲜明地体现了经济学家研究兴趣的转换和对跨学科问题的关注。

按照邓里维的分类，可以将上述所有相关的学术文献划分为两大类，第一类文献关涉所谓“第一原理”（first principles），其特征是运用博弈论和数理逻辑等工具分析有关个人行为的多种困惑、困境或悖论，或者基于较大的群体行为的广泛假定，以探索一个社会的发展；相对而言，这类文献主要指涉基本理论而与政治学研究并无直接关联。第二类文献则关涉“制度性公共选择”（institutional public choice），其特点是直接指向自由民主国家的政治过程——诸如人们为什么参加利益集团，为什么投票，如何选择不同的政党，立法机构（以及委员会）中的联盟是如何形成的，官僚机构如何决策，政策是怎样执行的，等等，从而对政治科学以及政治决策产生了直接影响。但就其中对于政治学和比较政治学的影响至大者而论，则布坎南的立宪问题研究、唐斯的投票现象分析和奥尔森的利益集团研究是必须加以讨论的。

1. 布坎南的立宪研究

作为公认的理性选择理论的大师，布坎南对于立宪问题的研究最具代表性，由此可以窥见理性选择理论的基本概念、论说逻辑以及相应的政策主张和意识形态立场。促使布坎南使用经济学的方法研究政治问题且成就其最大名声的关键，仍然是经济学领域中的资本主义危机和市场失效问题。在西方国家的经济发展中，经济周期和经济危机始终是挥之不去的阴影，而马克思主义和计划经济思想、凯恩斯主义和福利国家是从不同的角度应对资本主义的危机的两种不同的思路和实践，但从某种意义上说，二者的共同特征均是强调政府的作用而认定自由市场具有自身无法矫正的缺陷。当市场机制在运作的过程中遇到困难和危机时，人们希望并且实际通过政府的干预来解决问题。因此，第二次世界大战以来，西方经济学家花费了大量的精力致力于分析市场的缺陷，论证国家干预的合理性，或者探索更有效的公共干涉工具，以至于辅之以政府干预的市场经济已经成为现代市场经济的同义语。这在某种程度上设定了一种常识：即政府是与市场“对立”的，一方是由利己主义和狭隘个人主义利益所构成的理性所支配的个人，如消费者和企业主等，另一方则是超凡至圣的国家机器，体现着社会的集体利益且被一些除了肯定和遵循公共利益之外别无他求的官僚所操纵。后者对于前者构成了一种弥补和制衡，进而避免了市场自由运作的弊病。这一认识的延续则是断定制定公共政策的政府官员是大公无私的，他们的行为是为了全社会的目标，而不是个人的私利。但在布坎南看来，人类理性是普遍的，支配着企业主的那种理性同样支配政府官僚，那么，怎么能说由这些官僚所控制的政府就一定会比受到同样的理性支配下的另一群人所掌握的市场更完美、更优秀呢？为了证明他的质疑和诘问的合理性，更为了找到解决这一问题的出路，布坎南专注于政府失效问题的研究。按照他自己的话说就是：“我们必须从上述虚伪中摆脱出来，我们不是要向国家干涉原则提出挑战，而是要使现代人意识到：如果说市场是一种极不完善的财富分配机制，那么，国家也并非没有缺陷。我们想做的就是把 25 年来用以探究市场经济之缺陷和过失的方法同样应用于国家和公共经济的一切部门”①。

在布坎南看来，这种方法就是公共选择理论，因为“公共选择把政治解释为选民和代理人之间在寻求增进或表达他们自己利益时的相互作用”②，而解释的关键即在于公共选择所包含的两个独立的、性质截然不同的要素。第一是交易经济学（catallactics）；第二是关于个人行为的经济人（homo economics）的理性假设。两者作为规范性基础和实证性基础而相辅相成。交易经济学“直接将我们的注意力引到交易、贸易、协定和契约的过程上来。并且它一开始就必然引入自然秩序或自然协调原理，而我时常认为这才是经济理论中名副其实的唯一真正的‘原理’”。由此，“在‘经济’和‘政治’之间，或在‘市场’和‘政府’、‘私人部门’和‘公共部门’之间，并未划出任何界限。经济学家不必只限于研究市场中各个人的行为（例如买卖活动）。通过交易经济学方法的或多或少的自然延伸，经济学家可以根据交易范例来观察政治和政治过程”③。正是从这个意义上说，“立宪的观点很自然地从作为交易范例的政治或作为研究课题的政治中出现。要改善政治，必然要改善或改革规则，政治竞争是在规则结构内进行的……竞争是由竞争规则来描绘的，较好的竞争是通过改变规则才产生的”④。因为立宪意指事先达成合意的一组规则，人们可在此规则下从事其他的各种活动。同时，经济人理性假设则提示着，同样的基本价值刺激着每个个人，尽管狭义的自我享乐价值似乎在经济活动中比在政治活动中得到更多的衡重。由这两个要素出发，布坎南试图追问的问题就是，当一个理性的个人面临立宪选择的问题时所做的计算和决定。这种追问方式是建立在“方法论个人主义”（methodological individu-

① J. Buchanan & R. Tollison, *Public Choice*, Ann Abor: University of Michigan Press, 1972, p. 25.

② ［美］布坎南：《自由、市场与国家》，3 页，上海，上海三联书店，1989。

③ 同上书，31 页。

④ J. Buchanan & G. Tullock, *The Calculus of Consent*, Ann Arbor: University of Michigan Press, 1962, pp. 19-20.

alism）之上的，即将政治组织的所有问题都化约为个人所面对的各种机遇以及他在其中作出选择的思考方式。

在布坎南的眼中，政治学家们总是想当然地认定，决策过程就是达致某一“真理”、某一理论的绝对真理的手段，这一真理有待人们通过理性去发现，一旦发现，将获得所有人的支持。这种认识所包含着的是一种理性主义的民主概念及其假设，即一旦选民能够明智通达，则个人之间的利益冲突将即刻消弭。布坎南则认为，由理性的个人所构成的集体，在面临决策选择时，必然要通过交易或交换机制以协调相互分离的个人利益。从这个意义上说，集体所要作出的重要选择首先就是如何划分集体行动和私人行动的界限，划分集体选择的领域与私人或个人选择领域的界限。这个划界问题并不是理论的功能，而是实际操作的问题。这样便涉及决策规则，而决策规则的挑选本身也是一种集体选择。

由此，布坎南又转向讨论关于规则的问题。因为集体行动完全不同于个人行动，个人对集体选择的评价将受到占主导地位的决策规则的极大影响。因此，问题的关键就在于规则本身是如何选择的？为讨论这个问题，他又认为应当在适用于所有集体的最高的立宪决策层次，引入一致同意或充分共识的规则以分析个人在这一问题上的选择。因为特定的集体中所有个体对于变革的一致同意是规则“改善”的唯一真正的衡准。然而在实际生活中，一致同意的获得是一个代价高昂的过程。对这一简单事实的认识便直接指向了立宪的“经济”理论。这一理论预示着，一旦预期收益超过成本，个体会发现事先达成某一规则的共识将是有益的，尽管这些规则偶尔也会对自己有所不利。这种经由个体选择分析而建构出来的“经济”理论，为下一过程提供了一种解释，即自由的个体为了他们自身的长期利益，会尝试建构一种得到普遍接受的规则，他们为此而讨论和达成协议。政治立宪问题正是在这一讨论过程中出现的。个体参与者在这一讨论中的预期作用（prospective utility）与（发生于既定规则之内的）集体选择过程中的作用相比，必定更为广泛。

布坎南又认为，如果要使立宪理论超越象征意义和规范含义，就必须对不同的决策规则进行分析。集体行动的成本和收益只有在对各种选择过程进行分析的基础上才能给出评估。因而他对集体选择中最为重要的规则之一——简单多数投票进行了分析。在布坎南看来，以往的相关研究或集中于政党行动以建构与市场理论相类似的政府理论，或专注于官僚层级制中个体的行为以及他们所面临的选择。但宪制经济学的意图在于探究个体参与投票过程中的行为，以及各种投票或决策规则的结果。

2. 唐斯对投票现象的分析

唐斯的研究始于熊彼特在其名作《资本主义、社会主义和民主》一书中针对当时流行的一种理念所提出的一个反命题。在熊彼特看来，这种认定政府行为的目的是为了使社会福利实现最大化的理念，毫无根据而无法成立。因为这一主张的关键在于认定当选官员的行为直接由其履行自身社会功能（制定政府政策）的欲望所支配。熊彼特指出，民主政体中的政党领袖其实就像市场竞争中的私人企业家一样行事，并不受其所执行的社会功能的直接激励，他们的个人动机与其履行的社会功能是相分离的。如通用汽车公司的社会功能是生产汽车，但是其经理和股东们则为获取利润的动机所支配。因此，虽然政党的社会功能是形成和执行政府政策，但是它们的动机是不同的。政党的目标是赢得选举、维持权力地位，以尽可能长久地享有高位和特权。① 如何用经济学理论更好地认知和解释这一命题，便成为唐斯对于投票现象分析的起点。因为正是在投票行为中，政党会以其社会功能掩盖其领袖集团的个人动机，而选民则无法有效地分辨竞选公职者的个人动机与其社会功能之间的界限。

为此，唐斯既建构了政府官员的行为模式以分析其个人动机与社会功能之间的差别，同时，也建构了选民的行为模式以考察其投票选择的过程。唐斯在分析中首先引入了信息成本（information cost）概念。在他看来，对于竞选政治家来说，赢得职位所具有的激励远大于他们力图实现在竞选中所提出的政策目标的欲望，尽管这在竞选时绝非可以明言的东西。对于选民而言，当初参与选举活动的大多数人会对政治家的工作成绩漠不关心，这主要是因为相应的政策结果对他们没有什么影响，而且大多数的政策结果过多地涉及他们并不了解的政策细节，他们太忙于从事自己感兴趣的事情而无暇旁顾。这样，唐斯已经构造了一个试验性假设，即至少在这一形式的民主中，投票者对政府事务是“理性无知”（rational ignorant）的。对于他们来说，充分了解政府的细节，或了解他们所选出的公职人员是否遵守其竞选诺言是不理性的。因为这样做对他们的生活不会发生重大的改观，但却耗费其大量的时间和精力。

这一洞察在《民主的经济理论》中得到了正式的表达。唐斯认为这本书对信息成本的处理方式也许是对经济学文献的最重要贡献。它比政党空间模型分析更为重要，尽管后者更为出名。②

3. 奥尔森对利益集团的分析

较之于其他理性选择理论的创始人，奥尔森更直接地切入了作为政治科学中心议题的利益集团问题，而并未借助其他过渡或转换环节。在他看来，尽管政治学对于利益集团及其相关问题有着许多研究，但大都忽略了团体与阶级的集体行动问题。多元主义者盲目地相信，利益集团组织是组成这一团体的集体利益的自然表达。马克思主义者则相信，从客观共享的利益到阶级组织和动员的转变是自发的。奥尔森的观点完全不同，他不但质疑从私人利益到团体组织转变的自动性质，而且将问题颠倒过来提问。他认为，致力于追求集体利益，对于个人来说是不理性的，因为集团组织及其影响所产生的收益是一种公共产品，将任何人排除在外的成本是非常巨大的。一旦收益为集团内的所有人分享，它们也就可以为任何人享用。因此，团体组织和团体行动具有公共物品的特点：供应不足且易于搭便车。

奥尔森认为，促成利益集团组织起来的动力问题是值得探究的，而且应当使用经济学的方法加以研究。在解释利益集团出现且提供了集体收益时，奥尔森并没有诉求于个人的非理性、集体目标或鼓励合作的社会规范。相反，他试图将对这一问题的解释与其特有的个人私利观协调一致起来。他认为，个人之所以会参加利益集团，也许是因为他们是被强制加入的，也许是因为有人提供了选择性刺激，或者是因为他们组成了一个“特权团体”（privileged group）。

---

① 参见［美］熊彼特：《资本主义、社会主义和民主》，411～413页，北京，商务印书馆，1999。

② 参见［美］唐斯：《民主的经济理论》，上海，上海世纪出版集团，2005。

强制的情形对于基于自愿选择的理论来说显然是缺乏吸引力的，因此奥尔森强调选择性刺激的重要性，即在公共物品收益之外，对参与者提供支付或回报的意义。他认为，选择性刺激是“能够给予贡献者、而无关者不能享受的好处——保险政策、新出版物、物品和服务的折扣——任何个人视为有价值，以及可以有选择性地赠与或排斥的东西”①。但是将公共物品非公共化的成本将是极其巨大的，因而更常见的情形是在团体中存在某些子团体，无论团体中其他人做什么，这小部分人的收益总是超过成本，这个团体就是“特权的”。

但这又提出了一个非常重要的问题，即理性的经济人并非合作（集体行动）的充分条件。那么，达致集体行动的逻辑是什么呢？这个问题也可以进一步演化为国家是怎样产生的呢？奥尔森认为，集体行动存在着两大障碍：一是理性的无知，即在涉及集体行动的范围内，个人会意识到自己的影响无足轻重，并因此采取不负责任的态度，这导源于集体行动中参加者的数目过大；二是“搭便车”，即个人总是希望别人去努力，而自己坐享其成，这导源于集体行动结果的非排他性。因而成功的集体行动，必须克服这两个障碍。这将取决于两个条件的实现与否：一是组成集团的人数足够少，因而个人影响力将提高，同时由个人行动向集体行动的过渡成本大大降低；二是选择性刺激的供给充足。这二者之间存在着一定的关系，即构成集团的人数与建立行之有效的刺激机制是负相关的，人越多，建立行之有效的刺激机制就越难。

以此观察国家的兴衰，便可以看到，任何国家均有分利集团（distributional coalitions）的存在，否则便不会有相应的集体行动；而分利集团有着特定的作用，即促进人们参加相关集体行动的利益。但在或是扩大蛋糕本身以增加集体分享的份额或是在蛋糕本身既定的前提下着力于扩大自己的份额这样两条途径的选择中，分利集团通常会选择第二条途径。其原因很简单：增加蛋糕并非轻而易举，而且仍无法排除“搭便车”，因而对于分利集团来说，选择第二条途径才是最优的。

奥尔森的《集体行动的逻辑》一经出版便激起了相当大的反响，引起了许多人的后继研究，如波普金、泰勒、博曼以及国际关系研究领域中的基欧汉和吉尔平等人。正是经由这些人的进一步研究，奥尔森所提出的理论洞察开始在政治学和比较政治学中得到应用。

三、理性选择理论对于政治学和比较政治学研究转向的推动

理性选择理论的研究范围涉及广泛，既包括立宪的规范研究，也包括众多的实证研究。后者涵盖了不同的内容，诸如对包括行政部门与国会在内的政府机构的有关研究，涉及的主题包括政府行为的动机分析、政府机构膨胀的原因、政府官员的寻租行为、财政赤字、官僚主义等，还有与政治过程（利益表达和聚合）有关的研究、与利益集团有关的研究等。按照中国学者文建东的分类，理性选择理论的研究范围包括直接民主制经济理论、代议民主制经济理论（又包括政党理论、利益集团、寻租理论等）、俱乐部理论、官僚经济理论等。实证研究范围的区分与政治领域中经济人的不同类型是密切相关的，这些类型

① ［美］奥尔森：《集体行动的逻辑》，41～42页，上海，上海三联书店，1995。

包括：作为选民代表的经济人（对应国会部门的研究）、作为部门与政府政治家的经济人（对应政府部门的分析）和作为投票者的经济人（对应政党模式和利益集团分析）。

用理性选择理论的概念体系和研究方法去探讨可观察的政治行为，因而引发的政治问题思考涉及诸多问题，例如人们为什么以及如何创设法律、建立政治制度、参加团体以及投票？在团体的形成和影响中哪些因素发挥了作用？哪些条件有助于不同阶级成员之间的成功合作？什么因素能解释官僚、立法者和游说者的行为？民族国家如何以及在何时依据什么条件作出提供国际公共物品的决定？等等。这方面的具体研究较多，涉及对腐败行为的分析，对官僚行为的分析，对投票行为的分析，以及对人们为什么参加利益集团的分析，等等。

正如奥登舒克在《政治经济学的兴起》一文中所说："尽管理性选择范式尚未在政治科学中占支配地位，但它是最卓越的范式。眼下它是20世纪50年代和60年代行为主义革命的继承者，因此有理由预期政治学和经济学的研究会再次整合起来，成为一个整体"①。如果说早期行为主义的成果受到了批判和攻击而多少显得过时了的话，那么，理性选择理论从另一个重要的方面有所创新。这一创新主要表现为早期行为主义主张集体行为可以直接经由个人行为加以解释，而理性选择理论则完成了关键性的转换，揭示了个人理性如何以及在何种条件下成为何种集体理性。同时，与行为主义不同的是，理性选择取向并不要求问题和假设来自经验世界，只是在最后的检验的意义上，理性选择是实证的。因此许多理性选择的研究从假定的条件出发，进行复杂的模型构造，最后将此一模型放到经验世界中去接受检验。

在这一背景下，政治科学期刊中运用理性选择范式的文章越来越多。而且，"形式政治理论家"和"实证政治理论家"这样的标签专门留给了在此一范式下从事研究的学者，而不是指称那些只运用数学方法的政治科学家。

理性选择因其独创性的见解带来了巨大的理论冲击和广泛的影响，也因此受到同样广泛的批判。有来自其内部的批评，例如西蒙提出的用满足概念替代最大（优）化概念的有限理性理论，而更多的批判则来自理性选择理论冲击矛头之所向的那些学科。在社会学领域中，人们诘问个人的理性选择是否会受到社会条件和结构的限制？这又从一个特定的角度涉及结构与行动者的关系问题。在心理学学科当中，人们认为，人的行为动机是非常复杂的，自利的假定有过于简单化之嫌。而来自主流政治学的批评则集中于理论论证与经验论证的吻合问题。批评者认为，许多理性选择的具体模型缺乏实证基础，与经验世界不相吻合，例如政党竞争模型。

同时，人们也发现理性选择理论包含有内在的悖论。从理性的经济人这一基本假定，可以沿着两条不同的道路推演开去。一条道路是从理性经济人推导出自然形成的制度是最好的制度，制度存在本身就包含了它的合理性；制度变迁总是意味着从效率较低的形式走向效率较高的形式。而另一条道路则推导出了不同的结论：即因为公共物品——公共选择过程（少数服从多数）——"外部性成本"——个人理性与集体理性的矛盾，人们总会选

① Peter C. Ordeshook, The Emerging Discipline of Political Economy, in James E. Alt & Kenneth A. Shepsle eds., *Perspectives On Positive Political Economy*, Cambridge: Cambridge University Press, 1990, p. 10.

择眼前对自己有利而长远对自己不利的制度。这里的关键是，在由私人选择向公共选择的转移过程中，原来不可能出现的东西，现在有可能出现了，即公共选择使得一个人转嫁成本或凭空受益变得可能了。之所以出现这种局面，是因为个人理性在市场中是受到限制的，而在公共选择过程中，这种限制由于所运用的选举规则——公共选择得以进行的手段或工具——的性质特征而消解了。解决这一问题的出路在逻辑上只有三个：一是从根本上取消公共选择，但这不可能；二是寻找出与市场机制相类似的制约个人理性的手段；三是寻找出更好的公共选择规则，避免“外部性成本”。

但布坎南指出，公共选择过程的理想规则是一致同意规则，但由于一致同意规则的成本过高，少数服从多数规则作为一种节约决策成本的方式被广泛使用。问题恰恰在这里：少数服从多数规则必然会导致多数人对少数人的侵害。由于公共物品具有外部性和纳税具有强制性，少数派不可能通过“不同意”来推出公共选择过程以避免损失，这就导致出现“外部性成本”的必然性，即一些人无端地为他人利益承担成本。①

这说明理性经济人的行为在不同的决策领域具有不同的意义和后果。无论在私人物品市场中，还是在公共物品领域里，个人理性是没有区别的。只不过在交换私人物品的市场中，一个人的个人理性会直接地、不可避免地受到另一个人的个人理性的强烈制约。没有人能够转嫁成本或凭空受益，所以个人理性和集体理性是一致的。而在有关公共物品的公共选择过程中，一个人追求更小成本和更大收益的目标，有可能通过转嫁成本或凭空受益实现。所以个人理性和集体理性在公共选择领域也许是根本对立的。因为如果人们不能承担他们应承担的成本，获得他们应获得的收益，就不能实现资源的最优配置——社会利益的最大化。所以奥尔森说，在需要集体行动的领域中，“个人理性不是集体理性的充分条件”②。而在这些方面，新制度经济学却有着理性选择理论无法企及的优长。

第二节　新制度经济学对比较政治学的启发

一、从制度主义到新制度主义

如果说理性选择理论已经成为政治学不可分离的组成部分的话，那么，新制度主义经济学显然仍是经济学的一个分支，它与政治学的关系是“间接”的。这不仅是因为政治学，特别是比较政治学，早有制度研究的传统，新制度经济学挑战的矛头所向首先是传统经济学理论，而且是因为新制度经济学进入政治学和比较政治学的方式也是“间接”的。由于新制度经济学并不是一个统一的整体，其内部存在不同的学派和研究取向，诺斯只给出了一个相对宽泛的界说：“制度经济学的目标是研究制度演进背景下人们如何在现实世界中作出决定和这些决定又如何改变世界”③。就此而论，制度主义是一种基本立场，它强调制度或规范对于人的行为的重要性。制度在人类的社会生活中无处不在，因此制度主

① 参见［美］布坎南、塔洛克：《同意的计算：立宪民主的逻辑基础》，上海，上海三联书店，2005。

② ［美］奥尔森：《集体行动的逻辑》，23页。

③ ［美］诺斯：《经济史中的结构与变迁》，2页，上海，上海三联书店，1994。

义是没有学科边界的。这就是说，不同的学科中都可以找到“制度主义”的表述方式；也可以说，不同的学科会以其特定理论资源和研究传统开出制度主义的研究理路。

仅在美国经济学界，早在19世纪末就曾有过制度主义流派。其创始人凡勃伦和康芒斯特别强调对于制度问题的研究，特别是康芒斯，甚至将正统经济学中含义狭隘的交易概念加以一般化，并将其作为制度的基本单位。但从总体上看，他们对于制度的分析仍局限于传统理论，未能使用经济学的方法而是借用了哲学、法学、社会学和心理学的理论资源。正是因为这样，科斯同意威廉姆森的提法而将自己的学术努力称为“新制度经济学”。在他看来，“如果说当代制度经济学有一些先辈的话，他们并不是直接走在我们前面的人”。因而，“能够明确区分和标志当代制度经济学家的，并不是他们讲制度，因为美国制度主义者们当年也讲制度，也不是他们提出了一种新的经济理论，尽管他们以各种方式修正了现行经济理论，而是他们利用正统经济理论去分析制度的构成和运行，并去发现这些制度在经济体系运行中的地位和作用”[①]。在这里，科斯实际上也交代了他所归属的这一派新制度经济学家的贡献即在于采用经济学的分析方法来研究制度。就此而论，科斯实际上也将他自己以及同道与同样重视制度约束但却是从社会学和社会心理学有关人类理性的假定出发展开研究的布坎南等人区别开了，因而科斯及其同道被人指称为“经济学新制度主义”（economic neo-institutionalism）而不同于后者的“社会学制度主义”（sociological institutionalism）。[②] 从这个意义上说，新制度经济学的研究范围相当广泛，而且尚处在动态过程之中，其边界尚未确定，其内涵仍在发展。但一般而言，新制度经济学包含产权理论、企业理论、激励理论、交易费用理论等。而新制度经济学对于政治学和比较政治学的启迪的关键在于新的制度分析方法的应用以及对有关制度问题的系统阐释。

二、新制度主义的主要理论建树

1. 科斯的交易成本理论和产权理论

就新制度经济学对于传统经济学理论的突破而言，交易费用理论无疑是最初的表现形式。新古典经济学将企业视为一个生产过程，企业的职能就是将原料转换成为产品，企业存在的本身即成为经济理论假设的前提。但企业为何存在，又为何大小不一，由何决定其结构和边界，这些问题都并非新古典经济学的主要研究对象。与此相应，交易费用在新古典经济学的假设中被当做市场活动中的“噪音”而被处理掉了。这意味着，在新古典经济学家们的眼中，市场运行并无成本问题，是一个交易费用为零的世界。这样一种处理方式必然导致传统的主流经济学只关注天赋要素、技术和偏好，而无暇顾及交易、交易费用以及由此引发的制度问题。美国经济学教授科斯却反其道行之，在1937年发表的题为《企业的本质》的文章中提出，虽然市场是一个非常好的交易机制，但并不能像新古典经济学那样，将其看做是一个交易费用为零的世界。事实上，市场中的交易是要花费大量成本的。从寻找交易对象、讨价还价、订立契约、监督契约执行、维护交易秩序、解决交易纠

---

① ［美］科斯：《新制度经济学》，见［美］科斯：《论生产的制度结构》，增订版，347页，上海，上海三联书店，1994。

② Jan-Erik Lane, *The Public Sector: Concepts, Models and Approaches*, New York: Sage Publications, 1993.

纷，以及对违约行为进行惩罚等，无不涉及成本问题。而在一定的范围内，企业内的交易要简单得多。工人之间的固定分工节约了寻找交易对象的费用，经理对工人的指挥替代了讨价还价，工人和其他生产要素所有者与企业之间的长期合同减少了在市场中反复订立契约的麻烦，因此，人们很自然地要选择企业的形式。可以说，企业的存在节约了交易费用，而交易费用就是人与人之间交易所必须付出的费用。当然，随着企业规模的扩大，企业管理的难度也会相应增加，对工人的监督越来越困难，企业官僚机构的弊病也会越来越严重，由此则企业内部的交易费用会出现非线性的增长，也就是边际交易费用处在递增之中。当企业内交易费用（边际）增长到与市场交易费用（边际）相等时，企业规模就不会再增大，也就确定了企业规模的边界。进一步讲，社会分工将人们分开，而交易将整个社会联结起来。因此，交易费用是整个社会赖以运行的费用。只不过在不同的经济制度下，人们的交易方式不同，所耗费的资源数量也不同。

在这里，科斯实际上解决了企业为何存在以及企业规模由何决定这两大问题，同时也为交易成本成为新制度经济学的核心概念之一奠定了理论基础。1960 年科斯又发表了另一篇著名论文《社会成本问题》，在其交易成本理论的基础上进一步展开了对于产权理论的论述，着重探讨如何解决人与人之间在各种利益边界上的利益冲突问题即负外部性的问题。他以放牛者与种麦者之间因牛吃麦苗而引起的利益冲突为例，将交易成本理论与产权制度安排问题有机地联系在一起。科斯指出："有必要知道损害方是否对引起的损失负责，因为没有这种权利的初始界定，就不存在权利转让和重新组合的市场交易。但是，如果定价制度的运行毫无成本，最终的结果（产值最大化）是不受法律状况影响的"①；与之相类似的医生与糖果制造商的事例也说明"在市场交易的成本为零时，法院有关损害责任的判决对资源的配置毫无影响"②。因为"法院面临的迫切问题不是由谁做什么，而是谁有权做什么。通过市场交易修改权利最初的合法限定通常是有可能的。当然，如果这种市场交易是无成本的，那么通常会出现这种权利的重新安排，假如这种安排会导致产值的增加的话"。这就是说，在市场交易费用为零时，如果初始的权利调整会导致产值的最大化的话，那么通过市场交易的方式修改权利的活动会自发发生。但是在现实世界中交易费用为零是一种并不存在的假想。因此，必须要回答在交易费用为正的条件下，人们之间的交易行为具有什么特征。由此，科斯又指出："……在研究通过市场调整合法权利的问题时，已经强调了这种调整只有通过市场进行，才会导致产值的增加。但这一论点假定市场交易的成本为零。一旦考虑到进行市场交易的成本，那么显然只有这种调整后产生的产值增长多于它所带来的成本时，权利的调整才能进行。反之，禁令的颁布和支付损害赔偿金的责任可能导致发生在无成本市场交易条件下的活动终止（或阻止其开始）。在这种情况下，合法权利的初始界定会对经济制度的运行效率产生影响。一种权利的调整会比其他安排产生更多的产值"。既然交易费用不可能为零，那么这种利益冲突在什么样的制度下解决就十分重要了。在这种相互关系中，初始的权利界定是非常重要的，也就是谁有权做什么。不同的权利安排会导致交易双方的不同交易利益。

① ［美］科斯：《新制度经济学》，见［美］科斯：《论生产的制度结构》，增订版，11 页。
② 同上书，13 页。

科斯的这些论述因其经典性而被称为“科斯定理”，其中以“交易费用为零”为假设的论述为“科斯第一定理”，而以“交易费用不为零”为条件规定的论述为“科斯第二定理”。这种经典性还体现为从科斯的论述中人们又进一步引申出更多的争论问题，而且至今仍为之争论不休。在一些人看来，科斯的论述是针对外部性而言的，他强调的是只要有明确的私有财产权，很多具有外部效果的经济活动都可以通过适当的契约安排达到最优福利的效果。这也就意味着，不论私有财产的初始分配如何，通过自愿的协议，人们可以将产权做重新分配而使社会福利最大化。因此，“所谓科斯定理就是证明了只要私有财产权明确，不管这种私有财产属谁所有和作何种分配，都可以通过财产的自由买卖和私人之间契约关系的自由选择，找到对全社会最优的资源分配和制度安排，这种制度安排会将经济运行费用和交易费用的总和最小化”①。而在另一些人看来，科斯的论述说明，如果交易费用为正，那么，不同的法律规定，或者更广泛地说，不同的制度安排，会带来不同的资源配置的结果。也就是说，制度安排的不同会直接影响到经济效率。反过来，在解决某一经济问题时，采取哪种制度安排又取决于哪种形式的交易费用最低。因此，当交易费用不为零时，对于人们之间的经济活动而言，制度安排是极其重要的。因为交易费用的存在本身增加了人们在交易活动中支出的资源，但是对这一费用问题的正确认识和恰当处理，却会便利人们的交易活动。由此可见，交易费用的存在决定了人们采取何种制度来实现他们之间在生产过程中的合作、在不同制度安排之间如何确定相互利益的边界，以及不同的制度如何共同构成制度结构等。从这个意义上说，科斯的论述与其说是解决了某些问题，毋宁说是以其深刻的洞识和敏锐的观察提示了更深入地探讨问题的进路。

交易费用的概念使得制度成为经济学的分析对象和内生变量，正是这一点，使得新制度经济学不仅区别于新古典经济学，也区别于传统的制度经济学。在交易费用概念的导引下，人们开始认识到，制度如同其他一切经济物品一样，既有其效用，也有其费用。一如人们可以在不同的可相互替代的产品之间进行选择那样，人们也可以在不同的互可替代的制度安排之间进行选择。如果效用相同，人们将会选择费用较低的制度安排。历史地看，经济制度的进步就体现为费用更低、更有效率的制度不断替代费用较高、效率较低的制度。而制度的变革又进一步导致了人们的生产活动方式的变革。就此而论，交易概念的意义并不仅仅在于使主流经济学的理论假设更接近于经济现实，更重要的还在于这一概念可以应用于相当广泛的研究领域，如代理关系、寻租活动、企业内部考核、外部性问题、纯粹市场与科层组织之间的各种经济组织形态研究、经济史研究甚至政治制度分析等方面，并因而具有了理论革命的意义。

2. 威廉姆森的公司理论

受到科斯理论的启发，当代新制度经济学代表人物之一的威廉姆森强调市场的失败和所谓“看得见的手”对于减少交易费用的作用。同时，他以“有限理性”概念为出发点提出了他的公司理论，而其最终所探讨的问题则是制度是如何出现的。

在比较制度的框架内（comparative institutional framework），威廉姆森将经济生活中的公司视为一种制度安排。因为在特定的条件下，公司都是组织交换的最有效率的方式，

① 杨小凯：《当代经济学与中国经济》，16～17页，北京，中国社会科学出版社，1997。

尽管公司也会面临在何种情势下应该在公司内部组织交换还是应该通过外部市场来组织交换活动的问题。对于公司来说，其治理结构（governance structures）应该根据交易来确定，目标是降低交易成本。威廉姆森指出，两种与人有关的因素和两种环境因素结合在一起有助于解释为何在市场订立和实施契约与组织内部交易相比成本较高。所谓与人有关的因素，一是有限理性，二是机会主义（opportunism），环境因素则是指不确定性和小规模问题。其中，有限理性是指个人接收和处理信息以及沟通信息的能力总是有限的；机会主义是指个人通过有意识地（故意）操纵关于交换物品属性和自身偏好及意图的信息来追逐自利；不确定性或复杂性是指交易所发生的环境是复杂和变化的；小规模问题指往往只有少数几个行动者参与交易。有限理性与不确定性结合起来意味着签订长时期有效的契约是不可能的。而市场解决这一问题的办法是拟订一个不完全的长期契约，或不断订立短期契约。但由于机会主义的存在，双方都想利用不确定因素来捞一把。而公司的内部组织显然可以比市场更有效地解决这些问题。①

威廉姆森的公司理论激发了人们去研究如立法机关与政府官僚机构这样的政治组织内部的行为特点。立法制度（政治规则）的目的是通过提供实施机制帮助立法机关的成员（议员）实现彼此之间的交换。在立法机关中存在的交换问题导致了交易成本，这可以通过约束决策过程的立法规则来减少。例如，美国的国会组织就是这样演进以服务于议员们的利益的。关键的一点是交换的非市场形式也许比纯粹的市场交换更适合于这一目标。

按照新制度主义理论所提示的这两个要素考察立法机关，就会发现，一方面是利益，即立法者们的目标和偏好，另一方面是交易成本。可以假定，立法者代表了他们选区的利益，尤其是那些政治上活跃的利益集团的利益。这样一来，在国会内存在着各种表达的利益，但是为了通过多数投票原则达致政策决定，每一个立法者必须与代表其他利益的议员进行交换，从而实现自身代表的利益。如果某个议员支持一项与他/她并无直接关系的议案，来交换被支持者支持他/她的议案，那么也许在一定情况下，私下拟订的协议会被破坏。由于议案是一项一项通过的，存在时间差，因此充斥着讨价还价、达成协议、协议破坏和报复，以及酬报和新的交易的周而复始。这里的情况恰与市场交易是类似的，其结果是成本非常高昂。这意味着人们也许应该寻找更为有效的方式。

于是，国会内的各种委员会发展出来了。这些委员会便是替代政治市场的制度，一如经济市场上的公司或企业。这一制度有三个要素：一是管辖权下放给委员会，委员会通过控制议事日程而对现状变化具有否决权；二是资格制度，将议员分配到诸委员会的不同职位上去；三是一种竞标机制，以解决委员会出现空位状况时的问题。②

威廉姆森的公司理论就这样从一个独创性的角度论说了立法机关的演化过程，从而为研究一般政治机构的演进和发展提供了一个极具启发意义的范例。

3. 诺斯的制度理论

同样是受到科斯理论的启发，诺斯显然更关注制度与经济绩效之间的关系。在他看

① O. Williamson, *The Economics of Discretionary Behavior: Managerial Objectives in A Theory of the Firm*, Englewood Cliffs: Prentice Hall, 1964.

② Jan-Erik Lane, *The Public Sector: Concepts, Models and Approaches*, p. 182.

来，“一个交换过程中包含着交易费用，这是对经济理论的重大修正，并对经济绩效具有截然不同的意义”①。更确切地说，如果认定在交易费用不为零的条件下，制度安排（产权界定）是非常重要的。那么，应该讨论的问题有两个方面：一是从正面说明制度安排与经济绩效之间的正相关；二是需要解释相反现象的存在，即并非所有的制度安排都是有效率的。经验事实也确实说明，许多无效率的制度安排可以在某些社会里长期存在。对第一方面的问题，诺斯在《西方世界的兴起》和《财产权利与制度变迁》中作了大量的说明。对于第二个问题，即为什么无效率的制度安排会长期存在，诺斯在1990年出版的《制度、制度变迁与经济绩效》一书中给出了论证。综合起来看，诺斯从根本上否定了长期以来主流经济学那种研究偏好，即始终将技术创新、规模经济以及人力资源和投入资本等生产要素的大量投入和合理配置看做是经济增长的关键，而将制度因素看做是给定的、外在的因素而不予考虑和研究；同时，诺斯比较全面地论述了新制度经济学的基本内容。

在《经济史中的结构与变迁》一书中，诺斯令人信服地证实，一个社会倘若没有实现经济增长，是因为没有为经济方面的创新活动提供激励，没有在制度维度上向创新活动的行为主体保证或提供最基本的报酬或好处。而在《制度、制度变迁与经济绩效》一书中，诺斯又进一步证明，个人在微观层次上所从事的经济活动及其绩效的总和即构成宏观的经济结果，而决定个人从事经济活动的主要因素就是制度。特定的制度框架不仅制约着个人选择的范围和机会，从宏观层次决定着微观经济活动的激励机制，而且还向从事经济活动的个人提供了可欲可行以及他者行为的相关信息。正是在这种制度的限定下，个人根据制度提供的激励作出有关经济活动的选择。这样一来，特定的制度安排能够鼓励人们从事创新的经济活动，则整体经济就会持续增长；反之则经济走向停滞和衰退。总之，制度因素在长期的经济变迁中起着决定性作用，相对于个人的经济活动而言，制度因素并非是给定的外在因素，并非是在考察经济行动时可以忽略不计的东西，而是必须加以考虑和研究的。

按照诺斯的界说，所谓制度，“是一系列被制定出来的规则、守法程序和行为的道德伦理规范，它旨在约束追求主体福利或效用最大化利益的个人行为”②。也就是说，制度既有正式的规则，包括由各种宪法和法律规定所建立并由各种强制机关所执行的制度，也有非正式的规则，如自然习惯、大众观念、持久的规范化行为类型等。就其特征而言，制度首先是人类适应环境的结果，是一种人工产品，因而既包含着文化特色又具有历史性；而作为文化特色的体现，制度以惯例和习惯的方式凸显了其本身的根深蒂固；作为历史性的体现，制度本身是历史延续的、继承的和续发的。其次，制度还具有“集体性”，它既为社会多数人所接受和遵守，也为多数人所创设和改变，因而制度具有特定的功能性和工具性。作为规范人际交往的规则，制度为人们的顺利交往提供了保障；而作为特定指向的激励机制，制度又限制着人们可能的行为选择。制度当然还具有“强制性”，这种强制性不仅在于受其约束的人们有服从的义务而且意味着某种“外在”权威的存在如国家，还意味着制度载体的存在如各种组织，以维护和维持制度的延续。当然，在经济学家的眼中，

① ［美］诺斯：《制度、制度变迁与经济绩效》，38页，上海，上海三联书店，1994。

② ［美］诺斯：《经济史中的结构与变迁》，180页。

所谓制度，最重要的就是产权制度安排，而人们的交往即是人们的交易活动。在这个意义上讲，制度即成为观察和理解人类经济活动的特定路径和范式。

由此出发，诺斯特别重视对制度变迁及其动力机制的研究和分析，试图在分析产权结构、人口结构、技术水平、历史发展和意识形态等环境因素如何对现行制度提出挑战并导致创新冲动的产生的基础上，建构出有关制度变迁动力机制的一般理论和分析框架——制度变迁的需求与供给分析框架。在诺斯与戴维斯合著的《西方世界的兴起》一书中，诺斯指出，在现有的制度安排下，由外部性、规模经济、风险和交易成本所导致的收入的潜在增长不能内化时，新的制度创新便有可能发生，并使潜在收入的增长成为可能。也就是说，当制度变迁的社会预期净收益超过社会预期成本时，则制度变迁的需求就会相应产生，这一需求必然会诱致实际的制度变迁。但同时，制度变迁的供给也有重要的作用。这是由制度决定者的个别成本与个别收益相比较而体现的个别净收益所决定的。一旦其个别收益大于个别成本，制度决定者即具有了制度创新的动力。因此，只有当制度变迁的社会需求已然存在且制度决定者从制度变迁中也能获得实际的净收益而产生了制度变迁的供给时，制度变迁才会实际发生。

在《经济史中的结构与变迁》一书中，诺斯进一步认为，产权理论、国家理论和意识形态理论是构成制度变迁理论的基石。在他看来，国家具有暴力方面的比较优势，因而能够规定和实施特定的产权安排，并由此对造成经济增长、停滞或衰退的产权结构的绩效负责。国家凭借其规模经济的优势，以其对社会的服务换取自身的收入，同样是受财富或效用最大化的逻辑支配，因而国家类同于一般的歧视性垄断者，区别对待不同的成员，设定不同的产权安排以使自己的收入最大化；同时，国家也受到其他国家乃至国内个人等一系列潜在竞争者的制约，也会为使自己的成员有更好的境遇而设定制度安排。在这样的制度变迁过程中，社会效益与统治者的个别利益最大化之间存在着根本的冲突：统治者总是处心积虑地从社会获取更多的租金，同时又总是千方百计地节约交易成本，以便实现社会产出最大化，从而扩大征税收入的基础。但由于潜在竞争者的威胁和征税的交易成本，统治者又不得不忍受无效财产权的存在。同时，“搭便车”的问题又阻碍着制度变迁所必需的组织安排的发展。因此，无效财产权不仅普遍存在而且始终存在。从这个意义上说，制度创新将是“出自统治者，而不是出自国家成员，因为后者总面临搭便车这个问题”①。诺斯还认为，成功的意识形态能够有效地改变个人关于成本收益的计算，形成根深蒂固的观念，因而即使是在制度安排不公正且侵害个人利益的条件下，这一制度安排也会取得合法性并维持下去。意识形态能够有效地形塑对国家的忠诚和对国家安排的制度的服从，因而国家总是在意识形态领域进行大量的投资，以提高和巩固现行制度的合法性，减少维持制度的成本。在运用意识形态手段加强其统治方面的国家能动性，无疑说明了制度供给对于制度变迁的意义。

在这些论述的基础上，诺斯通过制度因素将政治与经济联系在一起，进一步论述了政治制度的问题。经济绩效取决于经济制度的优劣，而制度的优劣又依赖于统治者及其代理人的行为。而政治制度的作用即在于约束统治者及其代理人的行为，便利着统治者与大众

① ［美］诺斯：《经济史中的结构与变迁》，33 页。

之间的交易。因此，不同的政治制度对于统治者的刺激和约束也是不同的。在诺斯看来，有效率即能够带来经济绩效的政治制度应当具备三个特征。首先是竞争性。在具有竞争性的政治制度下，统治者面对合法的、势均力敌的竞争对手，只有实行那种足以能够促成社会利益最大化的政策才能获得大众的支持和拥戴，从而保持自身的权力和地位。大众则保留着决定统治者去留与否的权利。其次是参与性。在这种制度下，大众能够通过代议机构及其中的专门委员会等各种渠道参与决策过程，由此大大降低统治者与大众之间的交易成本，便利双方的合作。最后是中立性。独立的司法机关在统治者与大众的交易发生争执时充当中立的仲裁者，从而保证政治制度的有效运转。总之，有效率的政治制度能够保证统治者在推进社会利益最大化的前提下实现其自身利益，由此导致有效率的产权制度的界定和行使，进而激发个人从事生产性活动的积极性，推动整体经济的增长。

诺斯的上述论述是建立在其作为经济史学家而提供的大量的历史性经验事实的基础上的，因而具有了特定的说服力，并很快得到政治学和比较政治学家的响应。

三、新制度经济学理论在政治学和比较政治学中的扩散

新制度经济学有关制度问题的理论论述对于政治学和比较政治学形成了相当大的冲击。这种冲击首先体现为政治学家和比较政治学家们开始对自己所在的研究领域早已有之的制度问题研究传统展开了反思和批判。按照伊斯顿的说法，在 19 世纪下半叶至 20 世纪初期时，政治科学中存在一种观念，一旦政治体系中控制权力分配的法则被揭示出来，就能精确地理解政治制度是如何运作的。政治学研究者假定，宪法和法律规定的政治职位上的人们的权利和特权与人们的实际行动是紧密啮合的。这实际上是一种关于人的行为假定，即假定人们的行为与宪法和法律规定的角色是一致的。但是问题却在于这种假定是虚拟的，实际的政治行为方式往往与此不同。英国学者罗得斯认为，在英国和美国的政治分析中，制度取向是主导的传统，但是人们却没有写下什么东西来说明它。政治学的前辈学者对方法论问题不那么关注，也不谈论怎样做研究。他们只是描述某国政府，从某国的宪法开始说起。将注意力放在制度上，这是一个常识，是研究一个国家的最明显的起点，因此没有必要论证什么。政治制度研究的假定和实践都是理所当然的，作为前提接受的。罗得斯认为，政治学研究中的制度取向可以从三个方面界定其偏颇。首先是研究的主题。作为一个从哲学、政治经济学和社会学当中分离出来的独立研究领域，政治学形成了一种强调研究正式的法律安排的倾向。但这种对于制度的研究忽略了对于人的研究。也就是说，政治学未能在制度与人的行为之间建立合理的互动分析框架。其次则是研究方法。政治学传统的或古典的制度方法是描述—归纳、形式—法律和历史—比较的方法。所谓“形式”是指政府组织的形式，或正式的政府组织（formal governmental organizations）；所谓“法律”是指公共法律（public law）。形式—法律研究的范围不但包括成文法律，而且包括其他的重要政治制度。这些方法论意义上的偏好显然缺少必要的科学假设和逻辑推论。最后则是价值取向问题。也就是说，政治学对于制度的研究有特定的因果性，将法律规则和程序作为基本的自变量，将民主的功能运作和命运作为因变量。比如，迪维尔热就曾尖锐地批评过基于比例代表制的选举法律，因为它们裂解了政党制度，摧毁了代议制民主。同时，政治学的制度研究还特别赞成自由民主制度的政治价值。“制度取向是一个涵涉规

则、程序和政府形式/正式组织的主题，它运用律师和历史学家的工具来解释对（政治制度）政治行为和民主效力的制约，它赞誉自由民主制，尤其是威斯敏斯特的代议民主制。”①

这种以国家或政府机构为中心的、强调法律的形式主义分析方法的、规范性与实证性相混淆的研究取向在行为主义革命时期受到批判，但由此走向了另一个极端：否定国家的作用而凸显社会的重要性，制度分析被行为研究所替代，个人理性取代了制度约束。因此，20 世纪 50 年代以来的政治理论思维范式具有五大特征："一是背景论，即倾向于将政治视为社会的一个组成部分，而不太愿意将政治组织从社会其他部分中区分出来；二是化约论，即倾向于将政治现象视为个别行为总体性影响的结果，而不太愿意将政治结局归因于组织的结构以及导致适当行为的那些规则；三是功利主义，即宁愿将政治行为视为自我利益的计算的产物，而不太愿意将其视为政治行动者对既定义务和责任所作反应的结果；四是功能主义，即倾向于将历史视为达到唯一的、适宜的、均衡的有效机制，而不太愿意关注适应性稍差的可能性以及历史发展的可能性的问题；五是工具主义，即倾向于将决策的制度和资源的分配看做是政治生活中的核心问题，而不太愿意注意政治生活如何通过符号、仪式、典礼而围绕意义的展开加以组织的问题”②。这些批评显然是受到新制度经济学的启发而提出的，同时也指出了政治学和比较政治学在这一问题上的大概的发展方向。

这一新的发展方向体现在近年来的许多政治学和比较政治学的研究成果当中。就此而论，新制度经济学所提示的不仅是一种学术研究的特定取向，一种被传统研究所忽略的问题，而且还关涉着一种新的社会现象——协商社会（the negotiation society）的理论。说到底，新制度主义的范式源自于近年来社会的发展使得制度的作用变得普遍、显著和有力。同时，新制度主义也就是关于国家的新理论，它力图解释福利国家、公共部门的作用和结构以及富裕社会的未来，以及对于资本主义民主，什么样的国家才是可行的等问题。例如朱安・P・奥尔森提出了四种模型，即主权国家（sovereign state）、道德国家共同体（moral state community）、古典自由国家（classical liberal state）和分离型国家（segmented state）。在他看来，第二次世界大战以来，福利国家的持续发展使得分离型国家成为主导模式。其特点是不存在单一的控制中心，不存在统一的权威渠道，议会的权力被削弱了。在分离型国家中，互动的主体主要是有组织的利益集团，而不是个体公民，互动由集体行动的逻辑决定，而不是道德诉求。市场过程连续不断地受到公营和私营部门的垄断和寡头之间的协议过程的干扰。大政府的时代同时也是弱政府的时代。权力转向于公共部门和私人部门（组织）。20 世纪 80 年代以来，其他的国家模式向分离型国家模式提出了挑战。而新制度经济学所关注的国家在界定契约安排中的作用、通过制度创新来降低交易费用、公共部门的制度安排可以通过理性的方式来调整等洞识，在某种意义上对国家的功能和作用给出了全新的揭示。在新制度经济学看来，国家的功能不是制定公共政策，而是通过界定产权来降低交易费用。因此国家是处理交易费用问题的理性设置。关于公共制度的

---

① ［英］马什、斯托克主编：《政治科学的理论与方法》，89 页，北京，中国人民大学出版社，2006。

② James March & Johan P. Olsen, *Rediscovering Institutions: The Organizational Basis of Politics*, New York: The Free Press, 1989, p. 45.

经济学理论最后得出的结论将是经济立宪主义（economic constitutionalism），这一点对政治学和比较政治学者显然具有非常强烈的吸引力，据此可以开展对于历史的、现实的和比较个案的研究。但尤其重要的是，上述理论提示了经济变革与政治变革的关系问题。诺斯所主张的经济制度与政治制度之间存在着密切关系的观点，从一个独特的角度在一定程度上体现了马克思主义的基本观点。这显然可以为许多马克思主义者所接受和认可，据此进一步考察现实的政治结构改革。

而政治学中“将国家带回来”的思潮也是一个与之相关的事态发展。“回归国家”的一个内在含义是重新强调内生变量的重要性，反对只用外部变量如经济因素、社会因素等来解释政治现象。在一定意义上，这是向政治学研究的第一阶段即制度与法律研究的“回归”。当然其间存在着巨大的内在区别，因为新出现的这一“国家主义学派”，并不满足于对政治制度的描述（这是政治学发展第一阶段的一个重要特征），而是吸收了行为主义革命的丰富营养，以“制度是起作用的（institutions do matter）”命题作为基本的假定，采用解释性的模型来研究国家（政治设施）的重要性。

新制度经济学对于委托人—代理人模型（the principal-agent model）的论述更是直接提供了将这一理论模型运用于政治领域的可能性，这便是有关在自由民主制度下选民如何控制和激励政治家，以及政治家如何控制和激励文官的研究。按照新制度主义的解释，在社会互动中涉及两类交易费用：第一是信息费用，用于了解其他参与者的偏好，以及在集体行动中所运用的技术等；第二是动机费用，源自集体行动中两个或更多人的彼此协调过程。在民主国家的场景下运用委托人—代理人模型是一种处理来自于集体行动的交易费用的方法。在民主国家中，公共活动导致一种双重的委托人—代理人关系。一方面，选民（民众）是委托人，他们选举产生的国家领导人是其代理人；另一方面，国家领导人制定的政策需要有人来执行，因此文官又成了代理人的代理人，相对于文官，国家领导人又成了委托人。在选民、政府和行政之间的双重委托人—代理人关系较之传统的政治和行政两分法更为贴切。但问题在于，在现实政治领域中这种委托人—代理人关系是非常容易被颠倒过来的，即代理人自视为委托人。政治家将民众视为被统治者，可以随意支配；反过来，文官又利用自己常居官场的优势来支配政治家。这就提出了一个非常重要的问题：如何对代理人进行必要的制约，使他们真正成为人民的公仆并为人民服务？这其中的要害在于，限制、监督代理人是需要交易费用的。在理论上讲，全民公决的模式对于代理人假借委托人的名义行事取法的回旋余地最小。因为人民通过多数原则来投票决定每一件事情，然后由政府官员落实和执行。当然这也须假定政府官员的所有活动/行为都是可以观察到的，每一件事情都可以按照公决结果来落实和执行。但这样做的交易费用之大是不难想象的。同时，其间还存在着其他困难，包括选民和其代理人之间的信息不对称、道德风险和逆向选择等。

新制度经济学对于制度创新的过程与环节的探讨对于政治学也有重要的意义。正如许多经济学家在研究中国改革的实际进程中所发现的那样，“许多重大的改革举措和制度创新都是对原有制度规则的一种违背和否定，都有一个从偶尔犯规走向修改规则的过程，因而在初期都是合理而不合法的。当其开始自发地产生出来以后，如果政府当局坚决地予以取缔，那就会大大地增加制度创新的成本，甚至会将其扼杀在摇篮之中；相反，如果政府当局采取不闻不问或只闻不问的态度，实际上就是给予它一个发展壮大的时间和空间。一旦时机成熟，放弃和修改原来的制度规则，制度创新就会成功”①。这样的见解对于政治学家无疑具有启发意义。

说到底，制度主义研究范式在最近 20 多年来发展迅猛，影响日增。它的复兴是对各种形式的化约主义视角的回应。当然，除新制度经济学以外，组织理论对于政治学和比较政治学制度主义研究范式的复兴也有重要的推动作用。但就新制度经济学而论，它所带来的激励至少涉及两个方面：一是经济学家已经为政治学所作出的分析，例如新制度经济学对国家的分析等，创生了新的思考方向和研究视角；二是政治学家可以从中吸取理论灵感，对政治现象开始进行新的独立的分析。就此而论，新制度主义方法大有发展潜力。一方面，它与社会学的分析传统可以接轨，因为制度本身也是社会学的一个重要概念；另一方面，它又带来了经济学方法论的特点，具有分析的精确性和严谨性。政治学特别是比较政治学，完全可以在部分修正的基础上接受和容纳新制度主义理论内涵和方法提示。实际上，这正是近年来在政治学和比较政治学领域内所出现的情形。

第三节　从国际政治学、国际政治经济学到比较政治经济学

一、国际政治学的困境与突破

在政治学与经济学长期以来的相互隔离状态经由理性选择理论和新制度经济学的创生和流布而走向再度结合、也即所谓新政治经济学问世之际，政治学者对于经济问题的认识也开始通过自己的特定路径而得出新的结论。尽管一些著名的比较政治学者因其研究领域的跨学科性而自认为始终关注政治与经济的互动且独创性地提出新的政治经济学，但实际上却一直未能创立真正意义上的、政治与经济的一体化理论。相形之下，早先属于政治学领域发展相对滞后的国际政治学学科却以其对于世界局势变迁和当代发展潮流的敏锐感觉和学理认知而率先走向了关注政治与经济之间连带性的研究取向。

传统国际政治学实际上就是传统政治学理论在国与国关系领域和全球政治范畴中的延伸、放大和推演。按照摩根索的说法，“国际政治学的任务就是把政治学的一般原则运用到国际关系领域，并根据国际政治的独特性质对这些原则重新加以表述、修正和规定”。而他所主张的政治现实主义，也就是“强调政治领域的独立性，强调权力的政治作用”②。因此，在第二次世界大战后制度化为政治学分支学科的早期阶段，在其最基本的研究设定中，国际政治学的研究对象被界说为以主权国家为主的政治行为主体的对外政治行为、相互间的政治关系以及表现为经济竞争和经济关系的政治权力斗争，分析单位则被规定为主

① 张曙光：《放开粮价，取消粮票：粮食购销制度变迁研究》，载《中国社会科学季刊》（香港），1995 年冬季卷（总第 13 期）。

② ［美］摩根索：《国家间政治》，7 页，北京，中国人民公安大学出版社，1990。

权国家以及由主权国家所组成的国家联盟和国际社会，研究焦点则集中于国际政治事务中的权力控制问题、国家安全问题、国家间冲突及其相应的战争与和平问题。在摩根索看来，所谓权力概念恰好是将政治学和国际政治学与其他学科领域如经济学乃至宗教学区别开来的关键。尽管包括摩根索在内的国际政治学家也注重经济问题研究，特别是一国综合实力中的经济构成要素以及国与国之间的经济关系，但他们大都认为这是一种从属性的、被支配的、与政治问题相比不能不居次要地位的关系或要素。当然，就其对于国际社会的“无政府状态”的强调和假定而言，以摩根索为代表的政治现实主义流派的国际政治学的理解显然不同于传统政治学有关国内社会政治层级结构和政府本位的强调和设定，但这恰好成为国际政治学更加重视和关注政治权力以及追逐权力的斗争的研究偏好得以放大和张扬的根源所在。

而国际政治学领域中渊源更加久远的另一个学术流派——政治理想主义，强调人类以善为本，理性、规范、主权、秩序、正义将战胜邪恶；主张国际关系和对外政策应建立在道德、法律和理想的基础之上，应以人类天生的理性和协作精神改变国家间关系的混乱和无理性的意外如战争，建立公开外交，实行裁军，成立国际联盟等。尽管政治理想主义在价值理念方面与现实主义相去甚远，但在基本的理论前设方面却与现实主义殊途同归，例如对国际社会无政府状况的述说，对国家作为基本分析单位的主张、对政治理念制约国家对外政策的认识、对国家政治—军事行为影响国家间关系基本状况的见解等，明显体现了它对政治、政府和政策的强调和关注。

正是在这个意义上，强调政治分离于经济、政治超越于经济、权力逻辑显要于经济动机以及国家间政治关系决定着国家间经济关系的主张，是长期支配着国际政治学/国际关系学研究的理论传统和思维定式。

这种状况的出现与第二次世界大战后初期冷战的迅速兴起有着直接的关联。美苏在全世界范围内的对立和对抗以及它们各自所纠集的“阵营”和势力范围，几乎全面地占据了各国政府决策者的议事日程，而诸多国际经济问题必然居于次要的地位且服从于政治问题的考虑。与之相应的是，国际关系的研究者极其强调与冷战相关的战略—安全问题或曰“高端政治”(high politics)，而国际经济问题则被看做是非政治性的、无关宏旨或服从于政治性的“宏旨”，是与所谓“低端政治”(low politics) 相关联的。确实，在美苏之间那种尖锐的政治对立、激烈的外交竞争和严重的军事对抗所共同构成的压力条件下，在美苏为了自己的战略目标和政治意图而主要使用政治、外交、军事乃至经济手段在内的各种方式扩大自身影响之际，国际关系研究的实质性内容不能不集中于政治决策以及与此相关的外交决策和军事安全决策问题。

但是，20 世纪 60 年代以后，随着国家间关系的发展和国家间交往的增多，国际政治与国际经济之间的相互渗透、融合和汇集日益明显且突出。而“20 世纪 70 年代和 80 年代初所发生的一系列引人注目的事件，标志着国际关系正经历一场意义深远的剧变。长期建立起来的似乎稳定的关系和理解的格局顷刻间被抛弃。政治领袖、学术评论家以及寻欢作乐的‘普通人’，突然间都意识到这样一个事实：能源危机、中东的戏剧性事件以及共产主义世界内部的紧张关系等现象，都是在性质上不同于前十年的新秩序的发展，这些事态的发展以及政治、经济和军事领域的众多新情况表明，权力的国际分配发生了深刻的变动，新的社会政治力量脱颖而出，外交关系进行着全球性的重新组合”①。战后初期以来所形成的国际关系体系正发生着前所未有的变革。美苏关系缓和固然有助于弱化政治—外交—军事决策在国际关系决策中的优先地位，但真正使西方大国政界和学界受到震撼的是，在1973年第四次中东战争爆发后由中东阿拉伯石油生产国以石油禁运方式所发起的“石油战”，以及由此引发的战后最严重的经济危机。对此，连摩根索也不得不承认，政治、军事和经济力量之间旧有的功能性关系已经发生了嬗变，一些按照以往的标准来衡量的军事弱国“垄断或半垄断地控制了对经济发达国家的运行至关重要的原料”，而这些经济发达国家却又不能像经典强权主义所主张和实践的那样以直接出兵的方式攫取对这些原料的控制和支配。这种情形必然促使国际关系研究者反省和探讨以往研究取向的弊病和缺陷。其实早在1970年，后来成为国际政治经济学开创者之一的英国学者苏珊·斯特兰奇就已经指出，战后以来的国际形势所发生的巨大变化，使得西方的国际关系的教学与研究大有落后于客观形势之虞，其主要弊端即在于国际政治学与国际经济学之间相互视而不见的认识鸿沟持续扩大，而国际关系研究也将由此陷入绝境。在她看来，走出这一困窘的出路就在于建构一种综合性的理论，将国际政治与国际经济结合起来，这就是国际政治经济学（International Political Economy，IPE）。②

由此引发的对于传统国际政治理论的批判并未止步于指责其将政治与经济割裂开来的研究偏好，而是走向了更深的层次和更广的范围。就批判的矛头所向以及对后来国际政治经济学的创生有着极大影响的意见而论，传统国际政治理论的国家主义取向首先受到了尖锐的攻击。这种国家主义的研究取向不仅表现为国家被看做是最主要的国际政治行为主体，而且还被假定为整体性的、统一的、一致追求国家利益最大化的理性的行为主体。国际政治学研究不重视也不关心政府决策的政治过程及其参与者，也不考虑政府决策过程所必然充斥着的利益分歧以及相互竞争的利益主体各方之间就政府决策所进行的讨价还价内容。更严重的问题还在于“国家主义的一贯倾向，以及以历史研究为主的国际关系理论不是‘社会科学类’的解释性理论，而是具有民族国家体系的‘意识形态’作用。易言之，国际关系理论与政治学是一致的，它们描述、说明当今世界既有的和假设的政治体系并使之合法化”③。由此，新的国际政治经济学主张国家与非国家行为主体在国际社会中都具有重要的作用，而国家也可以分解为不同的构成部分，相互间不仅存在着矛盾而且其中一些可以直接在跨国范围内发挥功能作用。其次，传统国际政治理论过于强调军事—安全的思维定式也受到了强烈的质疑。这一思维定式是国家主义研究取向合乎逻辑的发展：由那些追求自身利益最大化的国家所构成的国际社会必然是以争夺权力的斗争为其存在的形式。实际上，“以贸易、金融以及对外投资的形式存在的种种强大的市场力量，往往跨越国界限制，脱离政治控制，将不同的社会结合在一起；而政府则竭力限制、疏导和利用经济活动，为国家和国内主要势力集团的政治利益服务”④。由此，新的国际政治经济学关注于国家与市场之间的联系，意图研究经济增长的根源及其对于世界经济政治的

① ［美］吉尔平：《世界政治中的战争与变革》，1页，北京，中国人民大学出版社，1994。

② Susan Strange ed.，*Paths to International Political Economy*，London：Allen & Unwin，1984，p. 34.

③ George Modelski，*Principles of World Politics*，New York：The Free Press，1972，p. 8.

④ ［美］吉尔平：《国际关系政治经济学》，17页，北京，经济科学出版社，1989。

相互依存关系的影响、经济变化与政治变化的关系，以及国际市场对国内经济的重要意义。

二、国际政治经济学的发展

按照规范性的定义，“国际政治经济学是20世纪70年代后期以来在世界范围内发展起来的一门新兴学科，它的主要研究对象和研究范围是国际社会中各类行为主体的对外政治和经济行为，以及国际政治与国际经济之间的相互关系和相互作用，是国际关系研究领域中的一门交叉性边缘学科”①。但这一新生的学科在不同学者那里又因其研究侧重和偏好取向的不同而具有不同的称谓。例如，“国际关系的政治经济学”意在强调其以国际关系领域中的问题作为研究对象；“全球（或世界）政治经济学”意在强调其与传统国际政治理论在国家主义取向上的分歧；“国际经济关系的政治学”则意在强调用政治学的方法研究国际经济关系问题。但无论冠之以何种名称，国际政治经济学因其对于当今世界政治问题与经济问题相互关联的关注，因其对所谓全球化时代国家之间政治关系与经济关系的相互依赖的关注，因其对于国内政治经济与国际政治经济之间的互动关系的关注以及在这些关注的基础上卓有成效的解释和论说而令人信服，有越来越多的学者转而从事这一领域的研究并因此产生更多的研究成果，同时，在学科领域内亦相应完成了诸如课程开设、专业设置和人才培养计划一类的制度性建构，因而国际政治经济学大有成为“显学”的发展势头，并对政治学科本身也产生了重大的影响。

负面意义的批判尽管睿智深邃、促人警醒，却并不能替代正面意义上的学术建构。国际政治学的困境以及人们对于这一困境的认知和觉悟只是在逻辑上提示了新的学术发展方向的可能。但对于那些最早的觉悟者而言，历史上早已有之的传统政治经济学的学术资源是必不可少的创新基础，几乎与此同时，由经济学家所正在着手创立的理性选择理论以及新制度经济学也提供了有益的启发。从这个意义上说，以法国孟克列钦为典型代表的重商主义者最早开始使用“政治经济学”这一术语，从原初的意义上提示着一种以综合性的研究进路、指涉广泛的社会政治经济问题的学术研究取向。在他们看来，政治与经济的契合是必然的、合乎国家理性的，国家财富与国家权力之间存在着密切的联系。民族国家的中心任务是确立国家的权力，其对外目标是国家的安全和自主，对内是保障社会秩序和统治；而为了实现这些目标，国家必须使用经济手段，必须聚敛财富，尤其是贵金属如金与银；因而国家又必须有意识、有目的地组织对外贸易活动，安排相应的对外贸易结构，必要时则须运用国家所拥有的暴力。其后以亚当·斯密和大卫·李嘉图为代表的古典政治经济学尽管批驳了重商主义片面强调一国相对于他国之权力的重要性，指责其对有益于所有国家的基本经济条件和市场制度视而不见，进而主张国家的总体生产能力才是国家财富的重要因素；尽管他们认定，在经济生活中，市场作为“看不见的手”具有决定性的作用，因而国家不必对经济生活有过多的干预和介入，但他们仍然保持着对政治和经济问题进行综合研究的基本取向，他们的学术研究既涉及对经济生活中的政府作用的分析，又包括对市场经济制约政府行为的探讨。在批判地继承古典政治经济学基础上发展起来的马克思主

① 宋新宁、陈岳：《国际政治经济学概论》，1页，北京，中国人民大学出版社，1999。

义政治经济学，明确地宣布“政治经济学不是把**财产关系**的总和从它们的**法律**表现上即作为**意志关系**包括起来，而是从它们的现实形态即作为生产关系包括起来”①；“政治经济学，从最广的意义上说，是研究人类社会中支配物质生活资料的生产和交换的规律的科学”②，“是资本主义生产方式以及和它相适应的生产关系和交换关系”③。在对政治经济学的研究对象和目的作出上述规定的基础上，他们又进一步指出，“经济科学的任务在于：证明现在开始显露出来的社会弊病是现存生产方式的必然结果，同时也是这一生产方式快要瓦解的征兆，并且在正在瓦解的经济运动形式内部发现未来的、能够消除这些弊病的、新的生产组织和交换组织的因素”④。这实际上又强调了政治经济学在发现和揭示社会变革的动力和途径方面的特定意义。

马克思、恩格斯对于政治经济学基本问题的阐释以及他们对于政治经济学研究领域内诸多具体问题的讨论开辟了一个新的学科的科学发展路径。依据他们所揭示的政治经济学基本原理，一些著名的马克思主义者如列宁、布哈林等人对于帝国主义问题有许多理论论述，以及更加晚近的“西方马克思主义”学者对于当代资本主义社会和资本主义“世界体系”进行了大量的研究。这些都构成了当代国际政治经济学得以创生的理论基础和学术资源。

但在研究方法上，当代国际政治经济学更多地受到当代经济学的影响和启发，其中尤其以理性选择理论最为突出。在国际经济学学者看来，这一理论所提示的研究方法实际上就是一种“研究政治学的经济方法”，而且已经证明是一种可以行之有效地用于政治分析的科学方法。因为这种方法有明晰和一致的有关人类行为的理论设定，包括个人主义的理性说明以及组织成为集体形态的个人理性推演的基本规律，从而使国际政治经济学研究得到了一种可以在单一的理论模式下将政治与经济问题作同一性处理的方法。同时，这种方法还强调研究程序的形式化特征和研究结论的可计量化和可验证性，从而使得相应的国际政治经济学研究具有规范、精要和抽象的特点。

与此同时，国际政治经济学也提出了具有独创性的理论模式，其中最主要的就是“国际合作机制”（international regime）理论。作为一种理论模式，“国际合作机制模式所要研究和分析的是国际政治经济中的合作问题，特别是国际合作的组织形式、规则和规范以及国际合作的结构功能问题”⑤。这一理论模式的主张者大都认为，合作已经取代对抗而成为国际政治经济的主要发展趋势和支配性表现形式，“国际关系所涵及的每一个问题领域都存在着某种合作机制……只要存在着行为的规范性，就必然存在着适用于这种合作机制的某些原则、准则或规则”。就此而论，合作机制又是可以用来对特定的问题领域中各国的行为方式进行归类的描述性方法。同时，作为以国家间多边协议方式体现的、规范特定问题领域中国家行为的、有形且明确的框架，国际合作机制所体现的是有关国家行为的责戒，也是国家间互动中可以构成合理预期的行为规范。就此而论，合作机制又是可以用

① 《马克思恩格斯选集》，2版，第2卷，615页。

② 《马克思恩格斯选集》，2版，第3卷，489页。

③ 《马克思恩格斯全集》，中文1版，第23卷，8页，北京，人民出版社，1972。

④ 《马克思恩格斯选集》，2版，第3卷，492页。

⑤ 宋新宁、陈岳：《国际政治经济学概论》，45页。

来解释国家行为和国家间合作的因果性或构成性的变量要素。值得注意的是，这里所谓的机制，在一定程度上又与新制度经济学的“制度”概念有着某种契合。

无论是理性选择理论还是国际合作机制理论或是其他理论方法，确切地说，都是一种意图跨越政治学与经济学、国际政治学与国际经济学研究领域的一种综合性研究方法。因而国际政治经济学所研究的是“国际关系中的各个行为主体之间政治经济相互作用的一般形式和普遍规律”。这里的行为主体当然不限于主权国家，而是包括了所有能够独立地参与国际事务的各类组织实体，既包括主权国家也包括非国家的组织，如国际组织、跨国公司乃至重要的个人。它们之间的互动行为，构成国际政治经济学的基本内容；它们之间的相互作用样式及其相对稳定的结构状态，构成世界政治经济体系或秩序；它们在经济领域追求财富的行为和在政治领域中追求权力的行为是高度相关且相互依赖的，由此构成国际政治经济学的主要分析概念和研究范围。

三、比较政治经济学的创生与发展

国际政治经济学之于比较政治学的意义在于，它作为一门由主流学者所建构的新型交叉学科，以其对政治与经济关联性问题的关注而极大地提示了以往比较政治学主流发展趋势的某种重大失误：将政治与经济割裂开来。因此，国际政治经济学对于政治学和比较政治学的震撼非同小可，按照罗戈维斯基形象化的说法，“活跃于那些年间（20 世纪 70 年代末）的比较政治学研究者无不能够生动地回想这些论文所引起的亢奋和骚动。这些早期的论文人手相传，仿佛是大逆不道的违禁图书或春宫画册，并且相互督促以阅看研读，有关讨论一直持续到黑夜沉沉。当然，这种亢奋在很大程度上源自我们并不清楚这些见解的矛头所向，但它们无疑极其广泛地颠覆了至那时为止仍占据支配地位的理论和既定的学科界限，同时却又没有提供新的总括性的理论”①。在他所列举的著作中，包括了哈佛大学教授斯考切波和加州大学圣迭戈分校教授古洛维奇等人的著述。斯考切波在 1979 年出版的《国家与社会革命》一书中，以大量的资料说明了传统见解的错误，指出近代以来所发生的历次重大的社会革命如法国革命、俄国革命等当中，有政权在对外战争中的遭遇惨败、无法在外来入侵中保护其臣民的情况，但战争的失败只是加速了政权的衰落，这些政权走向覆亡的根本原因在于它们已经无法履行其最基本的职责，因此丧失了民众的忠诚并动摇其压制内部动乱的能力。在这个意义上，斯考切波进一步认为，作为一种特殊政治现象，革命的发生与社会结构状况相关，与决定着社会结构的基础性因素相关，也与这些国家当时所处的国际结构相关。古洛维奇以对 1871 年后德国政治的发展演变深入研究和分析为比较政治经济学确立了又一个范例，他周详地论证了 1873—1896 年期间所发生的世界贸易危机严重而深刻地影响了几乎所有欧洲国家以及北美国家的政治发展。据此，他又指出，在现代历史上，战争与贸易共同影响着各国国内政治的发展和制度的变迁。因此，比较政治的研究者必须拓展研究的视野，关注国际背景和经济因素的作用。

正是在斯考切波和古洛维奇等学者的启发和激励下，越来越多的比较政治研究者沿着

① R. Rogowski ed., *Comparative Politics and the International Political Economy*, Vol. I, Aldershot, Hants: Edward Elgar, 1995, p. Ⅸ.

同样的思维路线进行自己的课题研究，相关的研究成果迅速且大量地出现，并在学界引起反响。其中既有在明确的比较框架下所进行的多个国家或特定国家群体的对比研究，也有针对一个国家个案所展开的理论建构型学术努力，而对于政治经济连带性的关注则标识着这些学术研究成果的共同特征。这样的一种学术发展趋势便被指称为比较政治学发展中的一个新学术流派——“比较政治经济学”（Comparative Political Economy，CPE），而且被认为是代表了比较政治学未来一个时期发展方向的学术演变。

对于这个已经初现端倪且正在发展中的比较政治经济学，我们可以辨识出其中两个略有不同的发展取向。一是侧重理论概括和创新的理路，二是侧重方法论创新的取向。前者主要是指那些以其创新性的研究成果和研究结论引起学界关注的派别。他们所提出的创新性研究结论，就其主要的理论趋向而言，包括了这样一些共同的特征：

首先，他们共同主张一种“新古典主义”的国家理论。在新制度经济学的深刻影响下，比较政治经济学学者们大都认为，拥有合法性暴力之垄断权的国家，其职责在于以抵御外来入侵者和消除内部其他篡位主体的方式向其疆域内的居民提供生命和财产的保障。为了确定在何种情势下向哪些居民提供何种保护，国家必须对财产权给出界定。为了在特定的情势下确定哪些居民的财产权受到保护，国家又必须给出裁决。为了确定治理的规则和角色，国家又必须界说特定的宪法。因此，国家如同一个垄断企业的经理人那样行事取法，寻求利润的最大化，以最小的成本谋取回报，因而总是吸引或鼓励着“寻租行为”，即以政治影响力谋取高于市场平均的回报。但由于其他国家持续性的威胁、由于内部竞争者的存在、由于长时段内低劣的经济增长将导致自身的垮台，因而国家往往又会在分配和实施财产权、抽取回报时有所自律和自制。在这一理论影响下的比较政治经济学研究，主要关注不同的国家或不同时期的不同政府谋取“租金”的不同方式，而这些方式对本国经济所造成的负担却是不同的。按照成本最小化的推论，统治者应当会选择那种以最低的成本实现其既定的再分配目标的方法，但实际上他们却做不到这一点。比较政治经济学的研究者以不同国家的个案研究试图解说其间的问题，并以此说明不同的决策立场对政治稳定所形成的不同影响以及国际贸易所可能导致的不同的政治效果。

其次，他们提出了一种“经济增长的趋同模式”。与上述国家观相联系的则是比较政治经济学研究者对经济增长问题的关注。依据常规的经济学理论，由于资本的边际生产率递减、国际竞争和贸易的发展以及新技术的迅速扩散，欠发达国家将会实现更高的经济增长；但从长时段来看，所有国家将实现增长率的“趋同”。比较政治经济学的多国个案的经验研究证实了这种趋同的存在，但同时研究也发现人力资本的匮乏和政策造成的价格扭曲会延缓或阻碍这一趋同的出现，也就是说，人力资本的匮乏和政策造成的价格扭曲极大地妨碍着某些国家或地区的经济增长。由此而向比较研究者提出了特定的学术解释任务：为何一些政权会执行阻碍自身经济增长的政策，从而开辟了比较政治经济学的一个重要讨论：政治与经济增长之间的关系问题。

再次，他们注重国际贸易理论。按照传统的国际贸易理论，最频繁的交换应当发生在具有不同的生产力要素禀赋的地区或国家之间。但目前的经济现实却表现为具有相同经济禀赋的工业国家之间才发生频繁的经济往来，经济学家认为这与规模经济问题相关，即工业国之间的交换扩大能够使它们从企业或商业规模的扩大中获益，而不是从特定的低价要素中获益。这一事实及其理论解释对比较政治经济学有极大的启示。

最后，就相对集中的研究主题而言，比较政治经济学所关注的问题涉及了许多以往不曾注意而现在却有重要发现的领域。第一，对国家规模与样式的研究。以戴维·弗里德曼为先驱的这类研究证明，特定民族国家的边界范围是由其提取资源的能力所决定的，而提取资源的样式如人头税、贸易税和土地税又会对统治者的行为方式有着决定性的影响，因此国家的规模和样式在很大程度上是由其经济基础及其与国际贸易的联系所决定的。第二，由卡曾斯坦所开创的对国家干预能力与独立性问题的研究，成为诸多学者所共同关心的主题。他们以经验研究的方式论证了那些较为强大的、拥有较多经济干预手段的国家能够较好地处理对国际贸易的依赖问题；反过来，那些严重依赖国际贸易的工业国家也大都有国家能力的迅速增长，国家往往会将国际贸易的收益用于再分配以补偿受损者，从而实现当国际市场出现剧烈变动时仍能够维持社会安定。第三，有关国内治理之结构问题的研究。比较政治经济学研究注意到所谓"法团主义结构"，即有组织的利益集团参与政治过程往往是与一国对外贸易的状况联系在一起的，那些贸易依赖型国家往往会通过这种国内治理结构应付国际政治经济风波的挑战，甚至像美国这样表面上反对法团主义的国家也会在贸易政策方面推行精心构建的利益集团代表制度。第四，国内政治分野研究。比较政治经济学学者质疑传统比较政治学有关阶级、地区、种族、宗教和性别等政治分野之产生原因的见解，追究这些分野与国际经济环境之间的关联。有关研究表明，特定国家首先实现工业化的部门状况会对其政治分野产生决定性的深远影响且持续到此后几十年。第五，经济政策与经济制度的研究。比较政治经济学特别关注发达工业化国家政府究竟能否实现对其国内经济的指导和管制的问题。在这一问题上，相关研究特别揭示出这些国家的国内经济周期实际上不过是国际波动的折射而已。国际经济联系性的加强、特别是资本国际性流动的剧增，严重限制了各国政府推行其再分配政策的能力。但也有令人信服的证据表明，在对国际经济周期性波动实施控制方面，如果存在着强大且集中化的工会组织，那么，左翼政策仍是可为的，仍能对经济增长和价格稳定有所作用。同理，在那些幅员较小的贸易依赖型国家，左翼统治会有更好的绩效。综上所述，这些研究成果都表现出了将政治与经济联系起来加以考量和探究的共同特征。

而比较政治经济学中关注方法论创新的取向，是指另一些比较政治经济学的学者更关注且更多地致力于研究方法论的发展。① 在这方面，这些学者的共同特点主要表现为三个方面：

首先，他们特别强调时间和地点的敏感性。这是因为比较政治经济学更注重历史发展的延续性和历史对现在发展所构成的限制，或者说现在的发展对于历史发展的"依赖"。因此，比较政治经济学并不追求曾经在比较政治学中那种力图建立超越时间和地域限制的普适性理论模式，而是关注在具体的个案比较或变量分析中的时间和地点因素对于研究主题的意义。从这个意义上说，它所寻求的是"理论与历史的对话"。但同时，比较政治经济学又不同于比较历史研究。作为社会科学取向的研究，比较政治经济学既强调因果分析也重视阐释理解，既主张抽象概括也坚持历史的具体；这意味着它不仅要研究历时性时间序列上重要的历史结果，也要研究某些涵括性的法则和一般性的因果机制，还要妥善处理

① 参见［英］亚诺斯基、希克斯：《福利国家的比较政治经济学》，重庆，重庆出版社，2003。

法律的、外在的解释模式与个体的、个人的解释模式之间的张力关系。

其次，他们特别强调相对宏观的分析单位的意义，这些宏观的分析单位主要是指机构、国家或社会。在他们看来，尽管比较政治学的传统是注重宏观单位如国家、社会乃至文明形态或宗教类型的，尽管这种宏观的比较研究成果在比较政治学的长期实践中时有显现，但第二次世界大战以来大部分占主流的研究取向仍是将个人或其他微观样式作为基本的研究单位。而比较政治经济学在这方面则有明显的不同：一是比较政治经济学继承了古典政治经济学的传统，注重研究阶级、阶层和有组织的集团之间在行动中的冲突，而这些冲突只能在社会的层次上才能加以辨识和度量；二是与主流比较政治学研究强调与社会心理学对话的做法不同，比较政治经济学更强调与历史的对话，这是政治经济学所特有的研究重点；三是以国家之类作为分析单位可以帮助研究者走向富有成效的复合分析、多层次研究和次级划分，而不是以往那种集中在无可细分的个人层次上所只能发现的那些相对同质化的结论。

最后，他们主张在具体研究方法上的灵活性。一方面，他们认为传统的政治学研究方法或定性分析和实质研究仍然是相当重要的，同时，又主张将那些在社会科学或政治学其他分支学科已经成熟的研究方法移植到跨国比较的研究课题之中，特别是那些更加精巧的量化分析手段，如综合性时间序列分析（pooled time-series analysis）和跨部门分析（cross-sectional analysis），应用于比较研究。就此而论，比较政治经济学的方法论创新更确切地说是对于原有研究方法的应用范围的拓展。

正是在这样的基础上，我们又可以在比较的意义上进一步理解和把握目前尚处在发展中的比较政治经济学。较之于前述国际政治经济学的创生而言，比较政治经济学实际上是古典政治经济学走向复兴的又一条路径。作为更关注国际事态和经济发展对于一国国内政治的影响以及国内政治发展对于一国外交和对外政策影响的学术流派，比较政治经济学与国际政治经济学形成了一种特定的"学术分工"。国际政治经济学集中研究和讨论全球化背景下国际事务和国际关系中政治与经济之间的互动关系，而比较政治经济学则主要考量和探究一国范围的政治发展与经济因素、特别是国际政治经济因素之间的关联。前者着重于在原本属于国际政治和国际关系理论范畴的重大问题上进行创新性的思考和对话，而后者则更多地集中于对其中的重大理论命题展开新的论说和研究。当然，两者在进行理论创新时所采用的理论资源和学理路线有着不可忽视的共同之处。

较之于第二次世界大战后初期以来占据支配地位的比较政治学研究主流而言，比较政治经济学试图开辟出一条不同的思维路线。两者之间的差异主要表现为基本的理论预设不同，在研究单位的设定上也有差别：相对而言，前者认为政治体系是相对封闭的、自主的，政治体系会对包括经济发展和社会变迁乃至国际情势在内的各种外在环境作出反应，同时又会以自身的政治输出影响这一环境，与环境之间发生着互动关系。而后者则主张政治与经济及社会各种因素具有内在的不可分割性，政治制度和政策过程必然地受到经济和国际因素的制约和限制，对于政治问题的研究必须且首先考虑经济乃至国际经济的决定性作用。

当然，比较政治经济学尚处在发展流变之中，又由于其本身对于统一的大理论的舍弃，因此，对于这一新发展仍需要更多的观察，因而我们这里所述说的只是初步的、尝试性的归纳性结论。

比较政治学的新进展：传统主题的深化与发展

重点问题

- 民主化浪潮与民主的概念化
- 民主化转型的主要论题和模式比较
- 民主巩固的主要条件

民主和民主化问题一向是比较政治学研究的经典题域且历久而不衰，这不仅是因为其间所包含的明显的价值理念而为思想大师和政治科学家所关注，更是因为近30年来现实政治生活中民主化浪潮的发展而为世人所瞩目。

如果说理性选择理论和新制度主义以及相应的比较政治经济学的发展，标识着比较政治学近年来创新性发展的方向之一——新的理论范式和新的研究方法的确立，那么，20世纪80年代至90年代兴起而至今仍蓬勃发展中的民主和民主化问题研究则充分体现了比较政治学创新性发展的又一方向——传统主题的深化与发展。

第一节 民主化浪潮的兴起及其对于比较政治学研究的刺激

一、第三次民主化浪潮的冲击与震撼

20世纪最后20年最引人注目的事态发展和最令人震撼的政治变迁莫过于“民主化浪潮”的出现。“当未来的历史学家回顾20世纪时，他们会将这一世纪的最后四分之一视为现代文明史上最重要的民主躁动时期。”① 按照亨廷顿的说法，这一次的民主化浪潮是继19世纪初到20世纪20年代第一次民主化浪潮和第二次世界大战后至20世纪60年代末的

① L. Diamond & M. Moran, eds. *Democracy and Democratization*, Baltimore, Md.: Johns Hopkins University Press, 1995, p. 2.

第二次民主化浪潮之后的“第三波”[1]。始于南欧葡萄牙“尉官运动”的这一波民主化浪潮，先是震荡了包括西班牙、希腊在内的地中海地区诸国；接着冲向拉丁美洲，至20世纪80年代末，拉美各国军人或准军人政权均已还政于民，实现了新一轮的民主化；20世纪在80年代末90年代初，这一浪潮又以前所未见的规模和速度涌入苏联东欧地区，使这些国家走上了议会民主制和多党制的道路；同样的情形也出现在东亚和东南亚，一系列权威主义国家开始了向民主的过渡；直至20世纪90年代，波及非洲大陆的浪潮势头未减，各种各样的多党制民主迅速问世。与此同时，原有的民主体制也出现了深化民主的改革，仍然坚持权威主义统治的政权则开始了松动、软化或局部性和区域性的改变。这似乎昭示着“第三波”余波未消，仍在鼓荡之中。

较之于亨廷顿所提示的前两次浪潮而言，20世纪70年代中期以来的民主化“第三波”更凸显出“浪潮化”的模式。一是在不长的时间内有如此之多的国家开始了民主化的进程，其来势之凶猛，冲击之剧烈，潮涌之浩荡，确实是前所未有的。“这股风潮冲击到世界上最封闭、最不可能发生变革、最被人遗忘的地方，如缅甸、蒙古、尼泊尔、扎伊尔，甚至阿尔巴尼亚。从后共产主义的东欧到后官僚威权的拉丁美洲国家，从最贫穷的赤道非洲到新近富裕起来的、正在工业化的东亚，都踏上通向民主的征程。在人类历史上，从来没有这么多独立国家在期盼、建设和实践着民主政治。在人类历史上，为民主而进行民众斗争的意识从来没有越过国界传播得如此之快，如此之广。”[2]

二是在若干个中心国家的点状爆发后，周边更多的国家以接继扩散式或加速式的同质发展构成了民主化浪潮的主要样式。地中海地区各国、伊比利亚文化圈中的拉丁美洲、中东欧、东南亚、撒哈拉以南非洲各国，几乎都是在一两个国家率先出现变革之后，接着就是周边国家以更加迅猛的方式发生同样的政治变革。这种接继式发展甚至不以先导者的成功与否为能否扩散的判准。成功者固然以绝大的感召力影响着后来者，而失败者似乎为后来者的成功提供了更多的经验与教益，进而使得后继的事态以更加宽广的形式发展下去而造成不可逆转的局面。较之于前两次浪潮而言，第三次浪潮所具有的示范效应更加重要、明显和增益。

三是多重复合原因所造成的普适化发展。虽然人们直到今天仍在追究、分析和排列民主大潮兴起和发展的各种原因，但同时也不得不承认，这是一次由多重的、复合的原因所导致的一次政治变革。其中既有内部的原因，也有外部的原因；既有短期的即时的原因，也有长期的历史的原因；既有物质性的原因，也有精神和文化方面的原因。除了尽可能多地罗列各种因素，人们无法指认究竟哪个或哪些原因最为重要。

这种复杂的状况既为政治学家分析和研究民主问题提供了足够多甚至是太多的研究素材，使得政治学者可以从中概括和提出相应的理论解释和说明，同时，更为他们从不同的角度分析和理解民主问题创造了前所未有的可能条件，使得他们能够校验不同的理论或建构全新的理论。可以说，历史上从未有过的巨大变迁为学界创造了前所未有的理论发展

① ［美］亨廷顿：《第三波：20世纪后期民主化浪潮》，1页，上海，上海三联书店，1998。

② ［美］拉里·戴蒙德：《民主政治的三个悖论》，见刘军宁编：《民主与民主化》，122～123页，北京，商务印书馆，1999。

机会。

当然，伴随着现实情形的变化，这种研究也经历了一个特殊的发展过程。在民主化浪潮初起时，人们惊骇于相关事态巨大且剧烈的变化而难以进行精细和系统的研究，因此学者大多着重对事变本身进行现象性的描述和概括；而当民主化发展表现出规模效应和浪潮化特征时，多国比较，包括同一地区或同一类型内的多个国家比较和非同一类型国家群体间的比较研究，开始成为相关学术努力的工作重点；随着时间的推移和相关事态发展的逐渐平缓，学界便在反思以往研究的缺憾漏洞的基础上开始了更加全面的分析研究，他们或者是在全面搜集材料的基础上重新描述有关个案的详细过程并进行理论建构工作，或者是根据民主化转型的进展情况进而讨论民主巩固问题以及与此相关的制度选择、政府绩效和社会变迁问题。在这样的背景下，政体转型研究终于在 20 世纪 90 年代后成为了一个巨大的学术“产业”，关于威权政体转型的动力、民主政体的建立及其巩固等方面的著作和文章可谓汗牛充栋，甚至出现了有关民主和民主转型研究的专门性刊物。

在学界的有关民主和民主化问题的讨论中，有三个方面的内容是必须注意的：一是如何根据新的经验事实对民主和民主化问题作出合理的概括和抽象，以便为相关的学术讨论提供必要的理论基础；二是如何根据多个国家的个案研究资料的积累展开具有类型学意义的研究，进而发现具有普适性的结论；三是如何根据有关国家民主化进程的发展情况对民主巩固问题进行系统的研究。正是这三个方面的研究成果构成了近年来比较政治学的新发展。

二、民主概念的经验内涵

有关民主概念的讨论是 20 世纪 70 年代中期以来有关民主和民主化研究的一个重点内容。这不仅是因为这一概念的澄清将会为相关的学术讨论奠定必要的理论基础，因为“没有一个公认的民主定义，对于那些和民主、民主化关联的问题上就不可能达成一致的意见；而没有可靠的测量标准和概念，也就无法有效地控制民主和民主化的进程”①；更是因为自那时以来的民主化发展的经验事实为这一概念提供了大量的实证材料，促使学者们不得不根据这些材料重新审视以往的理论学说。正因为这样，许多学者都曾参与相关的讨论并因而产生了大量的学术成果。其中，赫尔德的《民主的模式》集中讨论了民主政治各种模式的更替、发展与演变。在他看来，从初始概念的提出到漫长的民主实践直至今天，民主的概念经历了复杂且充满着争论问题和未决问题的发展，进而形成了不同的民主模式，即“旨在展现和解释某种民主形式的基本要素及其关系的基本结构”的各种理论架构。② 不同的民主模式可以划分为两大类：一类是强调“直接的或参与的民主”（direct democracy or participatory democracy）的主张，即民主是公民可以直接参与公共事务决策的制度；另一类则关注“自由的或代议的民主”（liberal democracy or representative de-

① ［日］猪口孝、［英］爱德华·纽曼、［美］约翰·基恩主编：《变动中的民主》，3 页，长春，吉林人民出版社，1999。

② 参见［英］赫尔德：《民主的模式》，8 页。

mocracy），即认为民主是一种在法治的框架下通过选任官员来代表公民利益和公民观点而实行统治的制度。从历史发展的过程而言，则大体上可以划分为古典模式与 20 世纪以来的现代模式两类，两者之间的差异不仅在于时间内涵的不同，而且在于前者构成了后者发展的基础且导致了进一步的争论和冲突。从方法论的角度观之，则又有描述—解释性命题（descriptive-explanatory statements）与规范性命题（normative statements）之间的区别，前者关注确实如何及为何如此的问题，而后者关注该当如何的问题；但在每一民主模式中，这两类不同的论述方式又都是糅合在一起并保持着动态平衡的。由此便有一个相对比较复杂的图景（如图 10—1 所示）。

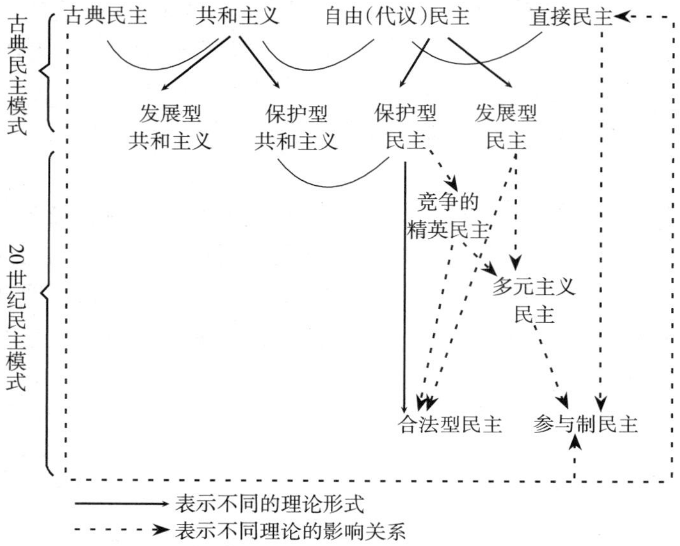

图 10—1　民主的不同模式

资料来源：［英］赫尔德：《民主的模式》，8 页。

如果说赫尔德侧重从学说史的角度提示了不同的民主概念体系之间的交互关系，那么，利普哈特则主要是从政治生活实践的角度即从实证的比较研究的角度论证了民主的概念和民主模式的问题。继 1984 年出版《诸民主国》之后，利普哈特又于 1999 年出版了《民主的模式：36 个国家的政府形式和政府绩效》一书。在考察了 1945 年至 1996 年存续或发展民主制度的 36 个国家的基本情况，特别是各个方面的制度形式，如政党制度、选举制度、内阁制度、行政—立法关系、单一制与联邦制、宪法安排、利益集团乃至中央银行制度等之后，他认为，实际生活中的民主大体可以分为两类：一是“威斯敏斯特模式的民主”，二是“共识模式的民主”。前者的特征在于行政权力集中一党之手、内阁占据支配地位、以多数原则和比例选举制度为基础的两党制、多元的利益集团结构、单一且中央集权的政体、立法权统一且集中、宪法相对宽松且缺乏宪法审查、行政部门全面控制中央银行。而后者则在关键方面构成了差别。在比较分析各种数据的基础上，利普哈特得出了一个多少有些令人吃惊的结论：较之于英美式的“威斯敏斯特模式的民主”，瑞典和瑞士式的“共识模式的民主”在推动经济增长、缩小政府赤字、控制通货膨胀和失业方面毫不逊色，而在实现政治平等、妇女参政、公民参与以及政策呼应选民偏好方面则表现更佳。①

但在更具概括性的民主概念的界定上，利普哈特仍然同意罗伯特·达尔的意见。作为一向重视从正面阐释的角度为民主作出界说的学者，罗伯特·达尔在《多元政体：参与和反对》一书中为民主政治给出了一个较为完备的定义。他认为，民主政治的主要特征之一，即是作为一个政治体系必须能够完全或几乎完全反映、体现其所有人民的偏好。为了达致此一目标，政治体系必须提供一系列的平等机会：一是人民能够形成自我的、特殊的偏好；二是人民能够以个别和集体的行动向他人和政府表达这种自我偏好；三是这种偏好应当得到政府的同等重视而不因其内容或来源之不同而受到差别待遇。而为了确保上述三种机会的存在，民主政治至少应当提供若干项保证，包括结社与参加社团的自由；表达意见的自由；投票权；担任公职的权利；政治领袖为取得支持和选票而进行竞争的权利；可以选择的信息来源；自由与公平的选举；政府决策必须依据选票数据及其他足以表示人民偏好的制度设计。这八项保证，在概念上可以归纳为两个向度：政治参与和公开竞争的权利与制度。但他又认为，在现实生活世界中，纯粹的民主是不可能存在的，因而只能是民主的多元政体。在此意义上说，多元政体即是实质上实现政治参与大众化与公开竞争自由化的政体。② 直到今天，罗伯特·达尔的这一界说仍然是学界引证最多的，也是任何试图对民主给出界定的人们都不能不加以讨论的对象。

在 20 世纪 90 年代对于政治民主化的研究中，戴蒙德等人提出了更具操作性的定义。他们认为，凡是能够满足下列三项基本条件的政府体制即可视为民主政体。这三项基本条件是：第一，个人之间与有组织的团体（尤其是政党）之间，相互为政府的所有重要职位而定期地展开有意义的、广泛的、和平的（排除武力的使用）竞争；第二，经由高度包容性的政治参与（即没有任何主要的社会团体被排斥在外）和至少是透过定期且公平的选举以选择政治领袖及政策；第三，具有足以确保政治竞争和政治参与的公民自由与政治自由，例如表达意见的自由、舆论自由与组织结社自由。③ 卡尔则针对 20 世纪 90 年代民主化浪潮中有相当部分国家经历了由军人政府或军事制度特权统治（即在社会的某些领域，军队具有正式和非正式的特权地位，不仅能够有效地控制自身内部的统治体系，而且对国家机构内部的非军事领域亦有强大影响，甚至强大到足以形构国家与社会之关系的地步）向文官统治转变的情况，对民主政治的界定提出了补充：文人政府有效地控制军队。④

所有这些讨论极大地丰富了比较政治学有关民主的理论。但从某种意义上说，与此相关的研究是具有连续体的结构性特征的。易言之，相关的讨论既包括有关与民主相对

---

① 参见［美］利普哈特：《民主的模式：36 个国家的政府形成和政府绩效》，北京，北京大学出版社，2006。

② R. Dahl，Polyarchy，*Participation and Opposition*，New Haven：Yale University Press；R. Dahl，Pluralism Revisited，in *Comparative Politics*，Vol. 10，1978，pp. 102－131.

③ Larry Diamond，Juan J. Linz & Seymour M. Lipset，Introduction：Comparing Experiences with Democray，in Same（ed.），*Politics in Developing Countries*：*Comparing Experiences with Democracy*，Boulder：Lynne Rienner，1990.

④ Terry L. Karl，Dilemmas of Democratization in Latin America，in *Comparative Politics*，Vol. 23，1990（October），pp. 1－21.

立的所谓权威政体的概念厘清工作，以及对涉及这类权威政体向民主政体转型的民主化概念的讨论。这一方面的学术努力实际对应着现实中的民主化进程的起点、过程和结局。

正是在现实的民主化的研究中，人们发现，在卷入“第三波”民主化浪潮的国家中，除极少数例外，大部分政权形式都可以称为“权威主义政权”。毕竟，在当今世界上，公开且极端地主张并实行个人专制和暴政的情形已经是极其罕见的了。非民主的政权不仅会自称为民主或特定的民主形式，而且在一定程度上或一定范围内也会实行那些在民主国家所通行的制度和法规。因此，较之于早期的含义而言，目下的学界更多的是在更加特殊的含义上使用权威主义政权（authoritarianism）这一术语。也就是说，将所谓权威主义政权区别于极权主义政权（despotism）。两相对照，如果说后者的统治缺乏公众的参与和宪法制约，要求人们无条件地服从统治者的意志和命令，那么就可以说，前者的统治则企图以各种强制和非强制手段来控制社会生活的各个方面，动员、策动和教化全体国民积极地支持其政策。这种区别表现在权威主义政权具有特定的两重性。一方面，权威主义政权仍以国家的强制和全权、社会和民众的消极被动和受支配为特征；但在另一方面，按照亨廷顿的说法，这些权威主义政权较之于以往的非民主政权形式而言具有了更多的“现代性”特征，它们大都完成了政治现代化的部分任务，例如民族整合（nation building）、国家机构建构（state making）、经济发展以及国家政权的世俗化等。从这个意义上说，所谓权威主义政权是有法治而无民主、有权力下放而无权力分立与制衡、有经济发展而无政治变革的。

所谓政治民主化，基于上述政治民主的定义，人们一般把它定义为，一个政治体系中的政府体制由缺乏民主条件向着具有较多民主条件的逼近或发展的过程，也即一个政治体系由权威主义统治向民主政治的转型，因而实质上是一种政治体制形态的变化。按照波特尔的界说，民主化是一个政治变迁过程，在这个过程中，由较少负责任的政府到较多负责任的政府；由较少竞争或完全没有竞争的选举到较为自由和公正的竞争性选举；由社会只有微弱的或完全没有的自治团体到享有较为充分的自治和数量较多的自治团体。①

由此可见，民主化是一个涉及起点和结局的过程性概念。在政治民主化的过程中，一方面是旧有的威权政体逐渐松弛、瓦解和崩裂，而另一方面则是新的民主政体逐步建立、巩固。当然这并非是单面性的、直线性的、不可逆转的，相反往往是有反复的。就其特征而言，各政治主体不仅为了满足自身的利益和团体的利益而展开竞争，而且还为确定足以在未来左右政治竞争过程和结局的规则与程序而进行对抗。而新的规则与程序的建立，结果是改造了原有的政治机构而使之具有了新的性质。就其起点而论，一般说来，政治民主化发生之前，有效运作与实行的政治游戏竞赛规则都是由威权统治当局所绝对掌握的。因此，从实际政治运作的角度观之，当权威主义统治的在位者开始修正政治竞赛的规则而主动或被动地朝着为个人和团体提供更多安全保障的方向前进之时，政治民主化即开始了。

① 参见［美］波特尔等：《最新民主化的历程》，10页，台北，韦伯文化出版有限公司，2003。

第二节　民主化转型研究

一、民主化研究的理论进路

有意思的是，依据现实政治发展的进程，有关民主化问题的研究先是导源于政治民主崩溃的研究，而后才更多地转向政治民主化转变的研究，到 20 世纪 80 年代末 90 年代初苏联东欧的剧变又极大地刺激了有关这一问题的学术努力。就此而论，世界性民主化浪潮的出现为学者带来的主要刺激，首先就是可以在多国比较的基础上进行分析和考察，进而使得人们容易发现其间的共同点与相异点，发现规律性而提出普适性的命题。用亨廷顿的话来说，“这项研究的依变量不是民主，而是民主化。其目的是要解释为什么某些威权国家在一段特定的时间变成民主国家。研究的焦点是政权的变迁，而不是政权的存在”①。具体来说，这项研究主要涉及三个方面的内容：一是威权政权的终结；二是民主政权的创设；三是民主政权的巩固。当然这仅就主题而言，其实民主化比较研究涉及的知识领域范围相当广泛，与诸如民主的前提条件、政治文化、政治策略、政治制度化、精英共识、经济绩效、合法性、法治等无不相关。这使得民主化比较研究呈现一个复杂多样的局面。

值得注意的是，在研究方法上，罗斯托夫在 1970 年提出的“动力模型”（a dynamic model）对民主化的比较研究具有深刻的影响。在罗斯托夫看来，民主化的普遍进程涉及四个阶段：第一是民族统一的建构阶段，即特定地域上的大多数人在政治上开始产生民族认同。第二是“准备阶段”，即在前一阶段产生的民族共同体将进入一个长期的、没有结局的斗争和冲突发展阶段。民主是冲突的产物，但如果冲突过于激烈而导致民族统一的解体且冲突之一方压倒另一方，则通往民主的道路会受到阻碍乃至被关闭。第三是转变前期或决定阶段。陷于冲突的各方迫于形势或出于自愿而决定妥协，采纳分享权力的民主原则。民主转变由此开始。第四是转变后期或习惯阶段。最初因暂时妥协而形成的民主原则开始为人们所熟悉和习惯，特别是新一代政治精英开始真诚地尊奉民主，民主政体因此而得到了巩固和稳定。② 罗斯托夫的这个阶段论模型不仅提示了民主化发展的前提条件和基本模式，而且还试图说明有利于民主转型的初始条件也许不同于随后的民主巩固的条件。尽管将政体的创生条件与政体的维系条件区分开来在亚里士多德的《政治学》一书中就已经提出了，但这未贬低罗斯托夫的贡献。他将这一方法运用于民主化的比较研究，由此开启了民主化研究的一个新方向。这一模型的方法论意义还在于，虽然各国的民主化进程在时序、过程及结果诸方面繁复多样，但人们可以运用“统一”的比较框架来处理这些差异，亦即用统一的“动态模型”来研究不同国家的转型过程。

随着研究扩展和深入，人们尝试在这一研究策略下进行新的探索。有人借用博弈理

---

① ［美］亨廷顿：《第三波：20 世纪后期民主化浪潮》，42 页。

② D. A. Rostow, Transition to Democracy: Toward a Dynamic Model, in *Comparative Politics*, Vol. 2, 1970, (April), pp. 337－363.

论，致力于建构民主化过程中精英互动的策略模型，即考察政治精英如何围绕着政治权力展开相互竞争；也有人考察在民主化和重新民主化过程中国际结构和背景的影响，以及国内外因素的相互作用，并致力于类型学的建构。有趣的是，尽管各国民主化的起点并不相同，初始条件各异，但这一过程的最终产出却具有收敛的趋向，亦即大致相同的结果。这促使人们不再关注民主化过程的内部分化，而转向关注民主化过程与在其他地方同时发生的宏观社会变迁之间的相互作用的方式。

当然，民主化比较研究又是一个充满价值色彩的过程，客观的分析与价值判断密不可分地纠缠在一起。这一特征给研究方法论打上了多元主义的烙印，而且在科学与人文二元连续谱上，它更趋向于后一极。这在众多的著述中都得到了体现，亨廷顿的《第三波：20世纪后期民主化浪潮》便是一个典型的例证。

二、民主化转型的经验研究

在比较政治学的视角下，最为引人注目的研究成果之一便是在比较基础上提出的政治民主化的类型研究。因为正在走向政治民主化的威权政体，由于威权统治的形成条件、得以巩固的基础和此时走向弱化的因素的不同，所处国际政治经济环境及其内部政治经济与社会环境的特殊性，其政治民主化的样式、模式和类型当然会有所不同。而经验的实证研究则更多地关注操作性的概念建构、关注对实际发生的个案展开研究。正是在这样的研究中，现代化路径对于从传统走向现代民主的乐观主义看法与历史结构路径基于中心—边缘理论和世界体系理论之上的悲观主义理解之间的对立等，为越来越精巧的分类框架的出现提供了丰富的理论滋养，其中既有以主导政权转型的力量及其政治策略的不同而进行的区分，也有基于对民主化进程的阶段性特点的总结而提出的分类，所有这些都极大地丰富了比较政治学有关政治制度变迁的理论认识，也成为比较政治学对政治学的重大贡献之一。

总体而论，民主转型研究的核心概念有："崩溃（breakdown）"、"自由化（liberalization）"、"转型（transformation）"、"巩固（consolidation）"等。它们的排列显然不是任意的，而是反映了某种发展的内在秩序。首先是威权政体的"崩溃"，然后是"自由化"和向民主政体的"转型"，最后是民主政体的"巩固"。普泽沃斯基在《民主转型研究中的几个问题》一文中认为，导致威权政体解裂、开始自由化的因素主要有四个：首先是威权政体一直满足着其自身确立的功能需要。因此，一旦不再需要、甚至不可能需要时，它便会崩溃。其次是由于这种或那种原因，也包括前一原因，威权政体失去了"合法性"。由于任何政体都不可能在缺少合法性的条件下长久地存在下去，因而威权政体开始解体。再次是统治集团内部，尤其是军人集团内部的冲突由于第二个原因的影响而无法在内部实现协调和妥协，某些派系决定争取外围集团的支持。因此，统治阶层作为一个集团开始解裂。最后则是外部势力打着民主的旗号，且很可能通过第三个原因所产生的机制导致妥协。①

---

① Adam Przeworski，Some Problems in the Study of the Transition to Democracy，in O'Dennell，P. C. Schmitter & L. Whitehead（eds.），*Transition from Authoritarian Rule：Comparative Perspectives*，Baltimore：Johns Hopkins University Press，1986.

在此基础上，根据统治集团和在野集团在民主转型过程中扮演的不同角色，人们区分了三种不同的民主过程：第一种是转型（transformation），这种情况主要出现于执政精英主动实现民主的场合；第二种是置换（replacement），它表示威权政体垮台或被推翻，反对派带头实现民主；第三是置移（transplacement），它表示政府和反对派联合采取行动而实现民主。

就其主要的类型学研究结果而论，主要有斯蒂潘等人进行的一项多年研究计划所得到的发现。他们从世界现代史发展的大视野去观察问题，对第二次世界大战后的政治民主化展开分析，依据主导政权转型的力量不同而进行区分，从而提出了有三大类型和其间一些次级类型的区分体系。其分类一是外部力量主导型，其中又包括内部重建型 、内部再造型和受控确立型；分类二是威权政体主导型，其间又包括文官化政治领袖主导、军人政府主导和军事机构主导；分类三是反对力量主导型，其中有社会力量主导、政党协议主导、革命和马克思主义力量主导。[①] 在政治民主化的研究中，这一分类体系具有经典的意义。

巴洛依拉基于对南欧和拉美的研究而提出威权主义政权的转型大体上需经历威权政体的弱化、最后崩解、再均衡和达到自由化的后果四个阶段。依据政治民主化发生的时程特征和发生的主要场所区分，可考察的向度为早期—迟缓—晚期、内部—外部或自上而下—自下而上。其中，所谓内部和自上而下的类型代表着威权主义政体的弱化与崩解主要来自其内部，甚至是由威权当局自己所计划安排的；外部或自下而上则代表这种崩解主要来自威权政体机构以外的压力。由此又可以得到四种形态，即早发—内发型、缓发—外发型、缓发—内发型、晚发—外发型（见表 10—1）。

表 10—1　　旧的统治政权弱化或崩溃的原因

		内发型（自上而下）	外发型（自下而上）
民主化的时程特点	早发	早发—内发 旧政权的弱化为统治当局所计划，其进一步的崩解与民主化的推进较为顺畅，如西班牙	
民主化的时程特点	缓发	缓发—内发 旧政权的弱化为当局所计划且为延续，其统治开始缓慢和有限地推行自由化政策，但最终摆脱了强势集团如军队的独裁，如 1974—1985 年的巴西	缓发—外发 旧政权的弱化与崩解起因于政权外部的压力，弱化的进程伴随着实现旧政权再度均衡的尝试和努力，因而缺乏政治自由化政策的配合，如 1980—1983 年的阿根廷，1973—1980 年的秘鲁和 1966—1978 年的多米尼加
	晚发		晚发—外发 旧政权的弱化来自外部压力，在民主化过程中势均力敌的各派或孤立或联盟，展开长期激烈斗争直至民主化完成，如 1972—1979 年的厄瓜多尔和 1973—1976 年的葡萄牙

资料来源：Baloyra, Enrique A., Democratic Transition in Comparative Perspective in Baloyra, E. A. ed., *Comparing New Democracies: Transition and Consolidation in Mediterranean Europe and the South Cone*, Boulder: Westview, 1987。

① Stepan, Alfred, Paths toward Redemocratization: Theoretical and Comparative Considerations, in O'Dennell, P. C. Schmitter & L. Whitehead (eds.), *Transition from Authoritarian Rule: Comparative Perspectives*.

萨瑞则与之不同，他依据政治民主化中原体制内政治精英在政治民主化问题上的分裂与团结状况及其对于政治民主化进程的影响而区分不同类型。由此，可考察的向度为共识与非共识，渐进与激进。其中，共识代表着体制内精英或是容忍民主的政治改革，或是积极参与以便掌握民主改革的进程，非共识代表着体制内精英对于民主改革持抵制和压抑的态度。由此可得到四种变异形态，即渐进式、协商式、持续斗争式和决裂式（见图10—2）。

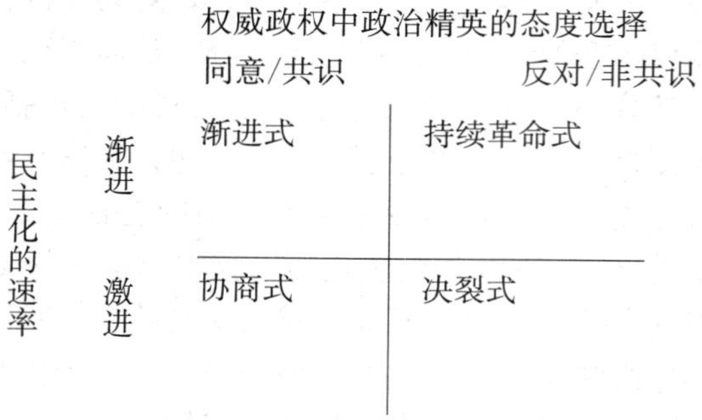

图 10—2　政治民主化类型：政治精英的态度选择及其结果

资料来源：Share，Donald，Transtions to Democracy and Transition through Transition，in *Comparative Political Studies*，1987，19（January），pp. 525-548。

另一学者卡尔依据政治民主化过程中原体制内政治精英对于民主改革的基本策略及其在民主改革进程中与民众力量、反对党力量的对比而作出区分。由此，可考察的向度包括妥协与强迫，精英优势与大众优势，进而可得到四种形态，即协议式变革、改革、强制式变革和革命（见图 10—3）。

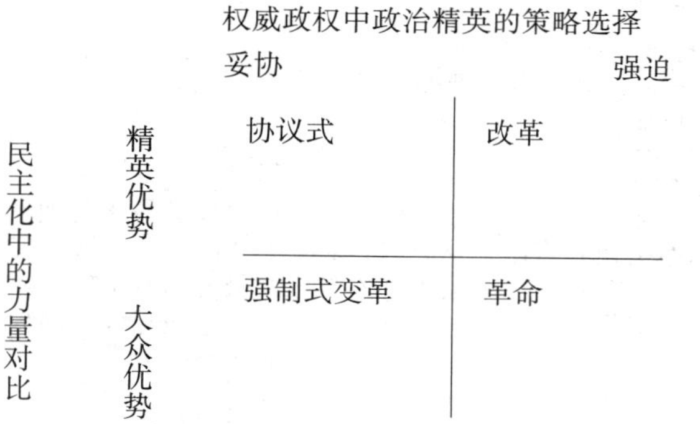

图 10—3　政治民主化类型：精英的策略选择、力量对比及其结果

资料来源：Karl，Terry L.，Dilemmas of Democratization in Latin America，in *Comparative Politics*，Vol. 23，1990（October），pp. 1-21。

上述各种比较研究特别关注于民主化转型过程中政治精英的态度、策略和行为方式对转型的关键性影响和重要制约作用。也就是说，这些研究首先设定了由于转型过程的复杂和动态特征，由于政治博弈规则的不确定性，权威体制内的政治领导精英较之于其他行动主体具有更多的选择自由和选择空间。因而在相当程度上，民主化的过程取决于这些精英的理性计算和策略选择。而在这种情势下，经由民主化转型而实现的民主，必然是一种“权宜性的制度妥协”（contingent institutional compromise），是一种由卷入民主化转型各方就其各自的利益相互讨价还价和谈判妥协的结果。而其中的关键，则是如何实现一种保证那些有能力扭转转型进程的行动主体能够维持其利益而不致受损过重的安排，且将这一安排制度化。[①]

这样一种研究设定具有明显的方法论意义。首先，这一研究途径强调政治行为主体的作用与影响，强调这些行为主体的主观性，因而有别于现代化研究和历史结构主义研究途径所认定的那种政治现象取决于经济因素的运作、政治主体服从于宏观社会结构的理论。其次，这一研究进路强调政治精英，特别是政权内部的政治精英的行动能力和理性判断、不同集团之间的互动、政治联盟的缔结与反叛，以及政治策略的运用等，因而凸显了民主化转型的可观察性和可分析性，进而为多国比较基础上的分析结论奠定了基础。当然，这一路径在理论框架内对于大众参与的忽略、对宏观社会结构的轻视，也被许多学者所诟病。而这又为新的、更加完善的学术理论的出现准备了条件。

第三节　民主巩固问题研究

一、民主巩固的概念与标志

历史上两次民主浪潮之后，都紧跟着一个“回潮”的过程。在前两次回潮中，共有 20 多个已经建立起民主政体的国家回复到威权政体。那么，可否根据历史经验来预测民主第三波之后的发展前景？民主政治能持续下去吗？民主体制将面临什么问题？新体制是顺利得到巩固，还是崩溃垮台？这些颇具挑战性的问题直接摆在新兴民主国家的政治领袖以及民主化比较研究学者的面前。从理论上说，一定程度的回潮也许是不可避免的，但这并不意味着大规模的回潮是必然的。怎样才能遏止或减缓可能出现的回潮趋势，使回潮的威权政体减低到最少的数目？在民主第三波即将终止之际，民主巩固的问题摆上了议事日程。“如果要逃避历史的命运，避免第三波的回潮，在未来岁月的当务之急是巩固那些在第三波中已经建立起来的民主国家。”[②] 由此，民主巩固问题成为比较民主化研究的核心问题之一。

民主巩固的重要性可谓众口一词，但学者们对它的界定有着不同的表述。也许将“民主的巩固”（consolidation of democracy）与“巩固的民主”（consolidated democracy）区分开来有助于澄清概念。“民主的巩固”侧重于民主巩固的动态过程，菲利普·C·施米特认为它指称着这样一个进程：将在威权政体垮台以及向民主政体转型的过程中出现的临时性政治安排、审慎的规则和随机的解决问题方式，转变为政治家与公民自愿接受和信赖并日常践行的合作与竞争关系。[③] 而“巩固的民主”侧重于描述此一过程的结果。林茨和斯

① A. Przeworski, Some Problems in the Study of the Transition to Democracy, in G. O'Donnell, P. C. Schmitter & L. Whitehead (eds.), *Transition from Authoritarian Rule: Comparative Perspective*, Baltimore: John Hopkins University Press, 1986, pp. 47-63.

② ［美］拉里·戴蒙德：《第三波过去了吗？》，见刘军宁编：《民主与民主化》，409 页。

③ Philippe C. Schmitter, *On Civil Society and the Consolidation of Democracy: Ten General Propositions and Nine Speculations about Their Relation in Asian Societies*, Conference paper, p. 3, An International Conference on Consolidating the Third Democracies: Trends and Challenges, August 27-30, 1995.

蒂潘认为，它是指这样一个政治体制，其中民主作为一个由制度、规则和形式化的激励与抑制构成的复杂的制度体系成为“镇上唯一的游戏”。作为一个工作定义，巩固的民主可以从三个角度来考察。只有在满足了下述三个方面的条件时，民主政体才可以说是巩固了的。第一，在行为方面，国家的、社会的、经济的、政治的重要精英或机构行动者不再通过致力于创设非民主政体或分离活动来实现其目标；第二，在态度方面，公众舆论的主流坚信民主程序和制度是治理集体生活的最合适的方式，即使在遇到严重的经济问题以及对当局非常不满之时也是如此；第三，在宪法体制方面，政府和非政府力量在由新民主过程所确立的法律、程序和制度的框架内来解决冲突。①

相对而言，这里的讨论更注重第一种意义上的民主巩固问题。这意味着，所谓民主的巩固是指在第三波民主化浪潮中已经完成由威权政体向民主政体过渡的新兴国家，如何使民主游戏规则制度化，如何培育一种与民主政体相应的稳定的政治文化，如何确立自身的合法性，如何深化民主，以建筑一道防止威权政体复辟的强固堤坝这样一个过程。

民主转型与民主巩固之间的明确区分只能是逻辑的，只存在于人们的思维之中。在实际政治生活中，它们之间的关系与其说是泾渭分明，不如说是错综复杂的。我们很难在民主发展的过程中找出一个时间点，将其作为两个阶段的分水岭。民主转型与民主巩固之间的过渡毋宁说是一个区域。在这一区域中，问题也许是不连续的，各个突破点也是不平衡的。在某种意义上，民主巩固很大程度上是一个“量”的问题亦即“巩固程度”的问题，由此，衡量一个民主政体是否巩固便具有了不同的标准。

亨廷顿认为，可以从态度和行为两个方面来检验民主的巩固程度。“评价民主牢固程度的一个标准是政治精英和公众坚定地相信统治者应该按这种方式加以选择的程度，即对这个国家民主政治文化的形成进行态度的检验。第二个标准是政治精英和公众的确通过选举选择领导人的程度，即对这个国家政治中民主实践的制度化进行行为检验。”② 通过选举实现政府由一个政党向另一个政党的和平转移（两次政权的易手）是这一双重检验的典型事例。“通过这种测验，如果在转型时期内第一次选举中掌权的政党或集团在此后的选举中失去权力，并把权力移交给那些选举中的获胜者，而且，如果这些选举中的获胜者然后又和平地把权力移交给后一次选举中的获胜者，那么，这样的民主政权就可以被看做已得到巩固。”③ 在亨廷顿看来，第一次政权的易手常常具有象征性意义，而第二次政权易手说明了两件事：首先，一个社会中两个主要的政治领袖集团充分忠于民主，而且愿意在选举失败后交出职位和权力。其次，精英和公众都在民主的体制内运作，一旦出现不满或差错，可以改变统治者，而不是改变政权。

在新近出版的《发展民主：走向巩固》一书中，戴蒙德发展了亨廷顿的观点，将民主游戏中的精英、组织和公众三方对民主政体合法性的信念以及建立在这种信念基础上的行

① Juan J. Linz and Alfred Stepan, Toward Consolidated Democracy, in Larry Diamond et al (eds.), *Consalidating the Third Wave Democracies*, Baltimore: Johns Hopkins University Press, 1997, p. 16. 此外，“巩固的民主”与“成熟的民主”也不是一个概念。如果我们将民主视为一个不断发展的过程，则“民主的巩固”与“民主的成熟”之间的差异依然是非常巨大的。

② ［美］亨廷顿：《第三波：20世纪后期民主化浪潮》，311～312页。

③ 同上书，321页。

为作为衡量民主巩固与否的指标（见表 10—2）。

表 10—2 **民主巩固的指标**

层次	规范与信念	行为
精英	大多数的舆论、文化、实业和社会组织的重要领导人相信民主的合法性，政府和主要政党的所有重要领袖相信民主是政府的最佳形式，宪法体制的规则和制度值得支持。这些信念体现于他们的公开演说、意识形态、作品和象征性动作之中	政府、国家机构和主要政党、利益集团的领导人彼此尊重各自和平竞争权力的权利，避免暴力，遵从法律、宪法和彼此接受的行为规则。精英应该避免刺激追随者诉诸暴力、不宽容或非法手段。政治领导人不当用军事方式来获得政治优势
组织	所有重要的政党、利益集团和社会运动在其宪章、作品和声明中都承认（至少不反对）民主的合法性以及国家特定的宪法规则和制度的合法性	没有一个重要的政党、利益集团、社会运动或机构试图推翻民主制度，或使用暴力、欺诈或其他不符合宪法或反民主的方法作为追逐权力的刻意策略
公众	超过 70%的公众坚信相对于政府的任何其他形式，民主乃是可取之物；本国的民主是最适合国情的政府形式。积极支持威权式政府的公众不超过 15%	反民主的运动、政党或组织没有广泛的支持者，普通公民在日常生活中并不依赖暴力、欺诈或其他非法或不符合宪法的方法来表达其政治偏好，或追求其政治利益

资料来源：Larry Jay Diamond，*Developing Democracy*：*Toward Consolidation*，Baltimore，Md.：Johns Hopkins University Press，1999，p. 69。

戴蒙都罗斯将民主游戏规则的制度化程度作为民主巩固的最低标志。当所有重要的政治参与者和政治团体将体制内主要的政治制度视为政治竞争唯一具有正当性的框架，并且遵守民主的游戏规则时，该民主体制便可以被认为是已经得到了巩固的。这一标志也可以从反面来说明，亦即民主的巩固意味着不存在以下两种情况：对民主制度的合法性的挑战以及重要政治团体对行为规则的系统性违背。①

二、回潮与民主巩固

1. 回潮的原因与形式

民主巩固的反面即是民主失败或民主崩溃。由于未能将民主游戏的规则制度化，由于社会利益的冲突无法调和，由于精英和大众失去对民主政体合法性的信仰等原因，最终会导致持续的政治不稳定和威权政体的复归。因此，对回潮现象及其原因的解析成为民主巩固研究的一个有机组成部分。

民主政体向威权政体回归的原因是多种多样的，各国并不相同，而且这一回归与当初从威权政体向民主转型的条件与原因有一定的联系。亨廷顿对历史上两次民主化潮流之后出现的回潮现象进行了经验总结，他认为造成第一次和第二次威权回潮主要有以下七个方面的原因：一是民主价值在主要的精英团体和一般的公众中十分薄弱；二是制度转型加剧了社会冲突的经济危机或经济崩溃，提高了只能由威权政府提出的解决方法的受欢迎程度；三是由试图引进或太快地进行太多的社会经济改革的左派政府所造成的社会和政治的

① 参见［希腊］尼基佛罗斯·戴蒙都罗斯：《南欧民主化的成功故事》，见刘军宁编：《民主与民主化》，176 页。

两极化；四是保守的上中层集团决意把群众性的左翼运动和中下层的团体排除在政治权力之外；五是由于恐怖主义或叛乱导致秩序和法律的崩溃；六是非民主的外国政府的入侵或征服；七是在其他国家民主体制垮台或被推翻之际以示范形式所产生的滚雪球效应。[①] 威权回潮的方式通常有两种：一是军事政变，即军队领导人挟持武力推翻由民主选举产生的政府领袖，并实行某种形式的军事独裁，如第一次回潮中的希腊、葡萄牙、阿根廷、日本和东欧新兴国家，以及第二次回潮中的印度尼西亚、巴基斯坦、希腊、尼日利亚、土耳其和许多拉美国家；二是行政政变，即民主选举的行政首脑通过宣布实行紧急状态或军管的方式，将权力集中到自己手中，从而结束民主体制，如第二次回潮中的韩国、印度和菲律宾。因此，“除了那些由外国的行动者所造成的复辟外，从民主向威权的倒退几乎总是由那些在民主体制中的掌权者和接近权力的人来完成的”[②]。

尽管不能从前两次回潮的经验中推论或预测第三次回潮的可能原因和形式，但亨廷顿认为以前的经验的确暗示着第三次回潮的一些潜在原因。它们包括：第一，民主政体若总是未能有效地运作，其合法性将遭到瓦解，尤其是严重的经济危机将使得一些国家转向威权政体。第二，国际影响将依然是一个重要的变量。这种影响以不同的方式表现出来。例如“大国滚雪球效应”，即任何民主化或正在民主化的大国转向威权主义都可能在其他国家触发类似的滚雪球行为；“反向滚雪球效应”即少数几个新兴民主国家因为缺少民主应有的先决条件而回到独裁政体，可能会瓦解现行条件比较具备的其他民主国家；“威权国家扩张效应”，即如果一个非民主国家大大扩展了其实力，并开始向境外扩张，这也会刺激其他国家的威权主义运动，如果这个国家在扩张过程中击败了一个或数个民主国家，这种刺激会变得特别强烈。第三，由于其他各种原因，各种威权主义可以再次随时间的需要而显得合乎时宜，如同 20 世纪 20 年代和 60 年代所出现的情形那样。

回潮的现实可能性促使人们去研究避免回潮的方法，以及寻找民主巩固的条件。这成为民主化研究的又一重要主题。

2. 民主巩固的条件与问题

民主的巩固是新兴民主国家所欲实现的政治目标。达致这一目标的过程对于不同国家来说注定是不同的，就像当初从威权政体向民主转型具有多种途径一样。从抽象层面来说，处在民主巩固阶段的国家，可能会遇到三个带有普遍性的问题。按照亨廷顿的论说，第一是转型问题，它直接产生于从威权主义向民主政权转型的过程中，并且一直延续到民主巩固的阶段。第二是情景问题，它们产生于特定社会的性质及其经济、文化和历史特性，而且在某种程度上是这个国家所特有的，与其政体无关。第三是体制问题，它们产生于民主体制的运作（见图 10—4）。

但这些问题的具体表现方式是千差万别的，解决的途径也将各有分别。这里一个基本变量是各国国情的差异，或所谓民主巩固条件的不同。于是，对民主巩固条件进行的分析在诸学者的论述中占据了相当大的分量。

---

① 参见［美］亨廷顿：《第三波：20 世纪后期民主化浪潮》，354 页。

② ［美］亨廷顿：《第三波：20 世纪后期民主化浪潮》，355 页。

图 10—4 第三波民主化国家所面临的问题

资料来源：［美］亨廷顿：《第三波：20 世纪后期民主化浪潮》，263 页。

对民主政体条件的分析在西方政治学中具有悠久的历史传统，至少可以追溯到古希腊时期。历经数千年，一些基本命题依然保持着相当的稳定性，只是在不同时代人们用不同的术语加以表达而已。另外一些命题则反映了时代的变迁，在某种意义上，第三波民主化浪潮为这一古老问题添加了新的素材。研究民主问题的资深学者达尔认为，“一个国家的某些基础性或背景性条件会有利于民主的稳定。这些条件如果过于脆弱，或者完全缺乏这些条件，那么民主制度不可能存在，或者，即使它存在的话，这种存在也非常不稳定”①。从 20 世纪民主实践的大量经验材料中，达尔总结出了五个与实现民主有关的重要条件，它们是：第一，军队和警察控制在由选举产生的官员手里；第二，已经形成民主的信念及其政治文化；第三，不存在强大的敌视民主的外部势力；第四，具备现代的市场经济和社会条件；第五，弱小的亚文化多元主义。其中前三个是民主的关键条件，后两个是民主的有利条件。达尔认为，一个国家如果拥有了全部五项条件，几乎肯定能够发展和维持民主制度；如果缺乏全部五项条件，几乎毫无可能发展民主制度，或者即使以某种方式发展出来，也不可能维持下去。一个国家倘若民主的五项条件既非全不具备，也非完全缺乏，这时的民主即带有不确定性，它也许难以实现，但绝非毫无可能。②

罗斯托夫对民主的条件也作了精致的区分，他指出有利于民主转型的初始条件也许不同于随后民主巩固的条件。亨廷顿在肯定这一命题的同时也指出，有些因素是有可能两者兼得的，亦即促进民主政权产生的因素也促进民主政权的巩固。基于第一波和第二波民主国家得以巩固的经验，亨廷顿从下述六个方面论述了有利于民主巩固的条件。

第一，具有民主的经验比没有这种经验更有助于第三波民主化国家的稳定。将这一命题稍微扩展一下，则可以合理地假设，具有较长的和较近的民主经验对民主的巩固比较短的和较早的民主经验更为有利。

第二，经济发展水平与民主政权之间存在着高度的相关关系。一个高度工业化的现代经济和更为复杂的社会及其所需要的受过教育的人口更有助于民主政权的建立。可以合理地假定，这些社会也将比那些非工业化的社会更有利于新民主政权的巩固。

第三，国际环境和外国在第三波民主化国家的建立中扮演着重要的角色。因此，支持民主的外部环境大概也应该有利于民主的巩固。

第四，第三波民主化国家中民主转型的性质和时机对其日后的民主巩固有着重要影

① ［美］罗伯特·达尔：《论民主》，155 页，北京，商务印书馆，1999。

② 参见［美］罗伯特·达尔：《论民主》，167、172 页。

响。可以合理地断言，第三波中早期自发转型的民主国家比那些深受外界影响的后发国家可能更有利于民主的巩固。

第五，民主转型的不同方式如变革、置换和转移或干预，与民主巩固之间有着密切的联系。可以合理地认为，较之于冲突和暴力，那种认同性的、不太充满暴力的转型能够为巩固民主提供更好的基础。如果这种说法成立的话，那么通过谈判的转移也许最有利于民主的巩固；变革居于其次；而置换和干预为民主的巩固提供的好处最少。

第六，新兴民主国家所面对的情境问题的数量与性质。

一般而言，这些问题并不直接影响民主的巩固，而是与其他变量一起间接影响民主的巩固程度。亨廷顿指出，问题的核心是政治精英和公众如何对这些问题和对新政府无力解决这些问题作出反应。"许多因素将影响到第三波国家中民主的巩固，而且，它们的相对重要性并不十分明确。不过，似乎最可能的是，不论民主在事实上摇摆不稳，还是得以维持，都主要取决于政治领袖愿意维持民主的程度以及愿意为这一努力所付出的代价，而不是优先考虑其他目标。"①

林茨和斯蒂潘认为，在空前数量的国家完成民主转型的过程并试图巩固民主政体之时，对民主巩固"精心制作"这一特殊任务的认识在政治和概念两个方面都具有相当的重要性。要实现民主巩固的目标，除了一个功能正常运作的国家之外，五个彼此关联又相互增强的条件必须得到满足或创设出来：一是必须存在有利于发展一个自由和充满活力的社会的条件；二是必须有一个相对自主的政治社会；三是全国范围内所有的主要政治行动者，尤其是国家和政府机构，必须有效地受到保护个人自由和结社生活的法律的制约；四是存在一个可以为新民主政府使用的国家官僚机构；五是必须存在一个制度化的经济社会。②

基于希腊、葡萄牙和西班牙这三个南欧国家民主巩固的经验，戴蒙都罗斯认为，讨论民主巩固的条件须考虑以下五个方面的因素：第一，社会经济现代化和民主巩固之间存在着有力的联系。社会经济现代化未必是民主巩固的必要和先决的条件，但肯定是一个重要的有利因素。第二，影响民主巩固和整个民主化过程的各个不同因素，诸如社会经济现代化、非民主政权、民主转型的本质和动态过程、精英—大众互动的特定组合、领导阶层和国际环境的影响等是以不同的和不连续的次序互相联结在一起的。第三，民主化过程的收缩和加速的脚步以及电子媒体的影响。第四，在以前威权政体下存在的容忍和助长多元的结构和制度化，有利于民主的巩固。第五，"局域体制"（partial regimes）如政党制度、中央代表机构、利益团体等，能够在民主巩固中发挥极大的作用。"越多的局域体制巩固程度越高，民主的全面巩固就越深，民主达到的品质就越好。"③

综上所述，比较政治学者对民主巩固的条件之认识并不完全一致。这一方面是因为民主巩固的条件本身是一个非常复杂的问题，人们对这一问题的认识远没有终结。另一方面，学者们又可能从不同的角度或基于不同国家的经验去思考和观察。这两个因素结合起

---

① ［美］亨廷顿：《第三波：20世纪后期民主化浪潮》，332页。

② Juan J. Linz and Alfred Stepan, Toward Consolidated Democracy, in Larry Diamond et al. eds., *Consolidating the Third Wave Democracies*, Baltimore: Johns Hopkins University Press, 1997, p. 17.

③ ［希腊］尼基佛罗斯·戴蒙都罗斯：《南欧民主化的成功故事》，见刘军宁编：《民主与民主化》，195～197页。

来，得出不同的结论也就非常自然了。不过，尽管存在分歧，我们还是可以从这些不同的论述中发现一些共同或共识程度较高的有利因素，诸如经济发展、民主文化、政治制度化等。这些又构成了民主化问题研究中更加广泛的论题。

三、民主巩固的若干问题

1. 合法性、绩效与民主巩固

在民主政体巩固的问题中，民主合法性是一个关键的变量。民主政体能否巩固，说到底是它能否始终拥有足够的合法性来支撑自身。因此，对合法性问题的关注以及对影响民主政体合法性诸因素的分析是民主巩固研究的重头戏。

一般认为，民主政府上台后的表现即所谓“体制绩效”，对新生民主政体的存活率影响极大。民主巩固对体制绩效的要求是民主政体必须取得足够的正面政策效果以建立广泛的政治合法性。从理论上说，民主政体的体制绩效与其合法性之间的关系是一个复杂的问题。利普塞特曾经指出，在合法性与绩效之间存在一种循环关系。民主政体在满足人民所需方面做得越是成功，其合法性就越强。一个长期成就的辉煌纪录便是它可资利用的合法性仓储，帮助其渡过危机时期以及面对挑战。同时，合法性也是一个影响体制绩效的独立变量。对民主合法性的普遍信仰越深，恪守民主体制规则的承诺越强，民主政体就越有能力回应社会面临的主要问题，因为在这种情况下，政治家愿意彼此合作，反对派也以忠诚和负责的方式来发挥作用。高水平的合法性也有利于形成较高程度的公众忍耐心和对政府的支持，因此即使在面对棘手问题的情况下，政府也有较大的回旋余地来拟订和执行难度很大却又必需的公共政策。这样在起初阶段享有较高合法性的民主政府在绩效方面会更加有效。于是在合法性、有效性和民主稳定之间形成了一种高强度的良性互动关系。在一定意义上，民主政体的巩固既是这一有效互动的证据，也是其产物。

具体来说，体制绩效一般可区分为经济绩效和政治绩效。经济绩效包括经济增长与财富分配两个方面，其与民主政体合法性之间的正向关系已为人们普遍承认。较快的经济增长与较为公平的财富分配方式显然有利于民主价值和规范的发展。有证据表明，长期良好的经济绩效还会导致政治文化、阶级结构、国家结构朝有利于民主稳定的方向变化。亨廷顿也指出：“根据过去的记录来判断，影响到民主的未来稳定性和扩张的两个关键因素是经济发展和政治领导。”①

当然，政策内容及其正面效果的评价依随各国而不同。也许最应避免的是低合法性与低效能之间的结合和非良性互动，亦即由于缺少合法性（或以低合法性起家），它们不可能变得有效能（或效能长期处于低下状态）；反过来由于缺少足够的效能，又影响培养稳定的民主政体所需的足够合法性。

影响民主政体巩固的因素除了经济绩效之外，还有政治绩效，这是一般人所容易忽视的方面。民主具有自身独立的价值，在反对专制统治的过程中这一价值是政治动员的力量源泉之一，民主政体建立后应该继续保持这一努力。戴蒙德用“民主深化”的概念来表述

① ［美］亨廷顿：《第三波：20世纪后期民主化浪潮》，379页。

这一观念。所谓民主深化是指民主的形式结构更加自由、更负责任、更具代表性以及更易接近。其中，扩大公民自由，尊重公民权利，以及将国家权力置于法治的框架之中，一切依法办事具有至关重要的意义。民主深化与民主巩固之间存在着内在的联系。民主政体的施政质量直接影响着公民的日常生活，如果选举产生的政治领导人不尊重人权，滥用权力，甚至诉诸政治强力，就会降低民众对民主政治的支持力度，进而侵蚀民主政体的合法性。经验也表明，民主政体的有效治理能力有利于民主的巩固，在已经取得民主巩固成就的国家中，没有一个是非自由的选举性民主国家。①

影响民主政体合法性的重要因素除了其绩效之外，还有历史/文化因素。如果这些因素有利于增强民主合法性，则民主政体的巩固对绩效，尤其是经济发展状况的依赖程度就会相应减少。换言之，基于文化的合法性与基于绩效的合法性之间存在一种可以替代/补偿的关系。与绩效不同，基于文化的合法性，尤其是内在或弥散合法性，深深地根源于公民和精英的价值取向。如果这种合法性的深化达到相当的程度，那么即使在一个时期内民主政体的绩效不是非常理想，甚或遇到挫折和经济衰退，它也能够坚持下来。

这一点对新兴民主国家显得尤其重要，因为对于它们中的大多数国家来说，首先面临的挑战是在威权政体下积累起来的各种问题。但对这些问题的解决注定是一个长期的过程，因此民主政体的合法性以及民主政体的巩固不可能完全依赖于绩效。因此，亨廷顿特别强调民主文化的重要性，他认为民主政治的稳定性取决于包括政党领袖、军队领导人和实业界人士在内的主要政治精英处理其社会面临的问题之能力，以及精英和公众对民主体制之价值的信仰程度。他指出，关键不在于是否消除了长期存在的问题，而在于政治精英和公众如何对这些问题作出反应。只要人们承认这些问题只有在民主的方式之内才能得以妥善的解决，这些问题的存在就不会对民主政体产生严重的威胁。与此同时，公众区分政权与政府或统治者的能力对于民主政体的巩固也非常重要。这一区分表明民众对民主的支持与对民主选举所产生的政府的支持不是一回事，由此民众对特定领导人或某届政府的失望并不会导致对民主政体本身的失望。当人们了解到民主只是为专制问题提供一种解决办法，而未必为所有其他问题提供解决办法时，民主就会变得巩固。

在总结众人研究的基础上，戴蒙德发展出了一个有关民主合法性的路径模型。如图10—5所示，政体绩效如增进自由、责任、透明度等，对民主合法性有直接的正面影响，而经济绩效和经济评估对民主的影响（满意程度）主要体现在运作的方式以及对政府机构的信任。此外，对民主的支持也与教育因素和外部影响等因素密切相关。

2. 制度选择与民主巩固

制度选择与民主巩固的关系是民主化比较研究者们关注的另一个热门话题。基本政治制度的选择对民主政治的重要性可以引用达尔的话来表述："一个国家的基本问题，多数不能通过宪法的设计得到解决。如果一个国家的基础性条件非常不利，任何宪法也维持不

① Larry Jay Diamond, *Developing Democracy: Toward Consolidation*, Baltimore: Johns Hopkins University Press, 1999, p. 74.

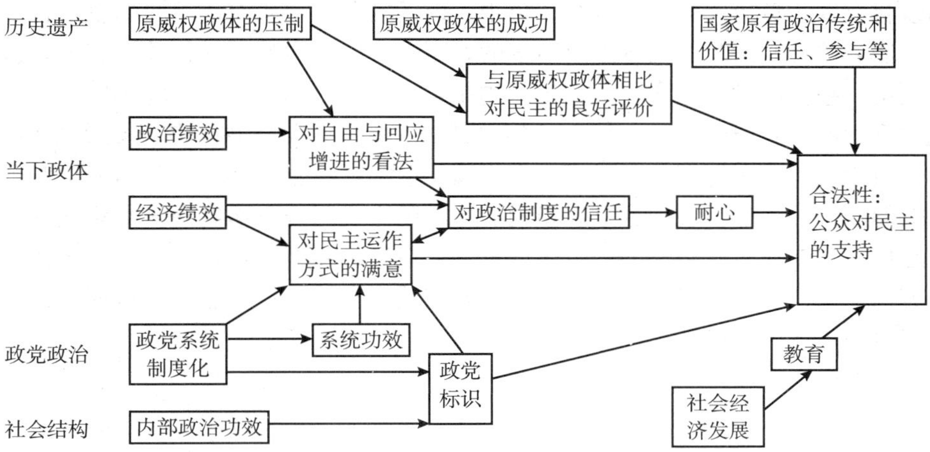

图 10—5　民主合法性问题的因果模型

资料来源：Larry Jay Diamond，*Developing Democracy*：*Toward Consolidation*，Baltimore：Johns Hopkins University Press，1999，p. 204。

了民主；而如果它的基础条件非常有利，那么它就有大量的宪法安排可供选择，这些选择都能够使它的基本民主制度得以维持。然而，一个国家的基础性条件如果是多重的，既有有利的一面，又有不利的一面，这时，精心构造一部宪法会大有帮助。”①

在第三波民主化浪潮中经历了从威权政体向民主政体转型的国家，在政治制度方面所面临的一个问题就是，应该选择哪一种基本政治制度？是议会制还是总统制？哪一种政治制度的安排更有利于民主政体的稳定？耶鲁大学教授林茨认为，总统制因具有“合法性二元化”、“固定任期刚性”和“选举零和性”而不利于导向稳定的民主。与此相反，议会制具有“合法性一元化”、“任期灵活性”和“选举非零和性”的特征，它削弱了政治的“孤注一掷”的一面，通常要求由各政党组成政府，并为在国家元首和政府首脑之间的平衡提供一种机会。

持相反立场的学者则认为，总统制具有“事后可追究性”、“事前可辨识性”、“相互制约”、“更大的民主性”、“仲裁人角色”等优点，从而更有利于民主政体的稳固。

也有人主张实行半总统制，认为半总统制可以集总统制与议会制精华之大成。

这一争论到目前为止仍没有确切的结论。用亨廷顿的话来说，议会制比总统制更有助于新民主的成功这一观点“颇有参考价值”，不过，议会内阁制有助于民主巩固的证据仍然不够充分。②

从另一个角度看，民主巩固从根本上说也就是民主政治的制度化。戴蒙德将政治制度化视为新兴民主国家巩固民主政体必须处置的三大问题之一。他将政治制度化界定为强化民主代议制和政府的正式结构，使其更为协调、复杂、自主和适应，进而使其更有能力、更有效率、更受重视和更有约束力。体现在操作技术方面，政治制度化表现为政治行为的常规化和可预期性。由于政治竞争对手有共同遵守的行为规则以及表达利益的互动结构，

① ［美］罗伯特·达尔：《论民主》，149 页。
② 参见［美］亨廷顿：《第三波：20 世纪后期民主化浪潮》，331 页。

政治制度化有助于竞争者之间的宽容、折中、信任和合作，从而使不同的政治行动者忠实于民主体制。政治制度化的内容涉及诸多的方面，诸如加强政府的行政（官僚）机构、加强治理制度（包括政党、立法机关、选举体制），加强横向的责任制以及法治等。

民主巩固的比较研究是一个新近开拓的领域，它极大地拓展了传统的民主研究题域，也为比较政治学引入了许多新的分析概念。囿于篇幅，也限于资料，我们无法对其研究特征和相关问题一一详加界说。这里想强调的是，民主巩固研究不但是民主化比较研究的一个核心题域，也是比较政治学的一个新增长点。在某种程度上，它预示着比较政治学的一个发展方向。与此同时，目前的民主巩固研究依然具有“进行时态”的特征，许多研究命题尚有待进一步的经验验证。

参考文献

[1] 马克思恩格斯选集. 2 版. 北京：人民出版社，1995
[2] 列宁全集. 中文 2 版. 北京：人民出版社，1984—1990
[3] 陈尧. 新权威主义政权的民主转型. 上海：上海人民出版社，2006
[4] 程同顺. 当代比较政治学理论. 天津：南开大学出版社，2001
[5] 曹沛霖，陈明明，唐亚林主编. 比较政治制度. 北京：高等教育出版社，2005
[6] 陈向明. 质的研究方法与社会科学研究. 北京：教育科学出版社，2000
[7] 陈波等. 社会科学方法论. 北京：中国人民大学出版社，1989
[8] 李晨芬，谭融编著. 外国政治制度. 天津：南开大学出版社，1998
[9] 李林. 立法机关比较研究. 北京：人民日报出版社，1991
[10] 刘大椿. 互补方法论. 北京：世界知识出版社，1994
[11] 刘蔚华主编. 方法论辞典. 南宁：广西人民出版社，1988
[12] 林康义，唐永强编著. 比较·分类·类比. 沈阳：辽宁人民出版社，1985
[13] 罗荣渠主编. 各国现代化比较研究. 西安：陕西人民出版社，1993
[14] 宋玉波. 民主政制比较研究. 北京：法律出版社，2001
[15] 唐晓等. 当代西方国家政治制度. 北京：世界知识出版社，1996
[16] 王沪宁. 比较政治分析. 上海：上海人民出版社，1987
[17] 吴大英，沈蕴芳. 西方国家政治制度比较研究. 北京：社会科学文献出版社，1995
[18] 吴惕安，俞可平主编. 当代西方国家理论评析. 西安：陕西人民出版社，1994
[19] 徐大同主编. 二十世纪西方政治思潮. 天津：天津人民出版社，1991
[20] 杨祖功等. 西方政治制度比较. 北京：世界知识出版社，1992
[21] 俞可平. 西方政治分析新方法论. 北京：人民出版社，1989
[22] 赵虎吉. 比较政治学：后发展国家的视角. 广州：中山大学出版社，2002
[23] 郑楚宣，刘绍春. 当代中西政治制度比较. 广州：广东人民出版社，2002
[24] 邹永贤等. 现代西方国家学说. 福州：福建人民出版社，1993
[25] [美] 阿尔蒙德，小鲍威尔. 当代比较政治学：世界的视野. 上海：上海世纪出

版集团，2007

［26］［美］阿尔蒙德，维巴．公民文化：五国的政治态度和民主．杭州：浙江人民出版社，1989

［27］［以］艾森斯塔德．帝国的政治体系．贵阳：贵州人民出版社，1992

［28］［美］艾萨克．政治学的视野与方法．南京：南京大学出版社，1988

［29］［美］巴伯．强势民主．长春：吉林人民出版社，2006

［30］［英］巴勒克拉夫．当代史学主要趋势．上海：上海译文出版社，1987

［31］［美］布赖斯．现代民治政体．长春：吉林人民出版社，2001

［32］［美］布坎南．自由、市场与国家．上海：上海三联书店，1989

［33］［法］布罗代尔．十五至十八世纪的物质文明、经济和资本主义（第一卷）．北京：三联书店，1992

［34］［美］达尔．现代政治分析．上海：上海译文出版社，1987

［35］［美］达尔．多元主义民主的困境：自治与控制．长春：吉林人民出版社，2006

［36］［英］邓利维，奥利里．国家理论：自由民主的政治学．杭州：浙江人民出版社，2007

［37］［法］迪尔凯姆．社会学方法的准则．北京：商务印书馆，1995

［38］［巴西］多斯桑托斯．帝国主义与依附．北京：社会科学文献出版社，1992

［39］［德］弗兰克．白银资本：重视经济全球化中的东方．北京：中央编译出版社，2000

［40］［德］菲吕博顿，瑞切特．新制度经济学．上海：上海财经大学出版社，1998

［41］［美］格林斯坦，波尔斯比主编．政治学手册精选（上、下）．北京：商务印书馆，1996

［42］［美］吉尔平．国际关系政治经济学．北京：经济科学出版社，1989

［43］［美］古丁等主编．政治科学新手册（上、下）．北京：三联书店，2006

［44］［英］黑格，哈罗普．比较政府与政治．北京：中国人民大学出版社，2007

［45］［美］赫尔德．民主的模式．北京：中央编译出版社，1998

［46］［美］亨廷顿．变革社会中的政治秩序．北京：华夏出版社，1988

［47］［美］亨廷顿．第三波：20世纪后期民主化浪潮．上海：上海三联书店，1998

［48］［挪］拉尔森．政治学理论与方法．上海：上海世纪出版集团，2006

［49］［美］兰德曼．比较政治的议题与途径．台北：韦伯文化国际出版有限公司，2003

［50］［美］利普哈特．民主的模式：36个国家的政府形成和政府绩效．北京：北京大学出版社，2006

［51］［美］利普塞特．政治人：政治的社会基础．北京：商务印书馆，1993

［52］［美］利希巴赫，朱克曼．比较政治：理性、文化与结构．台北：五南图书出版公司，2005

［53］［美］罗尔斯．正义论．北京：中国社会科学出版社，1988

［54］［美］罗尔斯．政治自由主义．南京：译林出版社，2000

[55] [美] 林德布洛姆. 政治与市场：世界的政治—经济制度. 上海：上海三联书店，1992

[56] [美] 林茨，斯泰潘. 民主转型和巩固的问题：南欧、南美和后共产主义欧洲. 杭州：浙江人民出版社，2008

[57] [美] 摩尔. 民主和专制的社会起源. 北京：华夏出版社，1987

[58] [英] 马什，斯托克. 政治科学的理论与方法. 北京：中国人民大学出版社，2006

[59] [意] 马斯泰罗内. 欧洲民主史：从孟德斯鸠到凯尔森. 北京：社会科学文献出版社，1990

[60] [美] 迈耶等. 比较政治学：变化世界中的国家和理论. 北京：华夏出版社，2001

[61] [美] 米格代尔. 农民、政治与革命：第三世界政治与社会变革的压力. 北京：中央编译出版社，1996

[62] [英] 米勒，波格丹诺. 布莱克维尔政治学百科全书（修订版）. 北京：中国政法大学出版社，2002

[63] [美] 纽伯格，达菲. 比较经济体制. 北京：商务印书馆，1985

[64] [丹] 诺格德. 经济制度与民主改革：原苏东国家的转型比较分析. 上海：上海世纪出版集团，2007

[65] [美] 诺斯. 制度、制度变迁与经济绩效. 上海：上海三联书店，1994

[66] [美] 奥尔森. 集体行动的逻辑. 上海：上海译文出版社，1995

[67] [美] 奇尔科特. 比较政治学理论：新范式的探索. 北京：社会科学文献出版社，1998

[68] [美] 波兰尼. 大转型：我们时代的政治与经济起源. 杭州：浙江人民出版社，2007

[69] [美] 波齐. 近代国家的发展：社会学导论. 北京：商务印书馆，1997

[70] [美] 波特等. 最新民主化的历程. 台北：韦伯文化出版有限公司，2003

[71] [美] 彼特斯. 比较政治的理论与方法. 台北：韦伯文化出版有限公司，2003

[72] [美] 普沃斯基. 民主与市场：东欧与拉丁美洲的政治经济改革. 北京：北京大学出版社，2005

[73] [美] 斯考切波. 国家与社会革命：对法国、俄国和中国的比较分析. 上海：上海世纪出版集团，2006

[74] [美] 斯梅尔塞. 社会科学的比较方法. 北京：社会科学文献出版社，1992

[75] [丹] 索伦森. 最新民主与民主化. 台北：韦伯文化出版有限公司，2003

[76] [法] 托克维尔. 美国的民主. 北京：商务印书馆，1988

[77] [德] 韦伯. 社会科学方法论. 北京：中央编译出版社，1999

[78] [美] 威亚尔达. 民主与民主化比较研究. 北京：北京大学出版社，2004

[79] [美] 威亚尔达. 非西方发展理论：地区模式与全球趋势. 北京：北京大学出版社，2006

[80]［美］威亚尔达．比较政治学导论：概念与过程．北京：北京大学出版社，2006

[81]［美］沃勒斯坦．现代世界体系：16世纪的资本主义农业与欧洲世界经济体的起源（第一卷）．北京：高等教育出版社，1998

[82]［美］熊彼得．资本主义、社会主义和民主主义．北京：商务印书馆，1979

[83]［英］亚诺斯基，希克斯．福利国家的比较政治经济学．重庆：重庆出版社，2003

[84]［美］伊斯顿．政治生活的系统分析．北京：华夏出版社，1989

英文文献

[1] Almond, Gabriel & Coleman. *The Politics of The Developing Areas*. New Jersey: Princeton University Press, 1960

[2] Almond, Gabriel & Verba, S. (eds.). *The Civil Culture Revisited: An Analytical Study*. Sage Publication, 1989

[3] Apter, David E.. Comparative Methods in Political Studies. *American Journal of Social Science*, No. 64, 1958. 211～218

[4] Apter, David E.. *The Politics of Modernization*. Chicago: University of Chicago Press, 1965

[5] Bebler, A. & J. Seroka (eds). *Contemporary Political Systems: Classifications and Typologies*. Boulder: Lynne Rienner, 1990

[6] Bendix, Reinhard. *National-Building and Citizenship* (new enlarged ed.). Berkeley and LA: California Univ. Press, 1977

[7] Bertsch, G. K., R. P. Clark & D. M. Wood. *Comparasing Political System: Power and Policy in Three Worlds*. New York & London: Macmillan, 1986

[8] Bill, James A. & Robert C. Hardgrave, Jr.. *Comparative Politics: The Quest for Theory*. Lanham, Md.: University Press of America, 1973

[9] Brabant, Jozef M. van.. *The Political Economy of Transition: Coming to Grips with History and Methodology*. London, New York: Routledge, 1998

[10] Brooker, P.. Non-Democratic Regimes: *Theory, Government and Politics*. Basingstoke: Macmillan and New York: St. Martin's Press, 2000

[11] Cantori, Louis J. & Andrew H. Ziegler, Jr. eds.. *Comparative Politics in the Post-Behavioral Era*. Boulder: Lynne Rienner Publishers, 1988

[12] Caporaso, James A. & D. P. Levine eds.. *Theories of Political Economy*. Cambridge: Cambridge University Press, 1992

[13] Cohn, Theodore H.. *Global Political Economy: Theory and Practice*. New York: Longman, 2000

[14] Curtis, Michael (ed.). *Introduction to Comparative Government*, second edition. New York: Harper Collins, 1990

[15] Daison, *The State Tradition in Western Europe: A Study of An Idea and In-*

stitution. Oxford: Martin, 1980

[16] Diamond, Larry Jay. *Developing Democracy: Toward Consolidation*. Baltimore, Md.: The Johns Hopkins University Press, 1999

[17] Diamond, Larry, Linz, Juan J. & Lipset, Seymour M.. *Politics in Developing Countries: Comparing Experiences with Democracy*. Boulder: Lynne Rienner, 1990

[18] Dogan, Mattei & Ali Kazancigil (eds.). *Comparing Nations: Concepts, Strategies and Substance*. Oxford: Blackwell, 1994

[19] Easton, David, J. G. Gunnell & L. Graziano eds.. *The Development of Political Science: A Comparative Survey*. London and New York: Routledge, 1991

[20] Evans, Peter B., Dietrich Reuschmeyer & Theda Skocpol. *Bringing the State Back in*. Cambridge University Press, 1985

[21] Finer, S. E.. *Comparative Government: An Introduction to the Study of Politics*. Harmondsworth: Penguin, 1970

[22] Goldstone, J. A. (ed.). *Revolution: Theoretical, Comparative, and Historical Studies*. San Diego: H. B. Jovanovich, 1986

[23] Goodin, Robert E. and Hans-Dieter Klingemann eds.. *A New Handbook of Political Science*. Oxford University Press, 1996

[24] Green, D. (ed.). *Constructivism and Comparative Politics*. Armonk, New York and London: M. E. Sharpe, 2002

[25] Jackson, Robert J. and Doreen Jackson. *A Comparative Introduction to Political Science*. Upper Saddle River, NJ: Prentice Hall, 1997

[26] Kamrava, Mehran. *Understanding Comparative Politics: A Framework for Analysis*. London: Routledge, 1996

[27] Kaplan. *Revolution: A Comparative Study*. New York: Random, 1973

[28] Keman, Hans ed.. *Comparative Politics: New Directions in Theory and Method*. Amsterdam: VU University Press, 1993

[29] King, G., R. O. Keohane & S. Verba. *Designing Social Inquiry: Scientific Inference in Qualitative Research*. Princeton: Princeton University Press, 1994

[30] Lane, Jan-Erik & Svente Ersson. *Comparative Politics: An Introduction and New Approach*. Cambridge: Polity Press, 1994

[31] Lewis, Paul G., D. C. Potter & F. G. Castles, eds.. *The Practice of Comparative Politics: A Reader*. London: Longman, 1973

[32] Lichbach, Mark Irving and Alan S. Zuckerman, eds.. *Comparative Politics*. Cambridge University Press, 1997

[33] Lijphart, A.. Comparative Politics and Comparative Method. *American Political Science Review*, No. 3, 1971 (September), Vol. 65. 682-693

[34] Macridis, R. C. & B. E. Brown, eds.. *Comparative Politics: Notes and Readings*. Belmont: Wadworth, 1990

［35］ Mayer，Lawrence C.. *Redefining Comparative Politics*：*Promise versus Performance*. London：Sage，1989

［36］ Munger，Frank，ed.. *Studies in Comparative Politics*. New York：Crowell Company，1967

［37］ Nagle，John D.. *Introduction to Comparative Politics*：*Political System Performance in Three Worlds*. Chicago：Nelson-Hall，1989

［38］ Ostrogorski，M.. *Democracy and the Organization of Political Parties*，2 Vols. ed. & abridged by S. M. Lipset，Tr. F. Clarke. Chicago：Quadrangle Books，1964

［39］ Przeworski，Adam & Henry Tenune. *The Logic of Comparative Social Inquiry*. New York：Wiley，1970

［40］ Ragin，Charles C.. *The Comparative Method*：*Moving Beyond Qualitative and Quantitative Strategies*. Berkeley：University of California Press，1987

［41］ Rogowski，R.，ed.. *Comparative Politics and The International Political Economy*，Vol. 1，Aldershot，Hants：Edward Elgar，1995

［42］ Roskin，Michael G.. *Countries and Concepts*：*An Introduction to Comparative Politics*，second edition. New Jersey：Prentice Hall，1986

［43］ Rustow，D. & K. Erickson（eds.）. *Comparative Political Dynamics*：*Global Research Perspectives*. New York：Harper Collins，1991

［44］ Sartori，G.. *Comparative Constitutional Engineering*：*An Inquiry into Structures*，*Incentives and Outcomes*. Basingstoke：Macmillan，1994

［45］ Theen，Rolf H. W. & Frank L. Wilson. *Comparative Politics*：*An Introduction to Seven Countries*. Englewood Cliffs，NJ：Prentice Hall，1992

［46］ Wiarda，H. J.，ed.. *New Directions in Comparative Politics*. Boulder：Westview Press，1985

第一版后记

浏览目录，检阅内容，读者当会发现，本书的写作结构与其他同类著作有点不同。一方面，它没有按国别或功能体系来进行叙述，而到目前为止，这还是比较政治学著作写作的通行范例；另一方面，它也没有包括同名教科书通常涉及的内容，如不同政治制度的类型与特征等。事实上，本书的主要篇幅被用于介绍比较政治学的方法论问题，并努力反映迄今为止比较政治学所达致的理论认识水平。促成这种结构安排有众多方面的考虑，但以下两个因素相对更加重要：首先，最大程度地避免雷同。对于读者来说，拥有一本与其他同类著作相比在内容上重复不多的新书，将是一种在有限资源条件下堪称合理的选择。其次，有关政治制度比较方面的内容将被安排在本丛书之一《比较政治制度导论》一书之中。倘有敏锐的读者察觉奇尔科特的《比较政治学》对本书的影响，我们倒是非常乐意承认这一点。

基于对读者判断能力和评价能力的充分信任，本书的论说呈现某种“持中”的方式。确切地说，我们将尽量客观地介绍比较政治学的有关知识内容，述说诸多流派的不同观点，追寻它们之间的师承关系或在学术发展史上的相对位置和地位，分析它们之间的论争焦点和分歧根源。这里所说的“客观介绍”，并不意味着我们对于所论说的对象没有自己的价值评判，也并不表明我们不愿意阐述自己的立场。毋宁说，我们以为不能因个人的好恶便有意地遮蔽或删除某些意见，同时有意凸显或放大另一些意见。适当的方法也许可以使读者从比较客观的叙述中得出自己的结论和评判。当然，实际写作能在多大程度上做到这一点是另外一回事。可以肯定的是，我们不想将自己也许是片面的看法简单地加诸读者，而宁愿以学术的方式讨论学术问题的含义，进而使读者或是能够同意我们的见解并分享我们的发现，或是能够找到足够的思考空间以拒绝我们的意见。

作为一部具有导论性质的比较政治学的教科书，本书采用了一个比较宽泛的框架，基本结构除绪论外由三个部分组成：作为方法论的比较政治学、作为理论知识的比较政治学以及发展中的比较政治学。在写作安排上，相应分为三篇。其中第一篇主要讨论比较政治学的特征和学术演进脉络，比较政治学中的不同范式及其争论，以及比较政治研究的基本方法和主要技术。第二篇侧重叙述比较政治学的理论建树，包括政治体系与国家理论、政治文化、发展理论、社会—政治结构理论。最后一篇尝试描述比较政治学的最新进展与发展趋势。

本书纳入出版计划是在 1998 年 11 月底。此前，张小劲教授在中国人民大学为研究生开设“比较政治学”课程，本书的基本框架便脱胎于该课程的教学大纲。在确定合作写作后，两位作者就写作计划有过详细的研讨并达成共识，然后分工写作各章。其中，第六章，第八章，第九章第一、二节和第十章第三节由景跃进执笔，其余各章节由张小劲撰写。由于诸种原因，写作过程时断时续。尽管我们已经任教多年且自认为授课有方，但将多次讲课所积累的材料整合成为周全的教科书仍远比我们最初想象的更为艰难和复杂。因而本书的写作也历尽曲折和坎坷，直到 2001 年 2 月，才写出初稿。之后，两位作者交换手稿以互相批评，然后再进行多次统修。尽管有如许合作，写作中的语气语调以及遣词造句方面的差异仍是明显的。有鉴于此，以及考虑到上面提及的结构安排的特点，我们更愿意将本书视为一次反思“比较政治学”的“习作”。我们对读者诸君关于本书的任何批评和建议都将表示欢迎。

最后，我们要真挚感谢在写作过程中给予无数帮助的诸多同道好友乃至学生，如若没有他们的激励、鞭策以及具体的支持，本书是绝难完成的。同时，我们还要感谢中国人民大学出版社的徐瑞芝、林坚和常宝等，他们的理解和支持是本书得以问世的关键因素之一。

作者谨识

2001 年 6 月

第二版后记

筹划写作之初，本书定位于导论性质的比较政治学教科书，因而我们采用了比较宽泛的论说框架，基本结构除绪论外由三个部分组成，即作为方法论的比较政治学、作为理论知识的比较政治学以及发展中的比较政治学。在写作安排上，则相应地分为三篇：其中第一篇主要讨论比较政治学的特征、功能和学术演进脉络，比较政治学领域内的不同范式及其争论，以及比较政治学研究的基本方法和主要技术；第二篇侧重叙述比较政治学的理论建树，包括政治体系与国家理论、政治文化理论、现代化与发展理论、社会—政治结构理论等；最后一篇在比较民主化以及新政治经济学的主题下尝试描述比较政治学的最新进展与发展趋势。我们认为，这样一种写法有别于坊间同类书籍，可以比较集中地讨论比较政治学的方法论问题，侧重探讨比较政治学所实现的理论认识和学术成果，并由此对于国内尚在起步阶段的比较政治学学科发展有所裨益，亦可让偏好多样化选择的读者有更多的取舍余地。我们也曾声明，据此设计而写就的文本只是反思和检讨我们自己从事比较政治学教学与科研的“习作”，因而欢迎读者对本书提出批评和建议。

承蒙读者错爱，本书于2001年问世后坊间始终有求购需求，因而多次重印发售。然而，无论是同事或是学生，均在阅读使用中对本书提出了不少意见；经由出版者所转达的再版修订之要求亦是不绝于耳。撮其要者，大体有三：一是文稿杀青已经多年，比较政治学领域的最新进展应当纳入讨论范围；二是论说语言有繁复滞重之感，之于读者的阅读理解构成相当的挑战；三是与本书配套的比较政治制度导论始终未有音讯，因而理论学说与实际制度间有脱节之感。对于这些期待和希望，我们自惭力有不逮，难以全面应对；因而此番，只有部分修订而已。然而，此处仍须言说我们的若干考量如下：

自2001年以降，由各国实际政治发展之多样复杂而引致比较政治学之研究日益勃兴，相关中西文著述层出不穷，知识积累的速度和规模十分惊人，因而整合相关研究成果而使其融汇于一体，爬梳各类理论创新而使其归纳成脉络，在相当程度上竟给人以“不可能的任务”之感。尽管私心力图全面推出新版，但经几番筹划尝试，仍不得不半途而废，不得已而求其次。本次我们精心搜集并选择了2000年以来所出版且为学界所推崇的比较政治学著述，排列于正文之后的参考文献之内。我们相信，读者按图索骥，也许能够从直接阅读中得到更多的启迪和发现。

至于本书的论说语言和叙述风格，有论者直指过于拗口且难识，但也有读者偏爱有加，认为并无不当。而在我们看来，原本复杂的事物也许只能以复杂的方式得以阐发，同时，试图在相对狭小的篇幅内纳入更多的信息也会造成言说的紧凑和紧张。然而，读者的简化要求亦应得到相应的照顾。因而此次修订，我们对部分过于拖赘冗长的语句进行了简化处理。尽管基本语调没有变化，但对一些关键表述，我们仍做了不少调整，在可能的情况下尽量吸纳读者的意见。同时，亦对前版中若干处明显的笔误作出了修正。

可以告慰读者的是，早已列入工作日程的《比较政治制度导论》，目前正处在紧张的写作之中，年内即可与读者见面，也算是我们对于本书读者的一种补偿和报答。唯愿我们的努力不辜负读者的期待。

如此说来，本次虽称小修，但其间的思虑之苦却未能稍减，对于读者的愧疚亦未有稍缓；更有甚者，我们对于出版者反欠下更多的“债务”：职守本书初版的徐瑞芝女士和林坚先生，曾经以其理解和支持成全了本书的问世；而负责本版的郭晓明先生，则以其激励和敦促成就了本版的最终实现；两位极其细心的女士田芳和李慧平，以细腻的审读和细密的要求使本次修改获得了意外的成效。对此，我们不能不表达最诚挚的谢意。

作者谨识

2008 年元月

图书在版编目（CIP）数据

比较政治学导论（第二版）/张小劲，景跃进著. —北京：中国人民大学出版社，2008
（21 世纪政治学系列教材）
普通高等教育“十一五”国家级规划教材
ISBN 978-7-300-09036-8

Ⅰ. 比… Ⅱ. ①张…②景… Ⅲ. 比较政治学-高等学校-教材 Ⅳ. D0

中国版本图书馆 CIP 数据核字（2008）第 024908 号

普通高等教育“十一五”国家级规划教材
21 世纪政治学系列教材
比较政治学导论（第二版）
张小劲　景跃进　著
Bijiaozhengzhixue Daolun

出版发行	中国人民大学出版社		
社　　址	北京中关村大街 31 号	**邮政编码**	100080
电　　话	010－62511242（总编室）		010－62511770（质管部）
	010－82501766（邮购部）		010－62514148（门市部）
	010－62515195（发行公司）		010－62515275（盗版举报）
网　　址	http://www.crup.com.cn		
经　　销	新华书店		
印　　刷	北京昌联印刷有限公司	**版　　次**	2001 年 11 月第 1 版
规　　格	185 mm×260 mm　16 开本		2008 年 3 月第 2 版
印　　张	17	**印　　次**	2022 年 10 月第 14 次印刷
字　　数	400 000	**定　　价**	42.00 元

教学支持说明

（教学课件）

中国人民大学出版社政治与公共管理出版分社秉承“出教材学术精品，育人文社科英才”的出版宗旨，多年来，出版了大批高质量的公共管理、教育学、政治学、政治理论公共课教材和学术著作。

我们为本教材制作了相应的 PPT 教学课件，任何一位采用本书作为授课教材的教师均可免费获得该课件。为了确保该课件仅为授课教师获得，烦请您填写如下材料，并将相关信息通过 E-mail 发送给我们，我们将在收到相关信息后通过 E-mail 给您发送该课件。欢迎您加入我们的 QQ 群（全国政管教师交流群，群号为 236159213），或登录我社官方网站（www. crup. com. cn），注册并认证成为教师会员，以获得更好的服务。

我们的联系方式：
地址：（100872）北京市中关村大街甲 59 号文化大厦 1202 室
中国人民大学出版社政治与公共管理出版分社
电话：（010） 82502724　62514775（传真）
E-mail：ggglcbfs@vip. 163. com
QQ 群：236159213

兹证明____________大学/学院__________院/系__________专业__________学年第__________学期开设的_______________课程，采用中国人民大学出版社出版的____________________________________（书名、作者）作为本课程教材。授课教师为____________，授课班级共______个、学生______人。授课教师需要与本书配套的教学课件。

联 系 人：__________________________
通信地址：__________________________
邮　　编：__________________________
电　　话：__________________________
E-mail：____________________________

系/院主任：__________（签字）
（系/院办公室章）
______年_____月_____日